HISTOIRE
DU RÈGNE
DE
LOUIS-PHILIPPE IER

Tout exemplaire non revêtu de la griffe des Éditeurs sera réputé contrefait.

Charles Delagrave et Cie

DU MÊME AUTEUR

POUR PARAITRE PROCHAINEMENT

HISTOIRE DU SECOND EMPIRE et de la troisième République française. (1851 à 1871.) 1 vol. in-18 jésus.

Corbeil. — Typ. et stér. de Crété fils.

HISTOIRE DU RÈGNE
DE
LOUIS-PHILIPPE IER

ET

DE LA SECONDE RÉPUBLIQUE

(24 février 1848 au 2 décembre 1851)

PAR

C. A. DAUBAN

PARIS

CH. DELAGRAVE ET Cie   H. PLON
ÉDITEURS   ÉDITEUR
RUE DES ÉCOLES, 58   RUE GARANCIÈRE, 10

1872

HISTOIRE DU RÈGNE

DE

LOUIS-PHILIPPE IER

ET DE LA RÉPUBLIQUE DE 1848

(1830 — 1851)

FRANCE. — RÉGIME PARLEMENTAIRE.

Juillet 1830. — Décembre 1851

HISTOIRE DU RÈGNE DE LOUIS-PHILIPPE
(Juillet 1830 à février 1848.)

L'histoire du gouvernement de Juillet peut se diviser en trois périodes :

La PREMIÈRE, 1830 à 1836, est celle de la lutte contre les partis, de l'affermissement des institutions par des efforts continuels et des mesures énergiques. La paix et la tranquillité se consolident sans sacrifice de l'honneur national à l'extérieur, sans sacrifice de la liberté à l'intérieur.

La SECONDE, du 22 février 1836 au 29 octobre 1840, est la période des crises ministérielles, des fréquents changements de cabinets. Le gouvernement oscille entre les nuances de la majorité parlementaire et retourne définitivement à la politique de Casimir Périer. Mais à mesure que la faiblesse matérielle des ennemis du principe qu'il représente paraît augmenter et que la cause de l'ordre s'affermit, la stérilité des rivalités intestines du parlement devient plus manifeste pour la masse du public exclue du droit électoral.

La TROISIÈME PÉRIODE, de 1840 à 1848, est la période de la prépondérance parlementaire et du triomphe de la politique conservatrice. L'accord est parfait entre la royauté, les chambres et le ministère. A l'intérieur, le gouvernement ajourne les réformes politiques; développe la prospérité matérielle. A l'extérieur, sa politique habile et pacifique favorise puissamment le progrès des idées constitutionnelles dont la France est l'expression. Mais l'opposition s'irrite de l'immobilité des institutions et de la longue durée du cabinet; ses efforts, secondés par une presse immense, font naître un sourd et profond antagonisme entre la majorité parlementaire et le pays; plus tracassière que révolutionnaire, sans doctrine et sans but précis, elle croit n'entretenir que des défiances utiles à la liberté, et, par ses attaques continuelles souvent calomnieuses, elle discrédite les institutions, elle prépare la chute de la royauté et la révolution du 24 février.

SECONDE RÉPUBLIQUE (1848 à 1851).

L'histoire de la République comprend deux périodes :

Dans LA PREMIÈRE, du 24 février 1848 au 28 mai 1849, le gouvernement provisoire, la commission exécutive et l'assemblée constituante tentent des applications et interprétations diverses des doctrines républicaines. Malveillante envers la République, l'opinion publique devient manifestement hostile, à partir des journées de juin. C'est la période de la fondation de la République. Pour dernier acte, la République arme du pouvoir exécutif le nom qui est sa négation et qu'elle sait devoir la dévorer.

La seconde période, du 28 mai 1848 au 2 décembre 1851, est la période de réaction contre l'œuvre du gouvernement provisoire et de la constituante. L'assemblée législative raffermit l'ordre, et s'efforce d'opérer dans les institutions et dans la loi la conciliation des principes conservateurs qui ont dominé pendant les deux premières phases du gouvernement constitutionnel, avec les légitimistes et les orléanistes. L'assemblée législative veut surbordonner à son action le pouvoir exécutif, mais la lutte éclate entre les deux forces sorties directement de la même source. Le pays, qui ne croit pas à la sincérité du zèle de la majorité parlementaire pour la conservation et l'amélioration des institutions existantes, reste indifférent à ses efforts. Le président Louis-Napoléon s'empare violemment du pouvoir, impose silence au régime parlementaire par le coup d'État du 2 décembre 1851, suivi d'une dictature présidentielle qui préparera l'empire, comme la dictature du gouvernement provisoire avait précédé le gouvernement de la République par l'assemblée constituante.

RÈGNE DE LOUIS-PHILIPPE

Première période. — 1830-1836.
(RÉTABLISSEMENT DE L'ORDRE.)

1830.

Août 9. Serment du roi Louis-Philippe.

Premier ministère *sous la présidence du roi :*
(Sébastiani, — Broglie, — Guizot, — Casimir Périer, — Dupont de l'Eure.)
(*Du 11 août au 2 novembre.*)
Manifeste saint-simonien.
Août 27. Mort du duc de Bourbon.
Septembre. — Insurrection de la Belgique.

Ministère Laffitte.
(Dupont, — Gérard, — Sébastiani, — Maison, — Montalivet, — Mérilhou.)
(*Du 2 novembre 1830 au 13 mars 1831.*)
Novembre 4. Intervention des puissances. Conférence de Londres.
— 17. Suspension d'armes favorable aux Belges.
— Expédition du maréchal Clausel à Blidah.
Décembre 8. Mort de Benjamin Constant.
— 21. Procès des ministres. Jugement.
29 *Nov. au* 24 *déc.* — Soulèvement de la Pologne.
Décembre 26. La Fayette sort du commandement de la garde nationale, et Dupont de l'Eure du ministère.

LOIS VOTÉES SOUS CE MINISTÈRE.

Décoration de Juillet. — Délits de presse au jury. — Conseils municipaux électifs. — Garde nationale organisée.

1831.

Journal *l'Avenir*, de M. Lamennais.
Février 13. Service légitimiste à Saint-Germain l'Auxerrois.
— 14. *Sac de l'Archevêché.*
— Loi électorale.
— 17. *Refus de la couronne de Belgique pour Nemours.*

Ministère Périer.

(Casimir Périer, — Sébastiani, — Soult, — Louis, — Barthe, — Montalivet, — Rigny, — d'Argout.) (*Du 15 mars 1831 au 16 mai 1832.*)

1831.

Mars 24. Loi de bannissement des Bourbons.
Avril 30. Dissolution de la chambre. — Politique de Casimir Périer à l'intérieur. — A l'extérieur.
Juin. Expédition du général Berthezène contre Médéah.
Juillet 11. L'amiral Roussin force l'entrée du Tage.
Août 5. Invasion de la Belgique par l'armée hollandaise.
Septembre 8. Capitulation de Praga, prise de Varsovie.
— 20. Troubles à Paris.
Octobre 15. *Traité des 24 articles*, repoussé par la Hollande.
Novembre 22. Insurrection de Lyon.

LOIS VOTÉES SOUS CE MINISTÈRE EN 1831.

Loi sur la liste civile. — *Constitution de la pairie* non héréditaire (18 octobre au 24 décembre).
Notre-Dame de Paris, par Victor Hugo.

1832.

Février 22. Occupation d'Ancône.
Mars à septembre. Le choléra.
Avril. Insurrection légitimiste étouffée à Marseille.
Mai. Mort de Casimir Périer. — Montalivet le remplace. — Le compte rendu de la gauche. — La duchesse de Berry à Nantes.
Juin 5 *et* 6. Insurrection des républicains. Saint-Méry.
Juillet 22. Mort du duc de Reichstadt.
Août 27. Procès des saint-simoniens. — Activité de l'école de Fourier.

Ministère du 11 octobre.

(Soult, — Broglie, — Thiers, — Guizot, — Humann, — Barthe, etc.)
(*Du 11 octobre 1832, avec modifications, au 22 février 1836.*)
Novembre 7. *Arrestation de la duchesse de Berry à Nantes.*
— 15. *Siége d'Anvers.*
Décembre. Ibrahim-Pacha franchit le Taurus.

1833.

Avril. Procès de la *Tribune.* — Les réfugiés polonais en France.
Mai 10. Accouchement de la duchesse de Berry. — Ibrahim repasse le Taurus.

Juin 28. *Loi sur l'instruction primaire.* — Études des grandes lignes de chemins de fer.

Juillet. Suspension de la construction des forts détachés. — Traité d'*Unkiar-Skélessi* entre la Porte et la Russie. — *Progrès des sociétés secrètes.*

Algérie. — Conquête entreprise par Abd-el-Kader.

1834.

Mars 26. Loi contre les associations.

Avril 4. 25 millions aux États-Unis. Retraite de M. de Broglie. — *Insurrections républicaines à Lyon, à Paris.* — La rue Transnonain.

Mai 20. Mort de La Fayette.

Le ministère du 11 octobre, à la suite de modifications sans durée, se reconstitua avec MM. de Broglie, Thiers et Guizot.

Le TIERS PARTI : compromis entre la résistance et le mouvement.

Août. Nouvelle organisation de l'Algérie.

Décembre. Procès d'Armand Carrel.

1835.

Adoption de la loi sur la dette des 26 millions aux États-Unis.

Mai 15. Commencement du procès des accusés d'avril.

Juillet 28. Attentat de *Fieschi.*

Août 4. Lois de répression dites de *septembre.*

Septembre 9 (Elles sont votées le).

Décembre. Procès des accusés d'avril, terminé en décembre pour ceux de la province ; et au mois de janvier prochain pour ceux de Paris.

ACTES LÉGISLATIFS.

Lois de septembre. — Service à vapeur entre Marseille, Alexandrie et Constantinople. — Chemin de fer de Saint-Germain (juin).

ALGÉRIE. — Abd-el-Kader vaincu, puis vainqueur de Trézel. — Le maréchal Clausel. — *Le duc d'Orléans à Mascara.*

1836.

Proposition de la réduction de la rente 5 p. 0/0.

Février 3. Dissolution du ministère. Les doctrinaires se séparent de M. Thiers.

Seconde période. — 1836-1840.

(CRISES MINISTÉRIELLES.)

Février 17. Occupation de Cracovie.

1836 (suite de).

Ministère du 22 février (Thiers).

(MM. Thiers, président, Sauzet, Montalivet, Passy, Maison, Pelet.)
(*Du 22 février au 2 août.*)

Mars. Refus de coopération avec l'Angleterre en Espagne.
Juin 25. Attentat d'Alibaud.
Juillet. Duel et mort d'Armand Carrel. — Chemin de fer de Paris à Versailles.
— Affaire des réfugiés avec la Suisse.
Août. Désaccord entre M. Thiers et le roi au sujet de l'*Espagne*.

Ministère de septembre (Molé).

(Persil, Gasparin, Rosamel, Guizot, Duchâtel, Martin.)
(*Du 6 septembre 1836 au 8 mars 1839.*)

Septembre à novembre. Affaire avec le gouvernement fédéral de la Suisse au sujet des réfugiés et de l'espion Conseil.
Octobre 17. Mise en liberté de deux ministres de Charles X.
— 30. *Conspiration du prince Louis à Strasbourg.*
Novembre 13. Le prince est envoyé aux États-Unis. — *Tentative malheureuse du maréchal Clausel assisté du duc de Nemours contre Constantine.*
Décembre 27. Attentat de Meunier à l'ouverture des chambres.

1837.

Janvier. Acquittement des complices du prince Louis.
Mars 9. Lois de disjonction et de non-révélation.

Modification ministérielle du 15 avril.

(Molé. — Barthe, Montalivet, Salvandy, Lacave-Laplagne.) — Les doctrinaires sortent. — Le tiers parti.
Avril 22. Lois de disjonction. — Dotations de la fille aînée et du prince royal votées.
Mai 8. *Amnistie.*
30. *Mariage du duc d'Orléans.* — Traité de la Tafna entre Bugeaud et Abd-el-Kader.

Juin 2. *Inauguration du Musée de Versailles.*
Octobre 13. *Prise de Constantine* par le maréchal Vallée et Nemours.
Novembre. Dissolution de la chambre, élections générales.

1838.

ACTES LÉGISLATIFS.

Lois sur la banqueroute. — Tribunaux de commerce. — Aliénés. — Organisation départementale. — Chemins de fer.

Août 26. Naissance du comte de Paris.
Octobre 25. *Évacuation d'Ancône.* — Affaire avec Rosas.
Novembre 27. *Le prince de Joinville bombarde Saint-Jean d'Ulloa.* Capitulation de la Vera-Cruz. — *Apogée de la prospérité du règne.*

1839.

Janvier. Tremblement de terre à la Martinique. — *Coalition parlementaire.*
  31. Prorogation de la chambre.
Février 2. Dissolution. — Élections.
Mars 8. *Retraite de M. Molé.* — Coup fatal porté au principe du gouvernement constitutionnel.

ESSAI DE COMBINAISONS MINISTÉRIELLES.

Avril 4. Ouvertures des chambres.
Mai 12. *Insurrection républicaine* (la dernière). — Les Saisons, Blanqui Barbès, etc.

Ministère Soult.

(Teste, Schneider, Duperré, Duchâtel, Dufaure, Villemain, Passy.)
(*Du 13 mai au 20 février* 1840.)

ACTES LÉGISLATIFS.

Organisation de l'état-major de la marine. — Tribunaux de commerce. — Propriété littéraire. — Chemin de fer. — Canaux. — Mettray, etc.
Mai 9. Indemnité de guerre payée par le Mexique.
Octobre. Le contre-amiral Leblanc à Montévideo.
  28. *Le maréchal Vallée et le duc d'Orléans franchissent les Portes de fer.* — Hostilités d'Abd-el-Kader. — Don Carlos en France. — Daguerre invente la *photographie.*

1840.

Janvier. Proposition de la réforme parlementaire rejetée.
Février. Projet de dotation pour le duc de Nemours.
  Pamphlet de M. de Cormenin. — *Chute du ministère.*

(Second Ministère de M. Thiers) du 1er mars.

(De Rémusat, Jaubert, Pelet, Cousin, Vivien, Cubières, Gouin, Roussin.)
(*Du 1er mars 1840 au 29 octobre.*)

Mai. Discussion de la loi sur le travail des enfants. — Prorogation du privilége de la Banque. — Loi sur la translation des cendres de Napoléon.
Juin 16. Opposition de la majorité à la réforme électorale.
Juillet 15. *Traité des quatre puissances.* — La France arme.
Août 6. *Tentative de Boulogne.*
Septembre 13. Ordonnance sur les fortifications de Paris.
— 28. Louis-Napoléon devant la cour des pairs.
Octobre 15. Attentat de Darmès. — Ouverture des chambres.
— 29. Chute du ministère Thiers. — Traité de l'amiral de Mackau avec Rosas.
EN ALGÉRIE. — 3 au 6 février. Le capitaine Lelièvre à Mazagran.
15 mars. — Occupation de Cherchell. — Les ducs d'Orléans et d'Aumale.

Troisième période.

POLITIQUE HABILE AU DEHORS. — STATIONNAIRE A L'INTÉRIEUR.

1840 (suite de).

Ministère du 29 octobre (Guizot).

(Soult, Guizot, Duchâtel, Teste, Humann, Duperré, Villemain, Salvandy.)
(*Du 29 octobre 1840, avec des changements, au 24 février 1848.*)

Novembre 5. Nouvelle session. — Débats ardents sur la politique extérieure. — Accroissement considérable de la marine.
Décembre 15. *Funérailles de Napoléon Ier.*
— 29. *Le maréchal Bugeaud gouverneur général de l'Algérie* (pendant sept ans).

1841.

ACTES LÉGISLATIFS.

Avril. Loi sur les fortifications. — *Février, mars.* Sur les manufactures.
Juillet 5. Troubles à Toulouse.
— 13. *Traité européen.* — *La France rentre dans le concert.* — Méhémet-Ali.

Septembre 13. Attentat de Quénisset sur le duc d'Aumale.
Décembre. Condamnation pour complicité morale. — Ouverture du chemin de fer de Strasbourg à Bâle. — *Population :* 34,230,178 âmes.

1842.

ACTES LÉGISLATIFS.

Rejet d'une proposition de réforme électorale et parlementaire. — Juin. *Loi capitale sur les chemins de fer.* — Juillet. Élévation du tarif sur les toiles, sauf pour la Belgique. — Humann est remplacé par Lacave-Laplagne.
Mai 1er. Occupation des îles Marquises par Dupetit-Thouars.
    8. Accident du chemin de fer de Versailles, r. g.
Juillet 13. *Mort du duc d'Orléans.* — *Convocation des chambres.*
Août 30. *Loi organique de régence.*
EN ALGÉRIE. — Progrès de la colonisation.

1843.

Février 3. Tremblement de terre à la Guadeloupe.
Mai 2 et 3. Ouverture des chemins de fer de Rouen, d'Orléans. — Mariages de la princesse Clémentine, du prince de Joinville.
    16. *Prise de la smalah d'Abd-el-Kader*, par le duc d'Aumale.
Septembre 12. La reine Victoria au château d'Eu.
Novembre. Légitimistes à Belgrave-Square. — Voyage des ducs de Montpensier, de Nemours. — L'Université et le clergé, lutte vive. — Dupetit-Thouars à Taïti. — Acquisition de Mayotte.
Décembre. Bugeaud, maréchal de France.

1844.

ACTES LÉGISLATIFS.

Épithète de flétrissure adressée aux manifestations des légitimistes. — Projet de loi sur la liberté de l'enseignement. — Exécution des lois relatives aux Jésuites.
Février. Commencement de l'affaire Pritchard.
Août 6. *Bombardement de Tanger* par le prince de Joinville.
    14. *Bataille d'Isly sur l'empereur du Maroc.*
    15. Bombardement de Mogador. — Irritation de l'Angleterre. — *Indemnité Pritchard.*
Septembre 20. Convention de Tanger.
    12. Visite de Louis-Philippe à Victoria.
Octobre 24. Traité avec la Chine (Lagrenée).

Octobre 27. Soumission de quelques tribus kabyles.
Novembre. Première crèche à Chaillot. — Exposition brillante des produits de l'industrie. — Jeux de bourse.

1845.

ACTES LÉGISLATIFS.

Débats au sujet du droit de visite. — Loi sur la Caisse d'épargne. — Lois sur l'émancipation des esclaves, sur les chemins de fer.
Mai 29. *Nouveau traité avec l'Angleterre pour la répression de la traite.*
Juin 30. Pélissier en Algérie. — Bou-Maza.
Septembre 22. Marabout de Sidi-Brahim. — Les Kabyles défaits.
Novembre 20. Hostilités contre Rosas. — Traité avec l'iman d Mascate.

1846.

ACTES LÉGISLATIFS.

Crédit de 93 millions pour l'accroissement de la marine, pour les chemins de fer, les canaux. — Loi sur les livrets d'ouvriers. — Lois votées par la chambre, rejetées par les pairs.
Avril. Attentat contre la vie du roi (Lecomte).
Mai. *Évasion du prisonnier de Ham.* — Mariage du duc de Bordeaux. — *Élections générales.* — *Dangers de la majorité* parlementaire qu'elles donnent au pouvoir.
Mars. Inaugurations du chemin de fer de Tours, du Nord (juin).
Juin 16. Élection du Pape Pie IX.
Août 29. Mariages espagnols décidés. — Attitude hostile de l'Angleterre.
Octobre 10. *Célébration des mariages espagnols.*
18. Inondation de la Loire. — Crises; maladie de la pomme de terre.
Novembre. Annexion de Cracovie. — Découverte Le Verrier. — Le fulmicoton. — Population : 35,400,486 âmes.
EN ALGÉRIE. — Lutte avec Abd-el-Kader.

1847.

Janvier. *Crise des subsistances.* — Émeute à Buzançais. — Projet de réforme, rejeté par 28 voix de majorité. — *Histoire des Girondins.*
Avril 12. Reddition de Bou-Maza.
Mai 6. Expédition de Bugeaud en Kabylie.
Juillet. Procès Teste et Cubières. — Bresson. — Procès Praslin.
Propagande réformiste dans les départements.
Septembre 19. M. Guizot remplace le maréchal Soult.

Novembre 23. Abd-el-Kader se rend à Lamoricière.
Du 9 au 29. Anéantissement du Sunderbund en Suisse.
Décembre. Mort de la princesse Adélaïde.
    28. « Passions aveugles ou ennemies. »

A L'ÉTRANGER.

Mouvement général favorable aux institutions constitutionnelles. — Pie IX. — Charles-Albert. — Robert Peel et Cobdenn en Angleterre et jusqu'au sultan. — Erreur du roi et du gouvernement français.

1848.

Influence sur l'opinion publique des événements d'Italie.
Février 18. Organisation du banquet du 12e arrondissement.
— 22. Le ministère mis en accusation. Troubles.
— 23. Ministère Molé, Odilon Barrot et Thiers.
— 24. Abdication de Louis-Philippe. — Combat au Palais-Royal.

Gouvernement provisoire.

Caractères de la Révolution. Véritable surprise. La légalité violée sans cause. Le principe nouveau du gouvernement qui va être proclamé n'a pour partisans qu'un petit nombre d'hommes incapables de s'entendre sur son application. La république a été le produit imprévu d'une agitation sans idée, sans portée et sans but précis.

RÉPUBLIQUE

(Du 24 février 1848 au 2 décembre 1851.)

Février 25. Proclamation de la République.
—   Création des ateliers nationaux. Commission du Luxembourg. — Adhésion générale au nouveau gouvernement.
Mars 1. Suppression du serment.
— 2. Manifeste de M. de Lamartine.
— 5. Décret électoral.
— 9. Atteinte aux droits des porteurs des livrets de la caisse d'épargne.
— 15. Décret relatif à la Banque qui suspend l'échange en espèces.
Mars 16. Impôt des 45 centimes. — Manifestation dite des bonnets à poils.
— 17. Contre-manifestation.
  et 29. Affaire de Risquons-Tout en Belgique. Les circulaires.

Avril 3. Élections pour l'Assemblée constituante. Le 5 p. 0/0 à 50 fr. Seizième bulletin de la république.
— 16. Manifestation socialiste refoulée.
— 17. Inamovibilité de la magistrature attaquée.
— 27. Abolition de l'esclavage.

La dictature va passer des mains du gouvernement provisoire à celle d'une assemblée unique.

Mai 4. **Ouverture de l'Assemblée constituante.** — République proclamée.
— 10. Commission exécutive de cinq membres (Arago, Garnier-Pagès, Marie, Lamartine, Ledru-Rollin).
15. *Envahissement de l'Assemblée.* — Arrestation de Barbès et de Blanqui.
15. Cavaignac, ministre de la guerre.
21. Fête de la Concorde.

Juin 13. Validation de la triple élection du prince Louis Bonaparte.
— 19. Projet de constitution.
— 23. *Dissolution des ateliers nationaux.*

23, 24, 25, 26. **Bataille dans Paris.** Tous les pouvoirs sont conféré au général Cavaignac.
— 27. Mort de l'archevêque Affre.

L'insurrection de juin rend inévitable la chute de la république en ruinant la confiance publique.

— Cavaignac, chef du pouvoir exécutif. — Décret contre les clubs.

Août 3. Rapports de la commission d'enquête. — Transportation des insurgés.
— 9. Loi contre les délits de presse.
— 25. Poursuites contre Louis Blanc et Caussidière.

Septembre 19. Colonisation de l'Algérie.

Octobre 19. État de siége levé à Paris.
— 24. Votes des articles de la constitution.

Novembre 12. **Proclamation de la Constitution.**

— 27. Offre de protection au pape après le meurtre de Rossi et sa fuite de Rome.

Décembre 10. *Élection pour la présidence de la République.* Cavaignac et les ministres se retirent.

Louis-Napoléon Bonaparte est élu par 5 millions 600 mille voix sur 7 millions.

— 20. *Il prête serment à la Constitution.*

Présidence du prince Louis-Napoléon.

Premier ministère présidentiel: Odilon Barrot, Drouyn de Lhuys, Falloux, Maleville, Bixio, Léon Faucher, etc.

1849.

Janvier. Réduction de l'impôt des lettres, — de l'impôt du sel.
    29. Réduction de la garde mobile.
Mars 7. Débats à la cour de Bourges sur l'affaire du 15 mai.
    — 18. *Loi électorale.*
Avril 3. Fin du procès de Bourges. — Occupation de Civita-Vecchia.
Mai 4. Célébration de l'anniversaire de la constitution. — Élections pour l'assemblée législative.
    — 18. Abolition de l'impôt des boissons
    — 28. **L'Assemblée Législative.**
Juin 1. Remaniement ministériel par suite de la démission de M. Léon Faucher : M. Dufaure.
    — 6. Message du président.
    — 10. Choléra. Mort de Bugeaud.
    — 13. Tentative des Montagnards. Paris en état de siége.
    — 15. Troubles à Lyon.
    — 30. **Capitulation de Rome.**
Juillet 3. Occupation de Rome par les Français.
Août 9. Levée de l'état de siége.
    — 18. Lettre de Louis Bonaparte à Edgar Ney.
Septembre 9. Ouverture du chemin de fer de Lyon.
Octobre 20. Ordre du jour pur et simple sur les affaires de Rome.
Octobre 31. *Message présidentiel.* Changement de ministère, malgré son entente avec la majorité : F. Barrot, Fould, Rouher, Parieu, etc.
Novembre 13. Arrêt de la cour de Versailles sur les accusés de l'attentat du 13 juin.
Décembre 20. Impôt sur les boissons rétabli.

1850.

Mars 15. Loi organique sur l'enseignement. — Élections partielles socialistes, à Paris.
Mai 31. *Loi sur l'application du suffrage universel.*
Juin 8. Loi sur la déportation.
Juillet 16. Loi sur la presse.
    — 17. Prorogation. — Commission de permanence. — Voyages du président dans l'Est et en Normandie.
Août 20. — *Mort du roi Louis-Philippe.* — Le comte de Chambord à Wiesbaden. — — 64 *conseils généraux demandent la révision de la constitution.*

Sept. et oct. Revues de Satory.
Novembre 11. Rentrée de l'Assemblée législative. Désaccord entre la majorité et le président.

1851.

Janvier 10. Le commandement de la garde nationale est retiré au général Changarnier.
— 18. Remaniement ministériel. Vote de blâme de l'Assemblée.
— 24. *Message. Cabinet de transition.* — Nouveau ministère : Baroche, Fould, Léon Faucher, etc. Vote favorable. — Opposition parlementaire à la révision de la constitution.

Du 8 mai au 17 juillet. Expédition dans *la petite Kabylie*, par le général Saint-Arnaud. — Pendant la vacance parlementaire, 80 conseils généraux réclament la révision. — Troubles dans les départements.

Octobre 26. Nouveau ministère : général Saint-Arnaud, etc.

Novembre 4. *Message.* — Le président de la république demande l'abrogation de la loi du 31 mai.
— 13. Rejet par l'Assemblée.
— 17. Rejet de la proposition des questeurs.

Décembre 2. **Coup d'État.** *Dissolution de l'Assemblée.*

RÈGNE DE LOUIS-PHILIPPE IER

CHAPITRE PREMIER

La France et l'Europe. — La Révolution de 1830 et ses conséquences en Europe. — Règne de Louis-Philippe jusqu'à la mort de Casimir Périer (juillet 1830 à mai 1831).

SOMMAIRE.

§ 1. FRANCE.

RÈGNE DE LOUIS-PHILIPPE. — Premiers ministères.
1830. Caractères de la Révolution de Juillet. — La charte de 1830. — Serment de Louis-Philippe. — Fragilité de la base du nouveau gouvernement. — Difficultés du gouvernement à l'intérieur. Ses conditions d'existence. Caractère et politique du Roi.
Premier ministère (sous la présidence du Roi), du 10 août au 2 novembre 1830.
Attitude des gouvernements vis-à-vis de la monarchie de Juillet. — Embarras et dissensions intérieurs. — Troubles à l'occasion du procès des ministres.
Ministère Laffite (du 20 novembre 1830 au 3 mars 1831). — Jugement des ministres. — Sac de l'archevêché. — Résumé de la situation.

§ 2. SUITES DE LA RÉVOLUTION DE 1830 EN EUROPE.
APERÇU GÉNÉRAL DE L'HISTOIRE DES DIVERS ÉTATS EUROPÉENS,
1830 A 1848.

Révolution dans les Pays-Bas. — *Création du royaume de Belgique.* — Intervention de la France et de l'Angleterre. Conférences de Londres.
Soulèvement de la Pologne. — Inégalité de la lutte. Divisions intestines.

Mouvements en Italie.

Mouvements en Suisse.

Mouvements en Allemagne. — Diète de Francfort. Réaction aristocratique et despotique.

En Angleterre, bill de réforme. — Résultats du système électoral en France et en Angleterre. — Abolition de l'esclavage. Lois sur les pauvres. — Fruits pour la France de l'alliance anglaise.

Espagne et Portugal. — Le statut royal. La guerre civile. — Don Pedro va combattre don Miguel en Portugal. — La quadruple alliance. Défaite des Miguélistes. — Longue résistance des Carlistes en Espagne. — Double guerre civile. — Constitution du 18 juin 1337.

Grèce.

En Turquie, réformes du sultan Mahmoud. — Impuissance des réformes de Mahmoud. — Les Principautés danubiennes.

En Égypte, réformes de Méhémet-Ali. — La Russie s'interpose entre le sultan et son vassal le vice-roi d'Égypte. — Succès d'Ibrahim contre l'armée ottomane. Traité de Kutayé. — Traité d'Unkiar. Skélessi entre la Porte et la Russie.

§ 3. France. ministère de Casimir Périer (du 15 mars 1831 au 16 mai 1832.)

Politique extérieure. — En Italie, mémorandum adressé à Grégoire XVI — en Portugal, en Belgique, traité des 24 articles ; — en Pologne, occupation d'Ancône.

Politique intérieure. — Session de 1831 à 1832. — Coalition formidable des ouvriers de Lyon. — Complots. Désordres à Grenoble. — Le choléra. Mort de Casimir Périer.

Le régime parlementaire. — Impuissance de la pairie et insuffisance du système électoral.

RÈGNE DE LOUIS-PHILIPPE.

§ 1. **PREMIÈRE PÉRIODE. — Premiers ministères.**

CARACTÈRE DE LA RÉVOLUTION DE JUILLET. — Le 16 août, Charles X s'était embarqué à Cherbourg. Les événements avaient marché depuis son départ de Rambouillet (30 juillet), avec une rapidité effrayante. Le 31, le gouvernement provisoire, établi à l'Hôtel-de-Ville, s'était empressé de proclamer la déchéance du roi. En ce moment, la plus grande partie de la France est en insurrection, sans que le gouvernement de l'Hôtel-de-Ville eût rien fait pour entraîner la province. A Lyon, à Nantes, à Bordeaux, la nouvelle des ordonnances a provoqué une explosion spontanée, et partout la bourgeoisie, qui a pris l'initiative, reste maîtresse du mouvement. Le peuple marche derrière et avec elle, s'associant à une victoire que ne souilla aucun excès, aucun emportement de vengeance. Aussi l'homme qui encourt, aux yeux de l'historien, la plus grande responsabilité dans les fautes de la fin du règne de Charles X, M. de Polignac, jugeait plus tard en ces termes la révolution qui l'avait renversé : « L'événement a prouvé que l'insurrection fut presque partout instantanée... Certes, je défie le génie le plus infernal de pouvoir, en un jour, fomenter et soulever une pareille tempête. » (*Études politiques.*)

Cette tempête, il fallait, ou favoriser son déchaînement en précipitant la France dans la République, ou la calmer, en cherchant une main ferme et populaire capable de relever l'institution monarchique. Ce dernier parti était le seul auquel pensassent alors le plus grand nombre des députés et des journalistes dont la protestation avait été le signal de la résistance. La Révolution avait été faite au nom de la Charte et contre une violation de la Charte. La Charte était donc le véritable programme politique du moment : on y trouvait la consécration de tous les principes de 1789 ; et les plus hardis, parmi les gens sensés, ne souhaitaient pas au delà du développement et de la large application de ces principes. Le nom du duc d'Orléans paraissait répondre à toutes les nécessités de la situation : aux conservateurs qui auraient voulu arrêter l'ébranlement, il montrait le prince le plus voisin du trône, y arrivant presque régulièrement par le fait de l'exclusion de la branche aînée et par une révolution dans le genre de la révolution anglaise de 1688, sans conséquence sérieuse sur la situation sociale et sur la constitution politique de la nation ; aux libéraux, il était un gage de dévouement aux idées de progrès dont le duc d'Orléans s'était montré dans toutes les phases de son existence le zélé partisan. Du moment que la restauration de l'Empire et que l'établissement de la République étaient écartés, il n'y avait personne, pour reprendre la tradition monarchique et constitutionnelle, si ce n'est le duc d'Orléans. La démarche des députés qui allèrent lui offrir la lieutenance générale du royaume, le 31 juillet, était très-simple et très-naturelle et presque commandée par la nécessité. Si ce prince, auprès duquel elle fut faite, s'était refusé au rôle qu'on lui offrait, la révolution de 1830 se trouvait sans issue; et la France, tiraillée entre des minorités ennemies et une majorité impuissante, tombait dans l'anarchie. Il y avait donc pour elle un grand intérêt à trouver une solution immédiate qui donnât satisfaction au principe et aux idées de la Révolution. L'intérêt du duc d'Orléans à se rendre au vœu du public n'était ni moins pressant ni moins grand que celui des représentants de la nation à le choisir. Il s'agissait pour lui de la perspective d'un trône, et dans le cas où, revendiquant sa responsabilité d'une politique dont il avait été l'adversaire, il se refuserait à l'occuper, la certitude de l'exil qui eût été la conséquence inévitable de l'établissement de la République.

Le duc d'Orléans accepta la lieutenance générale du royaume, qui lui était offerte par les députés, et adressa immédiatement au peuple la proclamation suivante : « Habitants de Paris, — les députés de la France, en ce moment réunis à Paris, m'ont exprimé le désir que je me rendisse dans cette capitale pour y exercer les fonctions de lieutenant général du royaume. — Je n'ai pas balancé à venir partager vos dangers, à me placer au milieu de votre héroïque population, et à faire tous mes efforts pour vous préserver des calamités de la guerre civile et de l'anarchie. — En rentrant dans la ville de Paris, je porterai avec orgueil les couleurs glorieuses que vous avez reprises (la cocarde tricolore), et que j'avais moi-même longtemps portées. — Les chambres vont se réunir : elles aviseront au moyen d'assurer le règne des lois et le maintien des droits de la nation. — La Charte sera désormais une vérité. »

Mais le parti républicain était en possession de l'Hôtel-de-Ville. Il fallait le désarmer avant qu'il eût le temps d'agir.

Le duc d'Orléans, escorté d'un grand nombre de députés, se

transporta à l'Hôtel-de-Ville, à cheval, à travers une population immense et encore en armes. Il fut reçu par le général La Fayette qui, après lui avoir remis le drapeau tricolore, le conduisit à une des fenêtres ouvertes sur la place de Grève et lui donna l'accolade aux applaudissements d'une foule qui criait : *Vive la Charte! vive le duc d'Orléans!* Cette visite du lieutenant général fut, comme on l'a appelée, le voyage de Reims de la monarchie de 1830 : elle venait de mettre fin au pouvoir révolutionnaire de l'Hôtel-de-Ville et de transporter au Palais-Royal le siége incontesté du gouvernement. Celui qui était parti, de chez lui, l'élu des députés, revenait de l'Hôtel-de-Ville l'élu du peuple, le chef de l'État salué par les acclamations populaires. Nous sommes au 31 juillet.

La légitimité réelle du pouvoir nouveau se trouvait dans la nécessité de son existence ; mais les partis étaient loin de la reconnaître, et beaucoup des hommes qui avaient pris part aux derniers événements se croyaient des titres à la reconnaissance du Gouvernement : ils se disposaient à les invoquer, les uns, dans l'intérêt de leurs idées, les autres dans l'intérêt de leur fortune personnelle. C'est le malheur des pouvoirs sortis des tempêtes populaires de n'être jamais assez sûrs de leur droit pour se refuser à toute transaction avec des exigences contraires aux conditions mêmes de leur durée. A peine sorti de l'Hôtel-de-Ville, Louis-Philippe se trouvait entraîné à une de ces concessions. Il avait avec M. de La Fayette une conversation que celui-ci a rapportée dans une lettre à ses électeurs : « Vous savez, lui dit M. de La Fayette, que je suis républicain et que je regarde la Constitution des États-Unis comme la plus parfaite qui ait existé. — Je pense comme vous, répondit le duc d'Orléans; il est impossible d'avoir passé deux ans en Amérique, et de n'être pas de cet avis. Mais croyez-vous, dans la situation de la France et d'après l'opinion générale, qu'il nous convienne de l'adopter? — Non, repartit La Fayette, ce qu'il faut aujourd'hui, c'est un trône populaire entouré d'institutions républicaines, tout à fait républicaines. — C'est bien ainsi que je l'entends, » reprit le prince. — Un trône entouré d'institutions républicaines est une chimère impraticable tout autant qu'une république soutenue par des institutions monarchiques. Le bon sens pratique du duc d'Orléans aurait dû protester contre une pareille utopie. L'acquiescement qu'il y donna légèrement fut, aux yeux des républicains, un engagement pris, et c'est avec la plus vive amertume qu'ils ne cessèrent de lui reprocher d'avoir manqué à l'exécution du *programme de l'Hôtel-de-Ville*, programme qui n'a jamais existé que dans ces termes : un trône entouré d'institutions républicaines.

Nous avons dit que, le 1ᵉʳ août, Charles X s'était hâté, en apprenant que les députés avaient conféré la lieutenance générale du royaume au duc d'Orléans, de le charger d'exercer en son nom ces hautes fonctions ; et, par un acte d'abdication daté de Rambouillet, il lui avait enjoint de proclamer l'avénement de Henri V à la couronne. Mais en supposant que le duc d'Orléans en eût eu le désir, il ne dépendait pas de lui d'obéir à Charles X. Toute tentative vers ce but aurait porté le coup mortel à sa popularité et à son autorité. La révolution qui détachait, non pas une ville, mais la France entière, de la branche aînée des Bourbons, était consommée, et les événements eussent brisé quiconque aurait tenté de mettre obstacle à ses conséquences naturelles.

Le premier soin du lieutenant général fut de convoquer pour le 3 août, jour fixé par l'ordonnance du 16 mai, la réunion des chambres législatives. Dans le discours qu'il prononça pour l'ouverture de la session les passages suivants furent surtout remarqués : « Je suis accouru fermement résolu à me dévouer à tout ce que les circonstances exigeraient de moi, dans la situation où elles m'ont placé, pour rétablir l'empire des lois, sauver la liberté menacée et rendre impossible le retour de si grands maux, en assurant à jamais le pouvoir de cette Charte dont le nom invoqué pendant le combat l'était encore après la victoire. » Ainsi, pour le duc d'Orléans, toute la révolution était dans l'acceptation entière, loyale, des principes contenus dans la Charte et dans leur application progressive.

Il est évident que le provisoire ne pouvait se prolonger. Qu'allait faire la chambre après sa constitution ? Oserait-elle établir elle-même ce pouvoir définitif que réclamaient d'urgence l'état de la société, les intérêts du commerce, de l'industrie, de la propriété en souffrance ? Les républicains demandaient que tout fût ajourné jusqu'après l'élection des représentants qui seraient chargés, par un mandat spécial, d'élaborer la constitution. Mais, aux yeux de l'immense majorité, cette constitution existait : elle ne réclamait que des améliorations ou que des suppressions qui en fissent disparaître toute ambiguïté. La chambre élue récemment en vertu de cette constitution, la veille des ordonnances, était l'expression de la volonté nationale, et de l'état de l'opinion en France. Ses membres avaient prouvé leur libéralisme en donnant le signal de la révolution faite pour la défense des lois; ils devaient maintenant achever leur œuvre.

La Charte de 1830. — Le 7 août, la chambre des députés eut à délibérer : 1° sur la modification à introduire dans la loi fondamentale; 2° sur l'élection au trône que laissait vacant l'abdication du roi Charles X, celle du duc d'Angoulême et le départ des membres de la famille royale, à la suite des conflits qu'avait amenés la violation de la charte constitutionnelle. — Dans la révision de la loi fondamentale, on supprima, notamment, le préambule *comme blessant la dignité nationale, en paraissant octroyer aux Français des droits qui leur appartiennent essentiellement*, et l'article 6 qui instituait la religion catholique, apostolique et romaine, *religion de l'État;* on se contenta d'établir, par l'article 7, que la religion catholique est *professée par la majorité des Français.* L'article 14 fut modifié. Une addition à l'article 8 stipula « que la censure ne pouvait être rétablie » en matière de presse. Ailleurs, on concédait aux deux chambres l'initiative des propositions de lois; on modifiait les conditions d'éligibilité, en abaissant de 40 à 30 ans la limite d'âge pour les députés, et à 25 pour les électeurs. L'article 27 relatif à l'hérédité de la pairie fut réservé et sa révision renvoyée à la session suivante, aussi bien que le cens électoral. — Restait la conclusion par laquelle on appelait au trône le duc d'Orléans et

ses descendants à perpétuité. « Moyennant l'acceptation d[e]
ces dispositions et propositions, la chambre des députés dé[-]
clare enfin que l'intérêt universel et pressant du peuple fran[-]
çais appelle au trône S. A. R. Louis-Philippe d'Orléans, du[c]
d'Orléans, lieutenant général du royaume. » Sur ce paragraphe
il n'y eut pas d'opposition, et, à l'exception des membres d[e]
la droite qui s'abstinrent, l'unanimité se prononça pour so[n]
adoption. Puis, la chambre vota au scrutin secret sur l'en[-]
semble du projet. Le dépouillement donna le résultat sui[-]
vant : votants, 252. Boules blanches, 219 ; boules noires, 33.
La chambre décida aussitôt qu'elle porterait en masse sa résolution au lieutenant général. Il la reçut entouré de sa famille : « Je regarde la déclaration que vous me présentez, dit-
il, comme l'expression de la volonté nationale, car elle me
paraît conforme aux principes politiques que j'ai professés
toute ma vie. Rempli des souvenirs qui m'avaient toujour[s]
fait désirer de n'être jamais destiné à monter sur le trône,
exempt d'ambition et habitué à la vie paisible que je menai[s]
dans ma famille, je ne puis vous cacher tous les sentiment[s]
qui agitent mon cœur dans cette grande conjoncture; mais
il en est un qui les domine tous : c'est l'amour de mon pays;
je sens ce qu'il me prescrit, et je le ferai. » Dans ce momen[t]
même la chambre des pairs adhérait à l'acte de la chambre
élective.

Sous l'ancienne monarchie, du jour où le roi montait su[r]
le trône, ses propriétés devenaient propriété de l'État. Cette
coutume était-elle abrogée par le fait même de la révolution
qui substituait au droit divin de la royauté le droit de la nation, et au principe fixe de la légitimité, le principe, mobile
dans ses appliccations de la souveraineté populaire ? Louis-
Philippe avait-il le droit de mettre une condition à l'acceptation du trône ? Il le crut ; et, le 7 août, il fit à ses enfants do-
nation de sa fortune privée dont le revenu net dépassait alors
1,300,000 fr.

SERMENT DE LOUIS-PHILIPPE. — *Fragilité de la base du nou-*
veau gouvernement. — Deux jours après, le lieutenant géné[-]

ral se rendit au palais de la chambre des députés, où, après avoir prêté serment dans la forme suivante : « En présence de Dieu, je jure d'observer fidèlement la charte constitutionnelle avec les modifications exprimées dans la déclaration, de ne gouverner que par les lois, de rendre ferme et exacte justice à chacun selon son droit, et d'agir en toutes choses dans la seule vue de l'intérêt, du bonheur et de la gloire du peuple français, » il prit possession de la couronne.

Dans la suite, la précipitation de ces grandes et décisives résolutions fut vivement blâmée. On attaqua ce qu'on appela la charte *bâclée* de 1830; on attaqua le droit que s'étaient arrogé 232 députés de disposer de la couronne de France. Mais, en ce moment, l'enthousiasme était général, l'assentiment libre et universel; la conduite des députés répondait au vœu de l'immense majorité des citoyens, et nul doute que ce gouvernement sorti pur des barricades, comme la manifestation de l'ordre rétabli et des libertés reconquises, n'eût obtenu du pays la ratification pleine et entière des faits accomplis, quelle que fût la forme, suffrage restreint ou suffrage universel, dans laquelle il eût provoqué l'expression de la volonté populaire. Louis-Philippe pensa que le vote de la chambre, si parfaitement d'accord avec le sentiment public, était une base suffisante pour un trône fondé sur le principe de la souveraineté nationale; grave erreur dont les conséquences furent irréparables, car elle laissa aux factions une sorte de prétexte pour en appeler sans cesse contre la royauté nouvelle à cette majorité qui n'avait pas été régulièrement consultée, dans les comices, sur son établissement. Dix-huit ans après avoir reçu la couronne d'une réunion de députés, Louis-Philippe se la laissa arracher par une poignée de factieux. Il prit la voix de l'émeute pour celle de la révolution, une insurrection partielle pour le soulèvement de la nation tout entière, et il ne distingua pas le pavé qui cherchait à ébranler son trône du pavé qui l'avait fondé. Ce fut la faute de son origine, non la sienne seulement; nommé par une classe, la plus intelligente, la plus riche, la plus éclairée de la nation, par la haute bourgeoisie, il s'accoutuma à gouverner avec elle, avec ce qu'on appelait le *pays légal*. Quand, dans une heure de défaillance, elle se déroba à l'appel du pouvoir, celui-ci, ne trouvant plus de point d'appui, se vit en face de la multitude auprès de laquelle il n'avait pas de titres à invoquer, ne lui ayant pas reconnu de droits à exercer. L'intervention du pays *extra-légal* dans les affaires publiques ne pouvait être qu'une émeute ou une révolution. Laissé à lui-même et frappé de stupeur, le pouvoir n'essaya pas de combattre. Sa retraite ne fut pas la chute d'un roi, elle fut la chute d'un système qui attribuait le privilége électoral exclusivement à la fortune; elle fut le point de départ d'une révolution politique, immense dans ses conséquences et analogue à celle qui, dans la République romaine, fit passer le gouvernement des assemblées centuriates aux assemblées par tribus. — C'est l'histoire de ce système renversé le 24 février 1848 que nous allons retracer.

Difficultés du gouvernement à l'intérieur et à l'extérieur. Ses conditions d'existence. Caractère et politique du roi. — Les difficultés de la situation de la royauté de Juillet étaient de plusieurs sortes : — 1° l'ordre à rétablir ; des satisfactions à donner à la révolution. Ces satisfactions paraissaient incompatibles, sur certains points, avec le rétablissement même de l'ordre. N'était-il pas dangereux, par exemple, de confier des armes aux citoyens indistinctement en les enrôlant dans la garde nationale, et, d'autre part, d'affranchir de toutes entraves la liberté de la presse?... Or, l'existence du gouvernement de Juillet va être employée à tenter la conciliation de l'existence d'une presse libre et d'une garde nationale instituée sur des bases démocratiques, avec le maintien de la tranquillité publique ; — 2° la pacification ou au moins le désarmement des partis. La pacification était une chimère. Au bout de quelques mois, la royauté de Juillet verra se lever contre elle et les hommes qu'elle avait renversés, les légitimistes, et les hommes qu'elle avait empêchés d'arriver à la réalisation de leurs doctrines, les républicains. Chose singulière, c'est en luttant contre eux qu'elle se consolidera. Les classes qui avaient fait la révolution, véritables forces de la nation, se pressèrent autour d'elle pour en défendre les principes, que les uns voulaient étouffer et que les autres tentaient de compromettre dans une application exagérée. Toute tentative violente sera un échec, un affaiblissement pour les partis, une victoire et un accroissement de forces pour le gouvernement. L'énervation viendra, à la suite de son triomphe de la sécurité qu'il puisera dans l'apparente résignation des partis. Mais les partis ne se résignent pas : ils attendent l'heure où les querelles intestines de la majorité leur fourniront l'occasion de surprendre leurs adversaires; — 3° les dispositions des puissances. Il ne paraissait pas qu'elles pussent être favorables à l'établissement d'un gouvernement issu des rancunes populaires qui n'avaient jamais pardonné à la branche aînée d'être rentrée en France sous la protection des baïonnettes étrangères, et qui leur empruntait le caractère d'une réaction nationale contre les traités de 1815.

Nous venons d'exposer quelques-uns des périls de la situation. Personne peut-être, par son caractère, par les ressources infinies de son esprit, par la réputation de sagesse et de libéralisme qu'il devait à ses antécédents, n'était plus en état de les conjurer que le prince qui venait d'être élu.

Louis-Philippe était alors dans toute la force de l'âge : il avait cinquante-sept ans. L'adhésion qu'il avait donnée dans sa jeunesse à la révolution de 1789, la part glorieuse qu'il avait prise aux batailles de Valmy et de Jemmapes; les épreuves de l'exil qu'il avait supportées avec courage à Reichenau, en donnant des leçons de mathématiques et de géographie, ailleurs, en Allemagne, en Suède, en Norvége, en Angleterre, en Amérique, en étudiant les institutions, en observant les mœurs et le caractère des nations; la conduite prudente et hautement libérale qu'il avait tenue pendant les règnes précédents, étaient autant de témoignages de la sincérité de ses convictions, de la sûreté de son expérience et de l'étendue de son savoir. Doué, comme homme, d'une séduction de manières incomparable dans les rapports de la vie privée, il charmait tous ceux qui l'approchaient par un esprit facile, une bonhomie sans effort, une causerie familière. Très-laborieux, il voulait tout voir par lui-même. Son esprit pratique répugnait par-dessus tout aux aventures et aux utopies. Il se montra courageux, humain, clément; clément jusqu'à pardonner à ses ennemis les plus acharnés; courageux jusqu'à affronter les balles de l'émeute embusquée dans les rues, qu'il traversait tête et poitrine découvertes; humain plus que ne le fut aucun souverain, s'il est vrai, comme on l'a écrit, qu'il ait tenu registre de la révision, faite de sa main, de toutes les sentences capitales, n'ayant jamais permis qu'une tête tombât sous le glaive de la loi, sans avoir cherché, dans sa conscience et dans sa raison, un moyen de la sauver, par l'exercice de son droit de grâce. On l'accusa d'aimer l'argent, il est vrai qu'il aimait l'argent, mais pour l'employer à des dépenses utiles. — Ces grandes et rares qualités, le roi en avait conscience, et cette conscience de sa supériorité lui inspira une opinion de lui-même que le succès justifia aussi longtemps que l'âge n'eut pas affaibli la décision de son caractère et la netteté de son esprit. Convaincu de l'excellence de ses idées, il s'habitua à tenir de moins en moins compte des attaques calomnieuses de ses adversaires et à dédaigner davantage les moyens qu'aurait su employer une politique insidieuse pour entretenir et ranimer la popularité. Il s'en tint strictement à la légalité; il fit dire justement à ceux qui lui reprochaient de ne pas transiger avec les aspirations légitimes ou même avec les préjugés de l'opinion publique ce mot fameux : *La légalité nous tue.* Il compta trop sur le bon sens politique, sur les intérêts et le dévouement de la classe qui avait eu le plus de part à son avènement, il compta trop sur lui-même. Partisan de la paix, dont sa haute intelligence sentait tout le prix pour le bien du pays et la marche progressive de la civilisation, il se montra économe de la fortune et du sang de la France jusqu'à l'avarice. Cette avarice lui fut imputée à crime et la nation qui, à tort ou à raison, se sentit humiliée, ne lui pardonna pas d'avoir opposé la sagesse bourgeoise de ses temporisations aux dispositions entreprenantes et aux généreuses susceptibilités des masses.

Tel était le roi Louis-Philippe. S'il eût été un homme ordinaire, il n'eût pas compromis son autorité personnelle comme il le fit dans la suite, parce qu'il se fût trouvé mieux en rapport avec ce rôle effacé dans lequel beaucoup d'hommes politiques auraient voulu voir se renfermer le roi constitutionnel ; ou peut-être ne serait-il pas tombé en 1848, parce qu'il serait tombé beaucoup plus tôt. En effet, il n'y avait qu'un esprit supérieur qui pût dominer les difficultés de la situation au lendemain de la révolution, et imprimer aux affaires cette direction à laquelle on fut redevable du développement de la prospérité publique à travers les agitations qui survinrent.

Premier ministère, sous la présidence du roi.

(*Du 11 août au 2 novembre* 1830.)

Attitude du gouvernement vis-à-vis de la monarchie de juillet. — Comment l'Europe allait-elle juger le nouveau gouvernement que la France s'était donné ? Les événements de Juillet avaient provoqué partout le réveil des nationalités. Un parti peu nombreux, mais actif et bruyant, poussait le gouvernement à se faire l'auxiliaire des peuples soulevés contre les rois. Il croyait que le seul rôle digne de la France était celui d'une propagande révolutionnaire par les armes. C'est lui qui, prodigue d'exagérations injurieuses, par la bouche du général Lamarque, avait qualifié le gouvernement de la Restauration : *une halte dans la boue*, parce qu'à l'entendre, il avait abaissé le pays devant l'étranger. L'effectif de l'armée ne dépassait pas 190 mille hommes : nos magasins avaient été vidés pour suffire aux besoins de l'expédition d'Alger : prodiguer le sang et la fortune de la France dans une suite d'entreprises sans fin, c'était l'exposer à se trouver en face d'une coalition victorieuse qui pouvait lui infliger ou la ruine ou la perte de la liberté.

Le roi avait la fermeté et le bon sens nécessaires pour résister à de tels entraînements : le maintien de la paix, en tant que compatible avec la dignité de la France, lui paraissait la condition essentielle de l'affermissement et du développement des institutions de Juillet. Au fond, la situation était moins mauvaise qu'elle ne paraissait l'être. Si nous avions des raisons puissantes pour ne pas porter la guerre chez nos voisins, ceux-ci en avaient d'aussi sérieuses pour éviter de provoquer l'explosion des passions révolutionnaires. Au moindre signal de notre part la Pologne se soulevait contre la Russie, la Belgique se séparait de la Hollande, la Hongrie, l'Italie prenaient les armes contre l'Autriche. Un enthousiasme sympathique avait accueilli de toutes parts, en Angleterre, la nouvelle des événements de Juillet. Cet élan des populations entraîna le cabinet de Saint-James, qu'avaient d'ailleurs habilement préparé les efforts de M. de Talleyrand, et il s'empressa de reconnaître officiellement le roi Louis-Philippe. Dès lors, une coalition européenne contre la France n'était plus possible. On trouva des dispositions moins favorables dans les cours du Nord et de l'Allemagne, non pas que l'Autriche et la Prusse missent en doute les intentions pacifiques du gouvernement, mais elles ne le croyaient pas en état de résister à la pression du parti du mouvement, et elles armaient en vue d'éventualités menaçantes, attendant qu'il eût fait ses preuves de force et de sagesse pour le reconnaître officiellement. Quant à la Russie, les rapports particuliers de Nicolas avec la branche aînée, l'analogie de principes et de doctrines qui avait inspiré la politique des deux cours de Saint-Pétersbourg et des Tuileries de 1815 à 1830, devaient disposer le czar à voir dans le changement de dynastie un échec personnel. Les mauvaises dispositions de la Russie furent un des embarras de la politique extérieure du gouvernement pendant toute la durée du règne. Elles donnèrent au langage diplomatique un ton parfois empreint de sécheresse et d'aigreur. Mais parce qu'en reconnaissant Louis-Philippe, le czar se servait de l'expression *Majesté* au lieu de celle de *Monsieur mon frère*, fallait-il que la France tirât l'épée ? — Une reconnaissance très-importante fut celle du pape Pie VIII, qui invita, en même temps, le clergé à donner un entier concours au gouvernement nouveau. L'exemple fut suivi par tous les États italiens, à l'exception du duc de Modène, François V, dont la conduite reçut le seul châtiment qu'elle méritât : le dédain. Quand, l'année suivante, s'étant ravisé, il offrit de reconnaître Louis-

Philippe, on ne lui répondit pas. — On se vengea de l'hostilité que témoignait le roi d'Espagne Ferdinand VII, en suivant son exemple. Tandis que, de l'autre côté des Pyrénées, on secondait ouvertement les menées des royalistes, on laissa, de ce côté, les réfugiés s'organiser militairement, se disposer à rentrer en armes dans leur pays, placé sous un régime violent et despotique. Ferdinand fut effrayé : il promit de reconnaître le roi des Français et de mettre obstacle au mouvement légitimiste, si le gouvernement français éloignait des frontières les réfugiés espagnols. — A la fin d'octobre, il n'y avait plus un souverain en Europe, sauf le duc de Modène, avec lequel la France n'eût établi de relations sinon amicales, du moins régulières.

Embarras et dissensions intérieures. — Pendant le cours de ces négociations qui, en assurant la paix à l'extérieur, favorisaient à l'intérieur l'action du gouvernement, celui-ci avait eu à s'organiser et à s'affermir. Le premier ministère constitué, le ministère dit du 11 août ne pouvait être qu'un ensemble d'éléments hétérogènes, pris dans les partis dont les efforts, bien qu'inspirés par des mobiles différents, avaient également concouru aux derniers événements. M. Dupont de l'Eure et M. Laffitte y représentaient ce qu'on allait appeler le parti du mouvement, celui qui voulait pousser la monarchie dans les institutions républicaines; MM. de Broglie, Guizot, Molé, Casimir Périer, Dupin aîné, le baron Louis et le maréchal Gérard, étaient à la tête du parti de la résistance. A peine était-il constitué que ses chefs se virent en butte aux attaques les plus violentes. La lutte fut, dès le principe, ardente, opiniâtre, implacable. Dans la rue l'émeute; à la tribune les invectives ; dans la presse, dans le pamphlet, dans la caricature, l'outrage et la calomnie, des accusations sans cesse répétées et d'autant plus dangereuses que les bas-fonds dont elles sortaient en rendaient le démenti impossible, puisque c'est presque s'abaisser que d'accepter certains adversaires. Chaque jour, la personne du roi constitutionnel était mise en cause, vouée au ridicule, dénoncée à la haine et au mépris public.

Quand les lois nouvelles furent faites pour la couvrir, l'allusion directe, l'insinuation transparente remplacèrent, aussi dangereuses et non moins outrageantes, l'attaque brutale et nominale. Pendant dix-huit ans légitimistes et républicains, et cette masse flottante, sans principe politique, cette masse destinée à former sous chaque gouvernement ce qu'on appelle l'opposition, à laquelle l'ennui d'une tranquillité trop prolongée devait donner, dans la suite, des proportions formidables; pendant dix-huit ans, tous déversèrent à l'envi la déconsidération sur les agents et les partisans du pouvoir, traitant ceux-ci de vils stipendiés, ceux-là d'insatiables budgétivores. On croit rêver quand on prend connaissance aujourd'hui des publications satiriques de ce temps-là, telles que la *Tribune* ou la *Caricature* : jamais, sous un gouvernement régulier, la licence n'a été aussi loin, la plume et le crayon n'ont commis de telles audaces. La durée d'un gouvernement, aussi outrageusement et aussi obstinément attaqué, apparaît alors comme une sorte de prodige. Cependant, que faisaient le roi, les ministres, les conservateurs, en face de tels adversaires? Aussi longtemps qu'ils ne descendirent pas dans la rue, le gouvernement s'en rapporta surtout à l'opinion publique pour en faire justice; le roi leur opposa la patience et la sagesse ; les ministres leur opposèrent le courage et le talent. La tribune sauva l'ordre aussi bien que la liberté. Le bon sens pratique, la raison, y remportèrent les plus belles victoires par l'éloquence de la parole. L'éducation politique du peuple, nous voulons dire de cette partie du peuple seulement qui a le temps de lire, se faisait par les enseignements de la tribune. Mais les luttes prolongées ont leur lassitude. On se fatigue de répondre à des accusations de mauvaise foi, reproduites sous toutes les formes ; celles-ci semblent en possession légitime de la libre carrière qu'elles ont conquise sur l'indifférence et le dédain des consciences honnêtes. Les gens qui ne prêtent aux affaires qu'une attention distraite se laissent persuader. Comme on ne daigne pas chercher à éclairer une opinion dont on mesure moins la valeur numérique, qui peut être immense, que la valeur morale, qui est bien légère, on s'habitue à braver l'impopularité: on s'en fait même un titre de gloire : on dit comme Phocion, applaudi un jour par le peuple : « Aurais-je laissé échapper quelque sottise ? » — Jeu terrible à jouer dans une démocratie ! le gouvernant y expose sa considération personnelle et met en péril, avec l'autorité dont il est dépositaire, la liberté qu'il n'a pas éclairée et défendue suffisamment contre ses propres violences.

La marche du gouvernement devait être, dans le principe, difficile et embarrassée. Il fallait que les circonstances y introduisissent peu à peu l'homogénéité, condition d'harmonie et d'accord. Dans le ministère, M. Dupont de l'Eure était en opposition avec ses collègues; et on le vit voter, à la chambre, contre des lois présentées par le pouvoir dont il faisait partie.

La chambre des pairs, à la suite des démissions d'un grand nombre de ses membres qui avaient jugé que le serment prêté à la branche aînée ne leur permettait pas de servir la dynastie nouvelle, se trouva réduite à cent quatre-vingt-douze membres. Le 25 juillet, elle en comptait trois cent trente-cinq. Cinquante députés avaient renoncé à leur mandat ; plusieurs sièges étaient vacants par suite de l'annulation des dernières opérations électorales. Pourvoir à ces vacances immédiatement, c'était donner à la chambre le moyen de se compléter et au gouvernement l'occasion de consulter le pays, car, tout compte fait, il se trouvait que les élections devaient envoyer à la chambre cent trente députés nouveaux qui décideraient de la majorité. Une loi imposa à tout député qui, pendant la durée de son mandat, serait nommé à des fonctions salariées, l'obligation de se présenter de nouveau aux électeurs. En tenant compte d'une circonstance qui, modifiant la situation du mandataire, pouvait modifier sa conduite, elle assurait et respectait le droit de l'électeur de prendre son représentant où il voulait. Sous l'empire de cette loi, les élections destinées à pourvoir à la vacance des siéges envoyèrent à la chambre une majorité considérable favorable au gouvernement; par là le pays donnait une adhésion éclatante aux derniers événements.

Le gouvernement était à peu près maître de sa conduite à l'extérieur, et la nomination de M. de Talleyrand à l'ambassade de Londres devait bientôt assurer à la France, dans les conseils de l'Europe, la part d'influence à laquelle elle avait droit. A l'intérieur, la situation est beaucoup plus compliquée : le remède au mal allait naître de son excès même. Les chambres avaient d'abord voté un crédit de 30 millions pour garantie des prêts et avances faits au commerce et à l'industrie ; mais quels résultats pouvaient avoir de telles mesures, quand l'agitation de la rue était soutenue par les motions des sociétés populaires, par des processions continuelles de *patriotes*, qui, tantôt voulaient porter au Panthéon les bustes de Manuel et de Foy, tantôt réhabilitaient la mémoire des sergents de la Rochelle sur la place où ils avaient été exécutés et invitaient la garde nationale et les ouvriers à se joindre à eux pour renverser la chambre des députés ? « Le grand mal des sociétés populaires, disait très-bien le ministre interpellé à la chambre sur l'existence de ces sociétés, c'est qu'elles exaltent l'état révolutionnaire. Toutes les choses sont mises en question : des appels continuels sont faits à la force, à la violence... La France veut l'ordre ; elle en sent le besoin ; elle résiste par sa nature, par son instinct, par son intérêt, à l'état révolutionnaire. » Quelques jours après ce discours, les marchands et les petits industriels prirent le parti de faire eux-mêmes ce que l'autorité ne faisait pas encore. Le manège Peltier, où se tenait la *Société des Amis du peuple*, fut envahi par des gardes nationaux qui chassèrent les clubistes. Vint ensuite un jugement du tribunal de police correctionnel, prononçant la dissolution de la société. La guerre était déclarée à la démagogie. Elle se réfugia dans les associations clandestines. Là, elle va préparer les émeutes, provoquer le régicide, et conspirer jusqu'au jour où elle renversera la monarchie.

Le procès des ministres. — Une question redoutable allait devenir la pierre de touche de la révolution. Quatre des ministres de Charles X, signataires des fatales ordonnances, avaient été arrêtés et incarcérés ; MM. de Polignac, de Peyronnet, de Chantelauze, de Guernon-Ranville. On demandait de toutes parts leur mise en jugement. Cette mise en jugement devait-elle avoir, pour conséquence, le supplice des ministres, que réclamait avec fureur le parti du mouvement ? Fallait-il, quand le temps avait dû calmer les haines, leur donner un aliment nouveau et une excitation, en jetant à la foule quatre têtes d'honnêtes gens qui avaient expié, en partie et bien cruellement, leur crime politique ?... Une exécution sanglante paraissait au moins inutile au gouvernement. Il était donc résolu à faire tout ce qui serait en son pouvoir pour l'empêcher. Mais son pouvoir, jusqu'où allait-il ? Il était douteux qu'il fût en état de protéger les accusés. L'Europe attendait donc l'issue du procès, comme le premier témoignage de la force du gouvernement. Si les accusés avaient été envoyés à la mort, elle eût tout redouté de l'exaltation révolutionnaire ; s'ils eussent été soustraits à leurs juges par l'émeute, elle eût désespéré d'un gouvernement incapable de veiller à l'accomplissement de la justice. L'équité de la sentence rendue et la fermeté du pouvoir chargé de son exécution pouvaient seules lui donner confiance.

Le 27 septembre, à une très-grande majorité, la chambre avait renvoyé les ministres, sous l'accusation de haute trahison, devant la chambre des pairs érigée en cour souveraine de justice. Le roi, les ministres, M. de La Fayette, les membres des deux chambres paraissaient d'accord pour ne pas ensanglanter le triomphe assuré et incontesté de la liberté. Les exaltés s'irritent, font appel au rebut des ateliers, à la plus vile populace, et se portent en foule au Palais-Royal (17 octobre) aux cris de : *Mort aux ministres !* De là, ils marchent sur Vincennes où les prisonniers avaient été confiés à la garde du général Daumesnil. Ce Daumesnil est celui qui avait eu une jambe emportée par un boulet de canon, et qui, sommé par les alliés de rendre Condé où il commandait, s'était contenté de leur répondre : RENDEZ-MOI MA JAMBE ! Il n'y avait rien à tenter contre un pareil homme. Force fut aux émeutiers de revenir sur leurs pas, et ils marchèrent de nouveau sur le Palais-Royal ; pendant vingt-quatre heures, ils avaient tenu Paris dans l'angoisse, le roi presque assiégé dans son palais. Une lutte très-vive éclata, à cette occasion, dans le conseil des ministres ; la situation était si grave encore que de nouvelles concessions parurent nécessaires.

Ministère Laffitte (30 novembre 1830 au 3 mars 1831).

MM. Guizot, de Broglie, Molé, le baron Louis, déposaient leur portefeuille ; M. Laffite eut la présidence du conseil, et le concours de M. de La Fayette et des hommes de la gauche était jugé indispensable pour s'opposer aux passions démagogiques, qui s'apprêtaient à tenter un décisif effort. On ajourna donc la formation d'un ministère de principes, et on recourut à un ministère d'expédients, avec lequel on pût traverser heureusement une crise périlleuse. Par l'amabilité de son caractère qui lui avait créé des amis dans tous les partis, par l'indécision de sa physionomie et de ses opinions politiques, M. Laffitte convenait à un rôle de conciliation. Mais dès qu'il devint nécessaire de tracer et de suivre avec fermeté une ligne de conduite véritablement gouvernementale, il se trouva insuffisant. A côté de M. Laffitte, siégeaient dans ce ministère du 3 novembre, ainsi nommé du jour de son entrée en fonctions, M. le général Sébastiani, M. le comte de Montalivet, dévoués à la pensée intime du roi ; M. d'Argout, le maréchal Soult, qui joignait à la science militaire des champs de bataille l'esprit de l'organisation et de l'administration des armées. M. Casimir Périer, expression la plus tranchée de la résistance, fut porté à la présidence de la chambre, en remplacement de M. Laffitte. Dans le même temps, on apprenait la mort de M. Benjamin Constant, qui, pendant quinze ans, avait, au nom des idées libérales, combattu la Restauration, et conquis comme orateur et comme écrivain une juste popularité (8 décembre).

Jugement des ministres. — Peu de jours après le 15 décembre, s'ouvrit le procès des ministres. Les prisonniers avaient été transférés de Vincennes au Petit-Luxembourg. Les interrogatoires furent remarquables par la fermeté et la loyauté dont les accusés firent preuve en acceptant, chacun, la responsabilité de ses propres actes, sans charger jamais le roi absent et irresponsable, d'après la fiction de la loi. M. de Polignac, le plus compromis de tous, avait pour défenseur l'homme qu'il avait renversé du pouvoir, M. de Martignac. M. de Peyronnet, orateur consommé, se défendit lui-même. Justifier les ordonnances était impossible ; mais on fit valoir les qualités personnelles des accusés, l'embarras de leur situation en face d'un vieillard entêté, à la volonté de qui il fallait céder. La guerre avait éclaté; et maintenant que la dynastie était vaincue, partie pour l'exil, quel besoin la révolution victorieuse pouvait-elle avoir de nouvelles victimes? Ces considérations et beaucoup d'autres étaient de nature à agir puissamment sur les dispositions des juges; restait à savoir s'ils résisteraient à la pression extérieure. Dans les journées qui précédèrent celle où la cour prononça son arrêt, des cris de mort se firent entendre sous les fenêtres de la prison : non pas que les furieux qui les poussaient eussent soif de sang: « Mais, disaient les républicains, nous saisissons l'occasion de renverser un gouvernement qui a trahi la révolution. « Un agent *carliste* écrivait de son côté : « Il nous faut une république pour chasser la famille d Orléans; n'espérons rien sans elle. Il faut donc travail ler pour la faire naître. » On travaillait en conséquence les clubs, les sociétes secrètes, particulièrement la société des *Amis du peuple*. — Les rassemblements de curieux et de conspirateurs avaient pris des proportions effrayantes. Le 20 décembre, la cour du palais est envahie, les pairs sont forcés de se retirer. Le 21, l'affluence est plus considérable encore et plus menaçante. Le tumulte augmente à mesure qu'on approche du moment où l'arrêt va être prononcé.

Vers le soir, les prisonniers sont transportés et mis en sûreté à Vincennes. Des deux côtés, on se prépare à une bataille: 30,000 hommes de toutes armes bivouaquent dans les rues. Enfin, à dix heures et quelques minutes, M. Pasquier, président de la cour, donne lecture du jugement qui condamne M. de Polignac à la prison perpétuelle avec mort civile, déchéance des titres, grades et ordres, et MM. de Peyronnet, de Chantelauze et de Guernon-Ranville à la prison perpétuelle, avec interdiction légale et déchéance des titres, grades et or dres et tous les quatre solidairement aux frais du procès. — Au moment où la nouvelle de cet arrêt se répandit, les ouvriers avaient regagné les faubourgs.

Le lendemain, la fermentation fut extrême; des bandes nombreuses, prêtes à tout oser, parcoururent la ville, mais la conenance de la garde nationale appelée à reprendre les armes qu'elle n'avait pas, en quelque sorte, quittées depuis huit jours, fut excellente : elle marcha, secondée par la troupe de ligne, sur les rassemblements. et les dispersa. Les écoles s'étaient prononcées pour le maintien de l'ordre, et l'artillerie de la garde nationale, où l'émeute comptait des complices, avait été paralysée.

M. de La Fayette adressa, le 24 décembre, un ordre du jour à la garde nationale qui se terminait ainsi : « Tout a été fait pour l'ordre public : notre récompense est d'espérer que tout va être fait pour la liberté. « Ainsi, le chef de la garde nationale, le dépositaire d'une autorité militaire, adressait au gouvernement une espèce de sommation. Il s'expliquait, d'ailleurs, hautement sur les réformes à introduire : changement de ministère, pairie élective, dissolution de la chambre, concession du droit électoral à tous les contribuables. Sur tous ces points, il était loin d'être d'accord avec l'immense majorité de la classe moyenne. Celle-ci était affamée d'ordre ; elle croyait, à cette époque, que la liberté n'avait rien à gagner et que l'ordre avait tout à craindre d'une extension trop étendue du droit électoral ; elle demandait, non le changement radical, mais l'affermissement des institutions. Elle s'éloignait de plus en plus des doctrines politiques du vétéran de la liberté dans les deux mondes, de l'homme qui avait tout fait pour elle sans avoir jamais bien su à quelles conditions elle est possible et durable. Aussi, lorsqu'à la suite de l'adoption d'un article du projet de loi sur la garde nationale qui supprimait le commandement supérieur des gardes nationales, M. de La Fayette se hâta de donner sa démission, avant d'attendre l'époque de la promulgation de la loi et malgré tous les efforts du roi pour le faire rester à son poste, où il pouvait rendre des services à l'ordre, l'opinion publique, que cherchaient à soulever les amis du vieux général, resta froide et indifférente. En vain, on protesta contre « une scandaleuse ingratitude ; » en vain, M. Dupont de l'Eure donna sa démission de ministre de la justice, démission dont il avait tant de fois menacé le gouvernement, le mécontentement des partis hostiles ne produisit, pour le moment, aucun trouble, aucun mouvement. Le général Lobau, une des vieilles illustrations de l'armée française, avait remplacé M. de La Fayette dans le commandement des gardes nationales de la Seine.

Le sac de l'archevêché. — Un fait montre l'état d'agitation des esprits, et la faiblesse du pouvoir; des légitimistes se réunirent vers le commencement de 1831, le 13 février, à Saint-Germain l'Auxerrois, à l'occasion de l'anniversaire de la mort du duc de Berry. L'image du jeune héritier de la branche aînée, désigné sous le nom d'Henri V, fut mise sous les yeux de l'assemblée. La nouvelle de ce fait se répand. La foule s'émeut. Elle voit dans cette manifestation un outrage à la révolution, elle accuse le gouvernement de transiger avec les *Carlistes*. Elle se porte à l'église, la saccage ainsi que le presbytère. Le lendemain, elle court à l'archevêché, qu'elle démolit de fond en comble après l'avoir pillé. Les croix sont abattues, les prêtres insultés, les insignes de l'ancienne royauté mutilés; Louis-Philippe se voit contraint de faire disparaître les fleurs de lis de son blason. Des scènes analogues ont lieu dans plusieurs villes de province. L'autorité qui, peut-être, n'avait vu dans ces événements qu'une affirmation nouvelle de la victoire de juillet, avait agi mollement. M. Baude, préfet de police, M. Odilon Barrot, préfet de la Seine, sont destitués. Tout le mois de mars est troublé par des rassemblements d'hommes qui, un jour, parcourent les rues avec des drapeaux tricolores, au cri de : Du pain ou la mort (2 mars)! une autre fois, vont briser les vitres de l'ambassade de Russie (11 mars). — Le 5 pour 100 est à 82, le 3 pour 100 à 52 francs.

Résumé de la situation. — En examinant la situation vers le commencement de 1831, il semble qu'on soit sur le point de voir se réaliser les pronostics de la Russie et de l'Autriche. Lorsque le représentant de la France avait fait connaître à l'empereur de Russie les événements de juillet : « Je ne reconnais, avait dit l'empereur, d'ordre de choses que celui qui donne au duc d'Orléans le titre de lieutenant général; seul il est légal, parce que seul il découle de l'autorité royale légitime. » L'empereur s'était bien difficilement décidé à reconnaître le roi Louis-Philippe, et l'Angleterre elle-même avait fait ses réserves dans des lettres dont la teneur peut se résumer ainsi : « Nous ne vous aimons pas, cependant nous ne vous ferons pas la guerre; nous vous reconnaîtrons, mais nous vous observerons, et malheur à vous si vous ne respectez pas les traités existants! » Quant au prince de Metternich, qui dirigeait la politique des cours du Nord depuis vingt ans, il avait déclaré hautement que le nouveau régime finirait, avant six mois, dans l'émeute où il avait pris naissance.

Ainsi, à l'extérieur, l'Europe était défiante, l'Angleterre expectante, l'Autriche, la Prusse et la Russie s'étaient liguées dans le but avoué d'étouffer toute tentative de propagande révolutionnaire et de maintenir le *statu quo* territorial de l'Europe, tel qu'il avait été réglé par le congrès de Vienne.

A *l'intérieur*, le peuple est dans la rue, les ateliers se ferment, la confiance et le crédit disparaissent. Les légitimistes, parmi lesquels se trouvent les grands propriétaires du pays, vont se mettre à l'écart et beaucoup vont conspirer, au risque d'abîmer le gouvernement et la nation dans la même ruine. Des républicains furieux attendent une revanche qui ne peut tarder. Le prince, accusé de perfidie par les uns, de tromperie par les autres, ne peut s'appuyer que sur le peuple. Le peuple l'aime à la condition qu'il restera bourgeois comme lui, qu'il se laissera aborder à toute heure, qu'il rendra aux affaires leur activité, au commerce le crédit, qu'il prendra la revanche de Waterloo sur les Anglais et délivrera la Pologne. Louis-Philippe n'avait pas désiré le trône avant le 28 juillet, mais, quand il l'accepta, avait-il prévu les terribles nécessités de sa situation nouvelle ?...

Quiconque avait voulu toucher la main royale, l'avait touchée. Jamais chef n'était descendu à de telles complaisances ; et ajoutons que jamais prince, à son avénement, n'avait été plus acclamé. Le suffrage universel, si quelque homme de sens y eût pensé alors, l'eût porté d'un seul élan. Mais on distribuait des fusils à huit cent cinquante mille citoyens, on donnait à une garde nationale de huit cent cinquante mille individus la mission de défendre et en même temps le pouvoir de troubler à volonté l'ordre public, et on aurait alors jugé insensée l'idée de confier le mandat électoral à un million d'hommes !.... Au reste, l'immense majorité de la garde nationale fut pour l'ordre et pour le roi.

A quelles conditions était lié l'avenir de cette popularité ? Louis-Philippe était-il enchaîné par un pacte à ces faiseurs de barricades dont il avait tenu la main calleuse, et qui auraient crié : Vive la République ! comme ils criaient : Vive le Roi ! s'il eût paru vingt-quatre heures plus tard ? La reconnaissance l'obligeait-il à obéir à l'inspiration de La Fayette, qui voulait qu'on donnât la main aux opprimés de tous les pays, Polonais, Italiens, Irlandais, au risque d'une guerre générale ? Devait-il gouverner avec ceux qui, comme M. Royer-Collard, l'avaient appelé au trône en qualité de Bourbon, pour imprimer la moindre secousse possible au principe de la royauté légitime et héréditaire, ou avec ceux qui le prenaient, quoique Bourbon, en raison de la sincérité de son libéralisme ? Ce libéralisme devait-il se borner à l'accomplissement des promesses de la Charte, ou devait-il introduire dans le régime de la royauté constitutionnelle les modifications de nature à en faire *la meilleure des républiques* ? L'action du pouvoir, qui cessait de s'exercer dans le sens aristocratique, allait-elle devenir purement démocratique, comme la révolution elle-même, ou bourgeoise, comme la classe dont la résistance et l'initiative avaient amené la révolution ? Et cette bourgeoisie était-elle bien une classe ? Cette classe, où commençait-elle ? où finissait-elle ? quel était son esprit ? quels étaient ses vœux, ses tendances, ses principes ?

Graves questions, insolubles, pour ainsi dire ; car la bourgeoisie échappe à toute définition. Il est impossible de dire aussi bien le point qui marque son commencement que le point qui marque sa fin. Elle joint les extrêmes. Elle est à la fois généreuse et égoïste, enthousiaste et positive : elle aime passionnément la liberté par moment et toujours passionnément l'égalité. Elle peut pousser cette rage jusqu'à sacrifier la liberté même à la haine des inégalités que le mérite et le talent produisent dans son sein. La bourgeoisie n'a pas d'esprit politique, parce que, sortie de la révolution, elle est encore pleine de ses turbulences inquiètes. Vouloir prendre ses oscillations pour règles du gouvernement, comme le pilote gouverne le navire l'œil fixé sur l'aiguille aimantée, ce serait tantôt sacrifier les intérêts de la bourgeoisie à sa gloriole, à ses colères ou à ses fantaisies, tantôt son honneur à ses intérêts.

Cette agitation ne pouvait se prolonger, car elle menaçait la société d'une véritable anarchie; le roi chargea Casimir Périer de former un cabinet. C'est le cabinet du 15 mars composé d'hommes spéciaux chacun dans sa partie, capables de seconder puissamment une politique qui voulait rendre aux affaires l'ordre, la régularité, la sécurité et la discipline. Casimir Périer gardait l'intérieur avec la présidence du conseil, Louis avait les finances, Barthe la justice, Montalivet l'instruction publique et les cultes, d'Argout le commerce et les travaux publics, Soult la guerre, Sébastiani les affaires étrangères, de Rigny la marine.

§ **II. Suites de la Révolution de 1830 en Europe. — Aperçu général de l'histoire des divers États européens, de 1830 à 1847.**

Nous avons fait l'exposé de la situation intérieure. Mais, pour la bien juger, il faut connaître la situation extérieure et savoir en face de quelles difficultés allait se trouver le cabinet qui arrivait aux affaires avec M. Casimir Périer. En mettant sous les yeux des lecteurs un tableau général de l'Europe à cette époque, nous indiquerons brièvement les révolutions, les événements considérables de l'histoire de chaque pays dont nous ne devons point avoir à nous occuper, dans l'exposition de la politique extérieure des dix-huit années du gouvernement de Juillet.

La révolution de Juillet avait eu en Europe un retentissement immense. Trois États en ressentirent principalement le contre-coup : LES PAYS-BAS, — LA POLOGNE, — L'ITALIE.

RÉVOLUTION DANS LES PAYS-BAS. — CRÉATION DU ROYAUME DE BELGIQUE. — Dans les Pays-Bas, de graves et profondes divisions existaient avant que les événements de France vinssent provoquer une séparation violente. Les Belges supportaient impatiemment la prédominance des Hollandais dont ils n'ont ni les mœurs, ni les idées, ni la religion, ni la langue. L'introduction de la langue hollandaise dans les actes officiels les avait surtout profondément blessés. Anvers et Amsterdam étaient en rivalité implacable, car l'une ne pouvait grandir qu'aux dépens de l'autre, et il est clair qu'Amsterdam ne se sacrifierait pas à sa rivale. Le roi Guillaume ne s'était pas aliéné seulement les libéraux et les patriotes belges, il avait profondément irrité le clergé et les catholiques, en imposant, lui, prince protestant, aux jeunes gens qui se destinaient au sacerdoce, l'obligation de suivre les cours du collége philosophique de Louvain. Libéraux et catholiques se trouvèrent associés dans le même sentiment, la haine de la domination étrangère. La nouvelle de la chute de Charles X fut le signal d'agitations factieuses à Bruxelles. Le 25 août, l'insurrection éclate avec les proportions d'une révolution : les troupes royales sont chassées, bientôt la Belgique tout entière est soulevée, à l'exception de Maestricht et d'Anvers. Le prince d'Orange, fils du roi, accourt pour tenter une réconciliation par des réformes auxquelles son père se refuse; dès lors tout espoir est perdu. Des deux côtés, on se prépare à la guerre. Le 23 septembre, le second fils de Guillaume, le prince Frédéric veut reprendre Bruxelles ; son armée vient se briser contre les barricades que défend le patriotisme bruxellois. Le 5 octobre, l'indépendance de la nation belge est proclamée par le gouvernement provisoire formé sous la présidence de M. de Mérode, descendant d'une des plus anciennes familles du pays. Les principes auxquels se rallient les révoltés sont ceux-ci : établissement d'une monarchie constitutionnelle, avec deux chambres, un sénat et une chambre élective, liberté complète des cultes et de l'enseignement, franchises communales, etc. Vainement le prince d'Orange offre de consacrer la séparation de la Belgique et de la Hollande, si on veut le prendre pour roi ; vainement le commandant d'Anvers, pour le roi Guillaume, bombarde la ville rebelle ; la rupture est définitive. Ni des concessions tardives, ni des menaces, ni des victoires même ne réduiront une population qui déjà, en d'autres temps, avait déployé, contre la domination étrangère, un courage proportionné à la grandeur des périls et à la supériorité des forces à vaincre. D'ailleurs, la Belgique a trouvé un appui dans la France.

Intervention de la France et de l'Angleterre, conférence de Londres. — Les puissances à l'intervention desquelles était due la formation du Royaume-Uni, l'Angleterre, l'Autriche, la France, la Prusse et la Russie s'étaient émues de ces événements. Au premier moment, le roi de Prusse, beau-frère du roi de Hollande, avait même donné l'ordre à son armée de marcher sur la Belgique. Aussitôt qu'il le connut, le comte Molé demanda une entrevue au ministre de Prusse et lui déclara que l'entrée d'un seul soldat prussien en Belgique serait le signal de la marche d'une armée française sur Bruxelles. « La guerre, ajouta-t-il, est au bout de mes paroles ; sachez-le et mandez-le à votre cour. » L'armée prussienne s'arrêta. Les plénipotentiaires des puissances protectrices se réunirent alors à Londres sur la demande du roi des Pays-Bas. La France se fit représenter par M. de Talleyrand. Grâce à l'influence de ce diplomate, un protocole, combattu par les plénipotentiaires hollandais, reconnut la séparation de fait de la Hollande et de la Belgique. Il était bien évident qu'à aucun prix désormais la France ne laisserait rétablir un royaume élevé sur ses frontières, au lendemain de nos revers, comme la sentinelle avancée de la sainte-alliance. Le triomphe de sa politique sera de constituer un État pourvu d'institutions constitutionnelles à l'image des siennes, et qui, né sous ses auspices, parlant sa langue, lié à sa fortune par des conventions commerciales, imprégné de son esprit, deviendra le détenteur bienveillant des places fortes élevées contre nous. Si elle parvient à faire reconnaître le royaume de Belgique fondé par elle, elle commence le remaniement territorial de l'Europe, elle rompt le faisceau des alliances hostiles, elle déchire les traités de 1815. Il faut apporter à une telle entreprise du tact, de la persévérance et de la fermeté ; du tact, pour conserver le bénéfice de l'alliance anglaise, sans laquelle une solution amiable était impossible ; de la persévérance et de la fermeté pour déjouer les manœuvres des cours du Nord et les calculs du roi Guillaume qui attendait du temps, c'est-à-dire des embarras où la France se trouvait placée, l'occasion de reprendre ce qu'il avait perdu. Ce fut là l'œuvre personnelle de la politique extérieure du roi Louis-Philippe : il la commença par un sacrifice d'ambition de famille. Deux candidatures au trône, parmi celles qui avaient été posées devant le congrès national de Belgique, ralliaient le plus de sympathies, c'étaient celle du prince de Leuchtenberg, fils d'Eugène Beauharnais, et celle du second fils de Louis-Philippe, du duc de Nemours. La France ayant déclaré qu'elle verrait un acte d'hostilité dans l'avénement du duc de Leuchtenberg, le duc de Nemours fut élu, mais le roi qui voulait ménager les susceptibilités de l'Angleterre et désarmer les défiances de l'Europe, avait annoncé qu'il refuserait pour son fils. Lorsque, le 17 février 1831, une députation belge vint offrir la couronne au duc de Nemours. Louis-Philippe renouvela solennellement son refus. Il lui suffisait que la Belgique eût donné ce témoignage à la France. Peu de temps après, 20 juin, le choix de la nation se porta sur le prince Léopold de Saxe-Cobourg, qui venait de refuser le trône de Grèce; il était veuf de la princesse Charlotte, fille du roi George IV d'Angleterre. La France s'était montrée très-favorable à ce prince, un des plus sages qui se soient assis sur un trône constitutionnel, et que Louis-Philippe, par un mariage avec sa fille, la princesse Louise, associera plus intimement à sa politique. La nouvelle de l'élection de Léopold porta à son comble l'irritation du roi Guillaume, excité par des encouragements secrets et maître encore de la citadelle d'Anvers. L'histoire de la Belgique se lie ici intimement à celle de la France. Nous la reprendrons en exposant la politique du cabinet du 15 mars.

Le parti de la guerre en France blâma la conduite du roi, qu'il accusa de timidité et qu'il aurait accusé d'égoïsme de famille, dans le cas où il eût imposé Nemours aux répugnances de l'Europe. Il est clair que si on eût cédé aux vœux de ce parti, soit pour tenter de conquérir avec la Belgique la rive gauche du Rhin, soit pour arracher la Pologne aux trois grandes puissances qui se l'étaient partagée, on se serait jeté, au lendemain d'une révolution, dans tous les périls de la propagande révolutionnaire et on aurait eu l'Europe entière contre soi.

Soulèvement de la Pologne. — La révolution de juillet eut une influence presque aussi grande, mais moins heureuse, sur les destinées de la Pologne.

Les traités de 1815 avaient donné sur certains points satisfaction aux instincts de nationalité de la Pologne, par l'octroi d'une constitution particulière. Mais les mesures réparatrices d'Alexandre furent stérilisées : son successeur s'efforça d'enlever à la Pologne tout ce qui pouvait lui rappeler les temps de son indépendance. En 1829, lorsque

Nicolas vint à Varsovie se faire couronner, au mois de mai 1830, à l'ouverture de la diète, des plaintes très-vives se firent entendre contre les violences arbitraires, les mesures tyranniques et vexatoires que commettaient les fonctionnaires russes; le tzar resta insensible. Cependant, la Belgique s'était soulevée, l'Allemagne s'agitait. Le 29 novembre 1830, à sept heures du soir, cinq à six cents jeunes gens de l'École militaire de Varsovie prennent les armes, parcourent la ville en appelant les Polonais à la liberté. Le peuple répond à cet appel, massacre comme traîtres les détachements polonais eux-mêmes qui hésitent à livrer leurs armes ou leur poste, et force le grand-duc Constantin à se retirer à Praga. Les Polonais ne pouvaient conjurer une partie des périls de la lutte inégale, où ils s'engageaient, que par la rapidité et l'unanimité des efforts. Par malheur, les bourgeois et les nobles ne s'entendirent pas et ne s'entendront jamais, les uns voulant la déchéance des Romanoff, une Pologne reconstituée avec toutes ses anciennes provinces, sur des bases sociales et politiques nouvelles, les autres se bornant à solliciter une extension des libertés nationales et des garanties pour l'observation de la constitution de 1815. En dehors de ces deux grands partis, les paysans restaient à peu près indifférents ; il n'y eut donc, à vrai dire, qu'une partie de la nation qui donna dans le mouvement. Le général Chlopicki fut proclamé dictateur. Bientôt il eut à combattre une armée russe de 120,000 hommes commandée par le feld-maréchal Diébitsch. Il comptait, non sur le succès de la lutte, mais si elle se prolongeait sur des victoires qui lasseraient les Russes, pour obtenir quelques concessions.

Inégalités de la lutte. Divisions intestines. — D'abord l'héroïsme enchaîna la victoire. A Praga, 19 février, les Polonais n'étaient que 7,000 contre 40,000. Les carrés russes sont attaqués à la baïonnette, au refrain de la chanson nationale : « Non, tu n'es pas sans défenseurs, ô Pologne chérie ! » Ils laissent 7,000 hommes sur le champ de bataille, les Polonais 2,000. Mais le glorieux combat de Grochow n'eut pas de lendemain, 20,000 Russes vinrent renforcer Diébitsch. Chlopicki s'était retiré : l'incapable Radziwill ne garda pas le commandement, qui fut confié à Shrzyencki. L'habileté et le courage de ce dernier ne purent que prolonger une guerre à laquelle le choléra-morbus vint ajouter les horreurs d'une peste meurtrière. Diébitsch (10 juin), le grand-duc Constantin (29 juin) sont frappés à quelques jours d'intervalle. Les vides étaient plus sensibles dans le petit nombre des défenseurs de la Pologne. Un perfide traité de neutralité avec la Prusse qui assura aux Russes la facilité des approvisionnements et une retraite, de nouveaux revers, vinrent augmenter les difficultés de la situation des Polonais qu'aggravèrent encore les divisions intestines. Le prince Paskiewitch avait franchi la Vistule et marchait sur Varsovie, tandis que cette malheureuse ville était en proie à d'affreuses agitations. Le parti démocratique s'était emparé du pouvoir, après avoir destitué Shrzynecki dont la prudente temporisation fut taxée de trahison. Le 15 août, la populace se porta aux prisons : tous ceux qu'elle soupçonnait d'intelligence avec l'ennemi furent massacrés. Non-seulement les clubistes révolutionnaires travaillaient ainsi à précipiter la ruine de la Pologne, mais ils faisaient perdre à cette noble cause une partie de la sympathie qu'elle devait inspirer. Après un siége meurtrier, Varsovie capitula, 7 septembre. Les Russes y rentrèrent le 8. La résistance des différents corps de l'armée polonaise ne fut pas plus heureuse. A la suite d'un revers, le général Rybniski est pendu par ses propres soldats, les débris des autres corps, pour échapper aux Russes, sont forcés de chercher un refuge sur le territoire de l'Autriche et de la Prusse. Cette campagne de 1830 à 1831 avait coûté au tzar Nicolas 180,000 hommes.

Il est à peine besoin de dire que la défaite de l'insurrection eut les plus tristes conséquences pour les Polonais. On exila en Sibérie, on transporta en masse dans le Caucase. A la charte de 1815 furent substitués les statuts organiques du 26 février 1832, qui déclaraient la Pologne partie intégrante de l'empire, la faisaient régir par un conseil d'administration. Rien ne parut plus dur à la Pologne, et un temps devait venir cependant où elle regretterait et invoquerait l'application des statuts organiques.

Ces événements eurent, on le verra, de l'influence sur la situation des esprits et sur la marche de la politique en France.

Mouvements en Italie. — La révolution de juillet avait eu également des suites sérieuses en Italie qui furent surtout sensibles après la mort de François Ier de Naples auquel succéda Ferdinand II (8 novembre 1830) et après l'avénement de Grégoire XVI (2 février 1831), qui remplaça Pie VIII sur le trône pontifical. Une insurrection éclata le 4 février 1832, à Modène. Elle comptait sur le concours du duc, qui trahit son chef Ciro-Menotti, et sur l'appui du roi de Sardaigne, pour devenir générale, pour établir à Rome un gouvernement démocratique, chasser les dynasties favorables à l'Autriche, et unifier l'Italie. Des mouvements éclatèrent presque partout en même temps. Marie-Louise fut forcée de fuir de Parme à Plaisance. Le duc de Modène se retira dans le Mantouan. Bologne, Urbin, Pesaro, Ancône, la Romagne et l'Ombrie presque entières chassèrent leurs gouverneurs particuliers et adhérèrent au statut constitutionnel provisoire des provinces unies, proclamé le 4 mars, par une assemblée de députés réunis à Bologne. Mais l'Autriche intervint, rétablit François V à Modène (9 mars), Marie-Louise à Parme (13 mars). Le gouvernement révolutionnaire s'était réfugié à Ancône : les Autrichiens marchèrent sur cette ville. Parmi les étrangers qui étaient venus se ranger dans les rangs de l'armée italienne se trouvaient les deux fils de la reine Hortense, l'aîné Charles Napoléon qui mourut des suites de ses fatigues et Louis Napoléon, qui obtint un passe-port pour l'étranger, car Ancône venait de tomber aux mains de l'Autriche.

Ces événements se passèrent très-peu de jours après l'arrivée aux affaires du cabinet du 13 mars. La France n'avait pas voulu prêter son concours aux révoltés. Ce cabinet allait-il laisser dominer l'influence autrichienne en Italie? Si celle-ci l'emportait à Rome et ailleurs, l'espèce d'équilibre d'influence que les traités de 1815 avaient établi entre le Nord et le Midi, entre les princes de la maison de France et les princes de la maison d'Autriche, ne se trouverait-il pas détruit au préjudice de nos intérêts moraux et matériels? Comment le gouvernement français allait-il entendre l'application du principe de non-intervention qu'il avait proclamé au lendemain de la révolution de juillet?

MOUVEMENT EN SUISSE. — La Suisse, elle aussi, était divisée en deux grands partis, le parti démocratique qui demandait l'abolition des priviléges de naissance, de bourgeoisie et de patriciat, l'égalité civile et politique, l'accession aux fonctions publiques de tous les citoyens, et le parti aristocratique. L'événement de juillet ranima l'ardeur des démocrates, et presque partout ils établirent des conseils de constitution ou grands conseils, élus par le peuple, qui firent triompher le principe de la liberté de la presse, de l'égalité des droits politiques et de la publicité des délibérations. Il y eut dans ce sens nombre de petites révolutions locales, notamment à Argovie (6 décembre 1830), à Soleure (11 janvier 1831), à Fribourg (24 janvier), à Zurich (20 mars), à Thurgovie, Vaud, Berne, Schaffouse et Lucerne. Dans le même temps, Neufchâtel tentait en vain de secouer la souveraineté de la Prusse (octobre). Les démocrates auraient voulu plus que des réformes intérieures; ils pensaient que le pacte fédéral laissait une part trop grande à l'esprit local, que la Suisse grandirait par une concentration de ses forces dans une armée permanente, de sa pensée politique dans une direction unique établie à Berne, devenue capitale; ils trouvaient injuste que chaque canton eût une voix à la diète, ils demandaient que le nombre des voix fût proportionnel à la population. Les querelles religieuses s'ajoutèrent aux dissensions politiques, car le parti aristocratique appartenait presque tout entier au catholicisme. Les démocrates, beaucoup plus nombreux, avaient pour eux les paysans, les ouvriers, les cantons protestants. Ces querelles agitèrent la Suisse pendant tout le règne de Louis-Philippe et ne se dénouèrent qu'en 1847 par la défaite des catholiques et de leur ligue du *Sonderbund*. — Nous reviendrons sur ces divisions à l'occasion des vifs débats auxquels elles donnèrent lieu dans le parlement français.

Mouvement en Allemagne. — La révolution de juillet en France, celle d'août en Belgique, font éclater en Allemagne la lutte entre les principes constitutionnels qui comptent surtout des partisans dans les petits États, et le pouvoir absolu représenté par la Prusse et l'Autriche. D'une part, les vœux de la jeune Allemagne, les droits formellement reconnus aux peuples pendant la guerre de l'indépendance et repris ou étouffés depuis, la réclamation d'une constitution qui, dans chaque État, garantisse les libertés populaires ; de l'autre, les doctrines de la sainte-alliance, la haine des principes de la révolution française et le vieil esprit féodal de castes et de priviléges. Les exagérations du parti radical qui rêve l'institution d'une vaste république démocratique et l'unité de l'Allemagne, compromettront ou arrêteront pendant longtemps le progrès des réformes constitutionnelles.

En septembre 1830 *révolution dans le Brunswick et le Hesse-Cassel*. Le duc Charles de Brunswick avait soulevé le peuple par son insolence, il n'a que le temps de se sauver en emportant ses diamants. Une constitution est donnée par son frère Guillaume qui lui succède (7 septembre). Le même jour, une insurrection éclatait à Cassel contre l'électeur, qui voulait rétablir l'ancien régime et qui remet le gouvernement à son fils Frédéric-Guillaume. Des États sont appelés à voter sur une constitution ; une garde nationale a été instituée ; mais les concessions faites seront bientôt reprises. — *En Saxe,* le roi Antoine Ier n'a évité une révolution qu'en

s'adjoignant son neveu Frédéric, prince populaire. L'établissement de gardes bourgeoises, la réforme d'abus, précèdent la promulgation d'une nouvelle constitution qui établit deux chambres et assure aux députés des villes et des campagnes la majorité dans l'une d'elles (4 septembre).
— Enfin le *Hanovre* force Guillaume IV d'Angleterre à lui promettre l'extension des attributions des deux chambres, la responsabilité ministérielle, le contrôle en matière de finances, contrôle qui lui sera garanti par le statut constitutionnel du 26 septembre 1833.

Ces mouvements se firent sentir jusque dans les grands États. Le roi de Bavière, Louis Ier, prince léger et prodigue, se vit contraint de renvoyer son ministère et de rapporter une loi restrictive de la liberté de la presse. En Prusse, le peuple était mécontent; plus tard, pendant la guerre de Pologne, il accusera le gouvernement d'avoir introduit le choléra en ouvrant le pays aux Russes, qui le portent partout avec eux.

Diète de Francfort. Réaction aristocratique et despotique.
— Cette agitation effrayait l'Autriche; elle y voyait une menace pour le pouvoir absolu, qu'elle conservait chez elle tempéré de mansuétude paternelle, et qu'elle allait s'efforcer de restaurer ou de maintenir dans les petits États. Elle trouvait les mêmes dispositions dans le roi de Prusse. Frédéric-Guillaume III, et jusque dans la noblesse hongroise, plus jalouse de ses priviléges qu'ennemie de la domination étrangère. La diète de Francfort, dominée par l'Autriche, manifesta toutes les inquiétudes et les défiances ombrageuses de cette puissance. Les résolutions qu'elle prit, au mois de juillet 1832, détruisirent, en partie, les conséquences des constitutions accordées : défense d'introduire dans la législation intérieure des États des clauses qui pourraient nuire aux intérêts généraux ; commission chargée de surveiller la tribune et la presse des États pourvus d'une constitution : engagement pris par les membres de la diète, au nom des souverains qu'ils représentent, de venir en aide aux princes

de la Confédération renversés par une révolution ; engagement réciproque de se livrer les prévenus politiques ; droit reconnu aux princes d'agir, en certains cas, sans le concours des assemblées délibérantes. L'Autriche est derrière la diète, inspire son langage, se prête à soutenir ses résolutions. Le pouvoir absolu va dominer presque partout avec les formes constitutionnelles : quant aux institutions et aux idées, ce n'est qu'à la longue, par l'exemple et l'influence de la France, qu'elles pénétreront profondément en Allemagne. Leur triomphe paraissait assuré et prochain, lorsque éclata la révolution de 1848.

En Angleterre, bill de réforme. — Le contre-coup des événements de France devait être plus sensible en Angleterre que partout ailleurs, en raison du voisinage des deux pays et de l'analogie de leurs institutions. La nation anglaise avait bien accueilli la nouvelle de la révolution, d'abord parce qu'elle a l'esprit libéral, ce qui est à son honneur, ensuite parce que la conquête d'Alger avait inquiété son ambition, ce qui est à l'honneur du roi Charles X. Le besoin de réforme, qui la travaillait, reçut comme une excitation décisive. Le 26 juin, George IV était mort, laissant aux affaires un ministère tory avec Wellington pour chef. Wellington n'avait ni les sympathies du nouveau roi Guillaume IV, ni celles du parlement, et son opposition à tout projet de réforme, soit des impôts, soit du parlement, en avait fait l'homme le plus impopulaire des trois royaumes, malgré toute sa gloire. Le 9 novembre, des troubles graves éclatèrent à Londres ; le 17, le cabinet se retira. Lord Grey, un des whigs qui avaient le plus puissamment contribué à faire passer le bill d'émancipation des catholiques dans la chambre des lords, constitua un ministère whig, dans lequel il appela les lords Holland, John Russell et Brougham. L'alliance de la France et de l'Angleterre allait se resserrer par une communauté plus étroite de sentiments et de système politique.

L'histoire du *bill de réforme* est un des événements les plus considérables et un de ceux qui permettent le mieux de juger le caractère de nos voisins, leurs mœurs et l'esprit politique des classes. La répartition des électeurs pour la nomination à la chambre des communes, qui n'avait pas été modifiée depuis des siècles, reposait sur les bases les plus fausses. Il en était résulté que des localités, jadis importantes, et réduites, par le déplacement de la population, à quelques masures, que des *bourgs pourris*, comme on les appelait, continuaient à envoyer des députés à la chambre des communes, où Manchester et Liverpool n'étaient pas représentés. Des 658 députés, 84 étaient élus par les comtés d'Angleterre, 24 par les villes, 172 par les bourgs, 8 par les ports de mer, 4 par les universités de Cambridge et d'Oxford, 24 par le pays de Galles, 95 par l'Écosse, 100 par l'Irlande. 144 pairs et 124 gros propriétaires (*landlords*), seigneurs de bourgs pourris (*rotten borough*), disposaient de l'élection de 471 députés. En un mot, l'aristocratie se trouvait maîtresse absolue des deux chambres, de la haute où elle était seule admise, de la basse où elle introduisait une majorité composée de ses créatures. Cet ordre de choses ne pouva se maintenir plus longtemps. La nation, presque tout entière, à l'exception des membres de l'aristocratie, était du côté des réformistes. Du pétitionnement, elle était passée à l'agitation et à l'émeute. Les esprits s'exaltaient de plus en plus. On discutait le suffrage universel, l'abolition de la pairie héréditaire, le refus de subsides à la couronne dans le cas où elle ne déférerait pas à la volonté populaire. Que les choses empirassent par la mauvaise volonté et l'obstination du pouvoir, on arrivait immanquablement à une révolution peut-être radicale. Mais la qualité propre aux hommes d'État de l'Angleterre est de céder à propos, quelles que puissent être d'ailleurs leurs répugnances et leurs antipathies. Le 1er mars, John Russell présenta un *bill de réforme*, qui, s'il ne répondait pas au programme des radicaux, satisfaisait aux vœux du grand nombre des partisans d'un changement. Cette mesure hardie réduisait à l'impuissance les plus dangereux des réformistes en ralliant au gouvernement l'immense majorité des bons esprits et en fortifiant sa popularité.

Le bill enlevait à tout bourg dont la population était inférieure à mille habitants le droit de représentation, il le conférait à vingt-sept villes nouvelles; il augmentait la part faite à la cité de Londres. Devenaient électeurs : tout individu domicilié en Angleterre, qui paye un loyer de 125 francs dans les campagnes, de 250 dans les bourgs; dans les bourgs, les citoyens admis aux franchises d'une ville, les membres des corporations municipales; dans les comtés, les clercs de paroisse, les maîtres d'école, les ministres, certains officiers publics. En définitive, le nombre des députés à élire se trouvait proportionné à l'impôt des terres et des maisons; celui des électeurs augmentait d'un demi-million et se grossissait d'adjonctions continuelles produites par le progrès de la richesse publique, puisque le droit électoral appartenait désormais à quiconque pourrait justifier du revenu fixé par la loi.

La résistance à l'adoption du bill fut très-vive. La chambre des communes ayant d'abord rejeté le projet (19 avril 1831); la couronne, pressée par le ministère, prononça sa dissolution et fit appel au pays. Les whigs l'emportèrent dans les élections; la nouvelle chambre vota la loi qui vint échouer contre l'opposition des torys, maîtres de la chambre des lords. L'agitation était extrême. En France, la royauté aurait été attaquée, renversée, peut-être; en Angleterre, on se contenta de brûler Wellington en effigie, ce qui ne l'empêcha pas, après la retraite du cabinet whig, de chercher à reprendre la direction des affaires. Cette tentative avorta. Lord Grey et les whigs rentrèrent au ministère. Enfin, le 4 juin 1832, la chambre haute de guerre lasse se décida à adopter le bill de réforme. Deux autres bills réglèrent la répartition électorale pour l'Écosse et l'Irlande, auxquelles on accorda : pour l'Écosse, 1 député sur 30,000 habitants;

pour l'Irlande, 1 député sur 76,000, tandis que l'Angleterre faisait élire chez elle 1 député par 28,000 habitants. Ainsi se trouva complétée la constitution politique de la Grande-Bretagne, avec son souverain inviolable, son parlement composé de deux chambres : l'une, celle des lords où domine l'aristocratie territoriale, formée d'un nombre de membres qui varie au gré de la couronne; l'autre, chambre des communes, qui compte 650 députés des villes, comtés, bourgs et universités; les deux chambres, discutant, jugeant, réglant la politique des ministres responsables.

Action du système électoral en France et en Angleterre.—Le bill de réforme permettra aux populations ouvrières des grandes cités d'avoir une voix dans le parlement, d'y faire entendre leurs réclamations et leurs plaintes, mais il ne remédiera pas au vice des élections, à ces tumultes où la corruption joue un rôle indigne de la libre Angleterre. En apparence, rien de plus populaire, de moins gênant pour l'électeur. La susceptibilité défiante du peuple à l'égard de la force armée tient celle-ci éloignée à une distance de deux milles du lieu de l'élection. Les candidats à la députation viennent haranguer la foule du haut d'un échafaudage (*husting*), exposer leurs titres et décrier leurs concurrents. Des applaudissements ou des *grognements* répondent à leurs discours (*speech*). Ensuite, le magistrat invite les assistants à se prononcer, en levant la main. Tout le monde peut prendre part à ce vote, seulement le candidat a le droit de réclamer le *poll* (tête), le scrutin individuel et public, et d'écarter ainsi les intrus. Mais cette *publicité* du vote est un obstacle à l'indépendance des électeurs, mais l'habitude du candidat, qui brigue leurs suffrages, de payer les frais de leur déplacement, et leur dépense à l'auberge compromet tout au moins leur dignité. Rien n'est plus difficile que de concilier l'extension du droit électoral avec la complète liberté de l'électeur et avec l'intérêt supérieur de l'ordre et de la société. La France avait alors un régime électoral infiniment plus restrictif, puisque le nombre des électeurs n'a pas dépassé 200,000 sous Louis-Philippe et cependant plus en rapport avec les éléments mêmes de la société qu'il représentait. L'influence des classes moyennes domine pleinement dans le parlement français, tandis que le bill électoral n'a encore apporté aucun changement radical dans la constitution politique de l'Angleterre, et n'a pas diminué sensiblement la part prépondérante que l'aristocratie a gardée dans les deux chambres en usant de toutes armes pour empêcher qu'elle soit amoindrie.

Abolition de l'esclavage. Loi sur les pauvres. — Au milieu des embarras que lui suscitent la misère de l'Irlande et les provocations d'O'Connell, qui ne cesse de réclamer la séparation, le rappel (*repeal*) de l'acte d'union de janvier 1801 et la convocation d'un parlement exclusivement irlandais pour l'Irlande, le gouvernement, qui est passé des mains de lord Grey à celles de lord Melbourne (9 juillet 1834), sans que l'influence des wighs en soit diminuée, propose et fait voter l'abolition de l'esclavage dans les colonies anglaises. C'était décider l'abolition de l'esclavage dans le monde, car aucun peuple ne pourra résister à l'influence de l'exemple; c'était préparer la division, la ruine peut-être des États-Unis. Cette même année, on chercha à remédier à la misère des classes agricoles, on s'occupa de la loi sur les pauvres. Un édit de la reine Élisabeth avait mis les pauvres à la charge des paroisses et établi un impôt dont le produit était destiné à leur venir en aide (*poor rate*). Mais la misère n'avait fait que s'accroître, peut-être par une sorte d'encouragement qu'elle recevait de l'emploi d'une taxe devenue très-lourde. Une loi vint en réglementer la perception. Les secours à domicile furent supprimés. Deux sortes d'asile furent ouverts aux pauvres : à ceux qui n'étaient point en état de travailler, les hospices; aux valides, les maisons de travail, *workhouses*, tristes retraites qui ressemblent plutôt à des prisons qu'à des asiles de bienfaisance. Encore, cette assistance légale ne fut-elle accordée que quatre ans après l'Irlande, où la faim est endémique. — La taxe des pauvres produit aujourd'hui environ 180,000,000 chaque année.

Fruits pour la France de l'alliance anglaise. — Le roi Guillaume mourut le 20 juin 1837. Deux grandes mesures recommanderont son règne : le bill de réforme et l'abolition de l'esclavage. A l'extérieur, la bonne intelligence de la France et de l'Angleterre permit aux deux grands États occidentaux de favoriser puissamment le développement des institutions constitutionnelles en d'autres pays. Elle fut utile à l'Angleterre, elle le fut surtout à la France, à laquelle elle donna le moyen d'établir son influence en Belgique, en Espagne, et de contenir l'Autriche en Italie, sans perdre les bienfaits de la paix.

Guillaume IV ne laissa pas d'enfants. Peu de temps avant sa mort, le 24 mai 1837, il avait fait déclarer la majorité de sa nièce et héritière Victoria, fille du duc de Kent, âgée de dix-huit ans. La constitution du Hanovre excluant les femmes du gouvernement, le duc de Cumberland, cinquième fils de George III, et oncle maternel de Victoria, devint roi du Hanovre qui se trouva détaché, par là, de la couronne d'Angleterre.

ESPAGNE ET PORTUGAL. — L'Espagne et le Portugal ne pouvaient échapper à l'explosion des idées libérales en Europe, dont la révolution de juillet avait été le signal. Le roi Ferdinand VII en prépara, à son insu, le triomphe dans son pays. Il avait épousé, après trois années d'une première union stérile, sa nièce Marie-Christine, fille du roi des Deux-Siciles. Dans l'espoir d'assurer le trône à sa descendance, si sa jeune femme lui donnait des enfants, fût-ce même des filles, il résolut d'abolir la pragmatique de Philippe V en vertu de laquelle les femmes n'étaient admises à la succession au trône que dans le cas de l'extinction de tous les héritiers mâles de la famille des Bourbons. Charles IV avait déjà révoqué cette pragmatique, en 1789, par un acte demeuré secret. C'est cet acte que Ferdinand fit approuver par le conseil de Castille, revenant ainsi à l'ancien usage espagnol

(29 mars 1830). Le droit d'hérédité rendu aux femmes et la naissance d'une fille de Marie-Christine, le 10 octobre 1830, faisaient perdre au frère de Ferdinand, don Carlos, tout espoir d'arriver au trône. Le mécontentement qu'en conçurent ce prince et ses partisans fut si grand que Ferdinand, effrayé, révoqua le décret. Mais peu de temps après il revint sur un acte de faiblesse arraché aux terreurs d'un mourant et, pour mettre les droits de sa fille Marie-Isabelle à l'abri de toute contestation, il lui fit prêter serment de fidélité par les cortès, le 20 juin 1833. Sa mort, survenue le 29 septembre suivant, laissait la couronne à une enfant de trois ans et la régence à sa mère Marie-Christine.

Don Carlos protesta, soutenu par les partisans des priviléges de l'Église et de l'absolutisme, auxquels on donna le nom d'*apostoliques* et de *carlistes*. Cette cause éveilla surtout de vives sympathies, à l'étranger, parmi les légitimistes français et dans les cours du Nord dévouées au principe de l'absolutisme. Aux *christinos*, partisans de la régente, se rallièrent les libéraux, ceux qui voulaient la restriction des priviléges de l'Église, l'application des principes du régime constitutionnel, et des institutions propres à assurer l'égalité civile, l'unité politique et sociale de l'Espagne. Mais ces principes mêmes étaient de nature à mécontenter des provinces qui, comme les provinces basques, étaient plus attachées au maintien des coutumes anciennes, des priviléges de leurs municipalités, à leurs *fueros,* qu'à la nationalité espagnole. De toutes les innovations dont elles se croyaient menacées, aucune ne pouvait leur être plus antipathique que le recrutement militaire. C'est chez elles, en entretenant et en exagérant ces appréhensions, que don Carlos trouva ses plus zélés partisans. Le nord de la Péninsule lui fournit le moyen de soutenir, pendant sept années, une cause contre laquelle s'était déclarée la grande majorité de la nation.

Quelle devait être la conduite de la France à l'égard de l'Espagne ? Si le roi Louis-Philippe, dont l'opinion particulière était pour la loi salique, n'eût écouté que les intérêts de ses enfants, peut-être aurait-il dû se montrer favorable aux prétentions de don Carlos, car les circonstances pouvaient amener telle vacance du trône dont sa descendance aurait profité; mais l'intérêt de la France était évidemment d'encourager l'établissement du gouvernement constitutionnel en Espagne. Louis-Philippe n'hésita pas. Il s'empressa de promettre son appui à la régente, sans attendre les formalités de la reconnaissance officielle. Les trois grandes cours du Nord rappelèrent, dans la suite, leurs ambassadeurs.

Le statut royal. La guerre civile. — Le premier ministère de Marie-Christine fut un ministère de transition. Zea Bermudez prétendit concilier les apostoliques qui voulaient la monarchie absolue (*el Rey netto*), et les constitutionnels qui voulaient le pouvoir tempéré de la royauté; il pratiqua ce qu'on appela le despotisme éclairé (*illustrado*) sans satisfaire personne. Martinez de la Rosa le remplaça au pouvoir. C'était le chef le plus considérable et le plus éclairé du parti libéral. Après avoir été ministre et président du conseil sous Ferdinand VII, il avait dû se retirer à Paris où il avait vécu pendant huit ans en relation avec MM. Casimir Périer, Laffitte, de Broglie, Guizot, etc., et il venait même de faire représenter un drame à la Porte Saint-Martin (*Aben Humeya, ou la révolte des Maures sous Philippe II*), lorsque l'abrogation de la pragmatique de Philippe V le rappela en Espagne. Chef du cabinet, de mars 1834 à juin 1835, il fut le promoteur du statut royal (*estatuto real*) qui donnait à l'Espagne une constitution fondée sur les mêmes bases que la constitution française : l'irresponsabilité du pouvoir royal, un parlement (les cortès), composé de deux chambres, la chambre des grands ou *proceres*, celle des députés, *procuradores;* la première formée par la moitié de membres héréditaires et de membres nommés à vie. Pour être *procurador*, il fallait avoir un revenu propre de 12,000 réaux (trois mille francs). Les élections étaient triennales. Le parti radical trouva que le statut royal était beaucoup moins libéral que la constitution de 1812 les provinces se plaignirent qu'on attentât à leurs priviléges; quelques-unes, les Basques, la Navarre, prétendirent conserver le droit de se taxer elles-mêmes, de fixer leur contingent militaire, et dès lors elles se soulevèrent en faveur de don Carlos qui avait pris l'engagement de maintenir les antiques fueros. Deux chefs de guérillas, Zumala-Carreguy au nord, Cabrera au centre, firent des progrès rapides. L'alliance de don Carlos et de don Miguel vint donner au parti carliste de nouvelles forces, et il y eut un moment où les prétendants purent espérer l'emporter dans les deux pays. — Mais il faut rappeler ici les derniers événements dont le Portugal avait été le théâtre.

Don Pédro va combattre don Miguel en Portugal. — Don Miguel régnait en Portugal. Depuis que, nommé tuteur de sa nièce dona Maria, qu'il refusa d'épouser, il avait usurpé le trône, soixante mille personnes avaient été emprisonnées ou bannies. La nouvelle des événements de juillet décida don Pédro à quitter le Brésil, où il fit proclamer son fil Pédro II, âgé de cinq ans, pour aller en Europe relever le trône de sa fille dona Maria, et délivrer le Portugal d'une affreuse tyrannie. En France, il fut accueilli par le roi Louis-Philippe avec une extrême bienveillance. Vers le même temps, don Miguel avait l'imprudence de maltraiter des résidents français et anglais, voulant se venger de l'assistance qu'il soupçonnait leurs gouvernements de donner aux partisans de dona Maria, réfugiés dans l'île de Terceira. C'était s'aliéner l'Angleterre, qui l'avait reconnu de fait et laquelle il avait été sur le point de céder les deux tiers des droits d'entrée sur les objets de commerce pour s'acquitter de ses dettes; c'était provoquer la France et s'exposer à une humiliation qui ne se fit point attendre. Casimir Périer envoya l'amiral Roussin forcer l'entrée du Tage e menacer Lisbonne (11 juillet 1831). Il fallut céder. Pendant ce temps don Pédro, mettant à profit les bonnes dispositions de l'Angleterre et de la France, enrôlait des volontaires dans les deux pays et préparait une expédition à laquelle prirent part des réfugiés de tous les pays. Le 22 juin 1832, il débarqua en Portugal. La guerre civile y eut le même caractère qu'en Espagne : d'un côté, le parti de l'absolutisme et des priviléges ecclésiastiques qui avait pour généralissime le maréchal de Bourmont ; de l'autre, le parti constitutionnel et libéral, et, ici encore, les classes moyennes étaient avec ce dernier. Cependant la terreur avait paralysé le courage. Don Pédro ne se voyant pas soutenu, comme il l'avait espéré, se jeta dans Oporto. De là, il promulgua au nom de sa fille une charte constitutionnelle ; de son côté, don Miguel rappela les jésuites. La cause de l'usurpateur semblait devoir triompher, lorsqu'une marche hardie du duc de Terceira, Villaflor, lui enleva Lisbonne. Cette perte fut suivie d'un revers plus décisif, d'une défaite complète près d'Oporto. Don Miguel s'était réfugié à Santarem ; il y fut rejoint par don Carlos.

La quadruple alliance. Défaite des Miguelistes. — C'est alors qu'un intérêt commun rapprocha les gouvernements d'Espagne et de Portugal dans une alliance contre les prétendants. Dona Maria s'engage à combattre don Carlos en Portugal, Marie-Christine à envoyer une armée contre don Miguel. L'Angleterre, à laquelle on s'adressa, promit l'appui de ses forces navales. Un traité allait être signé, lorsque M. de Talleyrand en eut connaissance. La France ne pouvait consentir à ce que les affaires de la péninsule espagnole fussent réglées sans sa participation. Lord Palmerston, dont ce mystère était l'œuvre, dut se rendre à la réclamation du cabinet des Tuileries, et le traité de la *quadruple alliance* fut signé le 22 avril 1834, entre les quatre États constitutionnels de l'Occident.

En exécution du traité, une armée espagnole, commandée par le général Rodil, vint se joindre à l'armée de don Pédro. Les deux prétendants furent défaits. Don Miguel, désespérant de sa cause, signa la capitulation d'Évora, par laquelle il s'engageait à ne plus reparaître ni dans le royaume ni dans les colonies, 29 mai 1834. Quelques jours après, il protestait à Gênes contre cette renonciation comme arrachée par la force. Retiré à Rome, il y prenait le titre de roi. Mais le triomphe des institutions constitutionnelles en Portugal n'en était pas moins assuré. Don Pedro avait fait déclarer majeure dona Maria et avait renoncé à la régence, lorsqu'il mourut âgé seulement de trente-six ans, 24 septembre 1834. La jeune reine fut mariée vers la fin de décembre au duc de Leuchtenberg, fils du prince Eugène de Beauharnais, et, un an après, à Ferdinand-Auguste de Saxe-Cobourg-Gotha, neveu du roi des Belges (décembre 1835).

Longue résistance des carlistes en Espagne. Double guerre civile. — Les difficultés extérieures ne se dénouèrent pas aussi vite en Espagne, bien que don Carlos eût été contraint, à l'époque de la capitulation d'Evora, de chercher un refuge en Angleterre. Il reparut bientôt dans les provinces basques où la lutte se poursuivait avec un acharnement effroyable. De part et d'autre, on ne faisait pas de prisonniers. Le choléra vint ajouter aux horreurs de cette guerre. L'audace des généraux carlistes, favorisés par la nature du pays de montagnes où ils combattaient, déjouait les efforts des Rodil et des Mina. A l'intérieur, la régence rencontrait d'autres embarras. Les *procuradores*, d'accord pour prononcer l'exclusion de don Carlos, entendaient diversement le régime constitutionnel, les uns s'en tenant au statut royal, auquel Marie-Christine venait de prêter serment, les autres prétendant revenir à la constitution de 1812, devenue le mot de ralliement du parti radical. Bientôt l'Espagne fut le théâtre d'une double guerre civile, guerre entre les carlistes et les christinos, guerre parmi les christinos, entre les modérés (*moderados*) défenseurs du statut royal, et les radicaux ou exaltés (*exaltados*), qui auraient voulu l'abaissement de l'autorité royale, sa dépendance absolue des cortès, telle que l'avait établie la constitution de 1812. Cette division favorisa le progrès des carlistes : l'Espagne tomba dans une véritable anarchie. La France fut sollicitée à intervenir ; elle refusa, parce que l'intervention ne pouvait être qu'une aventure sans issue et pleine de périls, mais elle veilla rigoureusement à ce qu'aucun secours d'hommes ou d'argent, envoyé aux carlistes, ne franchît la frontière.

Constitution du 18 juin 1837. — Les libéraux modérés cherchèrent à pacifier les esprits en modifiant le statut royal dans une constitution nouvelle, promulguée le 18 juin 1837, qui devint le pacte fondamental de l'Espagne. Les deux chambres des cortès étaient égales en pouvoir et jouissaient comme la royauté du droit d'initiative pour la proposition des lois. Le souverain devait prendre les membres du sénat sur une liste de trois candidats présentés par chaque province. L'égalité de tous les citoyens devant la loi, leur admissibilité aux fonctions publiques, la liberté de la presse, la liberté individuelle, l'entretien du culte catholique à la charge de l'État sont les principes sur lesquels était basée cette constitution nouvelle. Si elle ne rallia pas tous les mécontents, elle en diminua le nombre, elle permit au gouvernement de pousser la guerre avec plus de vigueur. Enfin, don Carlos se réfugia en France, 14 septembre 1839. La cause de la monarchie absolue était définitivement perdue. Restait le débat entre les constitutionnels. Espartero, qui avait achevé la défaite des carlistes, se trouva comme maître de l'Espagne, lorsqu'il eut forcé Marie-Christine à se retirer en France. Mais l'Espagne se lassa de la dictature du régent, 1843. Narvaez renversa Espartero, rétablit l'autorité constitutionnelle d'Isabelle, dont la majorité, bien qu'elle n'eût que treize ans, avait été reconnue ; il rappela Marie-Christine en même temps que M. Martinez de La Rosa. Désormais, les institutions constitutionnelles vont s'affermir, et l'Espagne entrera dans une ère réparatrice où elle fermera les plaies ouvertes par les discordes civiles.

GRÈCE. — Dans ces États, le gouvernement constitutionnel se fonde ou se développe sous la protection de la France et de l'Angleterre ; il n'en fut pas tout à fait de même dans la Grèce destinée à de perpétuelles et déplorables agitations. Léopold de Saxe-Cobourg, qui avait été choisi pour être roi par les puissances protectrices, avait refusé la couronne (21 mai), guidé par la sagace pénétration de son jugement. Le gouvernement eut alors pour président Capo d'Istria, qu'on accusait d'être dévoué à la Russie. Capo d'Istria fut assassiné le 8 octobre 1831, à Nauplie, au moment où il se rendait à l'église. La couronne est acceptée alors par Othon de Bavière (1832), auquel la Grèce a dû quelques années d'une tranquillité relative.

TURQUIE. RÉFORMES DU SULTAN MAHMOUD. — Le sultan Mahmoud, dans le cours des guerres malheureuses qui lui avaient fait perdre : en 1812, la Bessarabie cédée aux Russes par le traité d'Andrinople ; de 1812 à 1817, la Moldavie, la Valachie ; en 1826, la Grèce ; et qui l'avaient fait souscrire, en 1829, au traité d'Andrinople si favorable aux Russes, — avait poursuivi avec ardeur la réforme de son empire. La plus heureuse de ses entreprises avait été peut-être la suppression de la milice turbulente des Janissaires, à la suite du *hatti-schérif* (ordonnance impériale) du 29 mai 1826, décrétant la formation d'un nouveau corps militaire discipliné à l'européenne. Cette mesure avait provoqué une révolte que Mahmoud, nous l'avons vu, étouffa dans le sang des rebelles. L'opinion publique de son empire et celle des ulémas, docteurs de la loi, qui l'avaient soutenu dans cette œuvre hardie, lui furent moins favorables, lorsqu'il institua un ordre civil et militaire destiné à récompenser tous les services rendus à l'État (1831), lorsqu'il voulut mettre sur le même pied d'égalité ses sujets de toutes classes, sans distinction d'*origine* ni de *culte*, lorsqu'il ordonna la rédaction d'un code de lois (1838), reconnaissant ainsi implicitement l'insuffisance du Coran, lorsqu'il publia un *Moniteur ottoman* rédigé en turc et en français, lorsqu'enfin il substitua le fez au turban, ouvrit des écoles pour l'instruction des officiers, fonda une école de médecine dont les professeurs seraient nommés au concours, donna des fêtes à l'européenne, des concerts et jusqu'à des bals. Ces emprunts faits à la civilisation occidentale de la part d'un prince sans préjugé qui annonçait l'intention de ranimer l'industrie, le commerce et l'agriculture, qui osait, un jour, revenir de Nicomédie sur un bateau à vapeur autrichien et soumettait les voyageurs à la quarantaine dans les lazarets, bravant ainsi la vieille croyance fataliste, provoquèrent de vives résistances dont Mahmoud triompha, *à la turque*, par un despotisme tyrannique.

Impuissance des réformes de Mahmoud. Les Principautés danubiennes. — Aussi ces réformes, hommage éclatant rendu à la civilisation européenne, firent plus de bruit qu'elles n'obtinrent de résultats durables. Elles furent des remèdes violents que le malade ne put supporter et qui l'affaiblirent au lieu de le régénérer. Les vieilles sociétés, quand il est possible de les sauver, ne peuvent se transformer qu'à la longue; en voulant les initier brusquement à une nouvelle vie, on risque de leur faire perdre le peu de vitalité propre qui leur reste. Ce fut l'état dans lequel Mahmoud laissa la Turquie. Telle était la faiblesse de l'empire, que lui-même ne put empêcher un nouveau démembrement. Il avait perdu définitivement la Grèce en 1828; il perdit la Servie en novembre 1830, à la suite d'une insurrection que dirigeait un ancien gardien de porcs, Miloch Obrenowitch, déjà proclamé par ses concitoyens, en 1817, grand knès ou gouverneur.

Le hatti-schérif du 12 novembre reconnut l'indépendance administrative de la Servie, sous le protectorat du tczar, son indépendance politique sous la suzeraineté nominale de la Turquie. Miloch devint hospodar héréditaire; obligé plus tard d'abdiquer, il rentra en 1858 dans cette charge, où il est mort en 1860.

La Moldavie et la Valachie étaient dans une situation analogue, subordonnées à deux États inégaux de puissance, dont l'un, la Turquie, ne pouvait faire de sa suzeraineté sur elles qu'un titre nominal, dont l'autre, la Russie, pouvait conver-

4.

tir à sa guise, en une sorte de domination, son simple droit de protecteur. Nous voyons les trois Principautés danubiennes tantôt chercher un appui du côté de la Russie contre les prétentions de la Turquie, tantôt, par un instinct peut-être plus conforme à leur conservation, se tourner vers l'empire ottoman. Ainsi l'hospodar George Bibesko (1842-1848) fut forcé par les Valaques d'abdiquer, parce qu'on le trouvait trop favorable à la Russie. La Russie voulut le soutenir : la Porte envoya contre lui une armée. Une convention, en date du 1er mai 1849, prévint la guerre qui allait éclater, et reconnut aux Principautés le droit d'élire leurs hospodars et leurs assemblées législatives. Dans la suite, 1857, la Moldavie et la Valachie annoncèrent l'intention de se réunir sous un même gouvernement. Le 17 janvier 1859, le colonel Couza (prince Alexandre-Jean Ier) fut élu, à Jassy, prince de Moldavie à l'unanimité, et un peu plus tard à Bucharest, prince de la Valachie ; sa double élection fut reconnue en fait, mais *exceptionnellement* dans les conférences de Paris ; la Porte y donna avec peine son adhésion. Quoi qu'il en soit, les Principautés sont aujourd'hui bien perdues pour la Turquie : toute la question est de savoir si elles échapperont à la Russie et si elles parviendront à se constituer une forte indépendance sous un prince qui tend à transformer en un pouvoir despotique l'autorité qu'il a reçue de ses citoyens.

ÉGYPTE, RÉFORMES DE MÉHÉMET-ALI. — LA RUSSIE S'INTERPOSE ENTRE LE SULTAN ET SON VASSAL, LE VICE-ROI D'ÉGYPTE. — L'Égypte ne représente pas comme la Turquie une société vieillie et, en quelque sorte, entée sur des institutions surannées avec lesquelles elle semble devoir mourir, ne pouvant vivre avec d'autres. Il n'y a en Égypte ni tradition ni passé, rien qu'une population musulmane de cinq millions d'hommes courbée sous un maître. Méhémet-Ali entreprit d'en faire un peuple, par les moyens qu'employa Mahmoud. Mais ici la transfusion violente de la civilisation européenne se faisait dans un corps inerte, et la réforme n'avait pas à combattre et à briser. Méhémet, succédant aux Mamelucks, s'était d'abord emparé de toute la propriété foncière, n'accordant à ceux qu'il dépouillait d'autre indemnité qu'une pension viagère. Maître de diriger la culture des terres, il donna le premier rang à la culture du coton, et sa sage prévoyance a fait de l'Égypte, aujourd'hui que la guerre a paralysé la production en Amérique, le grand marché d'approvisionnement de l'Europe. Entouré d'ingénieurs et d'officiers français (Clot-Bey, Mongel-Bey, Linant-Bey, Selves, etc.), Méhémet-Ali faisait planter des milliers de mûriers, creuser des canaux, commencer les barrages du Nil, construire de vastes usines, un arsenal, des chantiers, des ateliers, des écoles de toutes sortes, fondant et entretenant à Paris même une école égyptienne, comme une pépinière de jeunes gens imbus des sciences de l'Europe, dont ce barbare de génie, qui avait appris à lire à l'âge de quarante-six ans, se proposait de faire un jour les instruments de ses réformes. En même temps, il formait une armée de fellahs, disciplinée à l'européenne et commandée par le colonel Selves, devenu le major général Soliman-Pacha, assisté d'officiers turcs. L'Égypte devint ainsi la partie vivante de l'empire ottoman; qu'elle parut sur le point d'absorber tout entier. On sait quel secours la Porte avait reçu de Méhémet pendant la guerre de Morée : vingt-quatre mille hommes, une flotte de soixante-trois vaisseaux et un général, Ibrahim, fils de Méhémet, dont l'habileté eût été capable de soutenir la cause ottomane, si l'inégalité des forces avait pu rendre douteuse l'issue de la lutte. Méhémet, qui s'était agrandi de l'Hedjaz en 1818, de la Nubie en 1822, trouva dans la cession que lui fit la Porte de l'île de Candie, comme prix de sa coopération, une compensation à peine suffisante de la destruction de sa flotte à Navarin. La possession de la Syrie lui paraissait d'ailleurs nécessaire à sa sécurité, comme elle l'a paru en tous les temps, aux maîtres de l'Égypte.

Succès d'Ibrahim contre l'armée ottomane. Traité de Kutaya. — Le pacha de Saint-Jean d'Acre, Abdallah, s'était opposé au transport des bois du Liban, destinés à la flotte égyptienne, et il avait accueilli six mille paysans ou fellahs d'Égypte qui avaient voulu se soustraire au despotisme de Méhémet. Celui-ci vit là un prétexte de conquêtes. Ibrahim pénètre en Asie (1831), s'empare de Gaza et de Jaffa, et va assiéger Saint-Jean d'Acre. Après un siège de six mois, pendant lequel le choléra sévit sur les assiégeants et sur les assiégés, la ville tombe en son pouvoir (27 mai 1832). En vain le sultan avait lancé un firman contre Méhemet; ses menaces étaient bravées, ses troupes battues à Damas (15 juin), à Beïlan, entre Alexandrette (Scandéroun) et Antioche (27 juillet). La Syrie était conquise. Mahmoud eut beau rassembler une nouvelle armée pour défendre l'Asie Mineure; cette armée fut, comme la précédente, battue, détruite à Konieh (Iconium) le 21 décembre 1832. Rien ne parut désormais pouvoir arrêter la marche triomphante d'Ibrahim sur Constantinople.

Cependant, l'Europe avait pris l'alarme. Toutes les puissances, la Russie exceptée, étaient intéressées au maintien de l'empire ottoman. Ce fut pourtant à la Russie que Mahmoud s'adressa. Déjà une flotte russe entrait dans le Bosphore, lorsque les représentations énergiques de l'amiral Roussin, notre ambassadeur, décidèrent le divan à en ordonner l'éloignement. La France, hésitant entre l'intérêt de l'ordre européen et ses sympathies pour Méhemet-Ali, s'efforçait d'obtenir de ce prince qu'il arrêtât Ibrahim : les succès de ce dernier se poursuivaient avec le cours des négociations. Une seconde fois, Mahmoud appela les Russes, qui jetèrent cinq mille hommes sur les côtes d'Anatolie. Le langage des représentants des puissances européennes devint alors si pressant que Méhemet céda enfin. Ibrahim évacua l'Asie Mineure. Le traité de Kutaya, discuté et arrêté avec Réchib-Pacha, le représentant de la Porte, accorda au vice-roi l'investiture des quatre pachaliks de la Syrie, Alep, Damas, Tripoli, Saint-Jean d'Acre, ainsi que le district d'Adana, la partie litigieuse du débat (13 mai 1833).

Traité d'Unkiar-Skélessi entre la Porte et la Russie. — De son côté, la Russie voulut faire payer son intervention. Le comte Orloff vint à Constantinople négocier le traité qui fut signé entre les ministres des deux empires, à Unkiar-Skélessi, 8 juillet 1833. La Russie mettait toutes ses forces au service de la Turquie contre les agressions d'ennemis extérieurs ou intérieurs. Réciproquement, la Turquie mettrait la Russie à l'abri des attaques par mer, en cas de guerre avec l'Europe, et elle s'engageait, par une clause secrète, à ouvrir au tzar le Bosphore, fermé aux flottes des autres nations. Ainsi la Russie, maîtresse de la mer Noire par la possession de la Crimée ; de la Bessarabie, depuis le traité de Bucharest (1812); des bouches du Danube, depuis celui d'Andrinople (1829); était presque rendue aux portes de Constantinople, ce but de son ambition et de ses efforts. Un seul obstacle pouvait l'arrêter, l'alliance de la France et de l'Angleterre. Si cette alliance avait été rompue, si par les menées taquines et tortueuses de lord Palmerston, ou si par le triomphe des doctrines de l'opposition en France, la guerre avait éclaté entre les deux États, on ne voit pas quelle intervention aurait pu sauver l'empire ottoman de l'écrasante protection du tzar, et retarder sa ruine ou son démembrement.

§ III. Ministère Casimir Périer. Du 15 mars 1831 au 16 mai 1832.

« Casimir Périer, a dit Royer-Collard, avait reçu de la nature la plus éclatante des supériorités et la moins contestée, un caractère énergique jusqu'à l'héroïsme.... L'orateur de la liberté constitutionnelle devenu homme d'État et chef du cabinet dans une révolution qu'il n'avait point appelée, sa probité généreuse et la justesse de son esprit lui firent comprendre que si l'ordre est la dette de tout gouvernement, c'est surtout la dette d'un gouvernement nouveau. » Président de la chambre, avant d'être ministre, il était bien l'homme de la majorité. On a dit qu'il n'était point l'homme du roi. Sa personne n'avait peut-être pas les sympathies de Louis-Philippe, car ses manières un peu hautaines et cassantes, sa rigidité parlementaire, qui s'alarmait de toute immixtion directe de la royauté dans les actes du gouvernement et de la présence seule du souverain dans le conseil des ministres, s'accordaient peu avec le caractère conciliant et affable d'un prince qui sentait sa valeur et n'aurait point accepté le rôle du soliveau. Mais, au fond, Casimir Périer et Louis-Philippe étaient parfaitement d'accord ; leurs idées, leurs principes de gouvernement étaient les mêmes ; si le ministre avait été moins sûr du roi, sa conduite n'eût été ni si résolue ni si hardie ; si les vues du roi n'avaient été celles du ministre qu'elles dirigeaient, la politique de Casimir Périer ne serait pas restée la politique du règne poursuivie avec persévérance, à travers l'instabilité des personnes et des cabinets, inhérente à la nature des gouvernements constitutionnels.

Cette politique peut se résumer en deux mots : l'ordre à l'intérieur, avec des moyens de répression dont la charte et la loi autorisent l'usage ; la paix à l'extérieur, sans imposer à l'honneur national aucun sacrifice ; et sur ce point Casimir Périer alla plus loin que ne devait aller dans la suite le roi Louis-Philippe, car il ménagea plus que l'honneur, il ménagea jusqu'à la susceptibilité nationale. Ce programme paraissait simple ; il fallait cependant, dans les circonstances actuelles, une opiniâtreté indomptable, une nature de fer et de salpêtre pour le suivre jusqu'au bout.

Politique extérieure. — A l'extérieur, trois grandes questions pesaient sur le gouvernement français : *la Belgique*, — *la Pologne*, — et *l'Italie*. — La politique de non-intervention avait été déjà formulée, mais on ne pouvait entendre que la France, en prenant l'engagement de ne porter à autrui aucun préjudice, consentirait à ne pas se défendre même d'un préjudice certain dans le cas où les événements du dehors menaceraient sa propre sécurité. M. Laffitte l'avait appliquée, avec sagacité, en divisant l'Italie par zones politiques, et en déclarant que la guerre deviendrait ou possible, ou probable, ou certaine, selon que l'action armée de l'Autriche s'exercerait ou dans les Duchés, ou dans les Légations, ou dans les États sardes. Lorsqu'à son tour, Casimir Périer fut appelé à exposer, comme président du conseil, sa politique devant les chambres : « Nous voulons la paix, dit-il, si nécessaire à la liberté; nous voudrions et nous ferions la guerre, si la sûreté et l'honneur de la France étaient en péril, car la liberté aussi serait menacée, et nous en appellerions avec une patriotique confiance au courage de la nation... Le principe déjà posé de non-intervention est celui que nous adoptons, c'est-à-dire que nous soutenons que l'étranger n'a pas le droit d'intervenir à main armée dans les affaires intérieures.... Nous défendons ce principe de non-intervention par la voie des négociations ; mais l'intérêt ou la dignité de la France pourraient seuls nous faire prendre les armes. Nous ne céderons à aucun peuple le droit de nous faire combattre pour sa cause ; le sang des Français n'appartient qu'à la France. » Et les actes furent conformes aux paroles.

En Italie. — *Memorandum adressé à Grégoire XVI.* Les représentations de la France obtinrent du gouvernement autrichien l'évacuation de l'Italie centrale et son adhésion même à une note ou *memorandum* que les puissances protectrices (France, Autriche, Russie, Prusse), adressèrent au nouveau pape Grégoire XVI le 21 mai 1831. Pour obtenir la pacification des esprits et prévenir le retour d'agitations révolutionnaires, deux principes fondamentaux étaient recommandés à l'attention du saint-siége : 1° l'application des réformes non-seulement aux provinces où la révolution a éclaté, mais aussi à celles qui sont restées fidèles et à la capitale : 2° l'admissibilité des laïcs aux fonctions administratives et judiciaires. Diverses mesures paraissaient nécessaires : l'amélioration de l'administration et de la justice, le rétablissement de l'élection pour les municipalités, l'organisation de conseils provinciaux, la création d'une cour de comptes et d'une consulte (conseil) administrative. Grégoire XVI aurait eu le droit de répondre qu'il n'avait à recevoir de direction de personne, s'il avait pu se passer de la protection de ceux qui imposaient des conditions à leur appui. Les embarras de la papauté allaient commencer ; les réformes ne marchaient pas au gré des désirs de la population ; les sociétés secrètes se reformèrent, une insurrection éclata, et les Autrichiens reparurent bientôt dans ces provinces que les démarches de la France leur avaient fait évacuer quelques mois auparavant.

En Portugal. — Mais avant d'agir en Italie, la politique du gouvernement s'était manifestée ailleurs avec vigueur et intelligence. Ce fut d'abord dans le Portugal au sujet de mauvais traitements infligés à nos nationaux. Don Miguel ayant refusé de donner satisfaction au consul français, le vice-amiral Roussin fut envoyé à Lisbonne pour obtenir une réparation. Le 9 juillet, sommation de l'amiral ; le 11, entrée dans le Tage de vive force ; le 12, prise de tous les vaisseaux portugais, qui furent emmenés à Brest, où ils restèrent jusqu'après le rétablissement de dona Maria ; le 13, l'amiral s'embosse en face du Palais-Royal : deux heures après une dernière sommation, don Miguel se soumettait à toutes les conditions de la France.

En Belgique. — En Belgique, les circonstances commandèrent une décision qui pouvait avoir des conséquences plus graves. Le roi Louis-Philippe avait refusé la couronne offerte à son fils, le duc de Nemours, le 17 février. Le 4 juin, Léopold de Saxe-Cobourg était reconnu roi par la conférence de Londres, et, le 2 août, il réclamait l'appui de la France contre le roi Guillaume, dont les troupes avaient envahi le territoire belge, mis en fuite une armée de volontaires inexpérimentés, et occupé Louvain. Nous emprunterons à un ancien ministre du roi Louis-Philippe, le récit de ce qui se passa aux Tuileries en cette circonstance.

« Dès le matin du 3 août, le gouvernement français faisait signifier par une double dépêche télégraphique — au cabinet de la Haye : « que toute attaque contre la Belgique ; » — au général Chassé, commandant de la citadelle d'Anvers : « que le premier coup de fusil tiré sur la ville, équivaudraient à une déclaration de guerre contre la France.

« Le 4, à neuf heures du matin, nous nous trouvions de nouveau réunis autour de la table du conseil des ministres.

« Les dernières nouvelles ne laissaient aucun doute sur la reprise générale des hostilités.

« Je ne me rappelle pas aujourd'hui sans émotion..... les paroles par lesquelles le roi ouvrit le conseil qu'il présidait, comme dans toutes les circonstances importantes.

« C'était cette parole vive, et souvent entraînante, des jours heureux ou difficiles.

« Un rayon de jeunesse animait les traits du souverain le plus libéral de son époque qui, par un contraste étrange, rappelaient ceux de son aïeul Louis XIV, d'absolutiste mémoire.

« J'ai reçu ce matin à cinq heures, nous dit-il, une lettre du roi Léopold qui appelle la France au secours de la Belgique. Ne perdons pas un moment, si nous ne voulons voir l'indépendance de la Belgique frappée au cœur par la prise de Bruxelles, et le cercle de fer des places fortes construites contre la France se refermer sur elle. Courons donc placer son drapeau entre Bruxelles et l'armée hollandaise ; je demande seulement comme une faveur, que Chartres et Nemours soient à l'avant-garde et ne perdent pas la chance d'un seul coup de fusil. » (De Montalivet.)

L'envoi d'une armée de 50,000 hommes en Belgique fut décidé séance tenante, et, le 11 août, le duc d'Orléans et le duc de Nemours, qui avaient pris les devants à marches forcées, faisaient leur entrée à Bruxelles, au milieu des acclamations de la population tout entière. Dès ce moment la Belgique était sauvée.

Cette marche d'une armée française vers la frontière du Rhin avait eu immédiatement un double effet, celui de provoquer, de la part des Hollandais, un mouvement de retraite et celui de donner à l'Europe le désir d'arriver à la solution d'une crise qui pouvait ouvrir une carrière aux instincts belliqueux de notre nation. Dès le 15 novembre 1831, les cinq puissances conclurent le traité constitutif de la Belgique, traité dit des vingt-quatre articles, qui laisse à la Hollande une partie des territoires du Luxembourg et du Limbourg avec Maëstricht, déclare libre la navigation du Rhin et de l'Escaut, décide la démolition des cinq forteresses de Belgique qui sont entretenues contre la France, depuis les traités de 1815 : Menin, Ath, Mons, Philippeville, Marienbourg. — Le traité ne fut point accepté par le roi de Hollande, dont les troupes occupaient Anvers, et l'armée française resta aux frontières.

En Pologne. — En Pologne, l'action de la France devait être malheureusement impuissante. Il y a en Pologne un dicton populaire : *Dieu est trop haut et la France est trop loin !* Pourtant, c'est toujours l'œil tourné vers la France, dans un espoir instinctif, que la Pologne secoue le poids de ses fers et cherche à en accabler ses maîtres. Les conseils du gouvernement français ne lui manquèrent pas dans cette circonstance : il lui déclara nettement, dès les premiers jours, qu'elle ne devait point compter sur le secours de ses armes. En même temps, il rappelait au gouvernement russe le respect des traités, il proposait sa médiation, et, lorsqu'elle eut été repoussée, il adressait à Vienne, à Londres, à Berlin, pour provoquer une intervention en faveur des vaincus, des prières qui ne furent point écoutées. La France n'eut donc, dans cette circonstance, à encourir aucun reproche, excepté de la part de ces partisans inconséquents de la guerre et de la liberté qui auraient voulu la précipiter dans une guerre générale. Il lui restait, après le désastre, à ouvrir ses bras aux proscrits. Elle le fit avec élan et donna asile à 10,000 réfugiés.

Occupation d'Ancône. — L'Italie devait naturellement avoir une grande place dans les préoccupations du gouvernement français. Les populations s'étaient soulevées; l'armée papale, composée d'aventuriers, avait dans la répression commis des excès qui poussèrent les Bolonais à faire cause commune avec les insurgés. Alors les Autrichiens, appelés par Grégoire XVI, marchent sur Bologne dont ils se rendent maîtres. Le principe de non-intervention était violé, l'équilibre était rompu en faveur de l'Autriche qui, maîtresse de l'Italie centrale, pouvait agir contre le Piémont. Une petite division navale, sous le commandement du colonel Combes, reçut la mission de s'emparer d'Ancône. Elle entra dans la ville par surprise (23 février 1832). Ce n'était qu'une poignée d'hommes, mais elle portait le drapeau de la France. Le pape fut indigné : « Depuis les Sarrasins, s'écria-t-il, rien de semblable n'a été tenté contre le Saint-Siége. » Le gouvernement français lui fit connaître ses intentions; il protégera le saint-père même contre les attaques intérieures, mais il ne laissera pas l'Autriche dominer dans ses États, et il n'en sortira que lorsqu'elle-même aura rappelé des Romagnes le dernier de ses soldats.

Politique intérieure. — Cette politique si nette, si logique, si ferme et si modérée à la fois, ne se montrait ni moins sage ni moins résolue à l'intérieur. Mais les obstacles étaient de toute nature, les difficultés naissaient sous les pas du ministre, la lutte se renouvelait chaque jour tantôt contre les légitimistes, tantôt contre les républicains, le plus souvent contre la résistance inerte ou calculée des ressorts administratifs, contre les adversaires cachés ou découverts sortis des rangs mêmes de l'ordre.

D'abord, il fallait mettre le calme dans la rue : au tumulte de la place publique il opposa la loi sur les attroupements, aux violences de la presse et aux prédications incendiaires, le recours aux tribunaux. En même temps, on se croyait obligé de donner aux libéraux un gage en prononçant, par une loi, l'exil perpétuel de la branche aînée des Bourbons (24 mars).

A cette occasion, Louis-Philippe écrivait à son ministre pour s'opposer à la vente des biens de la branche aînée de la maison de Bourbon.

Un an après, sur l'initiative de la chambre des députés, la vente forcée fut votée. Cependant la famille royale garda ses biens. Aussi, dans l'exil, Louis-Philippe, rappelant son respect constant pour la légalité, disait : « J'ai toujours scrupuleusement fait exécuter les lois, une seule exceptée, celle qui concernait les biens de la branche aînée de ma famille. »

La chambre des députés d'abord prorogée fut dissoute le 31 mai. Les élections auxquelles prirent part 125,000 électeurs sur 166,383 donnèrent la majorité au ministère : mais l'opposition comptait dans ses rangs le général Lamarque, Fr. Arago, Garnier-Pagès, à côté des dynastiques dévoués tels que MM. Thiers et Duvergier de Hauranne.

Session de 1831 *à* 1832. — Du 23 juillet 1831 au 31 août 1832. — La chambre dissoute le 31 mai avait été élue sous l'empire du système électoral de la restauration, le double vote, la septennalité, l'inégalité des droits des électeurs, conditions qui ne l'avaient pas empêchée d'être une des plus libérales que la France ait jamais eues ; mais le principe auquel elle devait naissance n'était plus en harmonie avec celui de la Révolution. La chambre nouvelle avait été élue en vertu de la loi qui avait établi l'élection directe et l'égalité de droit des électeurs. Indiquons sommairement ses travaux : — Dans son adresse en réponse au discours de la couronne, elle exprime le désir que la nationalité polonaise ne périsse pas. Le 18 octobre, elle vote la loi d'organisation de la pairie qui supprime l'hérédité à la majorité de 386 voix contre 40 ; le 28, la loi de recrutement qui rétablit les dispositions de la loi Gouvion Saint-Cyr. Le 12 janvier 1832, elle fixe le budget de la liste civile à 12 millions. Le 28 février, elle abroge la cérémonie du 21 janvier, expiation perpétuelle du meurtre de Louis XVI ; le 31 mars, elle vote la loi des céréales ; le 5 avril, le projet de loi sur la contrainte par corps ; et, le 9, la loi relative à la résidence des étrangers en France. Il s'était manifesté entre les deux chambres, depuis la révolution, des divergences sur certaines questions. Un projet de loi relatif au rétablissement du divorce, voté par les députés, avait été rejeté par les pairs. Ceux-ci avaient voulu amender la loi sur le bannissement des Bourbons et l'abrogation de la cérémonie du 21 janvier, mais la chambre élective maintint sa première rédaction. Charles X y fut déclaré déchu de la royauté.

Coalition formidable des ouvriers de Lyon. — En même temps qu'il défendait sa politique à la chambre contre de vives attaques, qu'il la faisait triompher en Portugal et en Belgique, le gouvernement envoyait des colonnes mobiles dans la Vendée, où les légitimistes essayaient de faire renaître la chouannerie. Mais le paysan vendéen, fait propriétaire par la révolution française, n'était pas moins attaché à la tranquillité publique que le bourgeois de Paris. Les partis, mettant à profit l'indignation et la douleur qu'avait produites dans la capitale la nouvelle de la prise de Varsovie (17-18 septembre), tentent de soulever les faubourgs. L'émeute est étouffée par le concours de la garde nationale et de la troupe de ligne. — A Lyon, le désordre faillit avoir des conséquences terribles et prit les caractères d'une véritable insurrection. Toutefois sa cause n'avait rien de politique. Il s'agissait d'un tarif que les ouvriers en soie, très-nombreux dans cette ville, avaient voulu rendre obligatoire à tous les fabricants. Le préfet Bouvier-Dumolard eut le tort d'intervenir dans ce débat et de promettre que le tarif serait mis en vigueur. Il fut désavoué par le ministère. Les ouvriers, maîtres de la ville, s'emparent des autorités, insultent la garnison, qui parvient, avec peine, à opérer sa retraite, laissant derrière elle des morts et des blessés. Cette situation durait depuis le 23 novembre lorsqu'une armée arriva sous les murs de Lyon, commandée par le duc d'Orléans et le ministre de la guerre. La répression aurait pu être terrible. Les ouvriers firent leur soumission. Les troupes prirent possession de la ville le 5 décembre. La question sociale s'était posée là dans une formule terrible inscrite sur le drapeau de l'insurrection : *Vivre en travaillant ou mourir en combattant.* Elle était ajournée, non résolue. Le communisme va se mettre à l'œuvre.

Complots. — *Désordres à Grenoble.* — Les obscurs complots des *Tours de Notre-Dame* (4 janvier 1832), *de la rue des Prouvaires*

(1er février), suscités par les légitimistes, et où on voulait, dans l'un sonner le tocsin, jeter l'alarme et le désordre ; dans l'autre, s'emparer de la famille royale par un coup de main sur les Tuileries, coïncident avec l'agitation croissante de la Vendée, avec des mouvements légitimistes dans le Midi, qui indiquent qu'un grand coup va être porté de ce côté. — Des troubles éclatent à Grenoble, à l'occasion d'une mascarade où la personne du roi avait été tournée en ridicule. La lutte s'engage entre la population et la garnison. Le 35e de ligne se voit forcé d'évacuer la ville ; mais des troupes appelées de Lyon arrivent et rétablissent l'ordre. Ce n'était pas assez pour Casimir Périer. « Souverainement dédaigneux des applaudissements populaires, ce qui lui plaisait dans le pouvoir, c'était la lutte, et il mettait toutes ses passions au service de ses desseins. Dans l'implacable ardeur avec laquelle il poursuivit les ennemis de la paix publique, on sentait se mêler aux héroïques colères de l'homme d'État quelque chose de l'âpreté du banquier et des angoisses du négociant (1). » Le 35e de ligne avait reçu un affront ; il faut que cet affront soit réparé, il faut que la force et le respect restent aux défenseurs de l'ordre ! Le 35e de ligne est renvoyé en garnison à Grenoble comme un châtiment pour la population, dont sa présence attestera la faute et la soumission forcée.

De tels actes, on le devine, n'étaient pas seulement des victoires contre la guerre civile, ils étaient des victoires de tribune. Casimir Périer avait conquis la majorité à force de courage, d'énergie et de désintéressement. Du jour où on le vit, parce que la chambre avait paru hésiter entre lui et M. Laffitte qui manqua la présidence de quelques voix, donner sa démission, et puis reprendre aussitôt cette démission à la nouvelle que les Hollandais avaient envahi la Belgique, comme un poste de péril et de responsabilité, la bourgeoisie comprit qu'elle avait trouvé son Pitt, le chef qui devait assurer son triomphe ; elle marcha résolûment derrière lui, entraînant jusqu'aux dissidents.

[1] M. de Carné, *Études sur l'histoire du gouvernement représentatif.*

Le choléra. — *Mort de Casimir Périer.* — **Mais** la lutte avait épuisé les forces physiques de ce fougueux tribun de l'ordre. Le choléra fit irruption dans Paris. Depuis quinze années cette épidémie, sortie de l'Inde vers 1817, dévastait la terre. Elle avait tué cinq millions d'Indiens, ravagé le Japon, la Perse, la Sibérie, la Russie, perdant un peu de son énergie à mesure qu'elle s'étendait. Quand elle parut à Paris, elle sévit principalement sur la classe ouvrière. Tout à coup, des bruits sinistres circulent; les riches, dit-on, empoisonnent les pauvres; on a jeté du poison dans l'eau et dans la farine. Quelques malheureux désignés à la fureur du peuple sont massacrés ou noyés. Voilà ce que vit Paris en plein XIXe siècle, sans que l'autorité ait pu pendant quarante-huit heures prévenir ou empêcher ces actes d'une démence furieuse! Du 5 au 10 avril, la moyenne des morts était de 1,000 à 1,500 par jour. Casimir Périer fut atteint par le fléau et remit le portefeuille de l'intérieur à M. de Montalivet. Le grand naturaliste George Cuvier, mort le 13 mai, ne fit que précéder dans la tombe le grand ministre, qui succomba le 16, brisé par la fatigue de sa courte existence ministérielle autant que par la maladie elle-même.

Casimir Périer avait posé nettement la politique du gouvernement de juillet devant les partis et devant l'Europe. Ami de la légalité, de l'ordre et de la paix, il avait accepté la lutte là où il avait fallu combattre, et il ne s'était arrêté que dans la victoire. L'Europe commença à croire à l'avenir de ce gouvernement d'aventure, la société raffermie commença à croire au lendemain. Enfin, Casimir Périer avait mis en vigueur le régime parlementaire dans sa grandeur et dans sa sincérité.

Le régime parlementaire. — Ce régime reposait sur trois principes : l'irresponsabilité de la couronne chargée du pouvoir exécutif — la responsabilité de ses ministres — la discussion des actes ministériels par la chambre et par la presse; en un mot, il était le gouvernement résultant de l'accord des mandataires du pays et du trône, le ministère étant l'expression et l'instrument de cet accord. Reste à en exposer brièvement le mécanisme. — La chambre des députés élue pour cinq ans a, comme la couronne, l'initiative des lois. Le projet discuté et adopté par elle devient loi après avoir subi la même épreuve devant la chambre des pairs, formée d'un nombre indéterminé de membres viagers que la couronne choisit dans des catégories déterminées. Tous les ans il y a une session des chambres que le roi ouvre par un discours, le *discours du trône*, où il juge la situation du pays, celle de l'Europe, et donne le programme des travaux de la session. La chambre des députés a trois moyens de se prononcer à son tour sur la politique qui lui a été soumise : l'adresse ou réponse au discours du trône, le choix de son président, la discussion du budget. Si la chambre se déclare contre la politique ministérielle, le roi doit choisir entre la formation d'un nouveau cabinet avec les éléments que lui offre la majorité, et la dissolution de la chambre, l'appel au pays qui prononcera en dernier ressort. A tout instant, d'ailleurs, la *question de cabinet* peut surgir, soit par l'exercice du droit d'amendement qui autorise tout député à demander dans un projet de loi l'introduction d'une disposition nouvelle, soit par le droit d'interpellation qui lui permet d'appeler le cabinet à justifier un acte de sa politique extérieure ou intérieure. La gravité des questions soulevées de cette manière peut décider un ministère à déclarer que son existence dépendra du vote de la chambre.

Impuissance de la pairie et insuffisance du système électoral. — Tel était le système dont le fonctionnement ne pouvait être durable qu'à la condition : 1° que le parlement n'annihilerait pas le pouvoir royal. Ce point dépendait de la constitution de la pairie, destinée à servir de contre-poids. 2° Que la chambre des députés, avec laquelle le pouvoir exécutif devait se mettre en conformité d'idées et de vue, était bien l'expression de la volonté du pays. Ce second point dépendait de la loi électorale. Or, les faits l'ont prouvé, là fut le double écueil du gouvernement de juillet. Ni la pairie, sans prestige, sans attributions, placée presque en dehors de la sphère politique, où les plus habiles défenseurs de la couronne se trouvaient paralysés, où les hommes considérables de l'opposition dynastique refusèrent de se laisser porter, ne fut assez forte pour contre-balancer l'action de la chambre des députés ; ni la chambre des députés, par la nature de la loi électorale, ne fut en état de donner complète satisfaction aux vœux de la nation.

La question électorale a eu sous le règne de Louis-Philippe une si grande importance, qu'il convient d'en dire ici quelques mots.

Le droit électoral peut être considéré comme un droit naturel appartenant à tout homme investi, par le fait de son émancipation légale et de sa majorité, des droits de citoyen ; c'est le système du suffrage universel ; — ou bien il peut être regardé comme un droit politique remis par la société seulement à ceux qu'elle juge capables de l'exercer dans l'intérêt public. Ce dernier système fut celui qui avait prévalu sous la restauration et que la monarchie de juillet adopta comme la seule application sagement praticable des principes de 1789. Restait à en fixer la règle. On se rappelle que la restauration avait admis deux garanties d'aptitude : la propriété territoriale et l'exercice de certaines fonctions libérales. Le principe, l'origine du nouveau gouvernement, lui commandaient de faire de ce système une application nouvelle plus large que par le passé. La loi municipale du 21 mars 1831 conféra le droit de nommer les conseils communaux aux électeurs les plus imposés au rôle des contributions directes de la commune, et aux médecins, avocats, notaires, juges, officiers de la garde nationale, fonctionnaires en retraite. Aux yeux du législateur, la garantie offerte aux intérêts sociaux par l'éducation et même par les sacrifices pécuniaires qui conduisent à la profession d'avocat ou de médecin n'était pas inférieure à celle que présente la possession de la terre. Ce fut en partant de ce point de vue que le gouvernement rédigea la loi électorale soumise à l'approbation des chambres.

« Nous avons cherché, disait le ministre qui apportait le projet de loi, à étendre la capacité électorale en demandant à tous ce qui fait la vie et la force des sociétés, au travail industriel et agricole, à la prospérité et à l'intelligence. La contribution publique d'une part, la seconde liste du jury de l'autre, nous procuraient une application immédiate et sûre de la théorie adoptée. Un gouvernement né du progrès de la civilisation devait à l'intelligence de l'appeler aux droits politiques, sans lui demander d'autre garantie qu'elle-même.

« Toutefois la loi, pour n'être pas arbitraire et vague, a joint des garanties à celles qui confèrent aux gradués des différentes facultés le droit de figurer sur la liste du jury. Elle a érigé un certain nombre d'années de domicile réel, suivant le grade qu'on occupe dans chaque faculté. Les avantages politiques que nous attachons à l'instruction contribueront, nous n'en doutons pas, à la répandre. Propager l'enseignement, instruire le peuple est aussi une des dettes contractées par un gouvernement libéral ; nous l'acquitterons, et ce devoir sera d'autant plus impérieux, que l'instruction, comme on le voit, est désormais le moyen de généraliser les droits politiques. Il y avait, il faut en convenir, quelque chose de trop peu rationnel dans cette faculté donnée par la loi du jury à tous les citoyens éclairés de pouvoir juger de la vie des hommes, et qui n'allait pas jusqu'à concourir à la nomination de ceux qui font la loi. De même que la seconde liste du jury sert à accroître, d'après notre système, le nombre des électeurs, l'augmentation du nombre des électeurs viendra par contre-coup accroître le nombre des jurés, et par là étendre l'intervention du pays dans le jugement qui l'intéresse le plus ; heureuse réaction, d'où il résulte que le fait même de la promulgation de notre loi électorale sera un double bienfait pour le pays. » (M. le comte DE MONTALIVET, ch. des dép., 2 février 1831.)

Ce langage était fort sensé assurément, mais l'opposition aurait mieux aimé faire tomber la loi que de ne pas la voir réaliser tout ce qu'elle demandait. La loi sortit donc mutilée de ces tiraillements, moins libérale que celle que le gouvernement avait proposée (19 avril 1831) : pour être électeur, il fallait payer 200 francs de contribution, pour être éligible 500 francs. Chaque arrondissement envoyait un député à la chambre, qui se composait de 459 membres. Le gouvernement ne comprit pas qu'au lieu de distinguer des catégories, de restreindre la base, il fallait l'élargir, il fallait s'appuyer sur les classes moyennes tout entières ; qu'augmenter le nombre des électeurs, c'était diminuer la dépendance des élus à l'égard de leurs commettants et les soustraire à l'obligation de servir aveuglément les intérêts et les passions des fractions minimes du territoire ; que la gratuité du mandat, remis à des hommes de la classe moyenne, exercé dans une ville comme Paris, devait les mettre sous le coup de tous les besoins, et que son intérêt comme celui de leur dignité exigeait qu'ils reçussent une indemnité équitable. Il ne vit pas, enfin, que les partis dangereux, les doctrines anarchiques sont moins à craindre au grand jour de la discussion publique que dans l'ombre des sociétés secrètes. La lumière tue l'erreur plus sûrement que la force.

Ce fut là la faute capitale du gouvernement de juillet; mais elle doit être imputée aux cabinets qui ont succédé à celui du 15 mars bien plus qu'à Casimir Périer lui-même. Alors il y avait urgence. Il fallait au plus vite organiser la justice par le jury, la force armée par la garde nationale, les communes, les départements, l'instruction publique, etc. Restait, à ceux qui viendraient après, le soin d'améliorer, avec les lumières de l'expérience, une œuvre exécutée avec précipitation et que les cabinets absorbés par des rivalités parlementaires ou par le soin continuel de leur défense parurent regarder comme définitive. Ajoutons, afin d'être juste, que la durée du gouvernement constitutionnel n'a été que de dix-huit années, temps bien long pour l'impatience de réformes d'un peuple libre, bien court pour l'essai des institutions. Ce n'est qu'après des siècles que l'Angleterre modifie les siennes quand il arrive qu'elle s'y décide.

CHAPITRE II

France: Suite du règne de Louis-Philippe, depuis la mort de Casimir Périer jusqu'à la formation d'une coalition contre la France dans la question d'Orient (16 mai 1832 au 15 juillet 1840).

SOMMAIRE.

Cabinet intérimaire (du 16 mai au 11 octobre 1832). — Le compte rendu de la gauche. — Émeute des 5 et 6 juin. — Insurrection légitimiste dans l'ouest.

Les saint-simoniens, les phalanstériens, les communistes.

MINISTÈRE DU 11 OCTOBRE (sous la présidence du maréchal Soult, du 11 octobre 1832 au 22 février 1836).

Siége et prise de la citadelle d'Anvers, 30 novembre au 23 décembre.

La duchesse de Berry est faite prisonnière à Nantes. — Sa captivité à Blaye.

Loi sur l'instruction primaire.

Algérie: de 1830 à 1833. — Gouvernement des généraux Clausel, Berthezène, du duc de Rovigo.

1834. — Procès de *la Tribune*. — Lois sur les crieurs publics, sur les associations. — Mouvements des républicains à Paris et dans les départements.

Ministère des trois jours.

1835. — *Reconstitution du ministère du 11 octobre* avec M. de Broglie pour président. — Procès des accusés d'avril. — Attentat de Fieschi — Lois de septembre.

SECONDE PÉRIODE DU RÈGNE DE LOUIS-PHILIPPE: du 22 février 1836 au 29 octobre 1840.

MINISTÈRE DE M. THIERS (du 22 février au 6 septembre 1836). — L'attentat d'Alibaud. — Dissentiment du roi et du cabinet au sujet des affaires d'Espagne.

Ministère Molé et Guizot (6 septembre 1836 au 15 avril 1837). — Affaire avec la Suisse au sujet des réfugiés. — Échauffourée de Strasbourg.

Algérie. — Expédition du maréchal Clausel contre Constantine.

1837. — Ministère Molé seul (du 15 avril 1837 au 13 mai 1839). — L'amnistie. — Mariage du duc d'Orléans. — Restauration du palais de Versailles.

Algérie. — Traité de la Tafna. — Prise de Constantine.

Prospérité industrielle et financière.

1838. — Évacuation d'Ancône. — Règlement définitif des affaires belges. — Prise de Saint-Jean d'Ulloa.

1839. — La coalition. — L'irresponsabilité royale discutée. — Dissolution de la chambre ; ses conséquences.

Ministère Soult (du 13 mai 1839 au 20 février 1840). — Émeute à Paris : Blanqui, Barbès. — Don Carlos se réfugie en France.

En Algérie. — Reprise des hostilités contre Abd-el-Kader.

1840. — Rejet de la dotation du duc de Nemours. — Attitude du ministère.

Ministère de M. Thiers (du 1er mars au 29 octobre 1840). — Affaires d'Orient. — Fortifications de Paris. — Tentative de Boulogne. — *Algérie.* Mazagran.

Cabinet intérimaire (*du 16 mai au 11 octobre 1832*). — *Le compte rendu.* — La mort de Casimir Périer n'amena pas en apparence un grand changement dans la situation. M. Montalivet resta au ministère de l'intérieur, M. Girod de l'Ain à l'instruction publique. Mais les partis crurent que l'heure du triomphe avait sonné pour eux, et que toute la force du gouvernement avait été dans un homme, dans un système qui finissait, par son chef, avec le cabinet du 13 mars. On se hâta de mettre à profit l'ébranlement causé au pays par cet événement. L'opposition ou gauche comptait deux grandes fractions jusqu'alors distinctes ; la première, tendant à la république, avait pour chefs dans le parlement MM. Dupont de l'Eure, Cormenin, Garnier-Pagès, dans la presse Armand Carrel (*National*), Armand Marrast, Godefroi Cavaignac (*Tribune*); la seconde, gauche dynastique, attachée, en principe, à la branche cadette et au gouvernement monarchique, avait pour principal orateur M. Odilon-Barrot. Le désir de changer la marche des affaires par un grand coup les décida à se rapprocher et à s'entendre dans une action collective. Mais une entente de cette nature entre deux partis bien tranchés n'est possible ordinairement qu'au moyen de concessions fâcheuses de la part des modérés. La gauche *dynastique* se déconsidéra aux yeux des conservateurs par cette alliance, elle leur devint suspecte, et la distance qui la séparait du pouvoir, faible la veille, se trouva considérable le lendemain. Ce fut un malheur pour la royauté, dont les choix se fixèrent dans un groupe de plus en plus restreint, et pour le pays, qui vit diminuer les chances de stabilité du gouvernement avec le nombre des défenseurs de son principe sur lesquels il pût sérieusement compter. Après des hésitations sur la nature de la manifestation à laquelle l'opposition pourrait se rallier, on convint de rédiger de concert un *compte rendu* des députés à leurs commettants. Toute la concession qu'on y faisait au principe de la royauté héréditaire se bornait à dire qu'entourée d'institutions populaires, elle n'avait rien d'*inconciliable* avec le principe de la liberté. On s'y plaignait d'ailleurs, avec une extrême vivacité, d'une liste civile dont le budget de douze millions paraissait excessif, du poids des impôts, de l'ingratitude du gouvernement qui laissait aux employés de la restauration les places qu'il aurait dû confier à des *patriotes*, etc.; c'était enfin un acte d'accusation contre la politique intérieure et extérieure. Cent trente-quatre signataires adhérèrent successivement à cette manifestation, datée du 28 mai 1832, qui fut immédiatement suivie d'une insurrection républicaine dans Paris, d'une insurrection légitimiste dans l'ouest. Sans examiner le fond des griefs, leur plus ou moins de justice, il suffit de mentionner la coïncidence de ces graves désordres avec l'expression de ces griefs pour en montrer l'inopportunité et le péril.

Émeute des 5 et 6 juin 1832. — Aux yeux de beaucoup de jeunes gens et de membres de sociétés secrètes, le *compte rendu* était le signal d'une prise d'armes. On entendait les hommes mêmes qui avaient dirigé les événements de juillet annoncer que la cause de la révolution était trahie... Ceux qui avaient versé leur sang pour cette cause l'abandonneraient-ils ?

Les sociétés secrètes, celles des *Droits de l'homme*, des *Amis du peuple*, de l'*Union de juillet*, etc., se préparèrent. Le général Lamarque, ancien officier de l'Empire, orateur passionné de la liberté et de la guerre, « soldat humilié de vivre sous un gouvernement pacifique de bourgeois », était mort le 2 juin. On jugea que ses funérailles seraient une occasion favorable pour tenter un mouvement qui amènerait la chute des institutions et l'établissement de la république. Une foule immense se rendit le 5 juin au convoi. Des légitimistes étaient venus en aide aux républicains : fidèles à ce vieux programme de Coblentz, qui avait pourtant été si fatal à Louis XVI, *que le bien naît de l'excès du mal*, ils avaient ici recruté pour l'émeute, tandis que là-bas éclatait la guerre civile.

Parvenu au pont d'Austerlitz, où une chaise de poste devait prendre les restes mortels du général et les transporter à Mont-de-Marsan, le cortége s'arrête, des orateurs montent sur une estrade pour haranguer le peuple ; le drapeau rouge est arboré, surmonté du bonnet phrygien. Des cris éclatent : *A bas le roi! vive la république!* La Fayette, qui voit trop tard l'encouragement que sa présence a donné à de criminels desseins, MM. Odilon-Barrot, Laffitte et leurs amis se hâtent de se retirer. Des barricades s'élèvent. La lutte s'engage avec la troupe.

Lorsque le roi, parti de Saint-Cloud à la première nouvelle des troubles, arriva à Paris, il était neuf heures du soir. L'insurrection couvrait une partie de la ville, mais les ouvriers avaient refusé de se joindre aux républicains ; la garde nationale et l'armée étaient pleines d'ardeur, elles saluèrent d'acclamations enthousiastes le prince qui, à son arrivée, avait passé une revue au bruit de la fusillade et à la lueur des torches.

Alors commença le lamentable spectacle d'une lutte à

outrance, où 2,000 hommes osèrent entreprendre de résister à une armée de 25,000 fusiliers et de 40,000 gardes nationaux. Des deux côtés le courage fut héroïque, héroïque de la part des défenseurs de l'ordre et des lois, héroïque aussi de la part de cette poignée de téméraires qui mettaient leur vie au service de convictions désintéressées. Les insurgés, refoulés dans un quartier formé de rues étroites, irrégulières, entre les rues Saint-Merry, Aubry-le-Boucher, des Arcis et Planche-Mibray, fusillaient la troupe du haut des fenêtres ou derrière des montagnes de pavés. Trois bataillons de la garde nationale prirent la fuite, un bataillon de ligne même dut se retirer.

A ce moment, le roi monta à cheval, suivi de ministres et de députés. Il parcourut les boulevards, le faubourg Saint-Antoine dans toute sa longueur, et revint par les quais et la place du Carrousel. Les acclamations furent unanimes; le visage affable du prince ne laissa percer aucune émotion. L'emeute était vaincue, la couronne affermie. Ce jour-là, Louis-Philippe devint véritablement roi de France : l'enthousiasme populaire confirma l'élection que la nécessité et la politique avaient dictée en juillet 1830. Dans notre pays, d'humeur batailleuse, aucun prestige n'égale celui du courage, et le prestige du courage personnel est plus nécessaire chez un roi pacifique que chez tout autre.

Cette insurrection malheureuse avait coûté la vie à plus de huit cents personnes, tant d'un côté que de l'autre. Il y avait eu des représailles terribles et, par une des inévitables erreurs de la guerre civile, où la rage dépasse toutes les bornes, des innocents frappés avec les coupables. Trois commissaires furent envoyés au roi par des signataires du *compte rendu* : MM. Laffitte, Arago, Odilon-Barrot. Ils venaient faire appel à la clémence royale, mais ne fallait-il pas d'abord que la justice du pays eût son cours? L'offensé, le préjudice étaient au pays, à la société tout entière, non au roi. C'est ce qui fut répondu; puis, l'entretien se porta sur les différentes parties de la politique. Nous le connaissons par ce que les commissaires en ont publié. La politique du roi s'y trouve nettement dessinée : les idées auxquelles il resta attaché jusqu'à la fin y sont exposées par des bouches non suspectes de partialité favorable. C'est donc un des documents les plus importants du règne. Aux griefs de l'opposition, dénonçant la désaffection de la France produite par les concessions du gouvernement aux légitimistes, par le refus d'étendre les libertés publiques, par le système d'abaissement devant l'étranger, Louis-Philippe répondit que la politique qu'il suivait était celle de la majorité. « Vous dites que ma popularité est ébranlée. Il y a là quelque chose de vrai : mais ce n'est pas aux fautes de mon gouvernement qu'il faut s'en prendre, c'est le résultat des calomnies sans nombre dont je suis l'objet. Mes ennemis me représentent, en toute occasion, comme un ambitieux aspirant à un pouvoir sans limites, comme un prince insatiable de richesses... on a beaucoup parlé d'un *programme de l'Hôtel de Ville*. C'est un infâme mensonge. J'en appelle sur ce point à M. Laffitte. Il est faux que j'aie fait aucune promesse. La révolution de 1830 s'est faite au cri de : *Vive la Charte!* c'est la Charte, que le peuple demandait, c'est la Charte améliorée par la suppression de l'article 14, dont il jouit. En droit, je n'avais rien à promettre ; en fait, je n'ai rien promis... » Le souvenir de cette entrevue laissa dans l'esprit du roi une impression profonde. Ses arguments étaient restés sans réplique satisfaisante, sa victoire avait été manifeste. En entendant répéter plus tard toujours les mêmes griefs, il se crut toujours la même force et eut dans la bonté de sa cause et dans la puissance de sa dialectique une confiance inébranlable.

Insurrection légitimiste dans l'ouest. — Pendant ce temps, le grand mouvement légitimiste avortait dans l'ouest. La duchesse de Berry avait envoyé à ses partisans l'ordre général de prendre les armes le 24 mai. Elle arriva aux Mestiers, sur la frontière des départements de la Loire-Inférieure et de la Vendée le 21. Les déceptions l'y attendaient. En vain, on lui représenta qu'elle avait été trompée sur les dispositions des paysans ; que, d'ailleurs, la poudre, les fusils et l'argent manquaient à l'entreprise ; que la garde nationale défendait l'ordre et que l'armée agirait de concert avec elle ; la duchesse persista dans la résolution de recourir à la guerre civile : mais elle ajourna la prise d'armes au 3 juin. Le 3 juin donc, les hostilités commencèrent.

L'issue n'en fut pas douteuse un instant. Une résistance plus courageuse encore que celle du cloître Saint-Merry signala la défaite des légitimistes. Quarante-cinq hommes furent cernés par deux cents hommes du 29ᵉ de ligne, dans le château de la Pénissière, de la commune de la Bernardière (Vendée). A deux reprises, les assiégeants tentèrent de les y forcer : ils furent repoussés. Les soldats mirent le feu aux étages supérieurs, pendant que leurs camarades cherchaient à pénétrer par le rez-de-chaussée. Fusillés à bout portant, ils incendièrent le bas du château. Les assiégés, la flamme sous les pieds, la flamme au-dessus de la tête, continuent à se battre aux cris de : *Vive Henri V*, et au son du clairon, qui n'avait pas cessé de sonner. Soudain, les clairons se taisent, les coups de fusils ne se font plus entendre, l'édifice s'écroule. Les insurgés avaient gagné la campagne.

L'admiration qu'inspire une si rare intrépidité ne doit pas rendre injuste envers la tâche en apparence plus obscure, mais au fond plus admirable et plus héroïque assurément, de ces soldats de l'ordre qui meurent silencieusement à la place que le devoir et le gouvernement en péril leur ont assignée.

Une résistance prolongée était impossible. Le 9 juin, la duchesse de Berry se réfugiait à Nantes, sous un déguisement. Le 22 juillet mourait, à Schœnbrunn, le duc de Reichstadt, à l'âge de vingt et un ans. Ainsi, vers la même époque, les trois partis hostiles à la monarchie de juillet semblaient, par des revers irréparables, frappés d'impuissance.

La situation n'en restait pas moins précaire et agitée. Les journaux redoublaient de violence, la plupart déclaraient le gouvernement complice de la duchesse de Berry, dont ils l'accusaient de tolérer la présence en France. En réalité, celui-ci se trouvait dans un grand embarras, ne sachant comment en finir avec la duchesse et craignant, d'autre part, que la prolongation de son séjour ne ranimât la guerre civile. — Le roi de Hollande n'avait pas accepté le traité du 15 novembre 1831, il était impossible de laisser ses soldats plus longtemps maîtres de la citadelle d'Anvers et d'une partie du territoire belge. Le roi jugea que la constitution d'un nouveau cabinet était rendue nécessaire par la gravité des éventualités qui menaçaient et par celle des mesures à prendre pour y parer.

La formation de ce cabinet du 11 octobre, qui fut le grand ministère de la monarchie de juillet, ne se fit pas du premier coup. C'est pendant qu'elle traînait en longueur, à travers diverses combinaisons, qu'eut lieu le procès des saint-simoniens. Il faut s'y arrêter un instant pour montrer le trouble profond de la société et la voie nouvelle vers laquelle se portera l'esprit du temps, dans ses investigations critiques et dans ses aspirations idéales.

Les saint-simoniens, les phalanstériens, les communistes. — La Révolution française avait mêlé la réforme politique à la réforme sociale. Elle avait modifié la propriété, l'éducation publique en même temps que le gouvernement. Mais, Babeuf mort, nul n'avait plus songé à donner à l'État les bases mêmes de certaines républiques anciennes. La forme politique seule restait en discussion. Les révolutions de 1799, de 1804, 1814, 1815, 1830 sont purement politiques. Il s'agit de décider si la France sera empire, république ou monarchie ; si le principe de la légitimité étouffera le principe de la souveraineté nationale, si la charte sera *octroyée* ou établie par un commun accord ; on se borne à régler la part relative du pouvoir et de l'individu, le mode de conciliation de l'ordre et de la liberté. Les saint-simoniens apportèrent un mot nouveau, le *socialisme*, qui se trouvera désormais mêlé aux révolutions de l'avenir.

L'inventeur de la doctrine, le comte de Saint-Simon, était mort en 1825, après une existence des plus agitées. Héritier d'un grand nom, il avait dissipé une fortune considérable dans des entreprises généreuses et dans de honteuses débauches, passant par tous les excès, par tous les degrés de la vertu et du vice, se purifiant avec les progrès de l'âge et de la misère. Il expliquait sa vie passée en disant qu'il avait dû se préparer par l'expérimentation des turpitudes de l'état social à sa réforme. Il crut laisser à ses disciples les fondements d'un monde dans ses livres, dont le dernier eut pour titre *le Nouveau Christianisme*. «La poire est mûre, leur dit-il, vous pouvez la cueillir. » A ce moment, l'ardeur des esprits était grande, car l'époque de juillet est une de ces heures de jeunesse, de dévouement et de générosité qui doivent marquer dans la vie d'un peuple. Les chimères du cerveau y ont eu des torts dont le cœur est innocent. A côté des odieux calculs de la haine et de l'ambition, il y eut l'élan passionné et généreux d'une génération avide de liberté et impatiente de grandes choses.

Quelle perspective était plus capable de la séduire que celle qu'on ouvrait devant elle? quel langage plus propre à flatter sa présomption et ses ardeurs? La politique est usée, disait-on. Le bonheur du genre humain ne dépend pas de la forme de tel ou tel gouvernement, il dépend d'une bonne organisation du travail. Il faut donner *à chacun suivant sa capacité, à chaque capacité suivant ses œuvres*. Le langage absolu, l'affirmation mathématique des formules et le vague des moyens d'application favorisaient la propagation de doctrines fondées sur une critique très-sagace de certains vices de l'ordre social; on faisait briller devant les esprits inexpérimentés et pleins de confiance en eux-mêmes un but élevé qui devait être atteint par des voies nouvelles. Plusieurs furent entraînés. Le *Globe* devint l'organe de l'École organisée d'abord en famille avec MM. Enfantin et Bazard pour chefs suprêmes. Restait la mise en pratique des doctrines du maître. Sur ce point l'échec fut complet. Quelque effort de vertu qu'y aient mis les disciples, ils ne purent sauver le ridicule et l'odieux d'une société qui prétendait se fonder sur l'abolition de l'héritage, de la famille, du mariage, sur l'omnipotence d'un *couple-prêtre*, souverain dispensateur de la richesse sociale, souverain législateur et souverain juge. Le gouvernement crut de son devoir d'arrêter une propagande publique de doctrines qu'il jugeait dangereuses, outrageantes pour la morale publique. Le procès du 27 août 1832 imposa aux saint-simoniens l'obligation de fermer leur établissement de Ménilmontant. La Société fut tuée : le socialisme lui survécut.

C'est que son véritable père n'était pas Saint-Simon. Avant Saint-Simon, un commis marchand, nommé Charles Fourier, avait publié dès 1808, sous le titre de *Théorie des quatre mouvements*, un livre extraordinaire où les observations les plus profondes et les plus judicieuses se rencontrent à côté des plus folles rêveries. Témoin des fraudes du commerce, des souffrances de l'industrie, Fourier avait analysé les spoliations, les désordres, les froissements moraux et matériels auxquels donne naissance l'immense et infinie variété des rapports sociaux. Dans cette étude plus ingénieuse qu'utile, personne ne l'a surpassé en sagacité.

Le milieu actuel jugé, critiqué, condamné, Fourier osa proposer un monde nouveau : il le prit à sa naissance, il le montra atteignant à ses derniers développements, il fit voir comment l'*Harmonie* pouvait le produire, et comment la transformation de la terre, opérée sous son influence, pouvait amener celle de l'Univers.

Cette vision de l'avenir, il en détermina avec précision les moindres particularités ; il semble qu'aucun jeu de passions et de caprices de l'homme ou du ciel n'ait échappé à la précision de ses calculs. Dans ce milieu social qu'il crée sous l'empire de la loi d'*attraction universelle*, les *attractions sont proportionnelles aux destinées*, l'engrenage des passions merveilleusement combiné engendre, par leur force et leur satisfaction naturelle, l'harmonie ; la loi du travail est devenue la loi du plaisir. La commune des associés, le *phalanstère*, donne une phalange dont la population se divise en séries et en groupes : la composition des groupes de la série se modifie sans cesse sous l'empire de l'attraction passionnelle. Dans le partage des produits de la société, les saint-simoniens admettaient deux éléments : le travail et le talent ; les fouriéristes ou phalanstériens en admirent trois : le travail, le capital, le talent. Mais quelle serait la part relative de chacun d'eux ? Fourier, si minutieux calculateur en apparence, n'avait point cherché à la régler, pas plus que Saint-Simon.

Les termes mêmes, dont nous nous sommes servis et qui sont ceux du réformateur, font pressentir à quels esprits la doctrine de Fourier dut surtout s'adresser, elle convenait à des jeunes gens généreux, que des théories basées en apparence sur des calculs rigoureux et sur des principes formulés en axiomes devaient séduire, et qu'une expérience suffisante des choses humaines ne pouvait prémunir contre de cruelles déceptions. Il est difficile de ne pas croire à la réalisation du rêve de la félicité humaine et plus difficile encore de s'en rapporter à la sagesse de nos pères, quand on a vingt ans.

Or, ce fut de ces têtes inexpérimentées et ardentes que se forma le premier noyau des sectaires dans les deux écoles. Ces théories, dans leur élan et leur folie même, ne devaient plaire qu'à des intelligences cultivées, curieuses des choses nouvelles, avides d'innovations bienfaisantes. Les prédications phalanstériennes, pas plus que les prédications de Ménilmontant, n'étaient de nature à être comprises par la multitude. Le gouvernement n'y trouvant pas d'attaques à la morale publique s'en inquiéta d'autant moins que les fouriéristes parurent d'abord lui venir indirectement en aide. Tournant en ridicule les vieux partis, ils montraient le vide, le néant des querelles de portefeuilles. Le problème est dans la réforme sociale, disaient-ils. Elle doit venir d'en haut et non d'en bas, sous peine d'amener de graves désordres. Adressons-nous au gouvernement. Indiquons-lui les améliorations utiles. — Langage dont peu à peu ils devaient s'écarter dans leur conduite. Bientôt le nombre des fouriéristes s'accrut : les chefs vieillirent : ils crurent se fortifier en s'associant aux vieux partis. Ils cherchèrent la popularité en attaquant le pouvoir en même temps que l'organisation sociale. Il y eut un profond et immense travail : la Révolution de 1848 en a montré tout à coup les progrès, lorsqu'elle a découvert les ravages de la sape et de la mine sous les fondements de la société. C'est que le socialisme, de l'état de spéculation théorique ingénieuse rêvée par des cœurs généreux, était passé, en descendant vers la foule, à l'état de doctrine subversive, se prêtant aux convoitises de la misère et aux appétits de l'instinct. Derrière les phalanstériens et les saint-simoniens, avait paru une autre école dont la formule de répartition des produits du travail se bornait à cinq mots, les plus terribles que le monde ait vu arborer sur le drapeau de la société humaine : *A chacun selon ses besoins.* Telle fut la formule présentée par les communistes comme le dernier terme de la perfectibilité et du progrès. Les masses, ignorant ou oubliant par quoi différaient les doctrines, appelèrent cette réhabilitation de la chair, cette justification systématique des besoins des sens, sur lesquelles les écoles étaient d'accord, d'un seul mot, *le socialisme.* Ainsi compris et défini, le socialisme est un fléau ; en représentant toutes les souffrances de l'homme comme les effets d'une mauvaise organisation du milieu social, il le pousse à la révolte contre ce milieu ; il lui fait prendre en dégoût la réalité à laquelle il oppose un rêve décevant ; il l'éloigne du travail, l'irrite contre la privation, le détourne du sacrifice, car, dans le monde nouveau que le socialisme ouvre aux yeux éblouis, il n'y a place que pour le plaisir et la satisfaction des passions. — Le christianisme avait dit à l'homme depuis 1800 ans : Le travail est la loi du monde, souffre et espère, fais le bien sans compter pour toi-même sur le fruit qui en doit sortir. La récompense t'attend dans une autre vie, la vie pure des esprits. — Le socialisme, prenant le contre-pied de ces doctrines régénératrices, venait lui dire : J'apporte un nouveau dogme. Le plaisir est la loi de Dieu, et c'est à l'homme seul qu'est due la gêne du travail. Dans un milieu bien combiné, la satisfaction des passions et des instincts individuels amènera la félicité et l'harmonie universelles : Arrivons à créer ce milieu. Arrière donc la vieille politique et la vieille religion !

Voilà, au fond, à quelles conclusions arrivaient ces rêveurs imprévoyants, dont beaucoup apportèrent à la propagation du socialisme le zèle de la charité la plus ardente et du dévouement le plus désintéressé. Les applications utiles qu'ils suggérèrent du principe d'association, les fondations d'établissements charitables auxquelles ils participèrent, purent leur donner confiance dans l'utilité pratique de leur œuvre. Du désordre moral, du ravage des croyances et des idées, le temps seul devait révéler les conséquences. C'est lui qui montrera ce qu'on a gagné à éloigner le peuple des questions politiques pour porter son esprit vers les réformes sociales, à le détourner des idées de devoir, de résignation et de sacrifice, sur lesquelles se fonde tout le christianisme et qui seules font la fierté, le bonheur et la grandeur de l'homme sur la terre. Le règne de Louis-Philippe ne renferme pas d'événement plus considérable que le développement du socialisme. Aucun n'a eu plus d'influence sur l'état moral des esprits et sur les événements postérieurs. Nous en avons marqué le point de départ avec le procès des saint-simoniens ; nous en constaterons les progrès sur la littérature et sur l'opinion, à la fin du règne que nous racontons.

MINISTÈRE DU 11 OCTOBRE, sous la présidence du maréchal Soult (du 11 octobre 1832 au 22 février 1836).

Les quatre années de durée du ministère du 11 octobre (11 octobre 1832 au 22 février 1836) comprennent la plus brillante période du gouvernement constitutionnel, produite par l'union des hommes qui ont représenté avec le plus d'éclat les diverses nuances du parti conservateur. On s'était mis d'accord sur deux questions capitales : la Vendée à pacifier, la Hollande à réduire, et, par suite, sur la nécessité de mettre fin à la présence de la duchesse de Berry en Vendée et au *statu quo* en Belgique ; dût-on contraindre, seuls ou secondés par l'Angleterre, le roi Guillaume à sortir de la citadelle d'Anvers. M. le duc de Broglie (au ministère des affaires étrangères), avec l'autorité de la conscience politique la plus pure ; M. Guizot (ministère de l'instruction publique), avec la puissance d'un talent oratoire supérieur; M. Thiers (intérieur), avec les ressources d'un esprit qui unit au plus haut degré la solidité à la sagacité, se dévouèrent à cette difficile tâche. Ils avaient pour collègues le maréchal Soult, président du Conseil, « le plus grand organisateur de troupes, disait de lui l'empereur Napoléon ; vieux soldat, glorieux capitaine, Gascon sérieux, habile à se servir, pour les affaires publiques comme pour les siennes propres, de son nom et de sa gloire » (*Mém. de Guizot*, t. III, p. 8) ; M. Humann, le premier homme en matière de finances, et MM. Barthe, d'Argout, de Rigny, entre les mains desquels étaient bien placés les portefeuilles de la justice, du commerce et de la marine. L'impression produite par la nouvelle de la formation du cabinet fut excellente dans le pays comme à l'étranger. La concentration des forces conservatrices annonçait l'intention bien arrêtée de la royauté de triompher des difficultés de la situation. Elles étaient de deux sortes : à l'extérieur, l'attitude aggressive de la Hollande à l'égard de la Belgique ; à l'intérieur, les menées des légitimistes entretenues par la présence en France et les excitations de la duchesse de Berry.

Siége et prise de la citadelle d'Anvers, 30 *novembre au* 23 *décembre* 1832. — On se rappelle que le roi Guillaume, dont les troupes continuaient à occuper Anvers, avait refusé d'adhérer au traité de la quadruple alliance ; de son côté, la Russie avait subordonné sa ratification à la modification de trois articles par lesquels la Hollande se prétendait particulièrement lésée. Ce fut, de la part des plénipotentiaires, un prétexte pour ne rien conclure. Pendant ce temps, le mariage du roi Léopold avec la fille aînée du roi des Français, la princesse Louise (8 août 1832), resserrait l'alliance des deux peuples. On attendit jusqu'au mois d'octobre. La France, d'accord avec l'Angleterre, fixa au 12 novembre l'ultimatum d'évacuation du territoire belge imposé à la Hollande. La conférence se déclara dissoute. La Hollande se disposa à résister à la force. La défiance de l'Angleterre réclamait des délais, entamait des négociations. Le 15 novembre, sur l'ordre du roi, l'armée française entrait en Belgique, et le 18, au soir, les ducs d'Orléans et de Nemours arrivaient devant Anvers à la tête de l'avant-garde. Après cinq semaines d'une résistance dirigée avec autant de courage que de talent par le général Chassé, la place capitula, 23 décembre. Le 24, le maréchal Gérard prit possession de la citadelle, qui fut rendue au roi Léopold, et la France s'empressa de faire évacuer le territoire belge à la jeune et glorieuse armée du Nord, 1ᵉʳ janvier 1833.

La duchesse de Berry est faite prisonnière à Nantes ; sa captivité à Blaye. — Depuis son départ de Massa, la vie de la duchesse de Berry n'avait été qu'une série d'aventures et de déceptions. Si elle avait montré peu de sagesse en s'y exposant, elle en brava les périls avec une rare énergie. Sous l'habit du paysan, et sous le nom de *Petit-Pierre*, elle avait parcouru les paroisses de la Vendée, bravant des fatigues et des périls de toute sorte, allant de métairie en métairie et souvent obligée de prendre l'asile que le hasard lui offrait, au risque d'y être découverte ou trahie. La défaite de ses partisans, la saisie, dans des visites domiciliaires ordonnées par le gouvernement, de papiers qui lui avaient fait connaître le plan et les ressources de Madame, l'obligèrent à se réfugier à Nantes. Là, retirée en lieu sûr, chez les demoiselles Duguigny, elle entretint avec les notabilités légitimistes une correspondance d'une activité vraiment extraordinaire, puisqu'on n'a pas estimé à moins de 900 le nombre des lettres écrites de sa main pendant son séjour à Nantes.

Le gouvernement était inquiet. Il savait Marie-Caroline à Nantes, il ne pouvait avoir de sécurité tant qu'elle resterait en France. Fallait-il s'en emparer, la mettre sur un vaisseau, la conduire en pays étranger ? Mais rien ne démontrait qu'elle ne rentrerait pas en France l'année suivante. Louis-Philippe avait annoncé la ferme résolution de ne jamais permettre que la nièce de Marie-Amélie fût traduite devant une juridiction quelconque. C'était un premier pas hors de la constitution ; peut-être fallait-il en faire un second et ne pas se montrer généreux à demi. La magnanimité eût rallié au roi de 1830, parent de Charles X, des natures loyales que le succès de sa politique a rendues adversaires implacables. Mais la grandeur est plus rare que le génie. Louis-Philippe a eu toutes les qualités d'un roi, sauf celle-là, et la gravité des circonstances a été telle que, ne l'ayant pas, il a pu se trouver au-dessous de sa tâche. Il y a des temps où des hommes ordinaires font de grands princes et d'autres où il ne suffit point de n'être qu'un homme supérieur. En apparence, rien ne fut plus habile et plus légitime que la conduite du gouvernement envers Marie-Caroline. — Un juif converti, nommé Deutz, qui avait gagné la confiance de personnages considérables du parti dévoué à la royauté déchue, proposa au gouvernement de lui vendre le secret de la retraite de la duchesse. L'offre est acceptée. Le 6 novembre 1832, la maison est cernée, Marie-Caroline n'a que le temps de se jeter dans une cachette, d'où elle sort au bout d'un séjour de seize heures par la crainte d'être brûlée toute vive. Deux jours après, elle est conduite dans la forteresse de Blaye, à onze lieues de Bordeaux. Le général Bugeaud accepte le commandement de la forteresse et prend pour officier d'ordonnance le lieutenant Saint-Arnaud : Bugeaud, Saint-Arnaud, deux futurs maréchaux de France. Cependant la santé de la princesse paraît s'altérer. Le gouvernement a des soupçons. Il lui fait proposer la liberté, pourvu qu'elle prenne l'engagement de ne pas chercher à rentrer en France. Refus catégorique de la prisonnière. Le 22 février elle remet une déclaration par laquelle elle annonce qu'elle a contracté secrètement mariage en Italie : le 10 mai, elle accouche d'une fille, et fait connaître le nom de son mari, le comte Luchesi-Palli, gentilhomme de la chambre du roi des Deux-Siciles. Elle était conduite à Palerme, le 5 juillet 1833, à bord d'un brick français l'*Actéon*. Tous ces faits, portés à la connaissance du public par le journal officiel, donnèrent lieu aux interprétations les plus outrageantes, aux suppositions les plus injurieuses, aux querelles les plus meurtrières; mais, en définitive, ils étaient accablants pour les légitimistes, ils enlevaient le bras et la tête à une tentative nouvelle d'insurrection vendéenne, ils réduisaient la régente, la mère armée pour la défense des droits de son fils, la petite-fille de Charles X, à n'être plus que la comtesse Luchesi-

Palli. En sauvegardant ses intérêts, le gouvernement avait mis à l'abri ceux de la paix publique menacée de nouveaux troubles, il avait fait son devoir à l'égard de la nation, et cependant nul ne pourra dire que Louis-Philippe y ait acquis plus de considération pour sa personne, plus de force pour son trône. On applaudit au succès de la politique du monarque; on reprocha au prince de la maison de Bourbon les moyens qui le lui avaient procuré, trahison de Deutz, mariage et accouchement clandestins, avilissement de la nièce de Marie-Amélie, comme s'il eût fait autre chose que de mettre à profit la fortune.

Quelques jours après la translation de la duchesse de Berry, un coup de pistolet était tiré sur le roi à l'ouverture des chambres, 19 novembre. L'accusé Bergeron fut acquitté faute de preuves. Cet attentat ouvre la longue série de tentatives criminelles auxquelles fut en butte la vie du roi.

Loi sur l'instruction primaire. — La session législative de 1833 (26 avril au 26 juillet), signalée par la loi du 28 juin 1833, est une des plus importantes de l'histoire du régime parlementaire. Cette loi a été, avec la loi sur l'organisation des caisses d'épargne, l'acquittement de la dette contractée par la monarchie de juillet envers la démocratie. L'une a élevé le niveau intellectuel des masses, l'autre a donné un placement utile et assuré aux capitaux créés par les sueurs de l'homme du peuple. La loi, œuvre de M. Guizot dont elle restera l'honneur, obligeait chaque commune à entretenir une école publique, placée sous la surveillance d'un comité local et d'un comité d'arrondissement, et à distribuer aux enfants, trop pauvres pour la payer, l'instruction élémentaire gratuite. Sans doute, l'œuvre n'était pas parfaite. Créer en quelques années un personnel d'instituteurs est une tâche qui n'imposait pas seulement de grandes dépenses, mais qui nécessitait un nombre considérable d'hommes capables de remplir des fonctions modestes et utiles, avec un salaire à peine suffisant aux premiers besoins de l'existence; et il était impossible que le choix de ces instituteurs fût toujours bon. Mais la loi n'en a pas moins produit des résultats considérables.

« Le 15 avril 1834, environ un an après promulgation de la loi du 28 juin 1833, le nombre des écoles primaires de garçons avait été porté de 31,420 à 33,695, et celui des élèves présents dans les écoles de 1,200,715 à 1,654,828. Dans 1272 communes, des maisons d'asile avaient été construites ou réparées : 15 nouvelles écoles normales primaires instituées. Treize ans plus tard, le nombre des écoles primaires de garçons s'était élevé de 33,695 à 43,514 ; celui des élèves de 1,654,828 à 2,176,079, et celui des maisons d'école appartenant aux communes de 10,316 à 23,761. Soixante-treize écoles normales primaires fournissaient des maîtres à tous les départements. » (*Mémoires de M. Guizot*, tom. III, p. 84.)

Conférences de Münchengratz. Attitude du gouvernement français. Novembre 1833. — L'accueil fait aux réfugiés polonais par le gouvernement français avait vivement mécontenté l'empereur Nicolas, qui provoqua une conférence dans la petite ville de Münchengratz, au nord-est de Prague (août à septembre 1833). Les trois souverains de Prusse, d'Autriche et de Russie s'y rencontrèrent. Dans les premiers jours de novembre, le duc de Broglie reçut trois notes identiques dans leurs conclusions menaçantes. Elles furent bientôt suivies d'une déclaration énergique adressée par notre ministre des affaires étrangères aux ministres des trois cours du Nord : « Sachez que le roi est résolu à ne souffrir, à aucun prix, l'intervention des forces étrangères en Belgique, en Suisse, en Piémont, en Espagne. » Et comme le prince de Metternich émettait, devant M. de Saint-Aulaire, quelques doutes sur la véritable intention du gouvernement relativement au Piémont, notre ambassadeur répondit : « Je n'ai nulle mission pour vous faire une déclaration de guerre éventuelle, mais si vous avez la moindre confiance dans l'intelligence que j'ai des intérêts de la politique de mon pays, tenez pour certain, sur ma parole, qu'un corps de troupes autrichiennes en Piémont y rencontrerait bientôt une armée française. » Ce langage si ferme, cette attitude si digne, firent impression. La Prusse se détacha bientôt de l'Autriche pour se rapprocher de nous, l'Autriche modifia peu à peu ses dispositions, la Russie, isolée et impuissante, ne trouva d'occasion de manifester son mauvais vouloir que dans les affaires d'Orient, sept ans plus tard ; mais la Sainte-Alliance était bien définitivement rompue.

Algérie, de 1830 à 1833. — *Gouvernement du général Clausel, du général Berthezène et du duc de Rovigo.* — Les agitations intérieures, les grands débats de la tribune où la cause de l'ordre et celle de la liberté étaient sans cesse plaidées avec tout le prestige du talent et l'énergie de convictions généralement sincères, même dans leurs erreurs, préoccupaient les esprits, au point qu'en général, on ne donna pas toute l'attention qu'ils méritaient aux événements de la guerre d'Algérie. La conquête de la plus grande partie de l'Algérie a été cependant le fait capital de notre histoire militaire sous le règne de Louis-Philippe. C'est sur cette terre que s'est aiguisé le glaive de nos légions, ce glaive qui a vaincu plus tard la Russie en Crimée, l'Autriche en Italie. — Charles X, avant de tomber du trône, avait vengé l'honneur national en chassant le dey et en mettant fin à la piraterie algérienne. Mais qu'allait-on faire de la ville et du territoire conquis? Si on devait les conserver, la tâche n'était que commencée ; elle avait quelque chose d'effrayant. L'Algérie est une région qui présente au nord environ 900 kilomètres de côtes, et qui, sur certains points, entre la Méditerranée et le désert, a une profondeur de 250 kilomètres. Il y avait là quatre millions d'habitants, en grande partie mahométans, par conséquent ennemis des chrétiens et des races différentes. Dans les villes, les Kourouglis, descendants des Turcs mariés aux filles du pays ; les Maures, mélange d'Arabes, de Mauritaniens et d'Européens, et beaucoup de juifs. Dans l'intérieur et dans les montagnes, le *kabyle* ou berbère, descendant d'anciens Numides, race belliqueuse, obstinée et perfide. Les tribus

6.

kabyles, chacune commandée par un cheik, vivent du produit des troupeaux sur le sol qu'elles se sont partagé. L'Algérie avait quatre provinces, quatre deys, à Alger, à Titterie au centre, à Tlemcen à l'ouest, à Constantine à l'est, qui nommaient des beys pour gouverner les villes et les tribus moins importantes. Un pouvoir despotique, une justice arbitraire, violente et expéditive, étaient les seuls moyens de gouvernement dans les rapports des *beys* avec leurs administrés, des *deys* avec les deys. Du reste, les deys vivaient indépendants les uns des autres, et seulement de nom soumis au sultan, qui se contentait d'une apparence de suzeraineté. Il est évident, *à priori*, que la substitution des procédés de la civilisation à cet état de choses devait rencontrer de grandes difficultés et créer de grands embarras à la puissance qui allait l'entreprendre. Après quarante ans d'occupation, la France n'a pas encore triomphé entièrement de ces difficultés, et n'est pas sortie des embarras d'une colonisation que le temps achève lentement.

Le général *Clausel* avait remplacé le maréchal Bourmont, après la révolution de juillet. Il entendait l'occupation comme Bonaparte avait voulu conserver l'Égypte, en transformant les princes ou chefs indigènes en grands vassaux soumis à la domination française : mais la première condition d'un pareil système eût été de faire reconnaître aux vassaux la supériorité des forces du suzerain, et il fallait à cette œuvre trente années de victoires. Le gouvernement désapprouva la cession des provinces d'Oran et de Constantine, moyennant un tribut annuel, à deux princes tunisiens : elle dépassait les attributions du mandataire du gouvernement de l'Algérie. — Le général *Berthezène* fut envoyé à sa place. Il ne garda le commandement que quelques mois : l'occupation était compromise : nous en étions réduits à la possession d'Alger et de sa banlieue, et il ne se passait pas de jour où nous n'eussions à combattre les tribus dont l'union aurait pu nous être fatale. — *Savary, duc de Rovigo*, remplaça Berthezène. Les forces de l'armée d'occupation furent portées à 16,000 hommes. La tactique fut changée : au lieu de combatre les Kabyles, on les laissa s'avancer jusque sous les murs d'Alger, puis ils furent attaqués vigoureusement et poursuivis jusque dans les montagnes. En même temps que ces mouvements offensifs jetaient la terreur parmi les Arabes, on achevait d'organiser ces corps indigènes qui, combattant les Arabes avec leurs armes, leurs manœuvres de guerre, et jusque sous le même costume, ont aidé puissamment à la conquête : les *zouaves*, d'abord recrutés parmi les soldats turcs du dey et nos propres troupes, mais dans une proportion de nature à prévenir toute chance de trahison : les *chasseurs d'Afrique*, montés sur les chevaux du pays, capables de lutter avec les indigènes, de les poursuivre dans les gorges profondes, sur les points escarpés, enfin la *légion étrangère* composée de réfugiés de tous les pays, entraînée par l'exemple et la discipline de nos troupes. Le duc de Rovigo acheva la séparation du pouvoir militaire et du pouvoir civil ; mais s'il ne put prévenir leur fâcheux antagonisme, il étendit nos possessions, et, lorsqu'il rentra en France, nous occupions tout le territoire compris entre l'Arach, la Mitidja, le Mazafran et la mer ; nous étions maîtres de Bone et d'Oran. De petits forts appelés blockhaus dominaient le territoire conquis et garantissaient la sûreté de nos communications d'un point à un autre.

1834. *Procès de la* Tribune. — Après leur défaite dans l'ouest et à Paris en 1832, les républicains et les légitimistes renoncèrent pour un temps à l'insurrection, mais ils eurent recours à la presse périodique et aux sociétés secrètes, où ils apportèrent une audace et une persévérance infatigables. La *Société des droits de l'homme* adopta comme expression de ses principes la déclaration présentée à la Convention par Robespierre ; les noms qu'avaient pris ses sections, *Saint-Just, Marat, Babeuf, Couthon, Le 21 janvier, Guerre aux châteaux, Abolition de la propriété mal acquise*, etc., dénotent suffisamment l'esprit qui les animait. Elles avaient des alliés dans les conspirateurs légitimistes et dans d'anciens chefs libéraux devenus hostiles à la monarchie de juillet. Mais l'ennemi le plus dangereux était le journalisme périodique. Les amis du pouvoir ne surent pas lui donner de ce côté un appui énergique et spontané. « Je suis approuvé, disait avec un peu d'humeur le roi Louis-Philippe, mais je ne suis pas défendu. » Un seul journal, le *Journal des Débats*, fut le constant appui de la royauté constitutionnelle. D'autre part, on se jetait dans une série de procès de presse qui, aboutissant le plus souvent à des acquittements scandaleux par le jury, furent une nouvelle cause d'affaiblissement pour le gouvernement sans cesse mis en question. Les cours d'assises et les tribunaux devinrent des théâtres où les accusés développèrent avec plus de solennité et de retentissement les doctrines incriminées. Il eût mieux valu faire moins souvent appel à la justice criminelle et s'en rapporter davantage au bon sens du public. La fréquence, la vivacité et l'absurdité des attaques leur eussent fait perdre à la longue le crédit et l'attention qu'elles obtenaient. On eut une preuve du danger de ces débats dans le procès de *la Tribune*, la plus injurieuse de ces feuilles, où l'on entendit MM. Godefroi Cavaignac et Armand Marrast développer les principes et les desseins du parti républicain devant la chambre des députés érigée en chambre de justice. Le gérant fut condamné, mais les avocats du parti sortirent triomphants d'avoir trouvé une publicité si retentissante.

Lois sur les crieurs publics, sur les associations. — Un des membres les plus intelligents du parti conservateur écrivait à cette époque à M. Guizot : « La situation s'est améliorée précisément parce qu'elle est moins sereine. Vous savez que je ne crains rien tant qu'une sécurité exagérée qui ferait éclater toutes les nuances, toutes les prétentions, toutes les vanités. Nous avons toujours besoin d'un peu de danger pour être raisonnables. » Le danger était assez grand encore pour rallier les diverses nuances du parti de l'ordre. Cependant une vive discussion s'engageait en son sein sur une parole de M. Guizot, au sujet de l'élection au trône de Louis-Philippe, en 1830 : *Parce que Bourbon*, disait M. Guizot. — *Quoique Bourbon*, dit M. Dupin.

Sous cette querelle de mots, il y avait au fond antagonisme de deux principes, l'un rattachant la nouvelle monarchie à l'ancienne, l'autre lui donnant pour point de départ la révolution. Or, la révolution était toujours en armes. Elle inondait le pays de petits écrits qui étaient autant d'appels à l'insurrection au nom de la république. Six millions d'exemplaires en avaient été distribués en trois mois. Une loi mit fin à cet abus en soumettant la profession de crieur, vendeur ou distributeur d'écrits sur la voie publique, à l'autorisation et à la surveillance de l'autorité municipale. Les menaces des républicains, dont l'idée fixe paraissait être d'attaquer à main armée, décidèrent le gouvernement à présenter la loi sur les associations huit jours après la loi sur les crieurs puplics. Elle soumettait à la nécessité de l'autorisation préalable toutes les associations formées selon les termes du code pénal « pour s'occuper d'objets religieux, littéraires, politiques ou autres (1). » C'était une loi de circonstance, a dit un des ministres qui la présentèrent, nécessaire; elle n'eût dû être présentée que comme une loi d'exception et pour un temps limité. Mais le nom seul de loi d'exception était devenu si impopulaire que personne n'eût voulu en prendre la responsabilité. On aimait mieux, au grand dommage des intérêts permanents du pays, restreindre à toujours les libertés publiques que les suspendre formellement, en avouant cette suspension temporaire. La lutte fut vive; plusieurs parmi les partisans de la monarchie constitutionnelle sentaient le mal et ne voulaient pas du remède, également perplexes pour le pouvoir et pour la la liberté en péril. Telle fut la conduite de ce qu'on a appelé le tiers parti. Enfin, la loi passa à une forte majorité.

Modification ministérielle. — Le débat fut plus acharné encore sur une dette de 25 millions réclamés par les États-Unis. Elle se rapportait à des dommages soufferts par la marine

---

[1] Au sujet de cette loi sur les associations qui appliquait les dispositions de l'article 291 du Code pénal aux sections de plus de vingt personnes et qui du jury transportait la répression aux tribunaux correctionnels, M. Louis Blanc a dit dans son *Histoire de dix ans:* « Les ministres n'avaient certainement pas tort de montrer dans la société des *Droits de l'homme* une armée qui, secouant la guerre sur la nation, pouvait d'un instant à l'autre changer pour la France le cours apparent de la destinée. Sans la loi contre les associations, non telle que l'entendait l'opposition dynastique, mais telle que le gouvernement la demandait, c'en était fait de la monarchie constitutionnelle, *rien de plus certain*, et ceux qui en doutaient ne savaient pas combien il y aurait eu, dans la démocratie organisée, de puissance et de vigueur. » (Tome IV, ch. IV.)

américaine sous le gouvernement impérial : un grand nombre de navires avaient été saisis et détruits. La légitimité du principe de la réclamation ayant été reconnue par Napoléon, non contestée par la restauration, il restait à y faire droit. Le projet de loi présenté par le duc de Broglie avait été préparé sous le ministère de Casimir Périer. Le rejet du premier article décida le duc de Broglie à se retirer (4 avril). Au même instant éclatait l'insurrection de Lyon. Le ministère s'était reconstitué : l'amiral de Rigny en prenant les affaires étrangères, M. Thiers en passant du ministère du commerce, qu'il transmit à M. Duchâtel, à l'intérieur; M. Persil prenait les sceaux.

Mouvement des républicains à Paris et dans les départements. — Les républicains jugèrent que le moment était arrivé d'engager une lutte décisive. Il faut se reporter aux écrits du temps et aux relations des contemporains, si on veut se faire une idée de la grandeur du péril que le gouvernement avait à vaincre. Le sentiment belliqueux des masses avait été froissé par une politique qui n'avait empêché ni la chute de la Pologne, ni l'abandon de l'Italie, qui désarmait les réfugiés et ne leur permettait pas de préparer des tentatives insurrectionnelles. Cette conduite prudente était représentée comme le démenti du principe et de l'origine révolutionnaire du gouvernement. On s'indignait des retards apportés au développement des libertés promises par la charte, on criait à la trahison, car on ne voulait pas comprendre que l'affermissement de l'ordre avait dû être la première préoccupation des hommes chargés de la direction des affaires publiques. Au nombre des ennemis les plus ardents, il fallait compter les écrivains exaltés qui avaient vu les rangs du gouvernement se fermer pour eux après s'être ouverts devant leurs anciens confrères du journalisme, et qui ne leur pardonnaient pas une fortune si différente de celle qu'ils s'étaient faite : il y avait aussi les convictions sincères de ceux qui avaient cru à l'exercice du pouvoir par le peuple et qui déclaraient ce pouvoir confisqué, escamoté, du moment que la multitude ne se trouvait pas appelée à intervenir et à trancher toutes les questions actuelles. Beaucoup de ces derniers étaient des jeunes gens animés d'une ardente foi politique, des rêveurs désintéressés et enthousiastes, qui allaient jouer leur vie pour faire triompher des doctrines qui, confuses et violentes, antipathiques au pays et d'une application impossible, n'auraient pu apporter, dans leur triomphe momentané, que la guerre civile et l'anarchie.

Le mouvement fut très-habilement concerté. Il avait des ramifications à Saint-Étienne, à Vienne, à Grenoble, à Châlons, à Auxerre, à Marseille, à Lunéville; mais le foyer était à Lyon. Les sociétés secrètes y avaient enrôlé une armée prête à descendre dans la rue au premier signal. Ce signal fut donné en quelque sorte par l'adoption de la loi sur les associations; les affiliés obéirent. La lutte n'eut pas le caractère que nous lui avons vu, en novembre 1831, d'une question de salaires et de tarifs entre patrons et ouvriers, elle fut exclusivement politique, soutenue par des hommes pour la plupart étrangers à la population lyonnaise. Le 9 avril, en quelques heures, la ville fut couverte de barricades; on se battit pendant cinq jours avec fureur d'un côté, avec résolution de l'autre. Le général Aymard, commandant la division, et le préfet, M. de Gasparin, s'efforcèrent de calmer la colère des vainqueurs plus meurtrière dans les guerres civiles que dans les guerres étrangères. Les affiliés des départements ne s'étaient pas rendus à l'appel du Comité de Lyon. Quand le mouvement commença à Paris, les républicains avaient déjà subi, à Lyon, une défaite presque complète, et, à Paris même, l'arrestation de presque tous les chefs de la *Société des Droits de l'homme*, la mise des scellés sur les presses de la *Tribune*, deux mesures dues à l'initiative énergique de M. Thiers, avaient tranché le nerf de l'action insurrectionnelle. Cependant, le 3 avril, au cri de : *Vivent les Lyonnais! vive la république!* on commença à former des barricades sur les deux rives de la Seine. D'habiles dispositions prises par le maréchal Lobau, que soutenaient la ferme intrépidité de la ligne et l'élan de la garde nationale, refoulèrent les insurgés dans le quartier Saint-Merry, où déjà, en 1832, la lutte avait été si meurtrière. Cette fois l'acharnement fut plus grand encore. Le second jour, l'irritation des soldats, frappés par une ennemi qui tirait à l'abri des maisons et des barricades, était extrême. Un capitaine, qu'ils portaient blessé à l'ambulance, ayant été tué d'un coup de fusil parti d'une maison voisine, la maison est envahie. Ceux que rencontre la fureur sauvage du soldat sont passés par les armes sans distinction d'âge et de sexe. Ce douloureux épisode de nos guerres civiles reçut des plaintes et des exagérations de la presse radicale, un retentissement immense, sous le nom de *massacres de la rue Transnonain*.

L'insurrection était étouffée. Restaient les vaincus, ce grand embarras des vainqueurs dans les guerres civiles. On crut qu'un attentat, qui avait eu de si vastes proportions, devait être jugé par la plus haute juridiction constitutionnelle, celle qui offrait le plus de garanties d'impartialité, de lumières et d'indépendance. La chambre des pairs fut érigée en cour de justice, et chargée de prononcer sur le sort des prisonniers.

Pendant que l'instruction de cette affaire, immense par le nombre des inculpés et la complication des détails, se poursuivait avec activité, La Fayette s'éteignait obscurément (20 mai), après une des existences politiques les plus actives du siècle, et le pays voyait avec surprise éclater une crise ministérielle que le triomphe de la politique du cabinet du 11 octobre aurait dû, ce semble, prévenir. Elle se produisit à l'occasion de l'organisation de l'Algérie. Après avoir maintenu et fait triompher le principe de la conservation de notre établissement en Algérie, le maréchal Soult s'était opposé énergiquement à ce qu'on fortifiât l'influence de l'administration civile sur une terre à peine conquise, où notre domination était sans cesse mise en question et combattue. Il paraissait bien plus urgent de travailler à dompter les Arabes que d'administrer de rares colons. Le cabinet se prononça dans un autre sens, et le maréchal, plutôt que de consentir à la nomination d'un gouverneur civil de l'Algérie, se retira. C'était un des ministres les plus attaqués dans les chambres; on blâmait « son administration plus active que régulière, son goût pour des innovations souvent coûteuses et douteuses. » (*Mém.* de Guizot.)

Ministère des trois jours. — Ses collègues qui ne l'aimaient pas crurent s'être fortifiés; mais la nomination, à la présidence du conseil, du maréchal Gérard, esprit indécis, ferme dans ses principes, incertain dans leur application, comme tant d'esprits de ce temps-là, ne pourvut qu'un instant à la situation. Le maréchal voulait l'amnistie. Il était de ceux qui confondent la fin d'une lutte avec la pacification et auxquels le remède inspire plus de répugnance que le mal ne fait de peur. Nul doute que, proclamée en ce moment où le langage menaçant du parti vaincu était devenu plus arrogant que jamais, l'amnistie n'eût été interprétée comme un témoignage de la faiblesse et de la peur du gouvernement. Tel fut l'avis du roi et de ses ministres, qui amena la retraite du maréchal. Le cabinet se trouva dissous. En vain, on essaya d'autres combinaisons; il y eut même une tentative de ministère pris dans le tiers parti, *le ministère des trois jours*; il fallut revenir à l'ancien cabinet qui se reconstitua d'abord avec le maréchal Mortier, et définitivement, quand l'insuffisance de ce dernier fut devenue trop visible, avec M. de Broglie pour président du conseil. Le caractère du duc de Broglie, l'homme au monde *le plus scrupuleusement appliqué à bien agir et le moins préoccupé de plaire*, ne cadrait que médiocrement avec celui de Louis-Philippe; mais toute considération céda devant l'intérêt public. La presse et la tribune avaient pris part à la crise, en discutant les combinaisons et les hommes. De cet examen destiné à l'instruction politique du pays, et salutaire malgré les injustices et les brutalités, le cabinet de la politique de résistance sortait plus fort et plus uni. Il se trouvait en face d'une chambre produite par les élections récentes (21 juin), où le parti républicain n'avait pu se faire représenter que par un très-petit nombre de ses membres. C'était une désapprobation de sa conduite par le pays. D'un autre côté, les légitimistes, mettant à profit les inquiétudes des propriétaires sur une situation sans cesse troublée et toujours précaire, étaient parvenus à faire passer une vingtaine d'entre eux, au nombre desquels se trouvait un des grands orateurs de notre temps, M. Berryer. Si les conservateurs avaient gagné sous le rapport du nombre, ils semblaient avoir perdu en cohésion. Le groupe de ceux qui inclinaient vers la politique de transaction et de conciliation était devenu un parti, *le tiers parti*, comme on l'appelait. Nous l'avons vu assez fort pour tenir en échec le cabinet du 11 octobre et faire une apparition de trois jours sur les bancs du gouvernement. Il avait des tendances plutôt que des idées. Rôle difficile que le sien et qui exigeait avant tout le tact et la convenance, car autant il pouvait être utile, dans le temps calme, en poussant le gouvernement aux améliorations et aux progrès, autant il pouvait être nuisible, aux heures de crises, en faisant naître, au sein du parti de l'ordre, ces défections et ces divisions qui paralysent les meilleures causes.

Reconstitution du ministère du 11 *octobre* 1835. — C'est devant cette chambre, dont nous venons de faire connaître en quelques mots les éléments, que le duc de Broglie vint exposer le caractère vraiment constitutionnel du cabinet et les principes d'après lesquels il s'était organisé. Une faveur marquée accueillit cette déclaration. Une majorité considérable se montra prête à suivre le ministère dans la voie qu'il s'était tracée. Le temps perdu pendant la longue crise ministérielle de huit mois fut vite réparé. Le duc de Broglie, qui était tombé précédemment sous un vote relatif au règlement de la dette de 25 millions envers les États-Unis, avait à cœur de terminer une affaire où il croyait l'honneur du pays et le sien engagés. Un nouveau projet de loi fut discuté et adopté à la satisfaction des deux nations. Une loi qui modifiait, dans un sens favorable à l'affranchissement progressif des esclaves, la législation criminelle des colonies, fut promulguée; une autre loi, concernant les chemins vicinaux, aussi importante pour la prospérité matérielle de nos campagnes que l'a été la loi de l'instruction primaire pour le développement intellectuel des masses, devait être mise à exécution l'année suivante. De 1836 à 1846, 540 millions ont été affectés à la construction des chemins vicinaux, et la France s'est trouvée dotée de 20,000 kilom. de routes royales ou stratégiques, de 15,000 kilom. de routes départementales, de 32,000 kilom. de chemins de grande communication achevés ou exécutés pendant cette période.

Procès des accusés d'avril. — Le 15 mai vit s'ouvrir enfin le procès des accusés d'avril. De deux mille hommes pris, l'année précédente, les armes à la main, le plus grand nombre avait été rendu à la liberté. 164 accusés seulement, dont 43 contumaces, étaient appelés à se disculper, devant la cour, des charges qui pesaient sur eux. La plus grande liberté fut laissée à la défense. Vingt journaux manifestèrent hautement leur sympathie; les plus ardents ennemis des institutions de juillet se disposèrent à saisir cette occasion de professer leurs doctrines, sous le prétexte de plaider en faveur des accusés. Il fallut que le président de la cour, le chancelier Pasquier, alors plus que septuagénaire, qui fit preuve dans le cours des débats d'une fermeté et d'une présence d'esprit vraiment admirables, décidât que des avocats en titre seraient seuls admis au banc de la défense. Cette mesure si équitable ne fit qu'augmenter l'exaspération des accusés. Les apostrophes, les invectives, les injures, les vociférations des cent vingt et un menaçaient de rendre la continuation des audiences impossible. Un arrêt statua qu'il serait passé outre aux débats en l'absence de ceux des accusés dont les clameurs rendraient l'action de la justice impossible. Les violences redoublèrent. La cour se borna à décider qu'en cas de tumulte, les accusés pourraient être amenés séparément devant elle et que l'acte d'accusation ayant été signifié antérieurement à tous, on passerait outre en l'absence de ceux qui se seraient fait exclure de l'audience. Jamais procès n'offrit l'exemple de tant d'emportement d'une part, de tant de modération ferme de l'autre. Plus menaçant pour la santé des juges que pour la vie des accusés, comme on l'a dit, il se termina, après une durée de neuf mois, par des condamnations dont la plus forte fut la déportation. Et deux années ne s'étaient pas écoulées, que le gouvernement rendait, sans conditions, à la liberté, les hommes qui l'avaient attaqué dans la rue, bravé sur les bancs des accusés, contestant sa justice, calomniant sa modération, insultant à sa clémence que la plupart d'entre eux mirent à profit pour conspirer de nouveau.

Pour les républicains complices, la bataille d'avril n'avait été qu'un échec ; le procès fut une défaite devant l'opinion. Le révoltant scandale des débats contribua, plus que la lutte à main armée, à montrer tout ce que le parti renfermait d'emportement, de fureurs farouches et indomptables. A la pitié qu'inspirent les vaincus de toutes les causes, succédèrent le dégoût et la répulsion. La coïncidence de ces tristes scènes de la cour des pairs avec l'attentat de Fieschi prépara les esprits à accueillir favorablement une législation qui allait apporter des obstacles à l'usage, et quelquefois, quand elle était trop voisine de l'abus, à l'action de la liberté. Usage et abus, combien de gens, chez une nation sans mesure, qui ne sentiront jamais la différence de ces deux termes et qui aimeront mieux renoncer à l'usage que de se priver de l'abus ! De là l'étrange spectacle, que nous donnons au monde, de révolutions si soudaines et si opposées.

Attentat de Fieschi. — L'époque des fêtes commémoratives de juillet approchait. Le bruit s'était répandu que le roi serait assassiné le 28 juillet. *Le Corsaire* disait ce jour même : *On parie pour l'éclipse du Napoléon de la paix.* La France faisait allusion à cette fête des vivants qui allait devenir une fête des morts et préparer le spectacle d'un enterrement. A l'heure où s'imprimaient ces lignes, le roi se disposait à monter à cheval pour aller passer la revue de la garde nationale et de la ligne échelonnées sur toute l'étendue des boulevards. Il part escorté de ses trois fils, le duc d'Orléans, le duc de Nemours, le prince de Joinville, de quatre de ses ministres, des maréchaux Mortier et Lobau, et d'un nombreux état-major. Vers midi, on arrive sur le boulevard du Temple. Un jet de flamme, sorti d'une fenêtre sur la gauche, frappe les yeux du roi : « Joinville, dit-il à son fils en ce moment le plus voisin de lui, ceci me regarde. » Au même instant, une nuée de balles éclatait sur son passage, frappant à mort ou blessant grièvement quarante et une personnes. Le roi s'arrête un instant, voit ses fils debout à ses côtés, donne des ordres pour recueillir les blessés et continue du même pas sa route, au milieu des cris d'indignation et des transports d'allégresse de la population tout entière attendrie et saisie d'horreur. La mort avait jeté la désolation dans dix-huit familles : un maréchal, des généraux, des gardes nationaux, des ouvriers, des femmes, une jeune fille, étaient au nombre des victimes. Le soir même, le roi et la reine allèrent porter des consolations à la veuve du maréchal Mortier, duchesse de Trévise, et huit jours après, le 5 août, la ville entière assistait aux funérailles qui furent un véritable deuil public.

L'auteur du crime était un Corse nommé Fieschi : pour le consommer, il s'était servi d'une machine formée de vingt-cinq canons de fusil placés parallèlement et qui devaient faire feu en même temps. L'instruction de l'affaire révéla sa complicité avec Morey et Pepin. La cour des pairs envoya ces trois misérables à l'échafaud.

Lois de septembre. — Le gouvernement jugea que cette expiation ne pouvait suffire à la répression, et qu'il fallait aviser à d'autres moyens pour mettre le roi et sa famille à l'abri de ces attaques personnelles qui les désignaient sans cesse à la haine publique et à la rage des fanatiques ou des assassins. Le 4 août, les chambres furent convoquées : le garde des sceaux leur présenta trois projets de loi concernant les cours d'assises, le jury et la presse. Dans la pensée de leurs auteurs, elles étaient un rempart devenu nécessaire pour la société, une digue opposée aux mauvaises passions, un moyen de prévenir de nouveaux crimes par la crainte d'une répression sévère, par la déportation, la peine la plus grave appliquée aux crimes politiques. « Il faut choisir, dit alors M. Guizot, entre l'intimidation des honnêtes gens et l'intimidation des malhonnêtes gens, entre la sécurité des brouillons et la sécurité des pères de famille ; il faut que les uns ou les autres aient peur, que les uns ou les autres redoutent la société et ses lois. » Par ces lois nouvelles, les procédures devant les cours d'assises étaient abrégées, le vote secret donnait plus d'indépendance aux jurés, mais on réduisait de huit à sept sur douze le nombre de voix nécessaires à la condamnation, on enlevait au jury, pour les cas qualifiés attentats, et, à ce titre, réservés à la cour des pairs, certains délits de presse. Des dispositions particulières rendaient obligatoire pour la représentation des ouvrages dramatiques, pour la mise en vente des dessins et des gravures, l'autorisation préalable, punissaient toute attaque contre la personne du souverain et contre les membres de sa famille, interdisaient la discussion du principe du gouvernement, aggravaient la responsabilité des gérants des journaux, etc. Défendus avec éloquence et une conviction sincère par MM. de Broglie, Thiers et Guizot, les projets trouvèrent un adversaire inattendu dans l'ancien chef des doctrinaires, le vénérable Royer-Collard. « Le mal est grand, dit-il, mais est-il tout entier dans la licence de la presse ? Il y a une grande école d'immoralité ouverte depuis cinquante ans, et cette école, ce sont les événements qui se sont accomplis presque sans relâche sous nos yeux. Repassez-les : le 6 octobre, le 10 août, le 21 janvier, le 31 mai, le 18 fructidor, le 18 brumaire : je m'arrête là... Nous avons obéi aux dominations imposées par la force; nous avons reçu, célébré tour à tour les doctrines contraires qui les mettaient en honneur... Les remèdes auxquels M. le président du conseil se confie, illusion d'un homme de bien irrité, sont des actes de désespoir, et ils porteront une mortelle atteinte à cette liberté achetée par tant de douleurs, de travaux et de sang répandu pour sa noble cause. » Ce langage était d'un homme aigri qui peut-être ne tenait pas suffisamment compte des périls dont la société était menacée, n'ayant pas pour lui-même la responsabilité du pouvoir; mais les événements lui ont-ils donné complétement tort ? Ceux qui ont blâmé ces lois promulguées et devenues célèbres, sous le nom de *lois de septembre*, font observer qu'elles n'ont pacifié qu'à la surface la situation ; qu'elles n'ont ni empêché les progrès des doctrines subversives, ni prévenu les attentats, ni affermi le gouvernement, ni défendu la liberté contre ses propres excès. Les partis n'ont pas désarmé, disent-ils, les ennemis publics sont devenus des ennemis secrets, agissant par des voies obscures; les amendes et le chiffre élevé du cautionnement réduisant le nombre des journaux ont fait de la publicité un monopole et de la presse une puissance plus redoutable en raison même de sa concentration : les restrictions apportées à l'action du jury, jugées attentatoires aux garanties du pacte constitutionnel, ont donné une apparence de raison aux attaques injustes des adversaires, devenus plus nombreux, des institutions de juillet. Enfin, à la faveur du calme apparent, les conservateurs se sont divisés ou assoupis dans une aveugle et insouciante sécurité : à la période des conspirations et des émeutes, qui tenaient en haleine l'activité de l'esprit public, a succédé la période des crises ministérielles où il s'est fatigué et dégoûté à la longue du jeu misérable des rivalités individuelles, de la lutte des vanités et des coteries.

Si ces objections ont des fondements, il faut avouer que c'est l'expérience seule qui les a révélés. Le temps a montré l'inconvénient de mesures qui sont appliquées comme des remèdes urgents, indispensables. Lui seul, en manifestant l'impuissance de ces remèdes, a pu convertir des publicistes à cette doctrine qui représente la liberté comme seule capable de guérir les maux qu'elle a faits.

Aux yeux des hommes du cabinet du 11 octobre, les bases de la société et les actes du gouvernement étant attaqués en même temps, rien n'était plus nécessaire alors que de les affermir. Le calme de quatre années qui suivit sembla donner pleinement raison à leur système. Un membre du parlement anglais disait à M. Guizot : « Après l'attentat de Fieschi, quand je vis par quelle fortune le roi Louis-Philippe avait échappé, et avec quelle vigueur son gouvernement défendait la société menacée, je le crus, pour la première fois, destiné à fonder en France le régime constitutionnel et sa dynastie. » Telle fut l'impression générale à l'étranger, tel fut le sentiment public en France.

S'il était vrai que la force morale du gouvernement ne gagna rien à l'adoption des lois de septembre (promulguées le 9 septembre), l'ordre y gagna incontestablement. Les insurrections à main armée de la part des légitimistes et des républicains cessèrent. La confiance plus grande dans la force du pouvoir imprima aux affaires une activité toujours croissante; le bien-être, la richesse publique et particulière s'accrurent dans une proportion qui attestait la prépondérance, bientôt trop grande, des préoccupations des jouissances matérielles. D'un autre côté, les journaux ne changèrent rien au but de leurs attaques, et celles-ci s'adressèrent au roi et à la constitution avec la même ardeur, mais avec d'autres formules. Le roi s'appela le *système*. Le gouvernement se crut, du reste, suffisamment armé par la loi et suffisamment protégé par le bon sens public, par l'intérêt qu'avait la bourgeoisie à sa conservation. Il se contenta de gagner sa cause devant le pays légal, sans se douter qu'il pouvait la perdre auprès des masses que passionnait une presse hostile, maîtresse presque exclusive d'un public qu'on ne tiendra peut-être pas assez à lui disputer et à éclairer par la discussion qui est le contre-poids nécessaire à la liberté.

Quelques bonnes lois, entre autres, avaient signalé la session de 1835 : l'une établissait un service de bateaux à vapeur avec Constantinople et Alexandrie par Marseille (mai); l'autre créait le premier chemin de fer en relation avec Paris, le chemin de Saint-Germain. C'était bien modeste, mais c'était un commencement. Mentionnons aussi la loi sur les caisses d'épargne. Les caisses d'épargne sont une des institutions les plus bienfaisantes et une de celles dont le gouvernement de juillet s'est le plus constamment préoccupé. En 1830, il n'y avait encore que 13 caisses d'épargne en France. En 1837, on en comptait 224 : la seule année 1835 en avait vu créer 82. La loi de 1835 régularisa l'administration des caisses d'épargne : les versements hebdomadaires furent limités au maximum de 300 fr., et le maximum des dépôts, intérêts cumulés, à 3,000 fr. au delà desquels la bonification des intérêts devait s'arrêter.

Une loi du 31 mai 1837 a confié à la caisse des dépôts et consignations le soin d'administrer les fonds provenant des caisses d'épargne auxquelles elle sert un intérêt qui a été d'abord de 4, puis de 5 pour cent. Plus tard, le succès grandissant rapidement, il a fallu réduire la valeur maximum des dépôts : en 1847, à 1,500 fr. par personne, en 1851, à 1,000 fr. A cette dernière date, 30 juin 1851, l'État devait aux caisses d'épargne 172,150,000 francs. Il leur devait, au 1ᵉʳ janvier 1859, 310,506,217 francs. Ces résultats montrent assez la prospérité et le développement de cette bienfaisante institution. Il est juste de reconnaître qu'ils sont en partie l'œuvre de cette loi de 1835 qui a créé un ordre admirable dans une comptabilité gigantesque, ordre sans lequel les caisses d'épargne n'auraient pas gagné la confiance des populations et acquis la popularité dont elles jouissent.

La fin de l'année 1835 fut marquée à l'extérieur par des événements assez importants.

En Espagne, don Carlos, après avoir d'abord cherché un refuge en Angleterre (14 juin 1834), n'avait pas tardé à rentrer en Espagne. Son retour fut le signal d'une vive reprise des hostilités. Le gouvernement de la reine, dirigé alors par M. Martinez de La Rosa, obtint des quatre puissances signataires du traité de la quadruple alliance des articles additionnels par lesquels l'Angleterre, la France et le Portugal s'engageaient à prêter assistance à la reine d'Espagne. Mais ces dispositions n'arrêtèrent pas les progrès des carlistes, favorisés par l'incapacité des généraux de la reine ; ce fut au point que, débordée par la démagogie au sud, envahie par la guerre civile au nord, l'Espagne, par l'organe de M. Martinez de La Rosa, s'était décidée à demander, le 17 mai 1835, sous le nom de *coopération*, l'intervention de la France et de l'Angleterre. Un instant, le ministère se trouva partagé. M. Thiers était d'avis d'envoyer immédiatement une armée ; M. Guizot, s'inspirant de la pensée du roi, concluait pour une assistance morale et indirecte, et combattait, comme périlleuse pour la France et pour le trône d'Isabelle même, l'intervention à main armée de forces étrangères dans les troubles intérieurs de l'Espagne. La résolution de refuser l'intervention, que venait de prendre soudainement le cabinet de Saint-James, mit fin à ce désaccord qui avait failli amener la dissolution du ministère. Les événements devaient donner raison à la prudente sagacité du roi, et notre influence en Espagne s'est trouvée établie plus sûrement par l'œuvre d'une politique réservée et bienveillante, qu'elle n'aurait pu l'être par une intervention directe. De ce côté, la France et l'Angleterre marchaient d'accord, au grand déplaisir de la Russie : aussi cette puissance ne cessera de travailler à troubler une harmonie qui faisait échec à son influence. La haine que portait à la France le chef du parti whig, lord Palmerston, qui dominait ses principes politiques, vint en aide à des dispositions auxquelles elle devait donner plus tard complète satisfaction. Nous verrons la Russie agir peu à peu avec une décision d'allure qu'elle n'aurait point eue assurément si elle eût cru à l'alliance sérieuse des deux grandes puissances occidentales. C'est ainsi qu'après une entrevue à Tœplitz avec le roi de Prusse et l'empereur d'Autriche (25 septembre 1835), où la crainte de la contagion révolutionnaire avait resserré l'alliance des trois cours, Nicolas, au nom des puissances protectrices, fit signifier à la république de Cracovie l'ordre d'expulser les étrangers auteurs de complots contre les États limitrophes, dans un délai si court (huit jours), que l'exécution de l'ordre était impossible. Aussi le territoire et la ville furent-ils occupés militairement le 17 février. En même temps l'*exequatur* retiré par le czar au consul général de France à Varsovie faisait disparaître le dernier vestige du royaume de Pologne.

1836. Pendant que ces événements s'accomplissaient en Allemagne, le ministère du 16 octobre disparaissait à la suite d'un incident aussi singulier qu'imprévu. La chambre des députés discutait l'adresse en réponse au discours de la couronne, lorsque le 11 janvier, M. Humann, ministre des finances, vint présenter, dans l'exposé des besoins de l'exercice 1837, le remboursement ou la réduction des rentes comme une mesure équitable, possible, nécessaire. C'était l'opinion personnelle du ministre, non celle du cabinet, qui n'avait été ni consulté, ni prévenu d'une ouverture faite implicitement en son nom. M. Humann dut se retirer. Mais le ministère fut alors mis en demeure de se prononcer devant la chambre sur la proposition dont elle se trouvait saisie par M. Gouin, et qui renouvelait celle de M. Humann. Sa demande d'ajournement ayant été repoussée à une majorité de deux voix, le cabinet tout entier porta au roi sa démission. Le vote de la chambre était un non-sens politique, il eut des conséquences qu'elle n'avait pas prévues : aucun des partis hostiles, pas même le tiers parti, n'était en état de faire un ministère viable. On avait donc détruit le faisceau de la politique de résistance sans pouvoir rien lui substituer, à propos d'une réforme pour le moment impraticable, tout le monde en convenait, mais le tiers parti avait cru trouver une occasion de ranimer sa popularité qu'avait affaiblie le vote des lois de septembre, en réclamant une mesure dont la masse du public, indifférente aux questions de principes, était partisan, parce qu'elle y voyait une réduction considérable des charges de l'État.

SECONDE PÉRIODE DU RÈGNE DE LOUIS-PHILIPPE

(Du 22 février 1836 au 29 octobre 1840.)

MINISTÈRE DE M. THIERS (du 22 février 1836 au 6 septembre.)

Nous entrons dans la seconde période de l'histoire du gouvernement de juillet : celle des crises ministérielles. A ne considérer que l'alliance des forces conservatrices, la Révolution de 1830 avait été un malheur, puisqu'elle avait écarté du trône un certain nombre des fondateurs du régime constitutionnel et de ses meilleurs conseillers, puisqu'elle avait créé cette opposition du parti légitimiste, de la grande propriété, conspirant pour la Révolution. Depuis 1830, les hommes de juillet avaient travaillé ensemble au triomphe des mêmes idées. D'accord sur les principes, sur le but à atteindre, sur les moyens d'y arriver, on allait les voir se désunir, se combattre, sans qu'on puisse assigner à cette lutte d'autre mobile qu'une préoccupation trop exclusive de leurs passions et de leur importance personnelle. La postérité ne s'arrêtera pas à ces agitations mesquines d'un régime libre, mais les contemporains ne peuvent ni les oublier, ni en méconnaître les conséquences dont ils ont été spectateurs et victimes.

Le 22 février, *le Moniteur* annonça la formation d'un nouveau cabinet. M. Thiers, ministre des affaires étrangères, le présidait. A côté de MM. de Montalivet, d'Argout, du maréchal Maison, de l'amiral Duperré, avaient pris place trois députés du tiers parti : MM. Passy, Pelet et Sauzet.

Plusieurs lois utiles signalèrent la session législative de 1836. Après l'ajournement de la discussion sur la conversion des rentes qui rallia, par une contradiction assez singulière, la grande majorité de la chambre, on vota l'achèvement de plusieurs monuments de Paris, malgré l'opposition intempestive de plusieurs amis de M. Guizot, l'exécution des chemins de fer de Versailles et de Montpellier à Cette, la suppression des maisons de jeu. Depuis le 1er janvier 1836, la loterie royale n'existait plus. C'était, somme toute, pour le budget, un sacrifice de 25 millions commandé par un intérêt de haute moralité publique. Pendant ce temps, M. Thiers sondait M. de Metternich dans l'espoir de ménager une alliance entre une princesse de la maison d'Autriche et l'héritier présomptif du trône de France. Cette tentative ne parut avoir d'autre résultat qu'un voyage en Allemagne, où le duc d'Orléans et son frère gagnèrent la bienveillance générale par leurs avantages extérieurs et la supériorité de leur intelligence cultivée. Ils furent rappelés subitement en France par la nouvelle d'un attentat contre les jours du roi.

Attentat d'Alibaud. — L'auteur de ce crime était un jeune homme nommé Alibaud. Il avait tiré un coup de pistolet sur le roi au moment où celui-ci sortait des Tuileries. Traduit devant la cour des pairs, l'assassin entreprit la glorification et la justification de sa conduite en ces termes : « Depuis que Louis-Philippe a mis Paris en état de siège, *qu'il a voulu gouverner au lieu de régner;* depuis qu'il a fait massacrer les citoyens dans les rues de Lyon et au cloître Saint-Merry, son règne est pour moi un règne infâme; j'ai voulu le tuer; j'avais à son égard le droit dont usa Brutus contre César. » Ainsi, aux yeux de cette pauvre intelligence exaltée par des doctrines funestes, la part prise par le souverain sur la direction des affaires légitimait contre lui l'assassinat! Le danger des prédications démagogiques, l'admiration imprudente des républicains pour l'impassibilité stoïque d'un forcené devant l'échafaud, devaient augmenter la vigilance du gouvernement à l'égard des complots et des excitations dont la Suisse, refuge des exilés de tous les pays, était devenue le principal foyer. — L'émotion produite par cet événement, bientôt suivi de la découverte de conspirations nouvelles, n'était point encore dissipée, lorsqu'on apprit que M. Armand Carrel, dans une querelle sans importance, avait été tué en duel par M. Émile de Girardin. Tous les partis regrettèrent cette fin prématurée d'un homme honnête et sincère, dont le caractère loyal, l'esprit d'ordre et de discipline avaient fait moins un guide qu'un frein pour les passions démagogiques.

C'est en voyant à quelles tentatives celles-ci se portèrent qu'on apprécie mieux les services qu'une autorité républicaine comme Carrel aurait pu rendre au pays.

La *Société des droits de l'homme* avait été dissoute; MM. Blanqui et Barbès fondèrent la *Société des familles,* formée de groupes de cinq membres inconnus les uns aux autres, à l'exception du chef qui correspondait avec les agents du comité supérieur. D'autres sociétés se constituèrent, cherchant à attiser l'ardeur des passions par des circulaires où on lisait : « Point d'espérance hors du prolétaire... Sous ce titre (*légions révolutionnaires*) nous ne formons pas seulement une société régicide, mais surtout le corps exterminateur par lequel, après la victoire, doivent être anéantis les nouveaux exploiteurs, etc. » La police saisissait chez M. Barbès une proclamation destinée sans doute à être lancée le soir même de l'attentat de Fieschi et qui se terminait par ces mots : « Maintenant, point de pitié ; mets nus tes bras (ô peuple), qu'ils s'enfoncent tout entiers dans les entrailles de tes bourreaux ! » Le préfet de police Gisquet fut prévenu qu'on devait tirer sur le roi, le 28 juillet, jour fixé pour l'inauguration de l'arc de triomphe de l'Étoile ; la crainte de voir se renouveler le massacre du boulevard du Temple fit contremander la revue.

De tels événements donnaient bien de la force à ces paroles de l'archiduchesse Sophie, adressées à l'archiduchesse Thérèse, lorsqu'elle avait paru disposée à une alliance avec le prince royal : « Voulez-vous monter dans les voitures que traversent les balles des régicides ? » Il se trouva une princesse de vieille race, grande par le cœur, distinguée par l'esprit, que cette perspective de périls à braver n'effraya pas. Il est vrai que l'imprévu dépassa pour elle tout ce qu'une sollicitude ombrageuse aurait pu alors appréhender. Par la médiation du roi de Prusse et de l'ambassadeur de France, M. Bresson, le mariage du duc d'Orléans et de la princesse Hélène de Mecklembourg-Schwerin fut décidé. Les préliminaires étaient même terminés lorsque tomba le ministère qui avait négocié cette alliance honorable.

Dissentiment du roi et du cabinet au sujet des affaires d'Espagne. — Le roi n'avait pu s'entendre avec M. Thiers sur la conduite à tenir en Espagne, où la situation de la royauté était devenue très-difficile. Don Carlos avait une cour à Onate, une armée, presque un petit royaume inexpugnable entre l'Èbre et l'Océan. Les troupes royales commandées par Cordova semblaient réduites à l'impuissance. Pour comble de malheur, le gouvernement était tombé des mains de M. Martinez de La Rosa en celles de M. Mendizabal, progressiste ardent, qui acheva de désorganiser l'administration. Puis vint M. Isturitz, qui tenta vainement de remédier à cet état de choses. Les villes ne voulaient plus reconnaître d'autre autorité que celle de leurs juntes. L'émeute avait cerné le palais de la Granja, séjour de la famille royale, et forcé la régente Marie-Christine à proclamer la constitution de 1812. La jeune reine Isabelle II se trouvait donc à la discrétion des révoltés : sa mère avait protesté secrètement contre la violence qui lui avait été faite.

Tout en refusant d'abord à M. Isturitz une intervention directe, le gouvernement français avait promis la formation d'une légion étrangère de 10,000 hommes commandés par un général français qui se joindrait aux mercenaires anglais du général Evans : c'était assez pour réduire les bandes de don Carlos. Mais quand l'émeute eut triomphé, Louis-Philippe jugea qu'un appui même indirect paraîtrait sanctionner ce triomphe et que la dissolution de la légion étrangère était devenue une nécessité. Ce n'était point l'avis de M. Thiers, qui voyait dans l'expulsion de don Carlos le premier besoin de l'Espagne et qui aurait voulu qu'on tînt la légion prête à passer les Pyrénées au premier signal d'un retour à l'ordre. Le cabinet partageant l'opinion de son président, à l'exception de M. de Montalivet, remit sa démission au roi, qui l'accepta. Lord Palmerston avait compté que la France lui viendrait en aide en faveur des progressistes disposés à livrer aux produits des manufactures anglaises le marché de la Péninsule. Il conçut donc un vif déplaisir de cette conduite, qui était la meilleure à suivre, comme la suite l'a démontré.

ALGÉRIE (11 octobre 1832 au 6 septembre 1836). — *Le général Voirot.* — *Abd-el-Kader.* — *Le traité Desmichels.* — *Drouet d'Erlon, gouverneur général.* — Avant de continuer ce récit très-succinct des principaux événements de l'histoire intérieure, il est bon de faire connaître les incidents principaux de la guerre d'Afrique sous le ministère du 11 octobre 1832 et jusqu'à la chute du ministère du 22 février.

Les quatre premières années d'occupation avaient été des années d'hésitations et de tâtonnements. Il semblait qu'on fût disposé à se contenter d'Alger, de Bone et d'Oran, et que la continuation de la guerre n'eût d'autre cause que le maintien de la sûreté des communications entre les villes du littoral. La première tentative de colonisation fut celle des bureaux arabes, dirigés par le capitaine La Moricière, au moyen desquels l'administration se mettait en rapport avec les Arabes. Le gouvernement paternel et conciliant du général *Voirot* en assura l'utile développement. En même temps, on desséchait les plaines marécageuses des environs d'Alger, on commençait le réseau de routes qui devaient rayonner du chef-lieu dans toutes les directions. Alors nous eûmes à combattre le chef arabe qui devait être à lui seul le grand obstacle à la domination française et qui, par l'impuissance même de ses efforts, a été l'homme le plus funeste à l'indépendance de son pays, puisque la guerre formidable qu'il a suscitée et poursuivie nous a forcés d'étendre l'occupation française jusqu'aux frontières du territoire de l'Algérie.

Abd-el-Kader, né vers 1807 près de Mascara, sur le territoire des Hachems, était le fils d'un marabout très-vénéré de la province d'Oran, qui se disait descendant du prophète. Sa piété lui valut de bonne heure, à lui-même, le titre de *marabout* et de *thaleb*, c'est-à-dire de saint et de savant. Mais le dey, inquiet des menées du père et du fils, les exila. A leur retour du Kaire et d'un pèlerinage à la Mecque, pèlerinage qui fut un titre de plus à la vénération qu'Abd-el-Kader inspirait aux Arabes, ils trouvèrent Alger en possession des Français. Ils eurent recours à l'empereur du Maroc Muley-Abd-er-Rahman, qui donna le titre de *calife* à Abd-el-Kader, mais ne voulut pas risquer de s'engager dans une lutte contre nous. Le foyer de la résistance arabe fut Mascara, où le marabout s'était établi. De là, on prêcha la guerre sainte : bientôt toutes les tribus rebelles reconnurent pour chef suprême *l'émir* (prince) Abd-el-Kader. Cette concentration de forces lui permit d'attaquer Tlemcen ; s'il ne put la prendre, il parvint cependant à conclure avec le général *Desmichels*, commandant la province d'Oran, un traité connu sous le nom de traité Desmichels (26 février 1834), qui lui constituait une sorte de royaume avec Mascara pour capitale et pour point de ralliement de la nationalité arabe.

<small>Ce curieux traité commençait par ces mots : « Le général commandant les troupes françaises dans la province d'Oran et le premier des fidèles, Abd-el-Kader, ont arrêté les conditions suivantes : 1° A dater de ce jour, les hostilités entre les Arabes et les Français cesseront. Le général commandant les troupes françaises et l'émir Abd-el-Kader ne négligeront rien pour</small>

faire régner l'union et l'amitié qui doivent exister entre deux peuples que Dieu a destinés à vivre sous la même domination, etc. »

En voyant ainsi la France et l'émir traiter sur un pied d'égalité absolue, la pensée se reporte à ce fameux traité conclu *entre le peuple romain et Viriathe*.

Le général Drouet d'Erlon, gouverneur général. 1834-1835. — Cependant en France on s'était ému de cette situation. Une commission composée de pairs et de députés avait préparé un projet d'organisation nouvelle de l'Algérie qui fut la base de l'ordonnance de juillet 1834. L'administration des possessions françaises dans le nord de l'Afrique fut confiée à un gouverneur général surbordonné au ministre de la guerre et ayant sous ses ordres deux officiers généraux commandant, l'un les troupes de terre, l'autre les troupes de mer, un procureur général, un intendant militaire, un directeur des finances. A la fin de septembre 1834, le comte *Drouet d'Erlon* arriva à Alger avec le titre de *gouverneur général*. Son premier soin fut de remplacer le général Desmichels à Oran par le général Trézel et de réprimer énergiquement les violences d'Abd-el-Kader. Trézel marcha au secours des tribus alliées, rencontra l'armée de l'émir, l'attaqua et la battit. Mais la cavalerie ennemie s'était bien vite ralliée et se mit à inquiéter la retraite de nos troupes cinq fois moins nombreuses. Nous perdîmes sur les bords de la Macta trois cents hommes et les bagages, 26 juin 1835. La nouvelle de cet échec causa une impression pénible en France. Drouet d'Erlon, qui avait eu le tort de laisser Abd-el-Kader passer tranquillement le Chéliff, fut remplacé par le maréchal Clausel. — C'est au comte Drouet d'Erlon qu'on doit la création des spahis réguliers, corps formé de troupes indigènes.

Le maréchal Clausel. Prise de Mascara et de Tlemcen. — Le duc d'Orléans ne tarda pas à venir rejoindre le maréchal pour prendre part à la guerre contre l'émir, 28 novembre 1835. En douze jours, le corps expéditionnaire enlevait le camp d'Abd-el-Kader, mettait en fuite son armée (combat de Habrah) et s'emparait de Mascara, dont les édifices furent livrés aux flammes, après l'évacuation. Nos troupes, encouragées par la présence du prince royal, avaient été admirables d'élan. Au mois de janvier 1836, de nouvelles attaques de l'émir provoquèrent une expédition contre Tlemcen, qui fut prise et gardée par une garnison sous les ordres du capitaine Eugène Cavaignac, fils du conventionnel Cavaignac, frère du républicain Godefroy Cavaignac. On l'avait envoyé en Afrique sur sa déclaration qu'on n'obtiendrait jamais de lui qu'il se servît de ses armes pour réprimer une émeute. Mais qui peut répondre de sa destinée ? C'est cet exil d'Eugène Cavaignac qui, en faisant sa réputation, devait préparer sa carrière politique, dont l'acte le plus glorieux est d'avoir combattu et vaincu l'émeute.

Le maréchal Clausel avait reconnu que l'extension de la conquête était la condition de son affermissement et de sa consolidation. Cependant il fallait vaincre les résistances qu'opposait l'esprit parcimonieux, défiant et étroit de la majorité législative. M. Thiers se montra favorable aux vues du maréchal, et lui promit des renforts nécessaires pour entreprendre une expédition contre Constantine. Cette ville n'avait pas voulu du bey nommé par la France, le commandant Joussouf, un de nos plus fidèles et plus utiles alliés. Son chef Achmet Bey, ennemi aussi redoutable à l'est qu'Abd-el-Kader l'était à l'ouest, se disposait à nous combattre vigoureusement. Le maréchal quitta Paris, plein de confiance, mais à peine était-il de retour à Alger que le cabinet de M. Thiers tombait et que M. Molé était chargé de la direction des affaires. On verra plus loin l'influence de ce changement sur les événements de l'Algérie.

MINISTÈRE MOLÉ ET GUIZOT (6 septembre 1836 au 15 avril 1837).

Le nouveau ministère avait pour membres M. le comte Molé, président du conseil, chargé des affaires étrangères, M. Guizot, ministre de l'instruction publique, MM. Persil, de Gasparin, Rosamel, Duchâtel, Bernard (guerre) et Martin (du Nord). La présence de deux hommes d'une valeur considérable, divers d'origine et d'école, dont l'un, M. Guizot, était, par le talent, supérieur à l'autre, président du conseil, pouvait être un obstacle à l'harmonie du cabinet et à sa durée ; pour que ces forces pussent agir dans l'intérêt public en raison de leur puissance, il aurait fallu que les amours-propres commençassent par se neutraliser, et c'est un sacrifice dont ils sont rarement capables, surtout dans le régime parlementaire.

Le contre-coup du triomphe des progressistes à Madrid s'était fait sentir à Lisbonne, et la reine dona Maria s'était vue à la merci de la sédition ; mais les radicaux portugais avaient annoncé l'intention de soustraire leur pays au vasselage commercial de l'Angleterre. Le gouvernement britannique, qui favorisait les progressistes en Espagne, intervint vigoureusement en Portugal pour les combattre.

Affaire avec la Suisse au sujet des réfugiés. — La France n'avait eu à prendre en Portugal qu'une attitude d'observation ; la question des réfugiés faillit amener une rupture sérieuse avec la Suisse. Déjà, à plusieurs reprises, l'Autriche, la Prusse et la Russie avaient réclamé contre la protection dont la république couvrait les menées des bannis. La France avait refusé de joindre ses remontrances aux leurs jusqu'au jour où il lui fut démontré que le gouvernement fédéral, dominé par le parti démocratique, favorisait par une complicité active ou passive ces réfugiés de tous les pays qui rêvaient la révolution universelle. Le vorort, c'est-à-dire le directoire fédéral chargé d'expédier les affaires en l'absence de la diète, appartient alternativement aux cantons de Berne, Zurich et Lucerne. C'est Berne qui le possédait alors. Notre ambassadeur, M. de Montebello, invita le directoire, s'il voulait éviter que les puissances intervinssent en Suisse dans l'intérêt de leur sécurité sans cesse menacée, à expulser les réfugiés dangereux (juillet 1836). Ce langage causa une vive irritation, qui s'accrut encore lorsque M. de Montebello désigna un nommé Conseil comme devant être chassé du territoire fédéral ; or, il se trouvait que ce Conseil était un espion du gouvernement français. La démarche de M. de Montebello eut deux conséquences assez fâcheuses. D'une part, le directoire fit une réponse insolente dont on n'obtint la réparation qu'en menaçant la Suisse d'un blocus rigoureux; de l'autre, M. Thiers, auquel on avait laissé ignorer la mission secrète confiée à Conseil, se crut en droit de se plaindre de n'avoir pas été instruit de la vérité, en qualité de chef du cabinet. L'opposition trouva là prétexte pour imputer au roi une conduite plus tortueuse en apparence qu'en réalité, et dont la responsabilité appartenait tout entière au précédent ministre de l'intérieur.

Échauffourée de Strasbourg. — Ces incidents ne pouvaient avoir de gravité : il n'en fut pas de même de la tentative de Louis-Bonaparte à Strasbourg. Le neveu de Napoléon Ier, le fils, le seul survivant, du roi Louis de Hollande et de la reine Hortense, vivait depuis plusieurs années auprès de sa mère, au château d'Arenenberg, en Suisse, lorsque des lettres reçues de France lui firent croire que le moment était venu de tenter une révolution militaire pour replacer sur le trône la dynastie napoléonienne dont il était le chef depuis la mort du duc de Reichstadt. Il arriva à Strasbourg, le 29 octobre, à 11 heures du soir. Après une nuit passée à préparer l'événement du lendemain, il se rendit à la caserne où le colonel Vaudrey commandait le quatrième régiment d'artillerie. Présenté par le colonel, il fut d'abord accueilli aux cris de : *Vive Napoléon! vive la liberté! vive l'empereur!* Mais l'infanterie était restée fidèle à son devoir. A la voix du lieutenant-colonel Taillandier, elle entoure Louis-Bonaparte, qui est fait prisonnier et dirigé peu de jours après, le 9 novembre, sur Paris. Là, il apprit que la reine Hortense était venue implorer la clémence du roi et qu'il allait être transporté dans deux heures à Lorient où l'attendait une frégate chargée de le conduire aux États-Unis. Cette tentative, qu'expliquait et que ne justifiait pas l'ignorance du prince trompé sur la véritable situation politique, eût-elle réussi à Strasbourg, aurait échoué contre l'esprit libéral du pays. L'opinion bonapartiste n'existait pas encore. Les complices de Louis-Bonaparte furent renvoyés devant la cour d'assises du Bas-Rhin. Celle-ci allait-elle juger, d'après la loi, le crime qui était flagrant, ou, sans s'occuper de la loi, tenir à l'égard des accusés la conduite du gouvernement envers le principal chef de la conspiration ? C'est l'époque où la bourgeoisie ne laissait passer aucune occasion, bonne ou mauvaise, de faire la leçon au pouvoir. Le jury prononça l'acquittement. Au fond il importait peu : le prince n'avait pas encore le seul complice tout-puissant sur lequel il dût compter, le temps; et le jury ne pouvait rien sur celui-là. — Le gouvernement eut le tort de paraître chercher une revanche de cet échec, en proposant au commencement de l'année suivante une loi dite de disjonction qui renvoyait les accusés d'un même délit devant deux juridictions différentes, les militaires, devant le conseil de guerre, les civils, devant les tribunaux ordinaires. L'opinion attaqua le caractère de cette mesure, qu'on pouvait défendre comme proportionnant la gravité de la faute à la responsabilité des citoyens chargés, à divers degrés, de la défense de la société ; elle la trouva contraire aux traditions de la jurisprudence française. Après de très-vifs débats, elle fut rejetée à deux voix de majorité (le 9 mars 1837).

Le 6 novembre, le roi Charles X était mort à Goritz. Il était proche parent du roi Louis-Philippe : cependant la cour ne porta pas le deuil. Elle eut peur des commentaires d'une partie du public. Ce détail peint l'époque.

ALGÉRIE. *Expédition du maréchal Clausel contre Constantine.* — La fin de l'année fut attristée par un revers grave pour nos armes. Le maréchal Clausel avait d'abord demandé 30,000 hommes pour mettre à exécution un plan qui, croyait-il, au moyen de l'occupation de villes importantes, de l'établissement de camps retranchés au centre de chaque province et du groupement, par masses, de troupes destinées à former des colonnes mobiles, devait assurer promptement la pacification et l'occupation du territoire de la régence. Cette force lui fut promise par M. Thiers, tout à fait partisan de la consolidation de notre conquête d'Algérie. Déjà l'ordre était donné au général Rapatel d'établir un camp sur la Chiffa. L'avénement du ministère du 6 septembre, qui aurait voulu réduire les dépenses de l'Algérie, fut un amer désappointement pour le maréchal, mais il n'était plus temps de reculer. Il venait de nommer un bey de Constantine, et il fallait, sous peine de s'exposer au mépris des Arabes, mettre ce bey en possession de sa capitale. Trompé sur les dispositions des indigènes, il entreprit avec des troupes, que d'abord il avait jugées tout à fait insuffisantes, une expédition à laquelle le duc de Nemours vint prendre part. Le 12 novembre, l'armée forte seulement de 8 à 9 mille hommes était réunie au camp de Dréan. Le 21, elle parut devant Constantine. Mais le temps était affreux, beaucoup de soldats surpris par le froid avaient péri; les vivres et les munitions, emportés en petite quantité, ne devaient pas tarder à manquer. Tout dépendait, ou des intelligences qu'on croyait avoir dans la place, ou du succès d'un coup de main. Or, la ville, dont la situation sur un rocher escarpé est formidable, paraissait décidée à une vigoureuse résistance : le courage de nos soldats vint se briser contre un ennemi qui était mieux protégé par la nature des lieux que par sa résolution même. Il fallut précipitamment opérer une retraite où se distinguèrent le lieutenant-colonel Duvivier, le commandant Changarnier, et qui ramena à Bone, le 1ᵉʳ décembre, l'armée réduite de 3,000 hommes. Cet échec causa une vive émotion dans le public, resté jusque-là presque indifférent à l'extension ou même au maintien de la conquête. Il n'y eut plus qu'une opinion, c'est qu'il fallait prendre à tout prix Constantine et relever l'honneur du drapeau.

— L'ouverture de la session de la chambre des députés (27 décembre 1836) fut marquée par un nouvel attentat contre la vie de Louis-Philippe. Le coupable s'appelait Meunier. Il était âgé de vingt-deux ans. Le repentir qu'il témoigna toucha le roi qui, heureux de trouver l'occasion de se montrer généreux, commua la peine de mort en un exil et veilla à ce que l'assassin n'arrivât pas sans ressources aux États-Unis, où il fut conduit.

1837. — Une vive discussion s'engagea à la chambre au sujet du différend avec la Suisse. L'opposition interpella M. Molé sur la participation de Conseil à la police secrète. M. Molé rejeta la responsabilité sur M. Thiers. M. Thiers se plaignit de n'avoir pas connu le véritable rôle de Conseil; mais il ne pouvait nommer le coupable.... Les malveillants comprirent qu'il s'agissait du roi, dont ils prétendaient trouver l'action personnelle dans les moindres actes de la police, et il s'agissait de M. de Montalivet. Louis-Philippe n'avait rien su et rien fait. Cet incident, commenté par la mauvaise foi des partis, n'en fut pas moins des plus fâcheux pour la considération de la personne royale. — Puis vint la présentation de la loi sur la disjonction et de la loi sur la non-révélation, plus malencontreuse encore, qui proposait de punir de la réclusion la non-révélation des complots ou projets contre la vie du roi. En même temps, avec une maladresse qu'on ne sait comment expliquer, le cabinet demandait le château de Rambouillet à titre d'apanage pour le duc de Nemours, et un million pour payer la dot de la reine des Belges, présentant à la fois un ensemble de mesures tout à fait différentes, des mesures de rigueur pour le pays, des demandes d'argent pour le roi; l'impopularité notoire des premières devait compromettre les secondes. La presse hostile discuta avec vivacité la question des apanages. Dans un pamphlet célèbre dont la publicité fut immense, M. de Cormenin affirma que le roi avait un revenu de plus de 25 millions, qu'il en dépensait à peine 10 et que le surplus, 15 millions au moins, était, chaque année, placé à l'étranger. Il calculait combien, avec la valeur en capital du château de Rambouillet, on pourrait fonder de bibliothèques et de salles d'asile; à une autre époque, on avait fait le compte de ce que le jardin des Tuileries aurait pu produire de boisseaux de pommes de terre pour la nourriture du peuple. Il n'y avait rien de vrai dans les assertions de M. de Cormenin, rien d'exact dans ses calculs. Il est certain que la liste civile, loin d'être riche de 104 millions à cette époque, comme il le prétendait, était endettée de 6 millions, et que par conséquent le roi, qui

dépensait plus que ses revenus, était fondé à réclamer le béné
fice de la loi de 1832, qui déclarait que, en cas d'insuffisanc
du domaine privé, il serait pourvu à la dotation des princes e
des princesses de la famille royale. Mais Louis-Philippe n
commit pas moins une faute grave en renouvelant des demande
d'apanages contre lesquelles l'opinion publique était prévenue
Jusqu'au 24 février, elle a cru le roi immensément riche ; elle l'
accusé d'avarice et d'avidité, trompée par la calomnie, trompé
aussi, il faut le dire, par l'attitude du gouvernement. La royaut
n'était pas suffisamment défendue. La vérité mise sous les yeu.
de la chambre n'arrivait pas au pays, et on négligeait trop d
la faire marcher sur les pas du mensonge qui pénétrait partout
D'un autre côté, que devaient penser les masses, lorsqu'elle
voyaient le gouvernement lui-même venir se donner un démenti
et après avoir déclaré un jour la loi sur l'apanage du duc de
Nemours nécessaire par suite de l'insuffisance du domaine
privé, venir un autre jour la retirer comme inutile ? N'était-ce
point autoriser le pays à croire qu'on l'avait trompé dans un but
de cupidité, n'était-ce point déconsidérer la couronne ? La
France n'est pas d'humeur à marchander à ses souverains la
dotation qu'elle affecte à sa propre gloire ; cependant elle ne
veut pas qu'on thésaurise à ses dépens. Il fallait prouver que le
roi faisait des revenus de sa modeste liste civile un emploi libéral et patriotique, et cette preuve il eût été facile de la produire. La réhabilitation s'est faite sur un trône renversé ; mais
constatons ici que rien n'a plus contribué à ruiner la popularité du prince régnant, que les erreurs accréditées sur son caractère et sur sa fortune.

MINISTÈRE MOLÉ seul (du 15 avril au 13 mai 1839).

Déjà le ministère avait subi une modification profonde.
M. Guizot était l'homme de la majorité de la chambre : il
aurait voulu occuper le ministère de l'intérieur, plus en
rapport avec son importance personnelle. M. Molé ne consentit pas à lui laisser prendre une position qui eût éclipsé
la sienne. Après quelques essais de combinaisons nouvelles,
le cabinet se trouva constitué ainsi : M. Molé, président du
conseil, ministre des affaires étrangères, M. de Montalivet à

l'intérieur, M. de Salvandy à l'instruction publique, M. Lacave-Laplagne aux finances, M. Barthe à la justice, MM. de Rosamel, Martin (du Nord) et Bernard gardaient leurs portefeuilles. En se séparant de M. Guizot et des doctrinaires, M. Molé perdait sa majorité dans la chambre : il se voyait obligé de prendre pour guide la majorité qui voudrait l'adopter. Une telle situation, sous le régime parlementaire, a des périls qui se manifesteront plus tard, au grand dommage de la monarchie. Mais, pendant deux années, la politique du cabinet parvint à les conjurer, et on peut dire que ces deux années furent les plus brillantes du gouvernement de juillet. M. Molé, sans être un homme supérieur ni par le talent, ni même par le caractère, avait l'habitude des grandes affaires, un sens droit, une parole facile, le tact politique qui fait éviter les extrêmes et trouver le joint de la conciliation. Sa fortune et son rang le mettaient à l'abri de l'accusation d'une ambition vulgaire ; enfin il était des amis particuliers du roi. Il est vrai que si cette intimité prévenait la possibilité d'un désaccord entre Louis-Philippe et son ministre, elle pouvait être un titre aux défiances et aux attaques d'une fraction de l'opposition.

Les lois de disjonction et d'apanage avaient été retirées ; restaient celles relatives à la dotation du prince royal et de la reine des Belges. La première fut votée presque sans opposition ; la chambre fixa la dotation du prince à 2 millions par an et à 300,000 francs le douaire de la princesse. Dans la discussion sur la dot de la reine des Belges, M. de Montalivet établit sans contestation que la balance des six années écoulées se soldait par un déficit de 8 millions. M. de Cormenin répondit que le domaine privé avait une valeur de 74 millions, mais les propriétés représentant ce capital étaient la plupart improductives. — C'était ordinairement sur la loi relative aux fonds secrets que s'engageait la lutte décisive, la question de confiance. La discussion fut brillante, moins de la part du ministère, qui parut se mettre trop visiblement à la remorque de la majorité, que de la part des orateurs qui avaient eu le plus d'influence sur la marche des affaires et avaient le mieux exprimé l'esprit de la monarchie de juillet. M. Guizot, répondant aux violentes attaques des adversaires du régime constitutionnel, disait : « Loin de méconnaître les droits et les intérêts de la démocratie, je veux que partout où il y aura capacité, vertu, travail, la démocratie puisse s'élever aux plus hautes fonctions de l'État... Vous méconnaissez les biens dont vous êtes en possession ; vous parlez comme si vous viviez sous un régime d'oppression. Eh ! Messieurs, vous vivez au milieu de la société la plus libre qui ait jamais été et où le principe de l'égalité sociale est le mieux consacré !... Nous avons, presque tous, conquis nos grades à la sueur de notre front sur le champ de bataille. Nous les avons conquis pour nos enfants, pour nos petits-enfants, pour nos arrière-neveux à travers les siècles. Voilà ce dont je suis fier, voilà la vraie liberté, la liberté féconde, au lieu de celle qui se présente sans cesse à la suite de vos systèmes, au lieu de cette démocratie envieuse, jalouse, inquiète, tracassière, qui veut tout abaisser à son niveau, qui n'est pas contente si elle voit une tête dépasser les autres têtes. »

L'amnistie. — Ces paroles résumaient parfaitement l'attitude des deux partis, mais elles avaient le tort d'être agressives par excès de franchise. Elles exprimaient la politique de résistance ; la majorité de la chambre inclinait, en ce moment, avec M. Thiers et M. de Lamartine, vers la politique de conciliation, qui avait également les prédilections du roi. L'*amnistie* en fut le témoignage. Elle était accordée à tous les individus actuellement détenus dans les prisons de l'État par suite de condamnations prononcées pour crimes et délits politiques. Le roi l'avait particulièrement à cœur. On raconte que lorsque le projet eut été adopté, après une longue discussion dans le conseil des ministres, Louis-Philippe, en le rendant revêtu de sa signature, embrassa le garde des sceaux qui venait de le rédiger. Mais il ne fallait pas attendre de ce grand acte, proposé et ajourné à plusieurs reprises, « l'oubli de nos discordes civiles et le rapprochement de tous les Français. » L'avenir prouvera que ceux auxquels il rendit la liberté gardèrent la volonté de faire le mal et que si la clémence est une vertu dont on ne doit pas se lasser, elle n'est pas toujours une sauvegarde pour la chose publique.

Mariage du duc d'Orléans. Restauration du palais de Ver-

sailles. — Le mariage du duc d'Orléans et de la princesse Hélène de Mecklembourg eut lieu le 30 mai. Parmi les fêtes consacrées à célébrer un événement qui rapprochait la dynastie française des dynasties souveraines, au grand déplaisir de la Russie, on doit signaler, après la grande fête de l'amnistie, l'inauguration du Musée de Versailles, 11 juin. Donner à l'immense palais de Louis XIV, qui ne devait plus trouver de royauté à sa taille, une destination nationale, le consacrer *à toutes les gloires de la France*, à la représentation de tous les faits et de tous les hommes utiles ou honorables, c'était une noble et patriotique idée. Louis-Philippe consacra à son exécution les loisirs que pouvait lui laisser sa tâche de roi. Les détails qui s'y rapportent, les faits qui constatent l'intervention incessante du souverain, sont consignés dans une collection de 398 procès-verbaux de séances royales. Aucune dépense ne fut épargnée. La plus grande partie des ressources de la liste civile pourvut aux frais de cette œuvre immense ; à la chute de la monarchie, le musée de Versailles, qui contenait 4,000 tableaux et 1,000 œuvres de sculpture, avait coûté à Louis-Philippe une somme totale de 23,404,000 francs. M. de Cormenin avait cherché où le roi mettait ses économies : c'est là qu'il les aurait trouvées.

Ces actes avaient ramené au gouvernement des esprits prévenus ; mais la majorité parlementaire restait toujours fractionnée et mécontente. Le cabinet était sans autorité ; il obtint de la couronne une ordonnance de dissolution et la convocation des électeurs pour le 4 novembre. Sur ces entrefaites, le roi mariait sa seconde fille, la princesse Marie, l'auteur de la statue de Jeanne d'Arc du musée de Versailles, avec le duc Alexandre de Wurtemberg, fils du roi de Wurtemberg, et cousin de la reine d'Angleterre (17 octobre).

ALGÉRIE. *Traité de la Tafna.* — Au moment où allait s'engager la lutte électorale, une expédition nouvelle contre

Constantine fut entreprise. On avait reconnu impraticable le système d'occupation générale de l'Algérie qu'avait proposé le maréchal Clausel, qui eut la douleur de se voir remplacé par le général Damrémont, esprit aussi positif que le maréchal était aventureux. S'assurer de la possession du littoral, des territoires d'Alger, Bone et Oran, pacifier le pays, sans faire aucune concession qui coûtât à l'honneur national, tel était le programme imposé au nouveau gouverneur. Le général Bugeaud recevait en même temps le commandement de la province d'Oran, avec la mission spéciale de faire la paix avec l'émir Abd-el-Kader ou de le réduire par les armes. L'émir paraissait disposé à traiter, pourvu qu'on lui abandonnât la province de Titterie. Telle était la confiance qu'il inspirait au général que celui-ci ne craignit point de dépasser les instructions qu'il avait reçues, en signant avec lui le traité de la Tafna (30 mai), où, acquiesçant à ses demandes, il cédait : 1° la province d'Oran, à l'exception d'Oran, de Mostaganem, d'Arzew et de Mazagran et d'une bande de terrain le long du rivage, depuis la Macta jusqu'à l'Oued Malah ; 2° toute la province de Titterie; 3° toute la partie de la province d'Alger située à l'ouest, au delà de la Chiffa qui coule dans la plaine de la Mitidjah, et au sud, au delà de la première côte de la première chaîne du petit Atlas. Il est vrai que par l'art. 1, l'émir reconnaissait *la souveraineté de la France en Afrique ;* mais quelle valeur pouvait avoir une telle clause aux yeux des Arabes qui voyaient la France livrer aux vengeances d'Ab-del-Kader les tribus qui avaient combattu avec elle ! Un territoire considérable était abandonné à l'émir, sans autre compensation pour nous que le recours à sa loyauté, à son honneur, à son désir de rester en paix avec nous. On verra bientôt ce que valaient de telles espérances.

Prise de Constantine. — On aurait voulu obtenir du bey de Constantine des promesses analogues et la reconnaissance de la souveraineté de la France. Mais la conduite d'Ahmed était si évidemment perfide qu'il fallut porter la guerre dans sa province. Le duc de Nemours vint rejoindre au départ le corps d'expédition fort de 10,000 hommes, commandé par des généraux excellents au nombre desquels se trouvait le général Valée, le plus capable de nos officiers d'artillerie. Le 6 octobre, la brigade d'avant-garde prenait position sur le plateau de la Mansourah. Le 9, toutes les batteries ouvraient le feu : le 13, la place tombait en notre pouvoir, après une résistance acharnée et à la suite d'un assaut héroïque qui couvrit de gloire nos soldats commandés par les colonels La Moricière et Combes. Ce dernier, blessé mortellement, ne put assister à la victoire à laquelle il avait si vaillamment contribué. Un grand nombre d'Arabes se précipitèrent de la Kasbah dans les précipices pour échapper à une domination qui fut douce aux survivants. Le 29 octobre, l'armée se remit en marche, au milieu des dispositions devenues subitement bienveillantes des tribus. Le général Damrémont avait été tué pendant le siége : il fut remplacé au gouvernement général de l'Algérie par le général Valée, nommé maréchal de France.

Prospérité industrielle et financière. — La nouvelle de la prise de Constantine trouva le pays en pleine mêlée électorale. Jamais la lutte n'avait été aussi ardente. L'opposition forma à Paris un comité central où figurèrent, du côté des plus ardents adversaires de la monarchie, deux anciens ministres, MM. Jacques Laffitte et Dupont (de l'Eure). La gauche dynastique, représentée par M. Odilon-Barrot, était contrainte de rester à l'écart de l'action du comité républicain qui tendait ouvertement à la ruine des institutions. De son côté, le ministère s'efforçait, par ses circulaires, de se concilier les électeurs et par les influences administratives, de les déterminer à porter leur choix sur ses candidats. On l'accusa de corruption et de violence : cependant la presse et la tribune ne purent signaler aucun fait de quelque importance, à l'appui des récriminations de l'opposition. En définitive, la chambre se trouva composé à peu près des mêmes éléments qu'avant sa dissolution, malgré l'introduction, dans son sein, de beaucoup de membres nouveaux. Ces vives agitations des gouvernements libres sont plus bruyantes que profondes ; elles ne se produisent que dans les couches supérieures, où elles entretiennent de généreuses ardeurs. Au moment où le ministère du 15 avril se présentait aux électeurs, le 5 p. 100 touchait à 111 francs ; la prospérité industrielle et financière dépassait ce qu'on avait encore vu.

Le ministère n'avait pas de majorité dans cette chambre plus que dans la précédente. Placé en face du centre droit, dirigé par MM. Guizot et de Broglie, qui voulait la continuation de la politique de Casimir Périer à l'intérieur, — du centre gauche dont le chef, M. Thiers, réclamait la politique de Casimir Périer à l'extérieur, une action plus ferme et plus directe en Espagne et en Italie, — de la gauche, ennemie, avec M. Odilon-Barrot, des lois de septembre et partisan de la réforme électorale, — M. Molé crut pouvoir vivre en louvoyant entre les partis, en détachant de chaque fraction les hésitants et les faibles pour se créer une force contre l'opposition dont le fond invariable était toujours formé des légitimistes et des républicains. La justification de sa conduite, qu'on accusait de versatilité et d'impuissance, se trouvait dans les circonstances qui avaient produit le ministère à défaut de mieux, après de nombreux essais de combinaisons sans résultat. Il n'avait pas cherché le pouvoir : il l'avait reçu comme pis-aller. Il n'en était pas moins exposé à voir les partis qui se minaient sourdement, se réunir et le renverser. Tel était l'état réel des choses. Le danger pouvait naître : il n'était point encore imminent. Il n'empêcha pas la session d'être remarquablement féconde. Nous citerons, parmi les lois présentées ou votées, celles qui eurent pour objet d'étendre la compétence des juges de paix, d'augmenter le nombre des notables appelés à élire les juges des tribunaux de commerce, à protéger le sort des aliénés, à régler les attributions des conseils généraux et des conseils d'arrondissement : cette dernière loi essayait timidement de porter remède aux excès de la centralisation. Peut-être eût-ce été le moment d'aller plus loin, de tenter de rendre aux assemblées départementales une importance qui en aurait fait une protection puissante pour l'ordre et pour la défense des institutions, peut-être fallait-il songer à leur donner une part dans le choix des membres de la chambre des pairs reconstituée ; mais de telles vues exigeaient une décision et une hardiesse du bien qui manquèrent au ministère du 15 avril et en général à tous les hommes politiques de ce temps.

La session avait été close le 12 juillet. Le 24 août 1838, la duchesse d'Orléans accoucha d'un fils qui reçut du roi le titre de comte de Paris. Cet événement semblait un gage de durée de plus pour la dynastie

Évacuation d'Ancône. — On se rappelle qu'au mois de février 1832, Casimir Périer avait fait occuper Ancône et qu'à la suite de négociations avec le saint-siége, le gouvernement français avait pris l'engagement de se retirer de cette ville aussitôt que les troupes impériales auraient évacué les Légations. Cette évacuation avait eu lieu. Sommé de tenir sa promesse, le gouvernement français donna ordre aux troupes qui tenaient garnison de s'embarquer pour rentrer en France, 24 octobre 1838. On n'aurait pu agir autrement sans encourir le reproche de porter atteinte à la souveraineté du souverain pontife et sans se faire un ennemi de l'Autriche, dont les bonnes dispositions n'étaient pas indifférentes contre l'Angleterre jalouse et la Russie hostile. Dans cette affaire comme dans le règlement définitif du différend hollando-belge et dans toutes les questions extérieures, M. Molé, guidé par une raison droite, par le respect scrupuleux du droit et par le sentiment de l'honneur national, se conduisit en véritable homme d'État.

Règlement définitif des affaires belges. — Le *traité des vingt-quatre articles*, ou l'acte de la conférence de Londres, du 15 novembre 1831, avait fixé d'une manière définitive l'état de possession territoriale. Pendant sept ans, le roi de Hollande avait refusé de s'y soumettre et les puissances signataires avaient laissé le royaume de Belgique détenteur provisoire des parties du Limbourg et du Luxembourg qui avaient été attribuées à la Hollande. Enfin, Guillaume Ier se courba sous la nécessité et demanda à signer les 24 articles. Ce fut le tour de la Belgique de protester contre ce qu'elle appelait un démembrement, la restitution du Limbourg et du Luxembourg ; elle alla jusqu'à vouloir mettre en question ce traité du 15 novembre auquel elle devait son existence. Le roi Léopold, un des souverains les plus sages de ce siècle, ne pouvait s'associer à des manifestations aussi irréfléchies ; mais, monarque constitutionnel, il était obligé de paraître obéir à la volonté populaire. Il y eut là une période très-difficile à traverser. Cependant Louis-Philippe avait fait savoir à son gendre que la France ne soutiendrait pas la Belgique si elle persistait à exiger, aux dépens de la Hollande, une extension de territoire. On obtint des plénipotentiaires des cinq grandes puissances l'allégement de la moitié des charges que le traité primitif avait imposées à la Belgique, réduction qui devait la dédommager des dépenses extraordinaires de guerre auxquelles l'avait obligée la longue obstination de la Hollande. Le 2 février 1839, le roi Guillaume Ier donna officiellement son adhésion, et le 17 avril fut signé à Londres, entre la Belgique et la Hollande, sous la garantie des cinq grandes puissances, le traité de partage de l'ancien royaume des Pays-Bas.

Prise de Saint-Jean d'Ulloa. — En Angleterre, la reine Victoria avait succédé, le 20 juin 1837, à Guillaume IV. M. de Talleyrand n'était plus là pour représenter la France ; il était mort le 17 mai. Cette mission fut confiée au maréchal Soult auquel nos voisins firent une ovation enthousiaste. La consolidation du parti whig au pouvoir affermit lord Palmerston, dont les rancunes jalouses nous susciteront plus d'un embarras. — L'indemnité aux colons de Saint-Domingue, que le gouvernement de Haïti refusait de reconnaître, fut réglée à 60 millions payables en 30 annuités, de 1838 à 1867. On mit le blocus devant les ports de la république Argentine (28 mars 1838), dans l'espoir d'obtenir du dictateur Rosas la réparation de préjudices causés à nos nationaux. La même cause, des exactions commises sur des Français, amena l'envoi d'une expédition au Mexique. Le président Bustamente espérait traîner les choses en longueur et comptait sur l'effet des plaintes que l'Angleterre et les États-Unis, dont le commerce se trouvait gêné par notre blocus, feraient entendre. Mais la France était décidée d'avance à n'en pas tenir compte. Le contre-amiral Baudin partit pour les côtes du Mexique avec une flotte de 21 bâtiments armés de 352 canons. Le 2 novembre, il parut devant la Vera-Cruz, ville très-forte d'assiette, défendue par le fort de Saint-Jean d'Ulloa, qu'on jugeait inexpugnable. Les Mexicains avaient eu le temps d'accumuler là tous les moyens de défense. Le 27, commença le bombardement de la place, retardé par des pourparlers et l'espoir d'un arrangement pacifique. Le 28, la capitulation fut signée et le pavillon de France flotta sur la forteresse. Une perfidie du général Sant' Anna obligea nos troupes à reprendre les hostilités et à faire le siége de la ville. Le Mexique dut se soumettre enfin ; un traité de paix signé à la Vera-Cruz le 9 mars 1839 accorda à la France les satisfactions qui lui étaient dues. Cette opération militaire, conduite avec vigueur, valut une véritable popularité au jeune prince de Joinville, qui s'était distingué par son intrépidité et par son sang-froid, sous le feu de l'ennemi.

On peut dire que nous sommes arrivés à l'apogée de la prospérité du règne. La fortune est venue en aide à l'habileté et à la prudence. Le roi Louis-Philippe, auquel appartient l'honneur de cette politique qui triomphait à l'intérieur des factions à l'extérieur du mauvais vouloir et de la défiance, Louis-Philippe dont la persévérance suivait, à travers les changements de ministères et les entraînements de la tribune, une ligne invariable de modération ferme, entouré de sa nombreuse et brillante famille, semblait être le souverain le plus heureux de l'Europe. Le premier nuage menaçant pour cette prospérité fut jeté sur l'horizon politique par la coalition.

LA COALITION. *L'irresponsabilité de la personne royale discutée.* — Le malheur de la situation de M. Molé dans la chambre était, on l'a vu, de n'avoir pas de parti, parce que lui-même n'avait pas de principes clairement définis, et que, contrairement aux règles du gouvernement représentatif, il était entré aux affaires sans donner un programme autour duquel les opinions pussent se concerter, les adhésions se rallier. On lui reprochait une hauteur de manières un peu dédaigneuse à l'égard des chefs de l'ancienne majorité ; elle contrastait avec les séductions employées à l'égard des simples membres dissidents. Les différentes fractions de la chambre le déclaraient insuffisant, d'un côté, parce qu'il ne couvrait pas suffisamment la couronne, dont le choix avait été sa seule raison d'être; d'un autre côté, parce qu'il n'était pas en état de protéger suffisamment les droits du parlement contre les empiétements de l'influence royale. En apparence, rien de plus naturel, pour tous ceux qui croyaient les principes de 1830 en péril, que de s'unir contre le ministère accusé de les compromettre; au fond, rien n'était plus dangereux, car les coups qu'on devait porter, à la grande joie des légitimistes et des républicains, allaient frapper la royauté elle-même que la transparence du ministère, disait-on, laissait voir derrière tous ses actes. Les hommes politiques de second ordre engagèrent l'action à laquelle M. Thiers, M. Guizot, M. Odilon-Barrot furent entraînés successivement à apporter l'ardeur et l'éclat de leur parole.

Le 7 janvier 1839, la lutte qui devait décider du sort du cabinet du 15 avril s'engagea sur un projet d'adresse en réponse au discours du trône, *adresse respectueusement violente*, comme la qualifiait un conservateur, car pour *chasser les ministres*, elle ne craignait pas de *viser plus haut et plus loin*. Dans les attaques de M. Guizot, qui alla jusqu'à accuser le gouvernement de n'être qu'une *anarchie*, de M. Thiers, qui reprocha à sa politique d'être *mesquine, compromettante*, il n'y avait pas seulement le mobile de l'ambition du pouvoir, mobile légitime sous les gouvernements libres, car il inspire les grands efforts, et il sert les grandes causes; il y avait un fond de colère et d'antipathie personnelle fort peu avouable. De part et d'autre, on s'adressa de dures paroles. M. Guizot ayant appliqué aux hommes du 15 avril le mot de Tacite : *Omnia serviliter pro dominatione*, M. Molé, guidé par un mot de Royer-Collard, renvoya la blessante citation à son auteur. « Ce n'est pas aux courtisans, dit-il, c'est aux ambitieux que Tacite a appliqué les paroles qui viennent d'être citées. » Mais ces querelles personnelles seraient restées sans danger, si elles n'avaient entraîné la chambre à discuter l'irresponsabilité royale elle-même en présence de ministres responsables derrière lesquels on voulait voir ce que la constitution déclarait invisible tout en attribuant au roi le pouvoir exécutif. « Au roi *seul* appartient la puissance exécutive. — Le roi déclare la guerre, etc. — Le roi *seul* sanctionne et promulgue les lois. » La Charte dont on prétendait résumer l'esprit dans cette maxime : *Le roi règne et ne gouverne pas,* — déterminait cependant avec clarté les actes de gouvernement qui relevaient du roi et que les ministres n'avaient qu'à contre-signer. La France ne sera jamais le pays des rois soliveaux ou des rois époux. Si la nation ne peut abdiquer ses droits, elle tient en trop haute estime ceux auxquels elle se confie pour ne point respecter les leurs.

Dissolution de la chambre. Ses conséquences. — L'adresse fut adoptée malgré les prodiges de courage et d'habileté dont firent preuve, dans la défense, les membres du cabinet, qui, le 22 janvier 1839, vinrent remettre au roi leur démission. L'embarras du monarque était grand, car la coalition victorieuse n'était elle-même qu'une ligue de minorités. Il résolut de garder son ministère, de dissoudre la chambre et de faire décider, par les électeurs, la question de majorité. Cette obstination, bien que concevable, était une faute au point de vue politique. La coalition dépassa toute mesure pour arriver au succès ; le mot d'ordre fut : Guerre aux abus du gouvernement personnel ! guerre à la couronne ! On accusa le ministère de corruption et de bassesse, de lâcheté à l'égard de l'étranger, de servilité à l'égard du souverain. Et comme on n'attribuait à sa politique aucune initiative personnelle, il est clair que les attaques passaient au-dessus des ministres responsables pour déverser la haine et l'odieux sur le pouvoir inspirateur. Voter contre M. Molé équivalait, par suite des commentaires de l'opposition, à voter contre le roi. Telle fut la manœuvre à laquelle un grand nombre des plus sincères amis du gouvernement constitutionnel participèrent, avec *le National* et *la Gazette de France*.

Quand la nouvelle chambre se réunit, le ministre y trouva moins d'appuis que dans la précédente. L'échec était pour la royauté. Elle avait reçu un de ces coups fatals qui faussent les institutions et préparent leur ruine. Il fut bien entendu pour les masses que le gouvernement était personnel : la popularité des ministres se mesura au degré de la résistance qu'on les supposait capables d'opposer à l'influence du souverain.

La vérité est que le roi Louis-Philippe chercha à remplir consciencieusement son rôle de roi constitutionnel, à gouverner avec la majorité parlementaire, à prendre les ministres qu'elle paraissait lui désigner, et que s'il est un reproche qu'il puisse justement encourir, c'est d'avoir été trop l'homme de cette majorité parlementaire, d'avoir trop partagé ses préjugés, ses vues étroites, son antipathie pour les innovations politiques. Il a cru que le spectacle de ces luttes personnelles, où l'éloquence et le talent ont brillé d'un incomparable éclat, suffirait à l'impatience du pays. Ses qualités furent bien à lui ; ses erreurs lui furent communes avec la majorité. C'est ce scrupule de gouverner constitutionnellement par le parlement qui le fit s'adresser à M. Thiers, après la retraite de M. Molé, malgré la différence de leurs vues sur la conduite à tenir en Espagne. Mais M. Thiers ne put parvenir alors à former le ministère de conciliation des fractions du tiers parti qu'il aurait voulu rapprocher ; le roi patienta : pendant deux mois, une série de combinaisons fut essayée entre les chefs de l'opposition dynastique, et la couronne attendait encore, lorsque, le 12 mai, le bruit de la fusillade annonça une nouvelle explosion révolutionnaire au peuple de Paris. Dès lors, il n'y avait plus à hésiter ; le salut public exigeait une solution immédiate. Le maréchal Soult présenta au roi un ministère, composé de MM. Teste, Schneider, Duperré, Duchâtel, Cunin-Gridaine, Passy, Villemain, Dufaure, qui prit immédiatement possession de la direction des affaires.

MINISTÈRE SOULT (du 13 mai 1839 au 20 février 1840).

Émeute à Paris; Blanqui, Barbès. — Le ministère nouveau n'avait pas plus d'autorité sur la chambre et pas plus de signification que le précédent. Il offrait des personnes nouvelles et non pas une politique nouvelle. Ainsi la coalition avait été stérile. Elle n'avait eu d'autre effet que d'affaiblir la royauté et, par le spectacle de vaines agitations parlementaires, que de donner plus de force à la pensée d'une réforme électorale comme principe de toutes réformes. Maintenant les fractions du parti constitutionnel étaient brusquement rappelées à l'union. — Le lendemain de l'amnistie, la Société des familles s'était réorganisée, puis dissoute, puis reformée bientôt après sous le nom de *Société des Saisons*. Pas d'écritures, pas de liste; les chefs connaissaient les affiliés sans en être connus; c'étaient MM. Blanqui, Barbès et Martin Bernard. Le *Moniteur républicain*, rédigé par eux, prêchait ouvertement le régicide : « Nous ne concevons rien de possible, si l'on ne commence par attaquer la tête de la tyrannie, en d'autres termes, par tuer Louis-Philippe et les siens. » (Nº de novembre 1837.) « Il n'y a qu'une seule ressource à employer, le régicide, le tyrannicide, l'assassinat, comme on voudra qualifier cette action héroïque... » (Nº de mai 1838.) L'*Homme libre* succéda au *Moniteur républicain*: « Nous demandons, disait-il, la communauté telle ou à peu près telle que l'avait comprise Babeuf... La terre doit appartenir à tout le monde : ceux qui ne possèdent rien ont été volés par ceux qui possèdent. » (Nº d'août 1838.) On voit là le point de départ des théories soutenues à coups de fusil après 1848 et des récompenses nationales qui seront proposées pour les régicides et leurs parents. Les sectaires étaient impatients d'engager le combat contre l'*infâme* royauté. La crise ministérielle parut offrir une occasion favorable. Le 12 mai, un rendez-vous fut assigné, une proclamation lancée au nom de la république et de *membres du gouvernement provisoire*, dont plusieurs n'avaient pas donné leur assentiment : Barbès, Voyer d'Argenson, Auguste Blanqui, La Mennais, Martin Bernard, Dubosc, Laponneraye. Rien de plus extravagant qu'une telle entreprise. 200 ou 300 hommes, conduits par Barbès, surprennent quelques postes désarmés, égorgent des soldats, dépavent des rues, pillent des boutiques d'armurier, et le soir même Barbès était arrêté, Bernard et Blanqui prenaient la fuite. Le 13, toute trace de l'insurrection avait disparu. L'insuccès avait été absolu ; les ouvriers étaient restés indifférents, le reste de la population avait manifesté son mécontentement ou son indignation d'un si odieux attentat. Cependant, voilà les hommes de coups de main, anciens amnistiés du 8 mai, auxquels il était réservé de renverser un jour la monarchie de juillet. Il leur importe peu que le pays ne veuille point de leur république et que la liberté soit exposée à périr dans les tentatives qu'ils feront pour l'établir telle qu'ils la conçoivent.

Le 12 juillet, la cour de Paris avait condamné Barbès à la peine de mort. Heureusement que le « lâche tyran » vivait encore. Quand la sœur du condamné vint se jeter à ses pieds: « La grâce que vous me demandez, lui dit-il, est faite dans mon cœur. » Elle fut accordée, malgré les ministres. La commutation de la peine pour Barbès et plus tard pour Blanqui aboutit à une détention perpétuelle au mont Saint-Michel.

La session produisit deux lois importantes qui affectèrent, l'une, 44 millions à l'amélioration des ports, l'autre, 10 millions à l'augmentation de nos forces navales, dans la Méditerranée. La chambre comprit qu'il fallait mettre la France en état de faire face aux éventualités de la question d'Orient, dont la solution devenait imminente.

Don Carlos se réfugie en France. — Un mois à peine après la clôture de la session, fermée le 6 août, un événement important préparait, en Espagne, le triomphe du régime constitutionnel. De 1836 au milieu de 1839, ce pays avait été en proie à une véritable anarchie. Le pouvoir était aux mains des cortès élues sous la pression des juntes insurrectionnelles. Soumises à une surveillance injurieuse, la reine Isabelle II et la régente Marie-Christine se trouvaient à la merci des généraux. La régente s'était vue forcée de changer ses ministres pour obéir à Espartero, qu'un brillant succès, remporté à Bilbao sur les carlistes avec l'aide de la marine anglaise, avait fait le *protecteur* de l'Espagne. Il avait fallu éloigner Narvaez, homme de guerre supérieur à Espartero, dévoué à la monarchie et adversaire de ce parti radical qui paraissait disposé à livrer à l'Angleterre le marché commercial et industriel de l'Espagne. D'autre part, le pays souffrait horriblement des rapines des bandes carlistes commandées par des chefs déterminés tels que Cabrera, le comte d'Espagne et Maroto. La Russie se lassait de fournir des subsides à un prétendant qui n'avait pu en six ans se donner une capitale. Enfin le découragement s'était introduit dans le parti même. Espartero, créé récemment duc de la Victoire, conclut avec Maroto un traité par lequel le gouvernement s'engageait à respecter les *fueros* ou priviléges provinciaux, et Maroto abandonna, avec les huit mille hommes qu'il commandait, la cause de don Carlos. Enfin, peu de temps après, pressé de plus en plus par Espartero, le prétendant venait chercher un refuge en France, 14 septembre 1839. Le ministère lui assigna Bourges pour résidence jusqu'à l'entière pacification de l'Espagne. Ce résultat justifiait le refus d'intervention du roi Louis-Philippe. L'Espagne n'avait plus que des embarras intérieurs dont elle triomphera avec le temps.

EN ALGÉRIE. *Reprise des hostilités avec Abd-el-Kader.* — En Algérie, le maréchal Valée fit, avec le duc d'Orléans, la reconnaissance de toute la partie de la province de Constantine qui s'étend jusqu'au Biban et du Biban au torrent d'Oued-Kaddara, en passant par le fort de Hamza. Le Biban est un défilé dangereux du petit Atlas, entre les provinces d'Alger et de Constantine, qu'on appelle les *Portes de fer*. L'expédition le franchit le 28 octobre et fut de retour le 2 novembre. Cette démonstration militaire avait prouvé le progrès de notre influence. Abd-el-Kader s'en alarma. Ses émissaires prêchèrent ouvertement la guerre sainte. Il prétendit que le passage des Portes de fer avait violé le traité, parce que ce défilé faisait partie de l'ancienne province de Titterie, et il commença les hostilités le 17 décembre 1839. En quelques jours, la plaine de la Mitidja fut envahie de tous côtés : il n'y eut plus de retraites sûres pour les colons que les territoires compris dans les enceintes fortifiées.

— Cette année, Daguerre, perfectionnant les essais de Niepce, trouvait moyen de fixer sur une plaque de métal l'image de l'objet éclairé par la lumière, et inventait l'instrument qui porte son nom, le daguerréotype.

1840. La question de la réforme électorale fut posée au commencement de la session suivante. M. Odilon-Barrot la présentait comme une nécessité, sans indiquer l'époque et le mode de son application. « Ces questions-là, répondit M. Villemain, sont brûlantes, dangereuses; vous vous plaignez de la faiblesse du pouvoir parlementaire, mais parmi les causes qui menacent de l'affaiblir encore, y en a-t-il une plus grave que d'avertir incessamment l'opinion publique que la base sur laquelle repose ce pouvoir est défectueuse? » Observation spécieuse et inadmissible, puisqu'elle rendrait impossible la critique des lois faite au point de vue de leur amélioration. L'embarras était de choisir entre tous les systèmes : celui du suffrage universel, avec l'élection à plusieurs degrés que proposait la *Gazette de France;* celui des républicains, qui demandaient que tout garde national fût électeur, tout électeur éligible; enfin celui de la gauche dynastique, qui finit par réclamer l'adjonction des capacités ou l'extension du droit électoral à la seconde liste du jury. Tous ces systèmes soulevaient de graves objections, et chacun d'eux substituait des inconvénients aux inconvénients dont on se plaignait. Mais le plus mauvais parti à prendre fut, dans la suite, de n'en prendre aucun, car en 1840 le mouvement ne faisait que commencer; l'opinion était encore indifférente à la question électorale. — La grosse affaire qui préoccupait les esprits était la question d'Orient. Dans la pensée qu'elle se résoudrait peut-être à Londres, M. Guizot accepta l'ambassade d'Angleterre, en remplacement de M. Sébastiani.

Rejet de la dotation du duc de Nemours. Attitude du ministère. — Un incident imprévu amena la chute du ministère. Le 25 février 1840, le président du conseil vint annoncer à la chambre la conclusion d'un projet de mariage entre le duc de Nemours et la princesse Victoire de Saxe-Cobourg-Gotha, sœur du roi de Portugal ; en même temps, il déposa un projet de loi qui proposait d'attribuer au prince une dotation annuelle de 500,000 francs et, en cas de mort, à la princesse un douaire de 300,000 francs. Une commission de la chambre, dont faisait partie un ennemi personnel du roi, M. Lherbette, fut chargée de l'examen du projet et du rapport, dont les conclusions furent favorables. Mais les défiances populaires étaient éveillées et désormais le temps était passé de les éclairer et de les désarmer. Des pétitions nombreuses sommèrent la chambre de refuser la dotation. Le jour du vote arriva. L'opposition était résolue à étouffer la loi sous un vote silencieux. Le ministère, se croyant certain du succès, ne la défendit pas : il ne connut son erreur qu'en présence du scrutin : 226 boules noires contre 200 boules blanches. C'était pour la royauté un nouvel échec auquel avaient contribué beaucoup de ceux qui étaient sincèrement attachés aux institutions. Mais le peuple crut que ses mandataires avaient échappé au piége tendu par l'avidité du souverain : il applaudit à leur conduite. *Le compte de la liquidation de la liste civile et du domaine privé du roi Louis-Philippe*, rendu par M. Vavin, liquidateur général, le 31 décembre 1851, a apporté des lumières tardives qu'il est du devoir de l'historien d'enregistrer, ne fût-ce qu'à titre d'avertissement contre les préventions populaires les plus accréditées. De la comparaison des recettes et des dépenses de la liste civile sous le roi Louis-Philippe, il résulte que les dépenses, montant à 168,753,818 francs, ont excédé les recettes de 55,034,611 francs, et par conséquent que chaque année a été soldée par un déficit de 3,044,833 fr.

MINISTÈRE DE M. THIERS (du 1ᵉʳ mars 1840 au 29 octobre).

Le ministère avait dû donner sa démission ; M. Thiers fut appelé à former un cabinet. Il s'adjoignit MM. Vivien (justice et culte), Cubière (guerre), Roussin (marine), Rémusat (intérieur), Gouin (agriculture et commerce), Jaubert (travaux publics), Cousin (instruction publique), Pelet (finances). Le langage conciliant de l'homme d'État qui faisait la valeur de cette combinaison composée d'hommes nouveaux était de nature à lui gagner la bienveillance de la gauche dynastique, qui s'unit au centre pour voter les fonds secrets. « Je n'ai point de préjugé contre aucun parti, avait-il dit. Je ne crois pas qu'il y ait ici un parti voué à l'ordre et un autre voué au désordre. Je crois qu'il n'y a que des hommes qui veulent l'ordre, mais qui le comprennent différemment. » M. Thiers n'avait pas le ton absolu des doctrinaires, il aimait la révolution, la gloire des armes et il professait une sorte de culte pour le génie de l'empereur. Ces dispositions répondaient bien, en ce moment, aux tendances générales de l'opinion. On applaudit à l'ordonnance du 27 avril, qui vint étendre le bénéfice de l'amnistie à tous les condamnés politiques détenus ou non, et plus encore à l'acte qui ramena les cendres de l'empereur, selon le désir qu'avant de mourir Napoléon avait exprimé (12 mai 1840). Nous reviendrons sur cet événement, qui s'intercale dans l'histoire de la question d'Orient. La loi sur le travail des enfants dans les manufactures, qui avait pour objet de mieux proportionner à la force de leur âge la durée du travail auquel ils peuvent être astreints, l'extension du privilége de la banque de France jusqu'en 1847, furent de bonnes mesures législatives. L'isolement de la France, après le traité du 15 juillet, qui l'excluait du règlement de la question d'Orient, fit décider des armements militaires considérables, une augmentation du matériel naval et des travaux de défense dont le plus important fut les fortifications de Paris, arrêtées depuis longtemps dans l'esprit du roi : « Cette pensée, a dit un de ses ministres, n'était pas seulement celle d'un règne; c'était la pensée d'une vie tout entière. »

Fortifications de Paris. — Dès 1792, Louis-Philippe avait été frappé de la crainte qu'une victoire des armées étrangères ne les amenât sous les murs de la capitale sans défense. En 1814, en 1817, il avait fait de vains efforts pour obtenir de Louis XVIII qu'il rendît le cœur de la France invulnérable en plaçant Paris sous la protection d'ouvrages défensifs ; et depuis 1830, les propositions que son gouvernement avait faites avaient été repoussées, soit au nom des défiances de la liberté, soit par opposition au système proposé de forts détachés destinés à protéger une enceinte continue. Les événements vinrent enfin en aide à la persévérance et aux convictions du roi. La France pouvait avoir la guerre avec l'Europe entière ; une défaite pouvait amener, à la suite d'une marche hardie, la prise de Paris. Cette éventualité fit décider la construction des fortifications qui, commencées en vertu d'une ordonnance, furent continuées en vertu d'une loi votée l'année suivante (avril 1841).

Ce gigantesque travail, exécuté sous la direction du général Dode de La Brunerie en moins de sept ans, avait été évalué 140 millions. La conscience des études, la précision des devis, la surveillance et la direction des travaux furent telles que cette somme, fixée d'avance, n'a pas été dépassée.

En même temps, de grands travaux étaient simultanément entrepris et exécutés à Lyon, à Grenoble, Besançon, et surtout à Cherbourg, cette création de Louis XVI, adoptée par le génie de Napoléon et à laquelle le gouvernement de juillet a consacré, dans le cours de son existence, une somme de plus de 49 millions. La marine recevait de nouveaux cadres, un immense matériel de guerre était accumulé dans les chantiers et dans les arsenaux, l'effectif des diverses armes en France et dans les colonies était considérablement augmenté.

La question d'Orient fut la grande préoccupation du ministère du 1er mars. Cependant divers incidents dont s'émut vivement l'opinion publique méritent d'être mentionnés ici.

Tentative de Boulogne. — Le 6 août, le prince Louis-Napoléon renouvela à Boulogne la tentative de Strasbourg, sans plus de succès. La translation des cendres de l'Empereur, les perfidies diplomatiques de lord Palmerston avaient jeté dans le pays une excitation belliqueuse que l'héritier de Napoléon avait jugée favorable à ses vues. Depuis, devenu président de la république française, il a comdamné ces tentatives coupables : « Aujourd'hui, dit-il au maire de Ham après avoir visité la forteresse (22 juillet 1849), que je suis devenu le chef d'une grande nation, je ne saurais me glorifier d'une captivité qui avait pour cause l'attaque contre un gouvernement régulier. Quand on a su combien les révolutions les plus justes entraînent de maux après elles, on comprend à peine l'audace d'avoir voulu assumer sur soi la terrible responsabilité d'un changement. Je ne me plains donc pas d'avoir expié ici, par un emprisonnement de six années, ma témérité contre les lois de ma patrie. » Était-ce là l'expression d'un repentir sincère quoique tardif, ou simplement l'acte de prudence d'un homme dont les intérêts ont changé et qui, après avoir atteint le pouvoir qui a été le but des conspirations de toute sa vie, pressent qu'il aura à le défendre, contre des manœuvres semblables à celles qu'il a employées ? Après avoir été fait prisonnier, le prince avait été traduit devant la cour des pairs, condamné à une détention perpétuelle (6 octobre) et conduit à la forteresse de Ham. Le général Montholon, MM. Fialin de Persigny, Denis Parquin, de Mésonan, Ornano, le colonel Voisin, le docteur H. Conneau, Th. Forestier, Ch. Aladenize furent, en même temps, frappés de diverses peines comme ayant pris part à cette tentative, dont l'issue ne devait pas être un malheur sans compensation. Louis-Napoléon refusa d'accepter les condoléances de ses amis : « Avec le nom que je porte, écrivait-il, il me faut l'ombre d'un cachot, ou la lumière du pouvoir. » Le travail, la méditation mûrirent son esprit, étendirent et fortifièrent son savoir : « Où Votre Majesté a-t-elle donc appris toutes ces choses ? » disait-on un jour à l'Empereur. — « A l'université de Ham, » répondit-il avec un sourire. Fils du destin, il se trouvait secrètement caressé et favorisé par lui jusque dans ses extravagances et dans les éclatants revers de sa fortune, une des plus extraordinaires de l'histoire.

ALGÉRIE. *Mazagran.* — En Algérie s'accomplissait un de ces actes héroïques qui font tressaillir tout un peuple. Nous avons dit qu'Abd-el-Kader avait donné le signal d'une levée générale de boucliers, et que tout ce qui ne pouvait trouver asile dans des enceintes fortifiées avait été détruit ou enlevé. La petite ville de Mazagran, au sud de Mostaganem, que défendait une garnison de 123 hommes, se voit entourée par 12,000 Arabes environ. La poignée d'hommes, que commandait le capitaine Lelièvre, entreprend de résister. Pendant quatre jours et quatre nuits, elle repousse victorieusement les attaques d'un ennemi que son impuissance exaspère et qui, désespérant de vaincre, se décide à se retirer (3 au 6 février). La France fut plus fière de cette conduite des défenseurs de Mazagran qu'elle ne l'aurait été d'une grande victoire. — Les ducs d'Orléans et d'Aumale, dignes de combattre à côté de tels braves, vinrent prendre part à une nouvelle expédition. On s'empara de Cherchell à l'ouest d'Alger, le 15 mars; de Médéah, le 12 mai; de Milianah, le 8 juin; on battit l'ennemi partout où on le rencontra; on ruina les tribus qu'on ne put soumettre. La conquête de l'Algérie avait fait un grand pas avec le maréchal Valée: elle devait en faire un plus grand encore sous le général Bugeaud, son successeur nommé au gouvernement général de l'Algérie vers la fin de 1840.

Il nous reste à parler de la part que prit la France aux affaires de l'Orient. Pour faire comprendre la situation générale du monde à cette époque, et la différence des intérêts engagés, il est nécessaire de montrer les progrès de l'Angleterre et de la Russie en Asie, la rivalité chaque jour plus vive de ces deux grandes puissances, et le danger qu'elle aurait créé si la France avait été écartée du concert européen, comme le voudra lord Palmerston. L'année 1840 fut une des plus difficiles du règne de Louis-Philippe : rarement l'instinct populaire a poussé aussi énergiquement un gouvernement à faire la guerre et rarement celui-ci a eu plus besoin de sagesse pour y résister. Il ne faut pas se dissimuler que le triomphe de cette politique a coûté cher à la monarchie de juillet et que l'alliance anglaise, conservée au risque de sa popularité, a fourni contre elle le prétexte de continuelles et ardentes attaques : « Il y a des circonstances où les coups de fusil partent tout seuls, » est un mot du temps qui peint la situation. Si les fusils que lord Palmerston avait amorcés ne sont pas partis, si une guerre générale et terrible n'a pas éclaté, c'est certainement à la sage modération du gouvernement français que le monde en fut redevable.

CHAPITRE III

Rivalité de la Russie et de l'Angleterre en Asie.

SOMMAIRE.

Rivalité de l'Angleterre et de la Russie en Orient. Les Anglais achèvent la conquête de l'Hindoustan ; système subsidiaire. Guerre des Mahrattes (1800-1818) ; guerre des Birmans (1824-1826). Progrès des Anglais au sud-ouest de l'Asie.

Les Russes en Asie, au nord et à l'ouest. Guerre dans le Caucase ; lutte contre le prophète Schamyl. Progrès des Russes à l'est et au sud de la Sibérie. Les Russes dans le Turkestan ; expédition contre Khiva en 1841. Puissance des Russes dans le Turkestan.

Rivalité de la Russie et de l'Angleterre en Perse ; traités de Gulistan (1813), de Tourkmantchaï (1828). — Belle position de Hérat ; expédition de Méhémet-Schah, contre Hérat (1837-1838).

Affaires de l'Afghanistan ; les Anglais soutiennent Soudjâh contre Dost-Mohammed ; expédition de 1840 dans l'Afghanistan ; insurrection de 1841 ; désastres des Anglais (1842). — Les Anglais soumettent le Sindh (1843). — Guerre contre les Sikhes ; soumission du Pundjab ou royaume de Lahore (1845-1849).

La Chine fermée aux Européens. *Guerre de l'opium ;* les Anglais en Chine ; expédition de l'amiral G. Elliot (1840-1842) ; *traité de Nankin.* Les Français en Chine ; *traité de Whampoa* (1844). La Chine ouverte aux Européens.

RIVALITÉ DE L'ANGLETERRE ET DE LA RUSSIE EN ORIENT. — Depuis 1815, deux puissances surtout, celles qui avaient le plus profité de nos malheurs, ont étendu leur domination et développé leur influence au dehors, l'Angleterre et la Russie. Il est téméraire d'affirmer qu'elles sont devenues rivales et qu'elles se sont efforcées dès lors de se nuire ou de s'arrêter dans leurs accroissements réciproques ; mais plus d'une fois leurs intérêts se sont trouvés en opposition. En Asie, la Russie, depuis longtemps maîtresse des vastes déserts de la Sibérie, ne s'est plus contentée d'exploiter les mines de l'Oural et de l'Altaï et de peupler ces solitudes de tant de milliers de déportés; elle n'a cessé d'étendre sa domination au sud du Caucase et à l'ouest de la mer Caspienne, pour menacer de là la Turquie et la Perse ; elle a couvert cette mer de ses flottilles de guerre, elle l'a enveloppée de ses forteresses, elle en a fait une possession russe; et s'avançant, de plus en plus par les steppes des Khirghiz, par les oasis du Turkestan, elle cherche avec persévérance à détourner vers elle le commerce de l'Asie centrale ; elle pèse de plus en plus sur l'immense empire de la Chine, depuis le Thibet au S.-O. jusqu'aux frontières de la Mandchourie au N.-E. Aussi l'Angleterre, désormais toute-puissante dans l'Asie méridionale, a dû plus d'une fois s'effrayer des progrès menaçants de l'ambition moscovite en Chine, dans le Turkestan, dans l'Afghanistan, en Perse, du côté de la Turquie. Si l'empire britannique dans les Indes n'a jamais été sérieusement menacé par la Russie, les Anglais ont dû voir avec peine des rivaux, qui pouvaient nuire aux intérêts de leur commerce, s'avancer jusqu'au centre de l'Asie et devenir presque prépondérants dans l'Asie occidentale. Mais si les Russes développent de plus en plus leur puissance et leur influence en Asie, l'Asie n'est cependant pas le but principal de leurs efforts. L'Asie est le point de départ de la Russie; elle veut avant tout devenir de plus en plus européenne, et depuis Pierre le Grand, c'est vers l'Europe qu'elle tend, la serrant sur sa poitrine par la Pologne démembrée, accablée, par l'Allemagne de plus en plus soumise à son influence, et avançant ses deux bras l'un dans la Baltique, l'autre vers la Méditerranée. S'il est douteux que Constantinople soit la route de Calcutta, il est sûr que Constantinople est la clef de la Méditerranée. De là les efforts persévérants de la Russie pour accélérer la ruine de l'empire ottoman ; de là le grand intérêt pour l'Europe entière de cette question, pas encore résolue, qu'on appelle *la question d'Orient*. Quant à l'Angleterre, elle semble avoir adopté pour politique d'empêcher tout démembrement de la Turquie, qui serait à l'avantage de la Russie ou d'une autre puissance ; elle veut que la Méditerranée n'appartienne à personne, pour pouvoir y conserver plus facilement la prépondérance de son commerce ; elle veut surtout que l'Egypte, la Syrie, l'Asie Mineure restent faibles, pour que rien ne puisse entraver dans le présent et dans l'avenir ses communications avec les contrées de l'extrême Orient. Il y a donc deux séries d'événements à étudier successivement.

1° Progrès de l'Angleterre et de la Russie en Asie ; leur jalousie ; les occasions où leur rivalité semble s'affirmer.

2° Question d'Orient ; rôle de l'Angleterre, de la Russie et de la France dans l'une des phases les plus importantes, de 1839 à 1841.

Les Anglais achèvent la conquête de l'Hindoustan. système subsidiaire. guerre des Mahrattes. — Après la mort de Tippoo, sultan de Mysore, tué en defendant Seringapatam, sa capitale, en 1799, son empire qui dominait le Dekkan fut partagé entre les Anglais, le Nizam, leur allié, qui rendit l'année suivante ce qu'il avait reçu, et un fantôme de souverain, qui bientôt ne fut plus que le pensionnaire de la compagnie.

Dès lors, les Anglais s'étendent facilement dans le bassin du Gange et dans la presqu'île des Indes. Ils ont une armée de 100,000 hommes que commandent les deux Wellesley. L'aîné invente, pour asservir les États encore indépendants, le *système subsidiaire* ; sous prétexte de protection, les princes indigènes reçoivent une garnison anglaise, dont l'entretien et la solde sont garantis par une hypothèque prise sur le revenu ou sur le fonds de certains districts choisis par la compagnie ; et des *résidents* sont désormais tout-puissants à la cour de ces princes abrutis et enchaînés.

De 1800 à 1805, lutte contre plusieurs princes mahrattes de Gwalior, d'Indour, de Nagpour ; — Soumission des princes de Delhi, d'Agrah, du Doab, du Bundelkund, de Kuttack, de Balasore, etc. Les rajahs n'obtiennent la paix qu'à la condition de n'accueillir aucun Européen à leur service sans la permission du gouvernement anglais ; et le descendant de Timour, Schah-Allum, est le pensionnaire de la compagnie.

De 1814 à 1816, guerre contre les belliqueux Gourkhas du

Népaul, qui donne aux Anglais le nord du bassin du Gange. De 1815 à 1818, les États encore indépendants font un grand effort pour se débarrasser des maîtres de l'Inde ; ils sont dirigés par les braves tribus des guerriers mahrattes ; mais l'instant était fort mal choisi ; les Anglais sont victorieux : l'empire mahratte est détruit, et les petits États, dans le Dekkan comme dans le bassin du Gange, n'ont plus qu'une indépendance nominale ; tout l'Hindoustan est directement ou indirectement soumis aux Anglais du cap Comorin à la chaîne de l'Himalaya.

Guerre des Birmans (1824-1826). — Ils ne se contentent pas d'organiser et d'exploiter leur immense conquête ; ils veulent être les maîtres du golfe de Bengale, s'étendre vers l'est, et en même temps s'assurer par de bonnes positions les têtes de routes qui conduisent vers la Méditerranée par le golfe Persique et la mer Rouge.

Au delà du Brahmapoutra et sur la côte orientale du golfe de Bengale, les Anglais rencontraient l'empire des Birmans, fondé en 1753 par un soldat heureux, Alomprâ, qui délivra son pays du joug de Pégou, mais affaibli par des luttes continuelles contre les Siamois et les Chinois. En 1824, une querelle entre deux princes de Mannipour, l'un protégé par les Anglais, l'autre par les Birmans, est l'occasion de la lutte ; la guerre est déclarée (mars 1824) ; une escadre, montée par 10,000 hommes et commandée par le major général Archibald Campbell, arrive devant Rangoun (10 mai) ; cette ville, puis Tavoy, Mergui, Martaban, tombent au pouvoir des Anglais. En 1825, Campbell pénètre dans l'intérieur de l'empire, est vainqueur dans plusieurs combats et s'établit à Prôme ; ses lieutenants prennent l'Assam et l'Arakan ; enfin, après une trêve de courte durée, une grande bataille près de Prôme (1er décembre), termine la lutte. Les Birmans accablés signent le traité d'Yandabo (février 1826) : ils abandonnent les territoires d'Arakan, Mergui, Tavoy et Yeh, payent une indemnité de 25 millions, concluent un traité de commerce, et un agent anglais doit résider à la cour d'Ava pour protéger les intérêts de ses concitoyens et préparer peut-être une nouvelle intervention et de nouvelles conquêtes. Aussi plus tard, en 1852, lord Dalhousie trouvera l'occasion de recommencer la guerre ; les Anglais prendront Martaban, Rangoun Bassein, Pégou, Prôme, remonteront victorieusement l'Irawaddy, et ne sortiront du pays qu'après avoir annexé à leurs possessions le Pégou, toutes les provinces du Birman méridional et avoir obtenu de nouveaux avantages qui leur assurent la domination du golfe de Bengale. L'occupation de Malacca en 1826 et des îles voisines de la côte, celle de Singapoure en 1824, leur avaient déjà donné d'excellentes positions sur le détroit et sur la route de la Chine, en face des grandes possessions hollandaises de la Malaisie. Le port de Singapoure doit bientôt devenir l'un des principaux centres du commerce de l'Orient.

Progrès des Anglais au S.-O. de l'Asie. — Du côté de l'ouest, les Anglais à différentes reprises se sont emparés de belles positions à l'entrée du golfe Persique; ils ont multiplié les manœuvres secrètes pour détacher de la Perse les tribus mal soumises du Louristan, du Khouzistan, de l'Arabistan. Les bateaux à vapeur de la Compagnie des Indes sont arrivés à Bassorah, à Bagdad, et ont remonté le Karoun jusqu'à Chouchter, en 1841. On a insinué au gouvernement turc qu'il lui serait avantageux de vendre le pachalik de Bagdad; et plus d'une fois il y a eu des projets gigantesques pour établir une voie de fer le long de l'Euphrate, etc. Enfin, depuis 1839, les Anglais, maîtres d'Aden, ont rendu imprenable ce nouveau Gibraltar et dominent l'entrée de la mer Rouge, où ils ont encore occupé l'île de Périm.

Les Russes en Asie. — Si les Anglais ont établi leur domination dans l'Asie méridionale de Suez jusqu'à Hong-Kong sur les côtes de la Chine, les Russes, avec moins d'éclat, mais non moins de persévérance, ont étendu leurs conquêtes et leur influence dans toute la partie septentrionale et centrale de ce continent. Sans avoir pour but de leurs efforts l'Inde britannique, comme on l'a trop souvent répété, ils veulent attirer vers leur pays le commerce de ces contrées; puis, il faut le reconnaître, ils sont fatalement entraînés à reculer les bornes de leur empire aux dépens des populations de civilisation inférieure avec lesquelles ils se trouvent en contact. De là leurs conquêtes au sud du Caucase et la longue guerre qu'ils ont soutenue contre le prophète Schamyl; de là leurs progrès continuels à l'est de la mer Caspienne, pour s'assimiler les peuples du Turkestan, voisins de l'empire chinois et des contrées de l'Indus supérieur; de là l'extension de leur puissance vers l'Asie orientale, le développement de leur colonisation en Sibérie jusqu'au Kamtschatka, et surtout l'occupation des Kouriles et des magnifiques territoires du bassin de l'Amour, qui leur ouvrent l'océan Pacifique.

GUERRE DANS LE CAUCASE : LUTTE CONTRE SCHAMYL. — Les Russes, séparés de l'Asie par la barrière du Caucase, ont d'abord tourné les montagnes, afin de conquérir les fertiles contrées situées au sud de la chaîne entre la mer Noire et la mer Caspienne ; de là il leur serait plus facile de dominer la Perse et de menacer la Turquie, de soumettre à leur empire les deux mers que sépare le Caucase. Ils ont successivement, au commencement du siècle, conquis la Géorgie, la Gourie, la Mingrélie, l'Iméréthie. Une première guerre contre la Perse, terminée, en 1813, par le traité de Gulistan, leur a donné le Daghestan au nord du Caucase et le Chirwan au sud ; une deuxième guerre, suivie du traité de Tourkmantchaï, en 1828, leur a assuré l'Arménie persane, les provinces de Nakhtchivan et d'Erivan. Désormais les Russes, maîtres de la mer Caspienne et s'étendant jusqu'à l'Araxe, étaient tout-puissants en Perse ; voisins de l'Arménie turque, ils pouvaient se porter sur Constantinople par l'Asie Mineure, et au moment où le traité d'Andrinople fut conclu, Paskiéwitch victorieux était déjà arrivé à Trébizonde.

Mais la possession des provinces transcaucasiennes était précaire et singulièrement gênée, tant que les tribus des montagnards du Caucase restaient insoumises. Il fallut les combattre péniblement. C'est dans cette guerre que les Russes, pendant plus de quarante années, ont exercé leurs forces et leur patience. Ces nombreuses tribus, dont l'ethnographie est encore mal connue, appartenant à des races différentes, souvent ennemies, mais désireuses de conserver leur indépendance séculaire, devaient résister énergiquement aux grandes armées envoyées pour les soumettre, grâce à leur courage, grâce surtout à la nature de leur pays, où il est si difficile de pénétrer. Les Circassiens de l'ouest reconnurent plus vite la domination russe ; mais à l'est des défilés de Dariel, dans le Daghestan, dans les hautes vallées du Tkérek, les Tcherkesses ont longtemps lutté. Leur courage a été soutenu, surexcité par le fanatisme religieux ; la doctrine du *muridisme*, sorte d'extase musulmane, a eu ses prophètes et ses martyrs ; pendant vingt-cinq ans, 1834-1859, Schamyl a été le héros du Caucase et la terreur des Russes. — Dès l'année 1823, un certain Hadis-Ismaïl avait réuni les guerriers de plusieurs tribus, en organisant le muridisme ; après lui le prophète Kasi-Mollah lutta contre les Russes jusqu'en 1832 et mourut sur la brèche de sa forteresse d'Himry. Un jeune muride, Schamyl, né en 1797, couvert de blessures, en défendant son maître, échappa comme par miracle et releva bientôt le drapeau de l'indépendance. « Mahomet est le premier prophète d'Allah, Schamyl est « le deuxième prophète, » tel fut le dogme qu'il fit accepter par la plupart des tribus de l'est et par quelques-unes de l'ouest. Vigoureusement attaqué par le général Grabbe, en 1839, dans Akalcho, l'une de ses résidences, après avoir repoussé quatre assauts, il se sauva à la nage par le Koysou, grâce au dévouement de ses murides, qui se firent tuer pour lui. Après avoir cherché, mais en vain, à soulever pour une guerre générale toutes les tribus de la montagne, il s'établit à Dargo, dans un asile presque inaccessible. Grabbe s'engagea imprudemment dans les défilés qui y conduisent ; il éprouva un désastre complet en 1842 ; Schamyl redoubla d'efforts et obtint de nouveaux succès, en 1843, surtout dans l'Awarie. Mais, en 1845, le général Woronzoff s'empara de Dargo ; et dès lors commença une guerre de tactique lente, mais sûre ; les Russes s'avancèrent pas à pas, de la plaine jusqu'aux retraites les plus impénétrables des montagnes, en brûlant méthodiquement les bois, et en établissant une ligne solide de postes fortifiés, reliés entre eux et défendus principalement par les Cosaques ennemis des montagnards du Caucase. Cette guerre doit longtemps encore se prolonger, et Schamyl ne sera fait prisonnier qu'en 1859 et interné par les Russes à Kalouga.

PROGRÈS DES RUSSES A L'EST ET AU SUD DE LA SIBÉRIE. — A l'autre extrémité de l'Asie, les Russes s'agrandissent également, sans bruit, avec moins de difficulté. Par leur arsenal maritime de la mer d'Okhotsk, par la forteresse de Petropavlovsk, ils prennent possession du grand Océan septentrional ; par l'occupation des Kouriles, ils arrivent jusqu'aux îles du Japon ; par l'annexion de la Daourie et du bassin de l'Amour, ils ouvrent à la Sibérie méridionale une route magnifique du lac Baïkal vers les mers et les pays de l'E. et surtout vers la Chine ; et déjà des forteresses, des stations militaires de Cosaques, des routes stratégiques sont établies le long du grand fleuve ; déjà des bateaux à vapeur le sillonnent et un commerce actif commence à peupler ces pays, si longtemps abandonnés, malgré leurs richesses naturelles.

Plus vers l'ouest, les tribus mongoles des Khalkas, ennemies des Mandchoux, se rappellent Gengiskhan et s'allient à la Russie ; les frontières de la Sibérie sont reculées vers le sud jusqu'au grand lac Balkhash et jusqu'à la fertile vallée de l'Ili ; des postes militaires sont également établis le long de cette belle rivière ; des forteresses s'élèvent pour faire respecter le nom du tzar jusqu'au centre de l'Asie et pour attirer vers la Russie le commerce des provinces occidentales de l'empire chinois.

Les Russes dans le Turkestan. — Mais il y a encore une route plus directe et plus avantageuse pour pénétrer de l'Oural jusqu'au centre de l'Asie : c'est le Turkestan. De ce côté, les progrès des Russes n'ont pas été moins considérables. Après leurs victoires sur les Persans, ils se sont efforcés de faire de la Caspienne une mer qui leur appartînt exclusivement ; ils ont forcé la Perse à ne plus avoir de marine dans ses eaux ; ils ont poursuivi les pirates qui l'infestaient ; ils ont multiplié leurs flottilles et l'ont enveloppée d'une ceinture de forteresses. Un port militaire menace Asterabad déchu, que le tzar Nicolas proposait en 1850 d'acheter au schah ; une flottille russe occupe l'île d'Achoura, qui domine l'entrée du port ; et par l'Héri-rood la route d'Hérat est ouverte de ce côté. Des forts s'élèvent à l'embouchure de l'Oural, à l'embouchure de l'Embah, plus à l'est, avec une ligne de puits et de colonies militaires de Cosaques, qui unissent la Caspienne à la mer d'Aral ; du fort Alexandrow, plus au sud, part une seconde ligne de puits et de colonies militaires ; les flottilles russes parcourent la mer d'Aral. Le Syr-Daria a été remonté jusqu'à Ak-Metsched que les Russes ont pris et ils ont établi sur ses rives une chaîne de postes fortifiés ; Tashkend a été occupé ; le khan de Kokand s'est déclaré vassal du tzar ; le khan de Khiva a été forcé de subir les mêmes conditions onéreuses. Désormais les Russes ont enlevé à la Perse tout le commerce du Turkestan, de la Boukharie, de Balk, de Kaschgar, du Thibet ; des missions scientifiques et militaires consolident leur domination dans ces contrées qui nous sont à peine connues et où les Anglais ont vainement essayé de pénétrer ; ceux-ci même n'ont pas encore vengé l'affront qui leur fut fait en Boukharie, 1843, par le massacre de leurs deux envoyés Stoddart et Conolly, tandis que l'action de la Russie se fait chaque jour sentir plus avant. Les vallées supérieures de l'Amou-Daria et du Syr-Daria, voisines du bassin de l'Indus, sont donc l'une des contrées où les Russes et les Anglais commencent à se trouver en présence ; mais là leur rivalité es encore sourde et n'a pas eu d'occasion de se manifester.

Ces progrès des Russes sont dus encore plus à leur habile persévérance qu'à la force de leurs armes ; c'est ainsi que les Cosaques, disséminés dans toute la partie septentrionale du Turkestan, s'assimilent merveilleusement les sauvages Khirghiz et les gagnent peu à peu, par leur exemple, à la vie disciplinée et à la civilisation ; depuis longtemps les chefs de ces tribus grossières sont incessamment séduits par les prévenances du gouvernement russe, qui les récompense de leur amitié et de leurs services par des pensions, des titres d'honneur, des décorations. Pour les attirer et les surveiller à la fois, la forteresse et le bazar d'Orenbourg, sur l'Oural, ont été fondés dès le xviiie siècle ; les Khirghiz y ont dès lors conduit leurs nombreux troupeaux pour les échanger contre les produits de l'industrie européenne ; les foires célèbres de Nijni-Novgorod les attirent même ; et la Russie n'a rien épargné pour protéger le commerce des caravanes, en même temps qu'elle offrait des terres aux familles qui voudraient abandonner la vie nomade et qu'elle onstruisait sur les frontières des mosquées et des écoles pour les attirer.

Expédition contre Khiva en 1841. — Ces progrès néanmoins n'ont pas été sans revers, et le désastre de la première expédition russe dirigée contre Khiva n'a pas été sans retentissement. Depuis longtemps les Russes, déjà maîtres de l'Aural, ambitionnaient la possession de Khiva, oasis fertile, placée à l'embouchure de l'Amou-Daria, à la tête de la grande voie de commerce, suivie dès la plus haute antiquité, vers la Boukharie, le Thibet, l'Indus supérieur : « Si nous possédions Khiva, écrivait le Russe Mouravieff, dans son Voyage en Turcomanie et à Khiva, les nomades du centre de l'Asie redouteraient notre puissance, et il se serait établi une route de commerce par le Sind et l'Amou-Daria jusqu'en Russie ; alors toutes les richesses de l'Asie afflueraient dans notre patrie. Maîtres de Khiva, beaucoup d'autres

États se seraient trouvés dans notre dépendance. En un mot, Khiva est en ce moment un poste avancé, qui s'oppose au commerce de la Russie avec la Boukharie et l'Inde septentrionale. Sous notre dépendance, la Khivie serait devenue une sauvegarde qui aurait défendu ce commerce contre les attaques des peuplades disséminées dans les steppes de l'Asie méridionale. Cette oasis, située au milieu d'un océan de sable, serait devenue le point de réunion de tout le commerce de l'Asie, et aurait ébranlé jusqu'au centre de l'Inde l'énorme supériorité commerciale des dominateurs de la mer. La route de Khiva à Astrakhan pourrait être de beaucoup abrégée, puisqu'il n'y a que 17 jours de marche d'Ourghendj à la baie de Krasnovodsk, dans la mer Caspienne, d'où, par un vent favorable, on peut aller en peu de jours à Astrakan. » Malgré quelque exagération, ces paroles donnent une idée de l'importance de Khiva pour les Russes. Aussi trouvèrent-ils facilement un prétexte pour l'attaquer; ils demandèrent au khan le renvoi des esclaves russes, au nombre de 10,000, disait-on. Sur son refus, le général Perovski déclara qu'il irait les chercher, garda comme otages à Orenbourg les marchands khiviens et prépara une expédition. On dit que le khan envoya un de ses prêtres au résident anglais de Hérat, pour lui demander des secours; la Russie et l'Angleterre se rencontraient donc sur un second théâtre de rivalité; mais les Anglais étaient trop éloignés et le khan dut son salut à une autre protection. Le général Perovski partit d'Orenbourg avec 7,500 hommes d'infanterie régulière, de la cavalerie, une douzaine de pièces d'artillerie, quelques centaines de chameaux. Mais à moitié route, il fut surpris par une bourrasque qui couvrit la terre de cinq pieds de neige: il fut forcé de se retrancher près du confluent de l'Irguiz et de la Yemba, à 50 lieues de l'Aral; l'hiver devint très-rigoureux; le thermomètre descendit à 40° au-dessous de zéro; l'eau-de-vie gela, les chameaux périrent; et après des souffrances inouïes, les débris de l'expédition durent rétrograder et ne furent sauvés que grâce au secours des Khirghiz-Kaizaks, 1841.

Puissance des Russes dans le Turkestan. — Mais les Russes ne devaient pas se décourager; en mars 1854, ils ont renouvelé leur tentative, et elle a réussi. Ils ont réuni une armée de 17,000 hommes, en grande partie composée de Khirghiz, et d'Orenbourg sont arrivés sur les bords de l'Aral ; ils ont rajusté et mis à flot les pièces d'une flottille qu'ils avaient portées avec eux. Une partie de l'armée s'est embarquée, l'autre a suivi le littoral ; puis, remontant l'Amou-Daria, ils ont pénétré dans Khiva et imposé au khan un traité d'alliance pour vingt ans, qui place la Khivie sous le protectorat de la Russie ; un ambassadeur russe réside à Khiva ; 10,000 cavaliers khiviens sont placés sous les ordres d'officiers russes et soldés par la Russie ; les troupes russes sont autorisées à s'établir à Ourghendj dans des casernes ou dans des forts construits aux frais du tzar, et dont il payera le loyer. Désormais les Russes sont tout-puissants dans une grande partie du Turkestan.

Nécessairement ces progrès de la Russie et de l'Angleterre, en Asie, ont dû éveiller des jalousies et des craintes réciproques. On ne saurait nier la rivalité de ces deux puissances dans l'Asie centrale ; c'est surtout une rivalité commerciale, une rivalité d'influence plus que de domination ; et c'est principalement en Perse et dans l'Afghanistan, à Hérat et à Caboul, qu'elle se manifeste, parce que ces pays sont placés entre les deux empires, et parce que les Russes s'efforcent de détourner par les grands fleuves du Turkestan et la mer Caspienne une partie du commerce de l'Asie, dont les Anglais voudraient se réserver le monopole.

RIVALITÉ DE LA RUSSIE ET DE L'ANGLETERRE EN PERSE. TRAITÉS DE GULISTAN (1813), DE TOURKMANTCHAI (1828). — La Perse est l'une des barrières qui séparent la Russie des possessions anglaises, et l'un des théâtres principaux de la rivalité des deux puissances en Asie. L'empire des *Schahs* est depuis longtemps affaibli et destiné à subir l'influence de ses redoutables voisins ; le gouvernement persan a songé plus d'une fois à faire appel à la protection de la France ; mais la France est trop éloignée, elle a trop peu de points de contact avec la Perse : et la jalousie de l'Angleterre et de la Russie s'est toujours efforcée d'empêcher des relations suivies entre la France et ceux qu'on a quelquefois appelés les *Français de l'Asie*.

Au commencement du siècle, Napoléon Ier envoya vers le schah l'orientaliste Jaubert, l'adjudant-général Romieu, le général de Gardanne ; il écrivit à Feth-Ali, souverain depuis 1798 : « Tu te défieras des conseils d'une nation de marchands qui, dans l'Inde, trafique de la vie et des couronnes des souverains, et tu opposeras la valeur de ton peuple aux invasions que la Russie tente souvent sur la partie de ton empire qui est voisine de ton territoire. » Quelques officiers français commencèrent même à discipliner les troupes du schah ; mais l'influence française ne put s'établir dans le pays ; la Russie déclara la guerre à la Perse ; elle envahit les provinces voisines de la mer Caspienne et imposa en 1813 le traité de Gulistan. L'Angleterre, dès lors, luttait à la cour du schah contre la prépondérance de la Russie, et elle obtint par le traité de Téhéran, du 25 novembre 1814, des avantages que garantissaient ses possessions de l'Inde contre les menaces des puissances européennes. Mais l'alliance de l'Angleterre ne fut pas assez efficace pour empêcher de nouveaux empiétements de la Russie ; à la suite d'une guerre malheureuse, la Perse dut lui abandonner trois provinces, la frontière de l'Araxe, la navigation exclusive des bâtiments de guerre russes dans la mer Caspienne, une indemnité de 80 millions et une amnistie pour les provinces conquises que le tzar rendait à la Perse.

Feth-Ali-Schah n'obtint qu'un avantage apparent ; par le traité de Tourkmantchaï (1828), la Russie garantissait la succession régulière de la famille des Kadjars de la branche aînée, en faveur d'Abbas-Mirza, le fils de prédilection de Feth-Ali. En réalité c'était donner à la Russie une occasion novell d'augmenter son influence en Perse, en lui permettant de s'immiscer dans ses affaires intérieures. Aussi fut-elle dès lors toute-puissante à la cour de Téhéran ; et lorsque les prétentions insolentes de l'ambassadeur russe amenèrent peu après le soulèvement de la population de la capitale et le massacre du général et de quarante Russes de sa suite, le gouvernement de Feth-Ali ne put que s'humilier encore davantage et donner toutes les satisfactions exigées par la Russie.

A la mort de Feth-Ali, Méhémet-Schah, second fils d'Abbas-Mirza, monta sur le trône, en 1834. Entièrement soumis à l'influence russe, il montra peu de bonnes dispositions pour répondre aux avances de la France, qui lui envoya, en 1840, la mission coûteuse de M. de Sarcey, et, en 1845, celle de M. de Sartiges, que les intrigues de l'Angleterre et de la Russie, puis la révolution de 1848, rendirent infructueuses ; et il ne craignit pas de s'exposer à la colère des Anglais, en dirigeant une expédition contre Hérat.

BELLE POSITION DE HÉRAT. EXPÉDITION DE MÉHÉMET-SCHAH CONTRE HÉRAT (1837-1838). — A l'extrémité orientale du plateau de l'Iran, on trouve le royaume de Hérat, situé dans une magnifique position entre le Khorassan de Perse et l'Afghanistan proprement dit. Hérat, l'une des grandes villes de l'Asie depuis les temps les plus anciens, est au milieu de la route directe qui conduit de la mer Caspienne à l'Indus. Aussi, dit un poëte de l'Orient, « le monde est une mer au-dessus de laquelle le Khorassan est une huître à perles ; Hérat est la perle renfermée dans cette coquille. » C'est en effet la clef de la route de l'Hindoustan, c'est le passage forcé des caravanes qui vont de l'Asie occidentale dans l'extrême Orient ; tous les grands conquérants l'ont prise depuis Alexandre : Gengiskhan, Tamerlan, Nadir-Schah, Ahmed-Schah, et l'on a souvent répété cette parole de Nadir : « Le Khorassan est le sabre de la Perse ; celui qui possède Hérat en a la poignée et peut être le maître du monde. »

Hérat n'est en réalité ni persane ni afghane ; elle a souvent partagé les destinées de la Perse, sans être jamais définitivement réunie à cet empire. Après les guerres intestines qui désolèrent l'Afghanistan au commencement de ce siècle, Hérat formait un royaume indépendant ; son souverain, Khamrân-Mirza, consentit néanmoins à recevoir l'investiture de Feth-Ali, en 1829 ; mais cette vassalité était purement nominale et Méhémet-Schah, excité par la politique moscovite, toute-puissante à Téhéran, résolut de réduire par la force celui qu'il appelait un rebelle et de punir les Hératiens, qui avaient enlevé, dit-on, 12,000 Persans, pour les réduire en esclavage. Ce fut en vain que le représentant de l'Angleterre en Perse s'efforça de le détourner d'une entreprise, menaçante pour les intérêts anglais ; il le suivit dans la grande expédition de 1837-1838 ; et l'on vit encore une fois en présence la politique et les agents des deux puissances rivales. Les Anglais favorisaient la défense de Hérat ; Mac-Neil menaçait, sommait le Schah de lever le siége et finissait par se retirer ; tandis que l'ambassadeur russe, le général Simonitch, excitait le prince à persévérer, sachant bien que Hérat entre les mains des Persans serait en réalité pour les Russes un poste avancé au nord de l'Afghanistan. Les troupes de Méhémet furent enfin défaites et forcées de se retirer ; mais il fallut de plus une intervention armée des Anglais dans le golfe Persique ; ils occupèrent Karrack et le port de Bouchir, et, en s'éloignant, ils semèrent dans les provinces du littoral des armes et des germes de rébellion. Cependant cette intervention, qui sauvait Hérat, contribua encore à servir les intérêts de la Russie ; ses agents surent persuader au Schah que l'Angleterre, qui pouvait si facilement transporter ses vaisseaux de Bombay dans le golfe Persique, était sa véritable ennemie ; ils restèrent maîtres du terrain à Téhéran et, malgré les réclamations de l'Angleterre, le nouveau prince de Hérat, Seïd-Mohammed, se reconnut le vassal de la Perse. Mais la lutte n'était pas finie, et plus tard, en 1856, après bien des intrigues ténébreuses, Yousouf-Khan, successeur de Seïd-Mohammed, excité par l'Angleterre et soutenu par Dost-Mohammed, souverain de l'Afghanistan, recommencera la guerre, signalée par les mêmes épisodes : marche de l'armée persane vers Hérat et occupation momentanée de la ville, expédition des Anglais partie de Bombay et menaçant de nouveau les ports du golfe Persique.

Les deux puissances rivales restent encore en présence, et la question du Hérat est encore l'une de celles qui ont le privilége de troubler le plus l'Asie centrale.

AFFAIRES DE L'AFGHANISTAN. LES ANGLAIS PRENNENT LES ARMES EN FAVEUR DE SOUDJAH CONTRE DOST-MOHAMMED. — Les Anglais, pour mieux protéger l'Inde vers le N.-O., avaient depuis longtemps résolu d'étendre leur influence sur l'Afghanistan ; de Caboul et de Candahar, il leur serait d'ailleurs plus facile de surveiller et de défendre Hérat, et, d'une autre part, d'envelopper le royaume de Lahore, dont la puissance et l'organisation dans le Pundjab commençaient à leur causer de sérieuses inquiétudes. La première expédition des Persans contre Hérat les décida sans doute à agir.

Depuis 1826, un prince habile, Dost-Mohammed, successeur de Futtet-Kan, chef de la tribu des Barraksies, régnait sur l'Afghanistan. Le descendant des Douranis, souverains légitimes, l'incapable et vicieux Shah-Soudjâh, avait été forcé de se réfugier dans le royaume de Lahore, puis auprès des Anglais. Dost-Mohammed voulait reconquérir sur son voisin, Rundjeet-Singh, la province de Peichawer ; il était l'ennemi des Anglais, dont il connaissait l'ambition envahissante ; il avait accueilli des officiers russes et recevait leurs conseils. Alors une alliance fut conclue entre Runjeet-Singh, Soudeâh et la compagnie des Indes ; le prétexte était le rétablissement sur le trône du souverain légitime de Caboul. Lord Auckland, dans une déclaration publique, rappela l'intérêt qu'avait le commerce anglais à obtenir la libre navigation de l'Indus et à exercer une légitime influence dans l'Asie centrale ; il signala les actives intrigues poursuivies dans l'Afghanistan, afin d'étendre l'autorité de la Perse jusqu'aux bords de l'Indus, et *même au delà* ; le siége de Hérat, entrepris malgré les remontrances d'un agent anglais ; enfin la nécessité où se trouvait placée la Grande-Bretagne de regarder la marche des armées persanes dans l'Afghanistan, comme un acte d'hostilité contre son propre territoire. En conséquence, une armée anglaise allait rétablir sur le trône Shâh-Soudjâh et le protéger contre toute intervention étrangère et toute opposition factieuse.

Expédition des Anglais dans l'Afghanistan (1840). — Runjeet-Singh, l'ennemi acharné de Dost-Mohammed, mourut à Lahore, au mois de juin 1839 ; l'armée anglaise fut forcée de faire un détour de plus de 300 lieues, pour attaquer l'Afghanistan vers le sud ; elle passa l'Indus, le 17 février 1840, malgré les prédictions indoues qui attachent une idée fatale au passage du fleuve ; elle traînait à sa suite un immense attirail de chariots, de bêtes de somme, de bagages inutiles, de femmes, de valets ; elle traversa cependant heureusement les défilés de Bolan ; mais le khan de Kélat, dont le territoire avait été ravagé, parce qu'il n'avait pas prêté secours aux Anglais, leur prédit leur sort : « Vous prenez le pays, dit-il, mais vous ne le garderez pas ! Vous pouvez vous avancer jusqu'à Caboul ; mais quand les neiges de l'hiver auront fermé les défilés derrière vous, comment communiquerez-vous avec l'Inde ? où sera votre retraite en cas de revers ? »

Tout alla bien d'abord ; les Anglais prirent Quettah et Candahar (8 mai) ; après un mois de repos, ils s'emparèrent de Ghizni, malgré la courageuse résistance des Afghans ; Shâh-Soudjâh, escorté d'un escadron de dragons légers de la reine, pénétra dans Caboul, sa capitale, le 7 août 1840, tandis que Dost-Mohammed, repoussé, blessé, abandonné de presque tous ses soldats, fuyait dans la direction de Balk. Une partie de l'armée anglaise continua de tenir garnison dans les places fortes de Soudjâh ; son trône était loin d'être encore bien affermi ; les populations n'avaient pas d'estime pour lui et détestaient les étrangers ; des symptômes de mécontentement se manifestèrent bientôt ; il se plut à irriter les Afghans par des mesures imprudentes; l'esprit d'indépendance se réveilla de toutes parts, et, vers la fin de 1841, une insurrection formidable éclata dans le Caboul.

INSURRECTION DE 1841 ; DÉSASTRE DES ANGLAIS (1842). — Les Anglais étaient mal dirigés ; l'armée d'occupation fut surprise, au moment où l'indiscipline paralysait ses forces, lorsque les approvisionnements étaient isolés, lorsque les passages les plus importants étaient déjà inabordables. Les forces anglaises, réunies dans la citadelle de Caboul et dans un camp fortifié à quelques milles de distance, furent enveloppées par les Afghans ; après d'héroïques combats, comme les provisions commençaient à manquer, on se décida à capituler; sir William Mac-Naghten se rendit au camp des insurgés, le 25 décembre ; il fut lâchement assassiné avec son aide de camp, le capitaine Trevor. Néanmoins un traité fut conclu entre le major Pottinger et Akbar-Khan, fils de Dost-Mohammed, et la retraite commença le 5 janvier 1842 ; mais à peine les Anglais eurent-ils dépassé leurs retranchements qu'ils furent assaillis par les Afghans. Le froid était extrême ; les défilés étaient encombrés de neiges ; les cipayes, découragés, abandonnaient les Européens, qui seuls se défendaient : la multitude des femmes, des enfants, l'attirail des bagages entravaient la marche. C'est à peine si les Anglais faisaient deux lieues par jour ; les souffrances et les pertes redoublèrent quand on arriva à l'entrée des défilés de Koord-Caboul ; le général Elphinstone et le colonel Shelton furent faits prisonniers; puis les Afghans se ruèrent, du haut des rochers, sur les masses ennemies, fusillant, sabrant, écrasant. Cinquante-six hommes seulement franchirent les barricades élevées à l'extrémité de la gorge ; une quarantaine étaient à pied ; ils s'avancèrent, combattant toujours, pendant quelques milles encore; ils furent tous tués ou blessés ; les douze autres s'élancèrent, au galop de leurs chevaux, vers Djellalabad, éloigné de quinze lieues. Le docteur Brydon y arriva tout seul dans la nuit du 13 janvier. D'une armée de 17,000 hommes, seul, il n'avait été ni tué ni pris. Les Afghans se rassasièrent de meurtre et de vengeance, ils n'épargnèrent que quelques prisonniers de distinction et quelques dames anglaises, lady Shale et lady Mac-

Naghten, qui eurent à subir les épreuves d'une longue captivité.

Tel fut cet immense désastre. Le gouvernement de l'Inde voulut au moins sauver la garnison qui se défendait dans Djellalabad ; une première armée, envoyée pour forcer les défilés de Kiber, fut repoussée avec perte ; soutenue par un renfort de 8,000 hommes, elle parvint enfin à les enlever à la baïonnette, et les Anglais de Djellalabad saluèrent d'un long cri de joie leurs libérateurs. Puis il fallut punir les Afghans, et par les ordres du nouveau gouverneur, lord Ellenborough, les généraux Nott et Pollok envahirent de deux côtés le pays, les villes furent livrées au pillage et à l'incendie ; à Ghizni, l'on profana la sépulture du fameux Mahmoud le Gasnévide, héros que les musulmans vénèrent comme un saint. Puis, après ces exploits stériles et impolitiques, les Anglais évacuèrent l'Afghanistan, avant que les neiges eussent fermé les passes redoutables des monts Solyman. Dost-Mohammed avait recouvré son trône, le nom anglais était détesté par les Afghans, et le seul résultat de cette déplorable expédition pour la Compagnie était la perte de 20,000 hommes et de quatre cents millions de francs.

LES ANGLAIS SOUMETTENT LE SINDH. — Les Anglais n'en persistèrent pas moins dans leurs projets de conquêtes ; seulement au lieu de s'aventurer au delà des montagnes qui séparent le bassin de l'Indus du plateau de l'Iran, ils résolurent de soumettre à leurs lois toutes les contrées que baigne le grand fleuve. Ils rencontraient là deux puissances indépendantes, le Sindh au sud, le royaume de Lahore au nord.

Le Sindh appartenait alors à des tribus béloutchis, dont les chefs se partageaient féodalement le pays sous le nom d'*ameers* ou *oumirs*; les plus puissants étaient ceux de Khyrpour et d'Haydérabad ; en 1835, menacés par le roi de Lahore, ils avaient fait alliance avec la Compagnie et un envoyé anglais résidait à Haydérabad. A l'époque de la guerre de l'Afghanistan, les Anglais forcèrent les *oumirs* à payer à Shâh-Soudjâh, *leur légitime suzerain*, une somme de 5 millions ; puis ils occupèrent une partie du Sindh et firent servir l'Indus au transport de leurs munitions. Les oumirs se soumirent à toutes ces conditions et ne profitèrent pas du désastre des Anglais dans le Caboul pour essayer de se venger. La Compagnie des Indes fut peu reconnaissante et ne leur pardonna pas les craintes qu'ils lui avaient inspirées.

Lord Ellenborough leur demanda de vastes cessions de territoires, l'adoption des monnaies anglaises, etc.; puis, sans déclaration de guerre, il fit marcher contre eux un corps d'armée que commandait sir Charles Napier. Les chefs, irrésolus, effrayés, s'abandonnaient au découragement; les guerriers béloutchis prirent d'eux-mêmes les armes; ils succombèrent, 1843, mais non pas sans gloire; les combats de Miani et de Dubba terminèrent dans des flots de sang cette douloureuse histoire. Le Sindh fut annexé aux possessions anglaises. L'armée victorieuse se partagea 12,500,000 francs de butin; le général reçut pour son lot 1,750,000 francs. Mais la conquête excita une réprobation générale : « Je regarde les mesures que nous venons de prendre, disait un officier anglais, comme l'expression de la plus odieuse tyrannie, l'accomplissement d'une félonie, d'un vol positif et manifeste. » Cette conquête d'ailleurs paraît être une acquisition onéreuse; elle a coûté 200 millions; il faut occuper le Sindh par quinze mille hommes de troupes, dont beaucoup meurent à cause de l'insalubrité du climat; l'administration du pays coûte très-cher, et les difficultés de la navigation de l'Indus, le misérable état des populations, rendent presque inutile cette voie commerciale.

Malgré le blâme de l'opinion publique, la Compagnie persévéra dans sa politique d'agression et de conquête. Napier avait prédit publiquement, dès 1845, la prochaine annexion du Pundjab; sa prédiction s'est bientôt réalisée.

GUERRE CONTRE LES SIKHES; SOUMISSION DU ROYAUME DE LAHORE (1845-1849.) — Le Pundjab ou bassin supérieur de l'Indus appartenait aux Sikhes, ou Seikhs, soldats ravageurs qui, depuis longtemps, avaient conquis le pays, et qu'unissait une sorte de lien religieux; leur nom signifie *disciple*; il désigne une secte fondée vers la fin du XVe siècle par un prophète du nom de Nanek, qui semble avoir voulu mélanger le brahmanisme et l'islamisme. Les Sikhes n'avaient cependant joué un rôle considérable que sous le commandement du célèbre Runjeet-Singh. A force d'habileté, d'audace et de crimes, *le vieux lion des cinq fleuves*, comme on l'appelait, avait fondé un empire vaste et assez bien constitué, du Sutledge au centre de l'Afghanistan; il avait pris le Moultan en 1818, Kachemir en 1819, Peschawer en 1823. Des officiers européens, dont le plus célèbre fut le général Allard, s'étaient is à son service, avaient discipliné ses troupes et lui avaient formé une belle armée de 80,000 hommes avec 350 pièces de canon. Un instant, on put croire qu'il y avait en Asie une puissance indigène, assez forte pour s'interposer entre les ambitions rivales de l'Angleterre et de la Russie.

Mais l'empire des Sikhes ne devait pas survivre à son fondateur. Après la mort de Runjeet-Singh, en 1839, son fils et son petit-fils furent assassinés; ses parents, ses femmes, ses ministres se disputèrent le pouvoir; au milieu de l'anarchie, la plupart des officiers européens quittèrent le pays; l'armée, affranchie du joug de la discipline, devint la terreur de tous, et la régence de Lahore, ne sachant comment se débarrasser de cette espèce de *grandes Compagnies*, les engagea à se jeter sur le territoire britannique. Le Sutledje fut franchi, en novembre 1845, par 60,000 Sikhes; mais sir Henri Hardinge les vainquit dans cinq batailles et les refoula sur leur propre territoire. Modéré et habile, il se contenta de placer le Pundjab sous le régime subsidiaire; un résident anglais fut installé à Lahore avec 10,000 hommes; un conseil de régence dut gouverner le pays pendant la minorité d'un fils adoptif de Runjeet; plusieurs petits États tributaires furent annexés aux possessions anglaises et le Kachemir fut vendu au rajah Goulab-Singh.

Sous la sage administration du colonel Lawrence, le royaume de Lahore reprit quelque tranquillité. Mais, en 1848, le Moultan se souleva et l'insurrection se propagea rapidement dans tout le Pundjab; une partie de l'Afghanistan se déclara contre l'ennemi commun des populations asiatiques. Les Anglais redoublèrent d'efforts; les Sikhes, conduits par Dewan-Moulray, concentrèrent leurs forces sur les bords du Tchénab, et livrèrent, le 13 décembre 1848, la sanglante bataille de Chillianwalla, où périrent 3,000 Anglo-Hindous : elle fut indécise. Enfin dans la grande journée de Goudjrat, les Sikhes succombèrent, mais en braves soldats, dignes des officiers européens qui jadis les avaient instruits. Une proclamation de lord Dalhousie (mars 1849) annonça aux peuples de l'Inde que le royaume du Pundjab avait cessé d'exister; l'armée sikhe fut licenciée et beaucoup de soldats furent disséminés dans les régiments de la Compagnie; les principaux chefs de l'insurrection furent retenus prisonniers dans les forteresses anglaises; le jeune Maharajah dut être transféré près de Patna, pour être élevé par un médecin anglais tandis que sa mère, la *Messaline*, la *Jézabel du Pundjab*, comme on l'appelait, se réfugiait dans le Népaul. Ainsi, en moins d'un siècle, les Anglais avaient achevé la conquête de l'Inde et atteint les limites que lui a données la nature, les monts Soleyman, l'Himalaya et la chaîne de l'Aracan. Ils reprenaient leur influence dans l'Afghanistan, où Dost-Mohammed se réconciliait avec eux, et déjà ils étendaient leur domination jusqu'aux extrémités orientales de l'Asie, et forçaient le vieil empire de la Chine à ouvrir enfin ses portes au commerce et à l'activité des peuples européens.

La Chine fermée aux Européens. — La Chine, avec ses institutions décrépites et ses populations innombrables, était depuis longtemps fermée aux étrangers, aux *barbares*. Depuis le xviiie siècle, les courageux missionnaires, forcés de revêtir les allures de proscrits et de criminels, cruellement persécutés, entretenaient avec peine quelques précieux débris de la religion chrétienne, et souvent ne rencontraient pour prix de leurs efforts que les honneurs du martyre. Les marchands européens ne pouvaient faire le commerce que dans la rivière de Canton, en se soumettant aux plus dures restrictions, aux humiliations, aux avanies systématiques; les Portugais seuls avaient conservé, depuis le xvie siècle, leur établissement de Macao, et les ambassades anglaises de lord Macartney, en 1793, de lord Amherst, en 1816, avaient complétement échoué. Cependant les Russes, seuls considérés par les Chinois, à cause du voisinage de la Sibérie et de l'étendue de leur empire, étaient parvenus, à force de ruse et d'habileté, à obtenir un assez grand crédit à la cour de Pékin; ils entretenaient dans cette ville une sorte de mission religieuse, qui était une véritable ambassade, mais ne semblaient nullement disposés à user de leur influence pour ouvrir les barrières du Céleste-Empire aux autres peuples de l'Europe.

Le gouvernement anglais ne pouvait pas toujours se soumettre silencieusement à l'insolence des mandarins; le commerce avait besoin de nouveaux débouchés; les maîtres de l'Inde devaient nécessairement chercher à conquérir cet immense marché alimenté par trois ou quatre cents millions d'hommes. La *guerre de l'opium* leur fournit cette occasion qu'ils désiraient; et, si le motif de la lutte a pu être attaqué, au nom de la moralité, les conséquences des événements n'en sont pas moins considérables.

Guerre de l'opium ; les Anglais en Chine. — Depuis longtemps l'opium était importé en Chine par les Hollandais, les Américains et surtout par les Anglais, qui ont développé la culture du pavot dans les Indes orientales, particulièrement à Malwah, à Bénarès et à Bahar. Toléré d'abord à Canton, puis défendu, le commerce de l'opium, que les Chinois fument avec passion, prit des proportions immenses ; les mandarins eux-mêmes favorisaient la contrebande. On a calculé que l'importation anglaise était de 4,000 caisses, en 1818, de 18,000, en 1830, de 34,000, en 1837, avec un bénéfice de 76 à 80 millions de francs ; plus tard elle s'élèvera à plus de 70,000. Il fut sérieusement question, en 1837, de lever une prohibition désastreuse pour tous ; le gouvernement anglais insistait, le gouvernement chinois, peut-être déterminé par l'influence de la Russie, refusa, pour ne pas faire une concession considérable aux barbares. La contrebande continua, malgré les ordres de l'empereur et les prescriptions des autorités anglaises. Le gouvernement chinois s'était moins effrayé des effets désastreux de l'opium que de l'exportation considérable du numéraire qui payait cette denrée étrangère ; aussi, en 1839, les injonctions les plus sévères réclamèrent l'exécution des ordres donnés ; un Chinois fut pendu à Canton devant les factoreries, et le commissaire impérial Linn ordonna aux marchands chinois, appelés *hongs*, qui seuls peuvent trafiquer avec les étrangers et à ces derniers de remettre immédiatement tout l'opium qu'ils possédaient. Le capitaine Elliot, consul d'Angleterre, et les autres résidents de Canton, quoiqu'ils n'eussent pris aucune part à ce commerce illégal, furent saisis et menacés de mort, si, dans trois jours, le décret n'avait pas reçu son exécution. Plus de 22,000 caisses furent livrées et leur contenu jeté à l'eau.

Expédition de l'amiral G. Elliot (1840-1842) ; traité de Nankin. — Ces violences et d'autres vexations décidèrent le gouvernement anglais à agir vigoureusement. Une expédition, commandée par l'amiral George Elliot, partit de Singapoure, le 18 juin 1840 ; 15,000 hommes environ étaient embarqués sur la flotte. Après avoir bloqué la rivière de Canton, elle jeta l'ancre devant Ting-Hae, dans l'île de Chusan, en face de l'embouchure du Yang-tse-Kiang ; les Chinois abandonnèrent la ville, au moment où l'on allait donner l'assaut ; elle fut livrée au pillage. L'escadre se dirigea ensuite dans la baie de Pé-Tché-Li, vers l'embouchure de Pei-Ho ; alors commencèrent les négociations, dans lesquelles les Chinois devaient chercher, à force de ruses, de lenteurs et de mensonges, à reprendre l'avantage qu'ils avaient perdu. Le vice-roi du Pé-Tché-Li, Ké-schen, y joua le principal rôle ; il fallut revenir vers Canton, il fallut de nouveau recourir aux armes ; l'île de Chusan fut occupée ; les forts du Bogue, à l'entrée de la rivière de Canton, furent enlevés ; Canton fut forcé de se soumettre en payant une rançon de 6 millions de dollars ; les remparts d'Amoy et de plusieurs autres places furent emportés. Nulle part les Chinois, mal armés et très-ignorants de l'art militaire, ne faisaient une sérieuse résistance ; ils se laissaient tuer, et leurs chefs, s'ils n'avaient pas succombé, se donnaient la mort, pour ne pas vivre déshonorés. Après la prise de Ning-po, les Anglais enlevèrent les fortifications de Chapou, s'emparèrent de Woussoung, et, remontant le fleuve, allèrent occuper et rançonner Schang-Haï. Enfin, en 1842, dans une troisième campagne, ils résolurent de frapper un coup décisif. Leur flotte, portant 9,000 hommes, remonta le le Yang-tse-Kiang, qui divise la Chine en deux grandes parties et où viennent aboutir les deux branches du Canal impérial, qui alimente Pékin et les provinces de l'intérieur. Tching-Kiang-fou, près du grand canal, tomba en leur pouvoir après deux heures d'une vigoureuse résistance ; ils remontèrent ensuite jusque vers Nankin, et tout était disposé pour commencer l'attaque, lorsque, le 16 août 1842, le commissaire impérial Ki-ying, successeur de Ké-schen, demanda un armistice, et l'empereur ratifia, le 29, le traité qu'il signa avec sir H. Pottinger. Les principales conditions étaient : 1° Cession à la Grande-Bretagne de l'île de Hong-Kong ; 2° Abolition du monopole des négociants *hongs* à Canton ; 3° Indemnité de 21 millions de dollars, indépendamment des 6 millions déjà perçus à Canton ; 4° Ouverture au commerce étranger des cinq ports, Canton, Amoy, Fou-tcheou, Ning-po et Shang-Haï ; les négociants de toutes les nations devaient être reçus aussi bien que les Anglais et des agents consulaires y défendaient leurs droits. Un traité additionnel du 8 octobre comprenait un nouveau tarif des droits de tonnage. Quant à l'opium, les traités n'en faisaient aucune mention, et la contrebande anglaise redoubla d'efforts et multiplia ses bénéfices.

Les Français en Chine; traité de Wampoa (1844). La Chine ouverte aux Européens. — Ces concessions du traité de Nankin, arrachées par la force, ouvraient une brèche dans l'existence jusqu'alors renfermée du peuple chinois. Vainement, la guerre terminée, les mandarins devaient retourner sur leurs pas et revenir à leur ancienne manière de traiter les Européens. Une ère nouvelle avait commencé; à la suite des Anglais, les autres peuples, profitant des conditions du traité, allaient mettre pied sur le sol de la Chine, et, plus tard, quand il faudra donner de nouvelles leçons aux Chinois, le pavillon de la France sera uni à celui de l'Angleterre. Si les intérêts commerciaux de la France l'avaient jusqu'alors rendue peu attentive aux événements dont la Chine était le théâtre, des intérêts d'un ordre supérieur lui faisaient un devoir d'intervenir à la suite du traité de Nankin. M. de Lagrenée, ambassadeur de Louis-Philippe, fut solennellement envoyé, et le traité de Wampoa (24 octobre 1844) fut la reproduction des traités précédemment signés par les Chinois avec les étrangers. Mais il obtint de plus par ses négociations un décret spécial de l'empereur permettant, dans ses États, le libre exercice de la religion chrétienne. « Sont désormais exempts de toute culpabilité, disait ce décret, ceux qui s'assemblent pour adorer la religion du Seigneur du ciel, vénérer la croix et les images, lire des livres pieux et prêcher la doctrine qui exhorte à la vertu; car ce sont là des pratiques propres à l'exercice de cette religion, que l'on ne doit en aucune façon prohiber; et, s'il en est qui veulent ériger les lieux d'adoration du Seigneur du ciel pour s'y assembler, adorer les images et exhorter au bien, ils le peuvent ainsi suivant leur bon plaisir. »

Ces traités, ces édits seront souvent violés sans doute; mais cette guerre de 1840-1842 n'en est pas moins remarquable, parce qu'elle ouvre une nouvelle période de l'histoire de l'Orient et constate le commencement de la désorganisation du plus vaste empire du monde. Vers la même époque, la désorganisation d'un autre empire longtemps redoutable, de l'empire ottoman, allait éveiller les ambitions et les craintes et compromettre un instant la paix générale du monde civilisé.

CHAPITRE IV[1]

La France et l'Europe dans la question d'Orient.

SOMMAIRE.

Causes et caractères de la question d'Orient. Rivalité du sultan Mahmoud et du pacha d'Égypte. Bataille de Nézib (24 juin 1839) ; mort de Mahmoud (1er juillet).

Intervention des grandes puissances européennes ; leurs intérêts opposés dans la question d'Orient ; préférence de la France pour Méhémet-Ali. Le gouvernement anglais, dirigé par lord Palmerston, veut conserver l'empire ottoman, surtout contre la Russie. Politique de la France, qui veut maintenir le *statu quo* et protéger les intérêts du pacha. Le gouvernement français croit à l'accord des cinq grandes puissances; Note favorable à la politique anglaise. Lord Palmerston se sépare de la politique hésitante de la France. La Russie se rapproche de l'Angleterre; M. de Brunnow à Londres (sept. 1839). Proposition tardive du gouvernement français en faveur de Méhémet-Ali. M. Guizot ambassadeur à Londres (fév. 1840).

Le ministère du 1er mars 1840 est présidé par M. Thiers ; ses premiers actes ; l'Angleterre rend à la France les restes de Napoléon. M. Thiers espère une transaction directe entre le sultan et le pacha.

Insurrection des Druzes ; *traité du 15 juillet entre les quatre grandes puissances, contre Méhémet-Ali ; la France en dehors du concert européen.*

Irritation du gouvernement et de la nation ; préparatifs de guerre. *Note des quatre grandes puissances* au pacha, qui refuse d'abord, puis cède trop tard. Les ports de Syrie détruits ; la flotte française à Toulon ; démonstrations menaçantes de l'opinion publique. *Note du 8 octobre.*

---

[1] Ce chapitre répond à la question XVI du programme officiel.

Le ministère du 1ᵉʳ mars est remplacé par celui du 29 octobre le maréchal Soult, M. Guizot). Embarras et politique du nouveau ministère. Méhémet-Ali se soumet aux conditions des quatre puissances. *La France rentre dans le concert européen par la convention des détroits* (13 juillet 1841). Conséquences de ces événements pour la France.

CAUSES ET CARACTÈRE DE LA QUESTION D'ORIENT. — Après l'élan héroïque, mais mal dirigé, des Croisades, les nations de l'Europe chrétienne, encore mal assises, commirent la faute de laisser l'invasion musulmane pénétrer en Europe. Les Turcs ottomans s'abattirent sur l'empire dégénéré de Byzance ; les Grecs abandonnés succombèrent, et l'étendard des sultans fut solidement planté sur les murs de Constantinople, dans l'une des plus belles positions du monde, au milieu de populations chrétiennes, désormais condamnées à un dur et humiliant esclavage. Cette faute, l'Europe l'a chèrement payée; longtemps les Ottomans ont été l'effroi des nations chrétiennes, et, quand leur empire épuisé a cessé d'être menaçant, les destinées des vastes et belles contrées qu'ils avaient soumises, sans savoir les gouverner, n'ont pas cessé d'être une cause permanente d'embarras et de craintes pour les grandes puissances de l'Europe moderne.

Le gouvernement et la société pourront-ils être régénérés dans l'empire ottoman? Les efforts malheureux des sultans, depuis le commencement du siècle, ne permettent pas de l'affirmer. Les Turcs seront-ils refoulés en Asie et les différentes nationalités chrétiennes, qui se sont maintenues malgré l'oppression, pourront-elles arriver à l'existence politique et se relever sur les débris de l'empire détruit? ou bien les grandes puissances de l'Europe se partageront-elles et comment se partageront-elles les splendides dépouilles d'un ancien ennemi, désormais incapable de se défendre par ses propres forces? Tels sont les graves embarras de ce qu'on appelle depuis longtemps la *question d'Orient;* vainement la politique européenne, dans l'impossibilité de la résoudre, s'efforce-t-elle de maintenir le *statu quo ;* de temps à autre quelque incident nouveau se produit, qui porte l'in-

quiétude et le trouble chez les peuples et dans les cabinets de
l'Europe. C'est l'un de ces incidents qui faillit, en 1840,
détruire la paix générale et jeter les grandes puissances
dans une terrible collision. Alors ce fut contre la France,
peu menaçante assurément, qu'une coalition générale fut
sur le point de se former; quelques années plus tard, c'est
contre l'ambition trop violente de la Russie qu'il faudra employer la force des armes, sans résoudre, malgré des victoires, cette question d'Orient, si complexe et si pleine de
difficultés. Quand on étudie froidement les événements qui
suscitèrent alors tant de passions et furent sur le point de
déchaîner sur l'Europe une guerre déplorable, on est étonné
de tout le bruit qui fut alors produit, de toutes les accusations singulièrement exagérées, dont l'écho retentit encore
jusqu'à nous, malgré les années et les révolutions qui
nous séparent de cette époque. Qu'il nous suffise, sans juger
d'une manière absolue, de rappeler la suite des principaux
incidents.

Rivalité du sultan Mahmoud et du pacha d'Égypte. — Depuis
longtemps l'empire ottoman avait deux maîtres, le sultan Mahmoud et le pacha d'Égypte, Méhémet-Ali; ennemis déclarés,
rivaux acharnés, le souverain et le vassal s'étaient déjà mesurés.
Le traité de Kutayé, 1833, ne pouvait être qu'une trêve. Le
sultan brûlait du désir de reprendre la Syrie et de se venger
d'un vassal insolent et victorieux. Le rusé et ambitieux Méhémet-Ali voulait obtenir, même par l'épée, la possession héréditaire
de l'Égypte et de la Syrie. Il se sentait le plus fort; il était
décidé à consolider son œuvre et à la transmettre à sa famille.
Mahmoud, vivant de plus en plus dans un état maladif de surexcitation furieuse, s'abandonnait à toute sa colère; lui, qui avait
essayé avec tant d'énergie la régénération de son empire, le
voyait se déchirer lambeau par lambeau; il avait perdu la
Grèce; la France avait enlevé l'Algérie à sa suzeraineté; Tunis
ne lui obéissait plus; la Servie, et surtout la Moldavie et la Valachie, tendaient à l'indépendance ou passaient sous la protection de la Russie, et voilà qu'un ancien soldat de Macédoine
s'établissait solidement en Égypte et dans la vallée du Nil, oc-

cupait les villes saintes de l'Arabie, lui enlevait la Syrie, battait ses armées et lui imposait d'humiliantes conditions. « Je mour- « rais plutôt, disait-il, que de ne pas détruire mon sujet rebelle. »

BATAILLE DE NÉZIB (24 juin); MORT DE MAHMOUD (1ᵉʳ juillet 1839). — La lutte, que les puissances européennes avaient suspendue en 1833, était donc toujours imminente ; elle allait fatalement recommencer. Mahmoud fit ses préparatifs avec une sombre ardeur; l'Orient retentit du bruit des armes; le sultan donna le signal des combats, et, le 21 avril 1839, l'avant-garde de l'armée d'Hafiz-Pacha franchit l'Euphrate à Bir à vingt-cinq heures d'Alep; la Syrie était envahie. Méhémet-Ali et son fils Ibrahim tressaillirent de joie; ils étaient pleins de confiance dans la victoire; Mahmoud était l'agresseur : l'Europe serait forcée de ratifier leurs nouveaux succès. Les Turcs poussèrent jusqu'à Nézib; mais, dans la journée du 24 juin, ils furent complétement défaits, grâce aux talents militaires d'Ibrahim et à la supériorité de ses troupes disciplinées et commandées par d'anciens officiers français, peut-être aussi grâce à la défection, qui désorganisa facilement l'armée d'Hafiz-Pacha; cent quatre pièces de canon, vingt mille fusils, neuf mille prisonniers, les tentes, les bagages étaient au pouvoir d'Ibrahim. Peu de jours après il allait franchir le Taurus, lorsqu'un aide de camp du maréchal Soult, porteur des ordres de Méhémet-Ali, trop tard arrivé pour empêcher la bataille, suspendit sa marche victorieuse; l'amitié de la France l'exigeait; elle offrit sa médiation. Le 1ᵉʳ juillet, Mahmoud succombait enfin à la fureur de l'ivresse et à la fatigue de sa haine qu'il n'avait pu satisfaire; le jeune Abdul-Medjid montait sur le trône à dix-sept ans, au milieu des plus graves périls qui pussent menacer l'existence même de l'empire ottoman; pour comble de malheur, le capitan-pacha, Akhmet-Fevzi, favori de Mahmoud, craignant une disgrâce, parce que ses ennemis, Halil et Khosrew, devenaient premiers ministres du jeune sultan, trompait facilement l'amiral Lalande, et, du Bosphore, conduisait droit à Alexandrie la flotte turque qu'il commandait. Méhémet-Ali se crut assuré de l'avenir ; l'empire semblait sur le point de se démembrer, et il était la gloire, il se croyait l'espoir de tous les Orientaux ; il allait obtenir tout ce qu'il avait pu jamais ambitionner ; déjà le sultan, incapable de lui résister, lui faisait proposer l'hérédité de l'Égypte et de la Syrie. L'intervention des grandes puissances changea la question turco-égyptienne en question européenne.

Intervention des puissances européennes. Leurs intérêts opposés dans la question d'Orient. Préférence de la France pour Méhémet-Ali. — Or, quelles étaient leurs dispositions en présence de pareils événements ?

1° Il s'agissait de déterminer la situation respective du sultan et du pacha ; c'était là le côté oriental du conflit. La Russie détestait dans Méhémet-Ali un régénérateur possible de l'empire ottoman, qui pourrait gêner ses projets ambitieux ; le traité d'Unkiar-Skélessi ne lui avait-il pas livré à elle-même la tutelle de la Turquie ? La Prusse suivait la Russie ; l'Autriche, attachée par tant de motifs à la politique du *statu quo*, poursuivait dans le pacha le principe révolutionnaire ; enfin l'Angleterre portait à Méhémet-Ali une haine systématique, parce qu'il avait sous sa main l'Euphrate et la mer Rouge, ces grandes routes de l'Inde, parce qu'il savait résister aux exigences britanniques, parce qu'il aimait la France, qui l'aidait surtout à fonder une puissance considérable dans la Méditerranée et que son alliance pouvait nous donner la supériorité dans cette mer. Quant à la France, elle avait pour Méhémet-Ali une préférence marquée ; fils de ses œuvres, entouré d'ingénieurs et d'officiers français, habile à capter les sympathies de l'opinion publique, nous imitant, pouvant nous servir, il était devenu presque populaire dans notre pays. On voyait en lui un régénérateur de l'Orient ; on exagérait les apparences de la civilisation égyptienne ; on le proclamait un grand homme, qui faisait fructifier sur les bords du Nil les germes déposés jadis par la glorieuse expédition française de 1799; et beaucoup, même parmi les hommes politiques, par une erreur qu'un engouement général peut seul expliquer, rêvaient la formation d'un empire arabe, s'élevant sur les débris de l'empire ottoman, sans voir qu'il n'y avait rien d'arabe ni dans le soldat macédonien qui avait grandi à force d'habile despotisme, ni dans ceux qui secondaient son ambition de leurs efforts et de leurs talents. Ces sympathies du gouvernement et de la nation expliquent en partie la situation difficile dans laquelle nous fûmes bientôt placés.

2° Les événements qui troublaient l'Orient avaient aussi un côté européen qui ne laissait pas que d'avoir une extrême gravité. Le traité d'Unkiar-Skélessi autorisait les Russes, en cas de conflit, à couvrir Constantinople, c'est-à-dire à prendre ouvertement la tutelle de l'empire ottoman. Or, le tzar Nicolas, fidèle à la politique de ses prédécesseurs, n'attendait qu'une occasion favorable pour s'emparer de Constantinople, *des clefs de sa maison,* comme il disait. Mais Constantinople lui donnait l'empire de l'Orient et la domination de la Méditerranée. L'Autriche, mais surtout l'Angleterre et la France, n'étaient nullement disposées à laisser détruire l'équilibre du monde au profit de l'ambition moscovite.

En réalité, c'était là la grande question, dont l'intérêt dominait de beaucoup les intérêts secondaires du sultan et de son rival.

Le gouvernement anglais, dirigé par lord Palmerston, veut conserver l'empire ottoman, surtout contre les Russes. — Aussi lord Palmerston, dès le 25 mai 1839, insista pour s'entendre avec la France, l'Autriche et même la Prusse, afin de travailler à la conservation de l'empire ottoman. L'Angleterre s'était sincèrement ralliée à l'esprit de la Révolution de 1830; mais alors, comme toujours, elle veillait avec un égoïsme patriotique à la défense de ses intérêts; et lord Palmerston était le digne représentant de son pays, lui qui n'a cessé de poursuivre par tous les moyens la grandeur de l'Angleterre, avec une politique souvent audacieuse, souvent peu morale, mais presque toujours nationale et heureuse. Il fallait alors, avant toutes choses, garantir l'indépendance du Bosphore, sans se déclarer positivement en faveur de Méhémet-Ali ; le ministère du 12 mai, qui espérait encore prévenir les hostilités, ne crut pas devoir séparer les deux questions, et il intervint, malheureusement pour Ibrahim, en Syrie. Le 19 juin, lord Palmerston proposa hardiment de réunir les pavillons des deux nations pour forcer les Dardanelles, même malgré les Turcs, si les Russes paraissaient sur le territoire ottoman. Accepter, c'était cimenter l'alliance des deux grands peuples de l'Occident, mais c'était aussi courir la chance d'aventures périlleuses. Le gouvernement français fit une réponse pleine d'hésitation, le 28 juin ; il ne voulait pas s'engager. L'Angleterre se montra dès lors refroidie à notre égard ; nous ne voulions pas la suivre.

Politique de la France qui veut maintenir le statu quo *et protéger les intérêts du pacha*. — Les ministres demandèrent à la chambre des députés un crédit de 10 millions, pour parer aux éventualités de la question d'Orient. Après un rapport célèbre de M. Jouffroy, une discussion brillante, mais confuse, s'engagea, et les orateurs abordèrent les différents côtés du problème qui se posait en Orient, et qui commençait à troubler l'Europe. Le programme adopté par les trois pouvoirs fut le maintien de l'empire ottoman, combiné avec le *statu quo*, c'est-à-dire avec le maintien de Méhémet-Ali en Syrie. C'était le parti de l'équité, puisque c'était le traité de Kutayé garanti par les puissances ; le pacha victorieux à Nézib, maître de la flotte ottomane, le pacha notre allié, notre protégé, qui n'avait arrêté son armée qu'à notre prière, pouvait-il être plus maltraité qu'il ne l'était avant les derniers événements ? D'autre part, si le vassal heureux était récompensé de sa rébellion, si sa puissance était définitivement constituée, comment pouvait-on dire que l'intégrité de l'empire ottoman était sauvegardée ? Puis les déclarations de la chambre, et le rapport lui-même, ne semblaient-ils pas indiquer un plan de politique ambitieuse, qui pouvait mécontenter les autres puissances ?

Celles-ci déclaraient en effet vouloir aussi l'intégrité de l'empire ottoman, mais en forçant le pacha à restituer la Syrie au sultan. Ce parti paraissait plus logique ; mais on pouvait leur objecter que la Turquie était incapable d'administrer les provinces en litige; que les lui rendre, c'était les rendre à la stérilité, à l'anarchie, aux querelles des Druses et des Maronites. En réalité, les événements ont prouvé jusqu'ici que l'intégrité de l'empire n'était qu'une illusion ou un mensonge diplomatique, et qu'il n'en resterait pas moins exposé de toutes les façons à l'ambition moscovite.

En arrêtant Ibrahim prêt à franchir le Taurus, le gouvernement français avait assumé une grande responsabilité, puisqu'il s'engageait par là à défendre les intérêts du pacha ; en même temps, il laissait apercevoir le danger permanent que courait l'empire ottoman, si Méhémet-Ali, maître de la Syrie, pouvait menacer à son gré les provinces de l'Euphrate, l'Asie Mineure, Constantinople même. Aussi lord Palmerston s'efforça-t-il dès lors avec habileté de démontrer qu'il était de l'intérêt européen d'éloigner le pacha d'une aussi forte position, si l'on voulait prévenir de nouveaux conflits et de nouvelles perplexités.

Le gouvernement français croit à l'accord des cinq grandes puissances; note favorable à la politique anglaise. — Une déclaration du cabinet français vint rendre encore plus difficile la situation de la France, au moment même où le sultan allait traiter directement avec le pacha. Dès le 17 juillet, le maréchal Soult reconnaissait que tous les gouvernements voulaient l'intégrité et l'indépendance de la monarchie ottomane sous la dynastie régnante ; que c'était un élément essentiel de l'équilibre général ; et il semblait provoquer un concert européen où, lorsqu'il s'agirait de régler la situation respective du sultan et du pacha, la France se trouverait nécessairement seule contre tous. Le 29 juillet, il déclarait nettement encore que la défaite de l'armée turque ne devrait influer en rien sur la marche des cinq puissances ; que, dans un moment où les conseillers du sultan étaient paralysés par la peur ou cherchaient traîtreusement à faire valoir leurs intérêts aux dépens de leur maître, tous les arrangements conclus entre la Porte et le pacha devaient être considérés comme nuls, et qu'une déclaration à cet effet devait être remise à Méhémet-Ali.

Presque au même moment, notre ambassadeur à Constantinople, l'amiral Roussin, qui malheureusement avait peu de sympathies pour le pacha d'Égypte, rédigeait avec l'ambassadeur d'Autriche la note suivante, qui fut signée par les autres ambassadeurs : « Les cinq ambassadeurs soussignés, conformément aux instructions reçues de leurs cours respectives, se félicitent d'avoir à annoncer aux ministres de la Sublime-Porte que l'accord des cinq puissances touchant la question orientale est certain ; et ils prient la Sublime-Porte, en attendant les fruits de leurs dispositions bienveillantes, de ne décider absolument rien sur la susdite question d'une manière définitive, sans leur concours. »

Cette note était un double avantage pour l'Angleterre : 1° elle aboutissait à l'annulation du traité d'Unkiar-Skélessi ; elle enlevait la Turquie au patronage de la Russie pour la placer sous la tutelle de l'Europe ; 2° elle cachait, mais contenait le futur abaissement du pacha. Aussi l'empereur de Russie manifesta son mécontentement et parut même désavouer cette note ; tandis que lord Palmerston triomphait à Londres, et son ambassadeur, lord Ponsonby, à Constantinople.

Palmerston se sépare de la politique de la France. — Le gouvernement anglais s'empressa de mettre à profit la victoire diplomatique qu'il avait remportée ; dès le mois d'août, lord Palmerston proposait à la France d'exiger impérieusement de Méhémet-Ali la restitution de la flotte ottomane, et même, en cas de refus, de capturer la flotte égyptienne. Le gouvernement français repoussa nettement cette proposition. Le ministre n'en insista pas moins sur l'adoption de moyens coercitifs; sa politique était franche, audacieuse; malheureusement celle de la France, qui voulait ménager tous les intérêts, était pleine de réticence; elle voulait protéger le pacha; elle hésitait à se déclarer ouvertement en sa faveur. C'est alors que lord Palmerston abandonna décidément la France, et il insista vivement auprès des autres puissances pour qu'elles se déclarassent contre le pacha.

La Russie se rapproche de l'Angleterre ; M. de Brunnow à Londres (sept. 1839). — La Russie comprit aussitôt qu'une rupture était possible entre la France et l'Angleterre; cette rupture, elle la désirait vainement depuis 1830. Le tzar, ennemi systématique et convaincu de notre gouvernement constitutionnel, n'avait négligé aucune occasion de manifester ses dispositions hostiles à notre égard; et depuis dix ans il n'avait pas toujours eu le beau rôle dans cette petite guerre de mauvaise humeur, de taquineries mesquines, de procédés impolis.

Aussi fut-il heureux de profiter des circonstances qui se présentaient si favorables à ses ressentiments; il n'hésita pas à renoncer momentanément à la défense de ses intérêts particuliers en Orient; il se rapprocha de l'Angleterre, et M. de Brunnow fut envoyé à Londres (sept. 1839).

Il offrait de seconder l'Angleterre contre le pacha ; dans le cas où Ibrahim marcherait en avant, les flottes alliées agiraient sur les côtes de la Syrie et de l'Égypte, tandis que les Russes protégeraient directement le sultan menacé. Mais les ministres français déclaraient énergiquement que jamais de leur aveu une escadre de guerre étrangère ne paraîtrait devant Constantinople sans que la flotte française s'y montrât aussitôt; le cabinet anglais modifia la proposition menaçante de M. de Brunnow ; il fut décidé que si les vaisseaux russes paraissaient dans le Bosphore, quelques vaisseaux alliés pourraient entrer dans les Dardanelles, et M. de Brunnow repartit pour Saint-Pétersbourg, où le tzar, un peu désappointé, accéda à l'amendement proposé.

Proposition tardive du gouvernement français en faveur de Méhémet-Ali. — Cependant le ministère français ne pouvait plus reculer; M. de Pontois remplaça l'amiral Roussin à Constantinople, et le 21 septembre l'on donna connaissance à l'Europe du plan proposé par la France en faveur de Méhémet-Ali. C'était bien tard; l'action politique de lord Palmerston avait déjà réuni les quatre puissances contre le pacha; il savait par une conversation particulière de notre ambassadeur Sébastiani, que Louis-Philippe, dans sa modération et son amour de la paix, était disposé à aller moins loin que les ministres. Il redoubla d'audace et presque d'insolence.

M. Guizot, ambassadeur à Londres (fév. 1840). — Dans l'espoir de retarder autant que possible une solution définitive, le général Sébastiani fut remplacé par M. Guizot, qui devait être bien accueilli par la société anglaise et qui semblait surtout l'un des plus capables de rétablir la bonne harmonie entre les deux cabinets; mais il arrivait trop tard, au moment où les dissidences devenaient plus sérieuses (fév. 1840), comme le montra le discours de la reine à l'ouverture du parlement; le nom de la France ne fut pas prononcé, pour la première fois depuis dix ans. Peu de jours après les chambres françaises furent de nouveau réunies: les affaires d'Orient furent encore le sujet de vives discussions et donnèrent à M. Thiers l'occasion de prononcer un discours, qui fut alors fort remarqué; sans cesser de caresser l'opinion publique, toujours sympathique au pacha, il se montra partisan enthousiaste de l'alliance anglaise et reprocha aux ministres de l'avoir compromise par leurs tergiversations. On a vu que la question d'Orient n'avait pas été cependant la cause de la chute du ministère; la chambre rejeta la proposition d'une rente de 500,000 fr. pour le duc de Nemours; il se retira. On doit avouer qu'il laissait à ses successeurs une situation fort embarrassée.

Premiers actes du ministère du 1er mars 1840, présidé par M. Thiers; l'Angleterre rend à la France les restes de Napoléon. — Un nouveau ministère avait été constitué le 1er mars, sous la présidence de M. Thiers; il s'appuyait principalement sur le tiers-parti et sur la gauche dynastique, dont il caressait les passions politiques; il avait des sympathies pour l'idée révolutionnaire et pour les souvenirs militaires de l'empire. Quel rôle allait-il jouer au milieu des complications qu'avait amenées la question d'Orient ?

L'un de ses premiers actes était destiné à frapper vivement l'opinion publique et à émouvoir les esprits.

Une négociation s'engagea pour obtenir de l'Angleterre la translation en France des cendres de Napoléon; lord Palmerston était trop habile pour hésiter un instant ; et, au moment où il continuait activement contre notre influence et notre politique ses négociations avec l'Europe, il s'empressa d'écrire à son ambassadeur à Paris, le comte Granville : « Vous pouvez déclarer à M. Thiers que le gouvernement de Sa Majesté se fera un plaisir d'accéder à cette demande. Il espère que l'empressement qu'il met à y répondre sera considéré en France comme une preuve du désir de Sa Majesté d'effacer jusqu'à la dernière trace de ces animosités nationales qui, pendant la vie de l'empereur, armèrent l'une contre l'autre la France et l'Angleterre. Le gouvernement de Sa Majesté aime à croire que si de pareils sentiments existent encore quelque part, ils seront ensevelis dans la tombe où les restes de Napoléon vont être déposés. » (9 mai 1840.) Dans le même temps, l'Angleterre acceptait la médiation de la France dans un différend sérieux qu'elle avait avec le roi de Naples, au sujet de l'exploitation des soufrières de Sicile.

M. Thiers espère une transaction directe entre le sultan et le pacha. — Mais ces relations en apparence amicales n'avançaient en rien la grande question d'Orient. M. Thiers avait espéré prévenir toute lutte avec l'Europe en amenant une transaction directe entre le sultan et le pacha ; jusqu'au dernier moment il conserva cette espérance illusoire ; c'est ainsi qu'il écrivait à M. Guizot: « J'ai reçu de M. Cochelet (notre consul général à Alexandrie) la nouvelle relative à l'arrangement direct ; il importe de ne pas la faire connaître à Londres, pour que les Anglais n'empêchent pas cet arrangement. » Aussi s'efforçait-il de traîner les négociations en longueur. Cependant M. Guizot, sans connaître les engagements de l'Angleterre avec les autres puissances, avait de sages prévisions ; dans ses lettres au président du conseil, il disait par exemple : « Le gouvernement britannique croit avoir en Orient deux intérêts, inégaux sans doute, mais qui le préoccupent l'un et l'autre : d'un côté, il redoute les Russes à Constantinople ; de l'autre, l'influence française l'effraye à Alexandrie. Il veut empêcher à Constantinople, soit par la force même du gouvernement, soit par l'intervention régulière de l'Europe, la présence de la Russie ; il veut aussi affaiblir le pacha... Il croit pouvoir atteindre ce double but ; car la Russie se montre disposée à ajourner ses projets d'agrandissement, et, comme l'Angleterre, à affaiblir le pacha ; la Prusse et l'Autriche adhèrent à cette pensée. L'Angleterre voit dans ces dispositions une occasion précieuse à saisir. Cependant deux craintes la préoccupent : d'une part, elle redoute que dans l'exécution on ne livre le gouvernement ottoman au protectorat de la Russie ; de l'autre, que l'alliance avec la France, à laquelle elle attache tant de prix, ne vienne à se relâcher, ou même à se rompre... » Il ajoutait : « Il se peut que nous parvenions à prolonger le *statu quo* ; mais il se peut aussi que les événements se précipitent et que la France soit bientôt obligée de prendre un parti ; alors nous serions dans l'alternative ou de nous mettre d'accord avec l'Angleterre sur la question de Syrie, ou de nous retirer des négociations et de laisser faire à quatre ce qui n'aurait pu être fait à cinq..... Je dis que si nous ne nous mettons pas d'accord avec l'Angleterre, nous devons nous préparer à voir les quatre puissances chercher à s'accorder, en laissant la France en dehors. » Plus tard encore, le 24 juin : « Je ne vous réponds pas qu'une conclusion soudaine à quatre soit impossible. Nous pouvons être d'un moment à l'autre placés dans cette alternative : l'Égypte héréditairement, la Syrie viagèrement, moyennant la cession des villes saintes de Candie et d'Adana par un arrangement à cinq ; ou bien la Syrie retirée au pacha par un arrangement à quatre et par voie de coercition, s'il y a lieu. »

Insurrection des Druses ; traité du 15 juillet entre les quatre grandes puissances contre Méhémet-Ali. — M. Thiers espérait donc toujours amener une réconciliation directe entre le sultan et le pacha ; mais une insurrection des chrétiens du Liban et des Druses, fomentée par les intrigues de l'Angleterre, vint juste à point pour faire renaître l'antagonisme de Constantinople et d'Alexandrie. Lord Palmerston, avec une duplicité qui fut plus tard reconnue, profita de ce nouvel échec de notre politique pour faire signer par les quatre puissances le traité du 15 juillet. Les affaires d'Orient étaient réglées en dehors de la France.

Les quatre puissances promettaient au sultan leur appui pour forcer Méhémet-Ali à accepter l'hérédité de l'Égypte, l'administration viagère du pachalick d'Acre, le commandement de Saint-Jean-d'Acre et de la partie méridionale de la Syrie, et à retirer immédiatement ses troupes de l'Arabie, des villes saintes, de Candie et du district d'Adana. Si, dans un délai de dix jours, il n'acceptait pas cette proposition, il perdrait le pachalick d'Acre ; après un autre délai de dix jours, l'Égypte elle-même lui serait ravie. Il devait aussi restituer au sultan la flotte ottomane.

La France en dehors du concert européen. — Ainsi la question était décidée contrairement aux intérêts et aux désirs exprimés de la France ; elle se trouvait exclue du concert européen ; et le traité qui l'excluait avait été négocié et conclu sans qu'elle eût été consultée et prévenue. Lord Palmerston se contenta d'annoncer à M. Guizot, le 17 juillet, que, pressé par les événements, le cabinet anglais venait d'arrêter sa résolution sur la question d'Orient.

Évidemment, c'était au moins un procédé mauvais et blessant. Vainement, dans un mémorandum spécial, les quatre cours déclaraient qu'elles avaient donné les preuves réitérées les plus claires et les plus incontestables de leur désir d'arriver à un accord avec le gouvernement français. M. Guizot contestait formellement dès le premier jour cette assertion : « *Il n'y avait jamais eu*, disait-il, *de propositions que la France ait eu sujet d'accepter ou de refuser*. Nous avons répété que le gouvernement français ne se ferait le champion armé de personne et ne compromettrait jamais, pour le seul intérêt du pacha, la paix et les intérêts de la France ; mais, si les mesures des puissances avaient ce caractère ou cette conséquence que l'équilibre des États européens en fût altéré, le gouvernement français n'y consentirait jamais... » Il est vrai que dans le mémorandum les quatre puissances ajoutaient qu'*elles sentaient le plus vif regret de se trouver momentanément séparées de la France...; qu'elles nourrissaient l'espoir fondé que leur séparation, à ce sujet, ne sera que de courte durée, et qu'elle ne portera aucune atteinte aux relations de sincère amitié qu'elles désirent si vivement conserver avec la France...* ; elles s'adressaient en outre avec instance au gouvernement français pour obtenir au moins son appui moral. Son influence à Alexandrie était puissante ; ne pourrait-il pas engager le pacha à accepter les conditions de l'arrangement qui lui serait proposé de la part du sultan ? Était-ce une déclaration sincère ? ou bien n'y avait-il pas dans cette proposition une sorte d'ironie injurieuse ? Ce qui est certain, c'est que le gouvernement, comme la nation entière, se sentit vivement blessé par le traité du 15 juillet.

En France, irritation du gouvernement et de la nation. — L'indignation fut générale ; M. Thiers était consterné, Louis-Philippe furieux : « Eh quoi ! disait-il, c'est moi qui, depuis dix ans, sers de digue au torrent révolutionnaire, aux dépens de ma popularité, de mon repos, souvent au péril de ma vie ; ils me doivent la paix de l'Europe, la sécurité de leurs trônes, et c'est ainsi qu'ils reconnaissent les services que je leur ai rendus ! Les insensés ! ils veulent donc me faire mettre le bonnet rouge ! » Il avait bien compris, dès le premier jour, combien il serait difficile au gouvernement de calmer ou de diriger l'irritation nationale; la presse commençait une guerre injurieuse contre l'Europe entière, en invoquant les passions révolutionnaires. La France avait le droit d'être mécontente; comment pourrait-on l'empêcher de montrer qu'elle était une puissance forte, immense, capable de tout oser même dans son isolement?

Préparatifs de guerre. — Le ministère s'était empressé d'adopter une série de mesures qui attestaient des préoccupations belliqueuses; l'armée dut être portée sur le pied de paix armée; les forces maritimes devaient être augmentées dans la Méditerranée; on procéderait sur-le-champ à l'exécution d'un plan, depuis longtemps médité, pour fortifier Paris; un crédit de 100 millions de francs était immédiatement ouvert. Ensuite l'anniversaire des journées de juillet offrit un caractère d'animation menaçante, d'autant plus qu'on transporta alors les victimes de 1830 sous la colonne nouvellement construite de la Bastille. Pour la foule, il y avait là les symptômes d'une guerre prochaine de la France contre la coalition, que beaucoup croyaient pouvoir facilement punir, non pas de notre dernière humiliation seulement, mais des désastres de 1814 et de 1815. Pour les hommes du gouvernement, ces démonstrations pouvaient avoir pour effet de donner à réfléchir aux puissances étrangères et d'arrêter l'exécution du traité. Vainement lord Palmerston, peut-être effrayé de sa hardiesse, s'efforçait de représenter comme temporaire la dissidence qui venait de se produire entre la France et les autres cabinets; M. Thiers lui répondait avec raison : « Quand on aura poursuivi à quatre, sans nous et contre nous, un but en soi mauvais, que du moins nous avons cru et déclaré tel, quand on l'aura poursuivi par une alliance trop semblable à ces coalitions qui, depuis cinquante ans, ont ensanglanté l'Europe, croire qu'on retrouvera la France sans défiance, sans ressentiment d'une telle offense, c'est se faire de la fierté nationale une idée qu'elle n'a jamais donnée au monde. » Et dans le mémorandum adressé le 24 juillet à lord Palmerston par

M. Guizot, le gouvernement français faisait ressortir avec fermeté les mauvais procédés dont on avait raison de se plaindre et faisait retomber sur les quatre puissances la responsabilité des graves événements que leur résolution pouvait amener.

C'est au milieu de ces circonstances difficiles que le prince Louis-Napoléon, espérant pouvoir profiter de l'exaltation des esprits et des souvenirs napoléoniens que le gouvernement lui-même avait cru devoir réveiller, avait fait la tentative de Boulogne (6 août). L'échec qu'il éprouva n'en fut pas moins pour le ministère une cause nouvelle d'embarras et pour le roi Louis-Philippe comme une sorte d'avertissement de ne pas se laisser entraîner plus avant sur la pente des guerres révolutionnaires et des grandes aventures impériales.

Note des grandes puissances au pacha, qui refuse d'abord et cède trop tard. — Les puissances ne s'étaient pas laissé intimider par nos démonstrations belliqueuses; dans une note du 19 août remise au pacha par leurs consuls, on remarquait ce passage trop significatif : « Ce serait pour le vice-roi se bercer d'un espoir bien funeste que de compter sur un appui de l'étranger. Qui pourrait arrêter les décisions des quatre grandes puissances? qui oserait les braver? Loin de lui être favorable, une telle intervention en sa faveur ne ferait que hâter sa perte, alors devenue certaine.. » Le vice-roi, jusqu'alors soutenu par les promesses indirectes et l'attitude armée de la France, avait résisté à toutes les menaces; en France, le ministère et la nation, le croyant beaucoup plus puissant qu'il n'était, comptaient sur sa résistance pour faire sentir leur faute à l'Angleterre et à ses alliés. Cependant M. Thiers crut devoir confier au comte Walewski une mission confidentielle auprès du pacha, pour l'engager à se soumettre, en se contentant de l'Égypte héréditaire avec la jouissance viagère de la Syrie. Méhémet-Ali refusa d'abord toute concession, et ne céda aux conseils de la France que le 28 août. Mais il était trop tard, et déjà le sultan, à l'instigation des ambassadeurs de Russie et d'Angleterre, avait solennellement déclaré que sa volonté immuable était d'accorder au pacha l'Égypte et seulement le pachalick d'Acre à titre viager.

Les ports de Syrie détruits; la flotte française à Toulon. Démonstrations menaçantes de l'opinion publique. — Les hostilités commencèrent bientôt et l'on vit que Méhémet-Ali était loin d'être capable d'une sérieuse résistance. La flotte anglaise, commandée par les amiraux Stopford et Napier, parut sur les côtes de Syrie; le 12 septembre, Beyrouth fut bombardé et réduit en cendres, puis la petite ville du Caiffa; deux mois après, le 2 novembre, les Anglais, soutenus par quelques vaisseaux autrichiens et russes, attaquèrent Saint-Jean-d'Acre, détruisirent le tiers de la ville et ensevelirent sous les décombres plus de 2,000 victimes. Pendant ce temps, la flotte française était reléguée dans les eaux de Salamine, il fallait éviter tout contact; « car il y a des moments où « les canons partent tout seuls, » avait dit un des ministres, et pour plus de sûreté M. Thiers la rappela à Toulon, pour l'avoir à sa disposition, au bout du télégraphe.

Ces événements n'étaient que la conséquence naturelle du traité du 15 juillet. La France mécontente pouvait se déclarer franchement pour le vice-roi et engager résolûment la lutte contre la coalition des quatre puissances; mais le gouvernement n'avait cessé de déclarer depuis le commencement des négociations qu'il ne se lancerait pas dans l'aventure désastreuse d'une guerre européenne, pour plus ou moins de provinces laissées au pacha. La France pouvait au contraire rester silencieuse et menaçante par son silence même, calme et digne, mais la main sur son épée, si les mauvais procédés des puissances ne se bornaient pas à cette seule question d'Orient. Malheureusement il n'en fut pas ainsi; les justes susceptibilités de l'honneur national s'exaltèrent outre mesure, le gouvernement fut sur le point d'être débordé par des passions imprudemment généreuses ou révolutionnairement factices. Les levées d'hommes, les achats d'armes et de chevaux, le langage de presque toute la presse périodique, ces manifestations belliqueuses avaient troublé les esprits, et bientôt le chant de la *Marseillaise*, demandé dans les théâtres et répété par la foule, devint une protestation contre le gouvernement autant qu'une menace contre l'étranger. L'agitation commença à se répandre en Europe : l'Allemagne, qui était pour peu de chose assurément dans l'injure dont nous avions à nous plaindre, répondit à nos chants patriotiques, qui en voulaient au *Rhin allemand*, par les hymnes belliqueux de 1813 ; les cabinets étrangers s'inquiétèrent. « Est-ce que vous voulez la guerre ? demanda M. de Metternich à notre ambassadeur ; est-ce que vous voulez que, comme en 1813, l'Allemagne se lève à son tour ?... Vous semblez toujours en France piqués de la tarentule : quand vous ne dansez pas, vous vous jetez sur tout le monde. » Et M. de Barante écrivait de Saint-Pétersbourg ces sages paroles : « La presse, les actes du cabinet, par la plus malheureuse tendance, servent à rattacher l'Allemagne à la Russie : l'empereur Nicolas s'en réjouit ; car tout son espoir est de préparer l'unanime concours de l'Allemagne contre la France. »

Le roi et plusieurs de ses conseillers voulaient en 1840 rester fidèles à la politique qu'ils avaient fait triompher après 1830 : s'ils ne voulaient pas de la paix à tout prix, ils ne croyaient pas la guerrre indispensable ; n'avait-on pas fait déjà bien des sacrifices pour éviter une conflagration générale ? l'Europe et l'Angleterre surtout ne s'efforçaient-elles pas, par leurs protestations, d'atténuer le coup qui nous avaient été porté ? M. Thiers lui-même, qui jusqu'alors avait semblé partager l'irritation du pays et s'associer à ses passions belliqueuses, saisit la première occasion de se rapprocher des puissances. Céda-t-il à l'influence du roi ou recula-t-il devant les conséquences terribles d'une politique téméraire ?

NOTE DU 8 OCTOBRE. *Le ministère du 1er mars remplacé par celui du 29 octobre (le maréchal Soult, M. Guizot).* — La Porte Ottomane venait de prononcer la déchéance de Méhémet-Ali. Aussitôt, dans une note du 8 octobre, il déclara qu'il ne ferait pas de la Syrie un cas de guerre, mais qu'il interviendrait, si on voulait enlever l'Égypte au pacha et détruire ainsi l'équilibre en Orient. Évidemment les puissances de l'Europe n'avaient jamais voulu la ruine complète de Méhémet et elles renouvelèrent leur déclaration à cet égard. M. Thiers rentrait donc dans le système général de l'Europe, tout en faisant encore, il faut le reconnaître, un bruit étrange. C'était un premier pas et un pas considérable fait vers une réconciliation générale; puisque telle était l'opinion de tous les cabinets, il n'y avait plus de *casus belli*. Cependant le ministère semblait n'avoir pas encore renoncé à ses préparatifs de lutte; les chambres avaient été convoquées pour le 22 octobre. Il voulut leur demander de porter l'armée à cinq cent mille hommes, de lever trois cent mille gardes nationaux, comme troupes mobiles, et d'effectuer un emprunt; de plus, le discours de la couronne devait renfermer comme une annonce de guerre, comme une menace de propagande. Le roi refusa de suivre ses ministres dans cette voie; un nouvel attentat, celui de Darmès, le 15 octobre, était de nature à faire craindre l'exaltation des passions révolutionnaires. D'ailleurs Louis-Philippe pensait qu'après la note du 8 octobre, il pouvait être puéril et en même temps dangereux de menacer l'Europe par de nouveaux armements et par des paroles retentissantes. Le ministère du 1ᵉʳ mars donna sa démission. M. Guizot fut rappelé de Londres et le cabinet fut formé, le 29 octobre, sous la présidence du maréchal Soult; M. Guizot dirigeait les affaires étrangères, l'amiral Duperré la marine; MM. Duchâtel, Humann, Martin (du Nord), Cunin-Gridaine, Teste et Villemain, l'intérieur, les finances, la justice, le commerce, les travaux publics, l'instruction publique.

Embarras et politique du nouveau ministère. — Ce ministère, composé d'hommes distingués, représentait la majorité de la chambre et il sut la diriger jusqu'en 1848. Il fallut une révolution pour le renverser, et cette révolution emporta avec elle la monarchie constitutionnelle. Il naissait au milieu de circonstances difficiles. Il fallait faire rentrer la France dans le concert européen, cela n'était pas la tâche la plus ardue après la note du 8 octobre; mais apaiser les esprits à l'intérieur, corriger le mauvais état des âmes, réprimer les passions désordonnées et révolutionnaires, sans blesser d'honorables sentiments d'enthousiasme, sans froisser les justes susceptibilités de l'honneur national, voilà où était le véritable péril, et le ministère du 29 octobre n'y échappa pas. Dès les premiers jours, ce fut par les mots injustes et malheureux de *ministère de l'étranger* que la polémique des journaux commença à couvrir d'impopularité le cabinet et le gouvernement qu'il représentait. La chambre elle-même fut le théâtre des plus tristes récriminations; le 25 novembre, après un habile discours, M. Thiers ajoutait: « Le discours de la couronne a dit que l'on espérait la paix; il n'a pas dit assez; on est certain de la paix. En effet, pourquoi le cabinet du 29 octobre a-t-il remplacé le cabinet du 1er mars? Parce que le cabinet du 1er mars n'a pu obtenir des mesures qu'il jugeait nécessaires et qui pouvaient amener une guerre non pas certaine, mais éventuelle. Le cabinet du 29 octobre, au contraire, veut la paix certaine et il est sûr de l'avoir. » M. Guizot lui répondit : « Ce n'est que la moitié de la vérité; sous le ministère du 1er mars la question était résolue, la guerre était certaine... De quel droit nous accusez-vous de vouloir la paix à tout prix? Qui donc, excepté le chef du cabinet actuel, a livré des batailles et fait des conquêtes pour la France? Quel droit avez-vous pour vous croire plus patriotes que d'autres? » Tristes et dangereuses discussions, suivies d'un tumulte inexprimable, lorsqu'on lançait contre M. Guizot la singulière accusation d'avoir été à Gand en 1815, pour donner à Louis XVIII ses conseils. Ces scènes, qui déconsidéraient le gouvernement parlementaire, ne devaient pas être sans conséquences; et pendant huit années, leur écho retentit autour du ministère du 29 octobre; le souvenir n'en était pas encore perdu en février 1848.

Cependant la question d'Orient se poursuivait régulièrement; le ministère se maintenait à l'état de paix armée, et la loi annoncée sur les fortifications de Paris avait été adoptée après un remarquable rapport de M. Thiers (janv. 1841). Il fallait, en effet, conserver la paix, mais sans blesser profondément les sentiments belliqueux de la nation. « Le gouvernement du roi, écrivait M. Guizot à notre ambassadeur à Londres, ne peut rentrer dans les conseils de l'Europe tant que la question pendante entre le sultan et le pacha dure encore ; il n'aurait à y prendre part qu'autant que les intentions du sultan à l'égard du pacha blesseraient les droits que la France a garantis, ce que personne ne paraît plus supposer. » C'était la politique de la note du 8 octobre, mais sans menace et sans provocation.

Méhémet-Ali se soumet aux conditions des quatre puissances. — Le Liban s'était de nouveau soulevé, et l'émir Beschir était prisonnier des Anglais. Le commodore Napier se dirigea des côtes de Syrie vers Alexandrie et se prépara à la bombarder. Alors le pacha céda aux exigences d'une situation désespérée; le 27 novembre 1840, il signa une convention par laquelle il se contentait du gouvernement héréditaire de l'Égypte. La faiblesse militaire du vice-roi et l'inaction de la France avaient assuré le triomphe de la politique audacieuse de lord Palmerston, qui, pour réussir, avait risqué de précipiter l'Europe dans les malheurs d'une guerre générale. Pour rentrer en grâce auprès du sultan, qui avait prononcé sa déchéance, Méhémet-Ali était forcé d'avoir recours aux puissances qui l'avaient abaissé. Ce fut l'objet de nouvelles négociations. Méhémet-Ali se soumit sans conditions; il restitua la flotte ottomane; les troupes égyptiennes évacuèrent la Syrie et l'île de Candie. Alors les représentants des quatre cours à Constantinople décidèrent le sultan à lui accorder le pardon qu'il demandait. « La Porte, di-
« saient-ils, peut avoir de bonnes raisons de désirer l'anéan-
« tissement de Méhémet-Ali, mais n'ayant pas le moyen de
« le faire, ce serait sur les alliés qu'elle en ferait tomber la

« charge, et il y aurait péril d'une guerre générale. Sur la
« France, surtout en ce moment, se porte l'attention de nos
« gouvernements; elle a droit à nos égards. Si l'attitude
« menaçante, belliqueuse du ministère Thiers n'a pu les
« empêcher de suivre leurs desseins, ils veulent aujour-
« d'hui aider le ministère qui succède à ce cabinet, et dont
« le langage annonce une politique sage et modérée. » Un
mémorandum en ce sens fut adressé au sultan par la conférence de Londres; et deux hatti-chériff, adressés le 13 février 1841 à Méhémet-Ali, le confirmèrent dans le gouvernement de l'Égypte à titre héréditaire.

La France rentre dans le concert européen. CONVENTION
DES DÉTROITS (13 juillet 1841). — Désormais la France
pouvait rentrer dans le concert européen, et elle fut invitée
à adhérer à un traité général, dit *Convention des détroits,*
13 juillet 1841. Par ce traité, les cinq puissances reconnais-
saient au sultan le droit d'interdire aux vaisseaux de guerre
étrangers l'entrée des Dardanelles et du Bosphore; le traité
d'Unkiar-Skélessi était de fait annulé. C'était une nouvelle
victoire de l'Angleterre sur la Russie. Deux des conditions
posées par la France pour amener son concours étaient
remplies; elle avait également demandé des garanties tendant à améliorer la condition des populations chrétiennes
de Syrie; malheureusement on se contenta de vagues promesses, et elles retombèrent sous la domination fanatique
et impuissante de la Turquie; l'avenir devait justifier les
prévisions de M. Guizot, orsqu'au début de la querelle, il
disait à lord Palmerston : « Croyez-vous que vous fortifierez
réellement l'empire ottoman en lui rendant plus de territoire? Ne vous repaissez pas d'illusions; cet empire n'est
pas mort, mais il se meurt; il tombe en lambeaux; nous
pouvons prolonger sa vie, mais non le ressusciter. Vous ne
lui rendrez pas avec la Syrie la force de la gouverner et de
la garder; l'anarchie, le pillage, la violence et l'impuissance turques reprendront possession de cette province, et
vous serez responsables de son sort. » Parce que le pacha

d'Égypte était affaibli, humilié, parce que l'influence de la France était amoindrie, aucun des graves problèmes de la question d'Orient n'était résolu, et la situation nouvelle était remplie des mêmes difficultés et des mêmes périls.

Conséquences de ces événements pour la France. — Quant à la France, elle avait eu à subir des procédés mauvais; ses vœux avaient été méconnus, son influence paraissait diminuée. Elle avait fait de grands préparatifs, dépensé des sommes considérables, pris une attitude menaçante, elle était restée un an dans l'isolement, mais la paix générale n'avait pas été détruite. Il est vrai que les passions alors soulevées ne s'apaisèrent pas facilement; il en resta des souvenirs douloureux et des défiances dangereuses; l'Allemagne, dont la sécurité avait été troublée, se rapprocha de la Russie; l'alliance intime de la France et de l'Angleterre avait été singulièrement refroidie; la rivalité jalouse des deux grandes nations sembla renaître. La prudence du gouvernement français, son louable désir d'éviter une guerre, qui aurait pu devenir fatale à tous les intérêts, ne furent pas généralement appréciés. On lui reprocha de ne pas avoir prévenu cette coalition nouvelle par une démarche énergique dès le principe, comme l'envoi de la flotte française dans les eaux d'Alexandrie et le débarquement de deux régiments français en Égypte. On lui reprocha d'avoir manqué d'une juste susceptibilité, lorsqu'il s'agissait de venger l'honneur du pays, et l'on a souvent à cette occasion rappelé ces paroles, prononcées jadis par le général Lamarque : « La guerre est un ciment si puissant, elle environne un trône d'une si brillante auréole, elle fait jeter de si profondes racines à une dynastie nouvelle qu'il est politique de la vouloir sans motifs. » On peut contester la justesse et la moralité de ces paroles, prises à un point de vue général; mais il semblait alors qu'elles fussent vraies en France, où l'ardeur belliqueuse des masses avait répondu avec un enthousiasme irréfléchi aux démonstrations belliqueuses du ministère du 1er mars; et, dans ce moment-là même, n'était-ce pas le génie des batailles et les souvenirs glorieux de l'épopée impériale que la foule émue saluait, en accourant au-devant des cendres de l'empereur Napoléon? Le prince de Joinville avait noblement accompli la mission dont il avait été chargé; et le 15 décembre 1840, malgré le froid le plus rigoureux, un peuple immense, venu de tous les points de la France, acclamait des cris de : *Vive l'empereur !* la dépouille mortelle du grand homme que le rocher de Sainte-Hélène rendait enfin aux rives de la Seine. On avait oublié ses fautes et les désastres dont elles avaient accablé la patrie; on ne se rappelait que les temps et les hommes de ces guerres héroïques; les souvenirs napoléoniens semblaient renaître plus puissants que jamais, dans cette journée, l'une des plus grandement poétiques de cette époque. Le 15 décembre 1840 et le 10 décembre 1848 sont deux dates corrélatives de notre histoire.

CHAPITRE V

France : Dernière période du règne de Louis-Philippe :
1840 à 1848 : Lettres, arts et sciences.

SOMMAIRE

Caractères de la troisième période du règne de Louis-Philippe.
1841. Attentat de Quénisset. — Ministère tory en Angleterre.
1842. Propositions de réforme électorale et parlementaire repoussées. — Loi générale des chemins de fer. — Mort du duc d'Orléans. Loi de régence.
1843. Visites princières. — Flétrissure des pèlerins de Belgrave-Square. — *Algérie*. Prise de la Smalah d'Abd-el-Kader par le duc d'Aumale.
1844. Guerre avec le Maroc. *Bataille d'Isly.* — Affaire Pritchard. — La question du droit de visite. La question de l'enseignement. — *Algérie.* Bou-Maza. Le colonel Pélissier.
1846. Stagnation de la politique intérieure. — Évasion du prince Louis-Napoléon. — Élections générales. — Mauvaise récolte.
Mariages espagnols. — Suppression des priviléges de la ville de Cracovie annexée à l'Autriche. — Avénement de Pie IX.
1847. Danger que crée au ministère le dévouement de la majorité parlementaire. — Scandales. — Campagne réformiste. Les banquets. Trouble moral.
Politique extérieure du nouveau président du conseil. Elle s'éloigne de plus en plus de l'alliance anglaise. — Troubles de la Suisse. Défaite du Sunderbund. — Influence libérale et modératrice de notre politique. Réformes en Italie. Transformation de la Péninsule. Causes des premières hésitations de Pie IX.
Algérie. Achèvement de la conquête (la Kabylie exceptée). — *Soumission d'Abd-el-Kader.* — Colonisation sous le duc d'Aumale.
Etat des esprits. Illusions du parti conservateur.

1848. *Session législative. Discours du trône : Passions aveugles ou ennemies.* — Le ministère interdit le banquet du 12ᵉ arrondissement.
Révolution de Février. Journée du 22. Agitation sans but. — Journée du 23. Massacre du boulevard des Capucines provoqué par un coup de pistolet tiré sur la troupe. Soulèvement des faubourgs. — Journée du 24. Irrésolution du roi. Ordre est donné aux soldats de ne point agir. *Abdication et fuite du roi.* La duchesse d'Orléans est forcée de quitter la chambre des députés envahie. — Toute la famille royale sort de France.
Résultats généraux du règne de Louis-Philippe. — Lettres. — Sciences. — Arts. — Encouragements qu'ils reçoivent du gouvernement. — *Industrie et commerce.*

Nous avons exposé, avec autant de développement qu'en comporte l'étendue du cadre que nous avons adopté, l'histoire des deux premières périodes du règne de Louis-Philippe, parce qu'on y voit bien, dans sa grandeur et sa faiblesse, le régime parlementaire : sa grandeur, dans cette coopération de toutes les forces vives de l'intelligence au gouvernement du pays, dans cet accord des pouvoirs qui pourvoit aux besoins de l'ordre et de la liberté, au lendemain d'une révolution; sa faiblesse, dans les rivalités intestines du parlement, les querelles de portefeuille, dont il ne faut point toutefois exagérer les conséquences immédiates, puisqu'elles ont coïncidé avec le plus grand développement de la prospérité publique, financière et commerciale, à l'intérieur. Les temps dans lesquels nous allons entrer nous imposent plus de concision et de réserve : les idées y occupent moins de place que les passions, et les passions moins de place que les faits; beaucoup des acteurs vivent encore. Cette dernière considération devrait même nous faire supprimer toute appréciation, si les institutions actuelles de la France, n'avaient élargi les perspectives, agrandi les distances, mis un abîme entre le passé et le présent, et créé à l'historien ce lointain sans lequel il ne peut voir les hommes et les événements dans la mesure véritable de leur importance relative.

Caractères de la troisième période du règne de Louis-Philippe. — Cette troisième et dernière période du règne de

Louis-Philippe est l'histoire d'un seul ministère dont le président fut le maréchal Soult, et le membre principal M. Guizot. M. Guizot s'appliqua à mettre en harmonie la conduite des chambres avec la pensée politique de la royauté. Il employa à ce but les rares qualités d'une intelligence supérieure par le savoir, l'éloquence et l'entente des affaires. Il pratiqua le régime parlementaire dans son intégrité, subordonnant la politique du ministère à la volonté de la majorité, comme dans la question du droit de visite. Mais il se fit profondément illusion sur la nature de l'opinion publique; son action se concentra dans les chambres; en dehors, elle était faible ou nulle. L'opinion trompée ou par l'insuffisance de lumières, ou par la malveillance systématique du plus grand nombre des journaux, devint peu à peu indifférente ou hostile. Presque tous les actes du gouvernement furent interprétés à son désavantage, lui furent imputés à crime. Quand il pratiqua l'alliance anglaise, on l'accusa d'acheter la paix à tout prix; quand il l'eut rompue, on voulut que ce fût au seul profit d'un intérêt de famille. Les événements malheureux, les catastrophes naturelles s'ajoutent toujours aux chances mauvaises pour les causes que la fortune va abandonner: crimes éclatants, inondations, disette, etc. Le pays, travaillé par un sourd et indéfinissable mécontentement, s'irritait contre les chambres de les voir applaudir à une politique qui était plaidée, discutée, réglée chaque jour avec netteté et éloquence, devant elles seules. Le roi aurait dû comprendre que, pour ne pas être obligé de modifier les institutions, le *statu quo* auquel il était obstinément attaché, il eût fallu donner le change à l'esprit public, déplacer les hommes, désarmer les ambitions; mais le roi vieillissait. — Du reste, si cette politique stationnaire à l'intérieur se laisse absorber par les luttes de la tribune, si elle s'y montre trop souvent dénuée d'initiative et de prévoyance, elle est généralement habile et heureuse à l'extérieur. On en jugera par l'exposé succinct des faits que nous allons présenter, en suivant autant que possible l'ordre chronologique.

1841. *Avril. Vote de la loi sur les fortifications de Paris. Attentat de Quénisset.* — La loi fut adoptée après une discussion très vive par 237 voix contre 162 à la chambre des députés. — Au moment où l'on demandait ainsi au pays des sacrifices considérables, une inondation ravageait plusieurs départements du Midi. Le mal fut surtout terrible à Lyon. Ces vives souffrances n'étaient pas calmées, une circulaire du ministre des finances vint irriter les esprits. « Il est urgent, avait dit M. Humann, de prendre des mesures pour obtenir des impôts les produits qu'on est en droit d'en attendre. » Un recensement était ordonné pour une nouvelle répartition de l'impôt. Les commentaires des journaux représentèrent le redoublement du zèle des agents du fisc comme un défi à la gêne et à la souffrance publiques. Des troubles éclatent à Toulouse ; les habitants refusent d'ouvrir leurs demeures aux répartiteurs. Le préfet M. Mahul, le procureur général M. Plougoulm, sont obligés, par l'émeute, de sortir de la ville. Quelques mesures énergiques ne tardèrent pas à rétablir l'ordre troublé. Mais les perturbateurs cités devant le jury furent acquittés, fâcheux indice de l'affaiblissement du principe d'autorité. — La violence des attaques de la presse contribuait à déconsidérer non-seulement le roi, mais tous ceux qui l'approchaient. Un ouvrier scieur de long, Fr. Quénisset, tira sur le duc d'Aumale au moment où ce prince, auquel sa belle conduite en Afrique avait valu une popularité bien méritée, rentrait à Paris, à la tête du 17e régiment, accompagné de ses frères d'Orléans et Nemours (13 septembre). Les déclarations de Quénisset en faisant connaître l'influence qu'avaient eue sur sa détermination criminelle des articles du *Journal du Peuple* amenèrent la poursuite du rédacteur M. Dupoty, comme prévenu de complicité morale. La cour condamna le journaliste à cinq ans de détention : arrêt qui fut signalé par la presse comme le plus odieux attentat à la liberté de discussion.

Ministère tory en Angleterre. — La convention des détroits avait dû amener un changement de ministère en Angleterre. Lord Palmerston, ennemi personnel du roi Louis-Philippe, se retira. Un cabinet tory composé d'hommes éminents, le duc de Wellington, sir Robert Peel et lord Aberdeen, arriva aux affaires. Robert Peel, l'homme le plus considérable du nouveau ministère, né en 1788, fils d'un riche particulier de Londres, avait pris part à tous les actes considérables de son pays depuis 1812. Doué d'une aptitude extraordinaire pour l'administration, d'une mémoire merveilleuse, d'un rare bon sens, d'un esprit à la fois positif et élevé, orateur accompli, il avait la première des qualités chez un ministre constitutionnel, celle de savoir céder à propos et d'appliquer avec sincérité, après leur adoption, les réformes qu'il avait combattues avec persévérance. L'avénement des tories fut une circonstance favorable pour le cabinet du 29 octobre et pour le maintien de l'alliance des grandes nations occidentales dans deux affaires importantes dont nous aurons à parler : l'affaire Pritchard et la question du droit de visite, où il y eut concession réciproque : sur la première, de la part de la France; sur la seconde, de la part de l'Angleterre.

1842. *Propositions de réformes repoussées.* — La chambre des députés eut à statuer sur deux propositions : l'une relative à la réforme parlementaire, qui réclamait l'extension du nombre des incompatibilités et une réduction du nombre des députés fonctionnaires, l'autre relative à la réforme électorale ayant pour but l'adjonction des capacités aux listes d'électorat censitaire. Des orateurs distingués prirent part à la discussion, qui fut close par le rejet des deux propositions. Cependant, il eût été bon de « doter la France d'un système électoral qui y fît pénétrer tout ce qui s'agitait d'idées et d'aspirations légitimes dans le pays, au lieu de le river à des lois qui concentraient toutes les visées des électeurs sur les perceptions, celles des élus sur le conseil d'Etat, et qui, selon l'expression alors consacrée, tendaient à faire du pouvoir un instrument jouant le même air par des mains différentes. »

A l'occasion de ces débats si animés auxquels donnèrent lieu ces questions et d'autres, au fond moins importantes, l'historien, ancien membre de la majorité parlementaire, auquel nous avons emprunté la remarque qu'on vient de lire, dit avec raison : « La monarchie constitutionnelle a rendu la France aussi grande par les luttes de l'esprit que l'empire l'avait faite glorieuse par celles des champs de bataille ; mais l'importance des intérêts répondait-elle bien à celle des efforts ? Les plus illustres hommes d'État ont consacré dix années de leur vie publique à travestir des taupinières en montagnes, à prendre une loupe pour découvrir des griefs et une hache pour les pourfendre. Cependant, il ne manquait pas d'idées à soulever, pour lesquelles il eût été fort légitime de se diviser et de se disputer le pouvoir. » (*De Carné.*) — Quoi qu'il en soit, le mot d'ordre de l'opposition est trouvé : réforme électorale. Il sera de même en 1848 qu'en 1842.

Loi générale des chemins de fer. — Le 11 juin, fut votée la loi qui a eu pour les chemins de fer l'importance de celle de 1811, pour les routes. On avait inauguré, l'année précédente, le chemin de fer de Strasbourg à Bâle : deux autres tronçons étaient exploités, de Paris à Rouen, de Paris à Orléans, mais il n'y avait point de système général. La loi nouvelle créa neuf grandes lignes : sept partant de Paris se dirigeaient sur la frontière belge, par Lille et Valenciennes ; sur l'Angleterre par un point du littoral de la Manche ; sur la frontière d'Allemagne par Nancy et Strasbourg ; sur la Méditerranée, par Lyon, Marseille et Cette ; sur la frontière d'Espagne, par Tours, Poitiers, Angoulême, Bordeaux, Bayonne ; sur l'Océan, par Tours et Nantes ; sur le centre par Bourges. Deux autres grandes lignes devaient relier la Méditerranée au Rhin, par Lyon, Dijon, Mulhouse ; l'Océan à la Méditerranée, par Bordeaux, Toulouse, Marseille. Les dépenses de construction furent partagées entre l'État, les localités desservies et l'industrie privée ; des encouragements furent donnés à l'établissement de certaines lignes moins avantageuses. Les frais d'exploitation étaient à la charge des compagnies mises en possession des produits jusqu'à une époque déterminée où le matériel et le chemin rentreraient dans la possession de l'État. Un premier crédit de 20 millions fut voté. Sans doute, l'État a fait dans la suite des concessions de nouvelles voies, à des conditions plus avantageuses ; mais il fallait donner l'impulsion, sortir des incertitudes, encourager les capitaux hésitants et inquiets. Sous ce rapport, la loi de 1842 a eu un plein succès. On a pu dire avec raison qu'elle « a mis fin aux tâtonnements inévitables d'une industrie naissante et aux incertitudes naturelles de l'opinion publique et des capitaux en face des obscurités d'une question entièrement nouvelle. Elle a imprimé le mouvement. Avant la promulgation, il n'y avait pas plus de 467 kilomètres en exploitation ; de 1842 à 1848, 1,592 kilomètres étaient mis en exploitation, 2,144 kilomètres en construction, » sur 4,867 kilomètres de lignes concédées.

A l'occasion de la loi sur les chemins de fer, Arago retraça l'histoire des chemins et exposa ses vues, que l'expérience n'a pas confirmées en tous points, sur l'avenir des chemins de fer. Nous détachons de son discours quelques fragments relatifs à l'historique de la question :

« L'expérience a montré qu'un cheval de force moyenne, marchant au pas pendant neuf à dix heures sur vingt-quatre, et de manière à se retrouver chaque jour dans les mêmes conditions de force, ne peut pas porter sur son dos au delà de deux cents kilogrammes. Le même cheval, sans se fatiguer davantage, si on l'attelle à une voiture, portera ou plutôt trainera à une égale distance :

« Sur une bonne route ordinaire empierrée deux mille kilogrammes ;

« Sur un chemin de fer, dix mille kilogrammes ;

« Sur un canal, soixante mille kilogrammes.

« L'auteur inconnu de la substitution du roulage ou transport en voiture, au transport à dos de cheval, fut donc, vous le voyez, Messieurs, un bienfaiteur de l'humanité. Il réduisit, par son invention, le prix des transports au dixième de leur valeur primitive.

« Les chemins de fer, considérés comme moyen d'atténuer les résistances de toute nature que le roulage doit surmonter sur les routes ordinaires, seraient aujourd'hui, relativement aux canaux, dans un état d'infériorité évidente, si on avait dû toujours y opérer la traction avec des chevaux. L'emploi des premières machines locomotives à vapeur avait laissé les choses dans le même état. Mais tout à coup, en 1829, surgissent en quelque sorte, sur le chemin de Liverpool à Manchester, des locomotives toutes nouvelles. Jusque-là on n'avait espéré progresser qu'avec des roues dentelées et des crémaillères, ou bien à l'aide de systèmes articulés

12.

dont on donnerait une idée assez exacte en les comparant aux jambes inclinées d'un homme qui tire en reculant.

« Les locomotives perfectionnés étaient débarrasséees de tout cet attirail incommode, fragile, dispendieux. L'ingénieur Stephenson ne s'était pas servi non plus des engrenages artificiels de ses devanciers. L'engrenage naturel, résultant de la pénétration fortuite et renouvelée sans cesse des aspérités imperceptibles des jantes de la roue dans les cavités du métal du rail, et réciproquement, suffisait à tout. Cette grande simplification permit d'arriver à des vitesses inespérées, à des vitesses trois fois, quatre fois supérieures à celle du cheval le plus rapide. De cette époque date une nouvelle ère pour les chemins de fer. D'abord ils n'étaient destinés qu'au transport des marchandises; chaque jour, chaque nouvelle expérience nous rapproche du moment peu éloigné peut-être, où ils ne seront plus parcourus que par les voyageurs. Jadis les rails étaient tout, maintenant ils n'occupent dans le système qu'une place secondaire. Dès aujourd'hui les chemins de fer ne devraient s'appeler que des chemins à locomotives ou des chemins à vapeur.

« Quand on a lu dans les gazettes, dans celles surtout de l'Angleterre et de l'Amérique, le tableau des étonnantes vitesses que les locomotives ont déjà réalisées, on est vraiment excusable d'écrire qu'il ne faut plus compter sur des améliorations importantes, que l'art est presque arrivé à sa perfection. »

Mort du duc d'Orléans. — Loi de régence. — Pendant qu'on discutait la loi sur les chemins de fer, 8 mai, un affreux accident survenu sur le chemin de fer de Paris à Versailles, rive gauche, coûtait la vie à cinquante personnes au nombre desquelles se trouvait le contre-amiral Dumont d'Urville, vieux marin que la mort, après l'avoir épargné à travers les mers, venait frapper presque sur le seuil du foyer domestique. Un peu plus tard, un incendie détruisait en grande partie la ville de Hambourg, un tremblement de terre réduisait à la misère les habitants de la Guadeloupe ; mais si terribles que fussent ces catastrophes, elles n'influaient pas sur les destinées d'un peuple. La mort du duc d'Orléans eut le caractère d'une calamité publique; tout le monde s'associa à l'affliction de la famille royale, car pour tout le monde les chances de stabilité des institutions et du trône allaient se trouver diminuées par les inévitables embarras d'une minorité et d'une régence. Les hommes qui espèrent trouver leur avantage particulier dans les malheurs de la patrie, furent seuls à se réjouir. L'accident, cause de la mort du duc, avait eu lieu près de la porte Maillot. Un des chevaux de sa voiture s'étant emporté, le prince avait voulu sauter et était tombé sur le pavé, le crâne brisé par la violence de la chute. Le roi et la reine sont prévenus ; ils accourent, ils trouvent leur fils, cet espoir, et on pourrait ajouter, ce juste orgueil de leur race, vivant encore, mais sans connaissance (13 juillet 1842); quelques heures après, il expirait sans avoir donné aucun signe de sentiment. Il fallut penser à préparer une loi de régence ; on s'y conforma le plus possible aux dernières volontés du duc d'Orléans. Dans un testament écrit avant sa dernière campagne en Afrique, il avait désigné comme régent son frère Nemours, et indiqué la direction dans laquelle il entendait que ses fils, le comte de Paris (né en 1838) et le duc de Chartres (né en 1840), fussent élevés : « Que le comte de Paris, disait-il au sujet du premier, soit un de ces instruments brisés avant qu'ils aient servi ou qu'il devienne l'un des ouvriers de cette régénération sociale qu'on n'entrevoit encore qu'à travers de grands obstacles et peut-être des flots de sang; qu'il soit roi ou qu'il demeure défenseur inconnu et obscur d'une cause à laquelle nous appartenons tous, il faut qu'il soit avant tout un homme de son temps et de la nation ; qu'il soit catholique et défenseur passionné, exclusif, de la France et de la révolution. » De telles paroles font mieux l'éloge du prince qui les a écrites qu'un panégyrique. Son intelligence pratique et positive était préoccupée des grands problèmes sociaux du temps; elle était résolue à en chercher la solution, sans se jeter dans le rêve et l'utopie.

Le roi aurait vivement désiré que la loi de régence eût été votée à l'unanimité, et ce fut dans ce sens que parla M. Thiers : « Il s'agit de prouver qu'il n'y a pas de nuances entre nous, quand il est question de la monarchie. » Mais M. de Lamartine vint demander que la régence fût remise à madame la duchesse d'Orléans : « Une régence de femme, c'est le pouvoir du pays, c'est le gouvernement dans le parlement, c'est la dictature de la nation à la place d'un dictateur royal. » Il eût pu dire plus justement peut-être : C'est une arène ouverte aux ambitions. Quatre-vingt-quatorze voix se prononcèrent pour l'opinion de M. de Lamartine contre trois cent dix. Une minorité si forte amoindrissait la portée de la loi et d'autant plus sérieusement que le duc de Nemours était peu populaire. On n'appréciait pas la distinction de son esprit, la noblesse de son caractère; on le trouvait froid, hautain, et on le soupçonnait d'être plus partisan du principe de la légitimité que des principes au nom desquels s'était faite la révolution de juillet.

1843. *Visites princières*. — Deux événements heureux pour la famille royale, le mariage de la princesse Clémentine, fille du roi, avec le prince Auguste de Saxe-Cobourg (20 avril), et celui du prince de Joinville avec une sœur de l'empereur du Brésil (7 mai), furent suivis d'un événement particulièrement agréable à Louis-Philippe. La reine Victoria vint lui rendre visite au château d'Eu, accompagnée du prince époux, Albert de Saxe-Cobourg-Gotha (2 septembre). La question du droit de visite, qui préoccupait vivement l'opinion publique dans les deux pays, fut discutée par M. Guizot et lord Aberdeen, sa solution fut préparée, et ces entrevues parurent avoir affermi l'entente cordiale de la France et de l'Angleterre, à laquelle le roi attachait un si grand prix.

Flétrissure des pèlerins de Belgrave-Square. — L'occasion de constater la bonne intelligence des deux gouvernements ne tarda pas à se produire. Le comte de Chambord avait fixé sa résidence dans un hôtel de Belgrave-Square, à Londres. La reine Victoria, sur les instances de notre ambassadeur, refusa de le recevoir. Mais alors une foule de légitimistes, parmi lesquels se trouvaient des députés, obéissant à un mot d'ordre, accoururent de France pour rendre hommage au dernier rejeton de la branche aînée des Bourbons, comme à leur souverain véritable (*Novembre*). Cet empressement causa au roi une vive irritation. Il exigea que le ministère demandât à la chambre des députés de *flétrir* la conduite des députés infidèles au serment qu'ils avaient prêté à la charte et au roi constitutionnel. Une discussion s'engagea dans laquelle les personnalités les plus blessantes furent échangées. M. Guizot, accusé d'être allé à Gand pendant les Cent-Jours, ayant voulu justifier cette démarche en disant qu'il s'y était rendu pour exercer sur l'esprit de Louis XVIII une influence utile aux idées libérales, se vit arrêté dès les premiers mots par les clameurs furieuses de l'opposition. Soixante fois les cris : *A l'ordre !* les apostrophes outrageantes interrompirent l'orateur ; soixante fois il reprit son discours, retrouvant, avec une impassibilité apparente, la liaison de ses idées, la netteté de son argumentation qu'il termina par ces amères et superbes paroles : « Et maintenant ce que j'ai constamment combattu, je le combats encore, et je ne céderai pas aujourd'hui. Je persévérerai à soutenir contre tous les genres d'opposition les intérêts et les principes de la monarchie constitutionnelle... Quant aux injures, aux calomnies, aux colères extérieures et intérieures, on peut les multiplier, on peut les entasser tant qu'on voudra, on ne les élèvera jamais à la hauteur de mon dédain ! » Magnifique langage assurément ; mais tant d'énergie aurait été mieux employée, pour le bien du pays, à corriger les abus, à vaincre la résistance apathique des conservateurs eux-mêmes aux réformes nécessaires et à la réalisation vainement attendue de quelques-unes des promesses de la charte, que dans les luttes de la tribune : il ne suffisait point de les soutenir victorieusement, il aurait fallu éviter de les provoquer. L'épithète injurieuse fut votée : triomphe brillant et stérile, car les députés *flétris* ayant donné leur démission furent renvoyés à la chambre par les électeurs. La défaite de l'opposition et l'évidence de son infériorité numérique dans le parlement ne firent que rendre les colères plus entreprenantes et plus dangereuses. C'est dans la presse, où le gouvernement ne compte qu'un seul défenseur influent, le *Journal des Débats*, c'est en s'adressant à l'opinion publique égarée qu'elle prendra sa revanche des échecs du scrutin.

ALGÉRIE. *Prise de la Smalah d'Abd-el-Kader.* — La conquête de l'Algérie était poursuivie avec énergie. Depuis l'arrivée du général Bugeaud (22 février 1841), de grands coups avaient été portés. L'armée comptait alors près de cent mille hommes. Avec des forces considérables, Baraguey-d'Hilliers tourne le bas Chélif, Bugeaud s'empare de Tagdempt, de Mascara. Toutes les places fortes de l'émir lui sont enlevées successivement, les unes sont brûlées, les autres confiées à des garnisons bien approvisionnées. Abd-el-Kader fuit vers le désert. — Mais l'année suivante, 1842, il semble avoir regagné pendant l'hiver le terrain perdu par la guerre. La ruse vient au secours de son audace. Plusieurs des tribus qui s'étaient soumises à nous, trompées par ses promesses, se rallient à sa cause. Des généraux rompus, à la tactique des Arabes et à la nature d'une guerre toute spéciale, secondent admirablement l'ardeur du général en chef : ce sont Lamoricière, Bedeau, Changarnier, et les colonels Morris et Yousouf, et le duc d'Aumale, qui est venu combattre à côté de ses vaillants et habiles capitaines. En 1843, le prince est à la poursuite d'Abd-el-Kader, que Lamoricière a forcé de se réfugier dans les montagnes de l'Ouarenseris. Il apprend que l'émir s'est arrêté, a fait dresser ses tentes près des sources du Taguira, rivière qui se jette dans le Chélif. La *Smalah* est là tout entière, la famille, les enfants, les serviteurs, les bagages, les troupeaux, sous la protection de cinq mille hommes, parmi lesquels deux mille cavaliers. Le jeune prince a, avec lui, seulement cinq cents chevaux. Il n'hésite pas, s'avance rapidement, tombe comme la foudre au milieu de la Smalah. Abd-el-Kader n'a que le temps de s'élancer sur un cheval : il s'échappe avec sa mère et sa femme légitime, pendant que quelques serviteurs dévoués se font tuer pour protéger sa fuite ; mais son camp est tombé en notre pouvoir, ainsi que ses trésors, ses drapeaux, sa correspondance et trois mille six cent soixante Arabes (16 mai). L'émir se voit bientôt après obligé de se réfugier dans le Maroc. Là, ses intrigues nous préparèrent des difficultés que le canon seul pouvait résoudre.

GUERRE AVEC LE MAROC. BATAILLE D'ISLY (1844). — L'empereur Abd-er-Rhaman aurait désiré peut-être vivre en bonne intelligence avec des voisins comme les Français, mais il ne pouvait se montrer mal disposé à l'égard d'Abd-el-Kader sans blesser le sentiment religieux de ses sujets. Il dut donc, pour arrêter les progrès de la popularité de l'émir qui prêchait la guerre sainte, se préparer secrètement à la lutte. Des levées extraordinaires furent ordonnées, des coups de main furent tentés sur notre territoire. Un jour, le général Lamoricière se vit enveloppé par une nuée de troupes marocaines, les attaqua avec sa décision ordinaire et les culbuta. Il fallait en finir avec cette perfidie. Bugeaud, qui avait été récemment nommé maréchal de France (1843) en récompense des services rendus, résolut de commencer les hostilités avant que l'empereur eût rassemblé toutes ses forces. Il était évident ou que les protestations pacifiques d'Abd-er-Rhaman étaient mensongères, ou que sa volonté était impuissante pour vaincre le mauvais vouloir des populations. Le maréchal se disposa à envahir le Maroc, tandis que le prince de Joinville bombarderait les places maritimes dans le cas où la France n'obtiendrait pas satisfaction sur trois points qu'elle avait déterminés : expulsion d'Abd-el-Kader ; punition des chefs marocains qui avaient attaqué nos soldats sur le territoire algérien ; obligation pour l'armée impériale de ne jamais franchir la frontière du Maroc. L'empereur tergiversa, comptant sur la médiation de l'Angleterre mécontente et inquiète de nos mouvements, mais le jour fixé pour la réponse à notre ultimatum étant arrivé (6 août), le prince de Joinville faisait attaquer les fortifications de Tanger qui en deux heures tombaient sous nos boulets ; de là, il se rendait à Mogador, propriété particulière de l'empereur et la démantelait (15 août). Le Jernier de ces combats, où le chef de l'expédition avait montré le sang-froid et l'intrépidité d'un vieux marin, coïncida presque avec la bataille décisive d'Isly. De son côté, le maréchal était allé à la rencontre du fils d'Abd-er-Rhaman, avec dix mille hommes de troupes aguerries. L'Isly, petit fleuve voisin de la frontière, ayant été franchi sous les yeux de l'ennemi et malgré ses efforts, l'action s'engagea. La solidité de notre infanterie soutenue par le feu de toute l'artillerie jette le désordre dans l'immense cavalerie marocaine; le fils de l'empereur abandonne, dans sa précipitation, jusqu'au parasol, emblème du pouvoir souverain que l'on portait sur sa tête, et s'enfuit avec ses officiers. La victoire était complète. L'Angleterre se montra très-inquiète sur ses résultats. Elle craignait notre voisinage pour Gibraltar. Mais la France n'avait pas l'intention de demander autre chose après la victoire qu'avant le combat, c'est-à-dire plus que la punition des chefs qui avaient attaqué précédemment nos soldats, la délimitation des frontières et l'expulsion d'Abd-el-Kader. Elle aurait bien pu y joindre le payement des frais de la guerre. L'opinion publique ne partagea pas la manière de voir du *Journal des Débats*, qui déclarait *la France assez riche pour payer sa gloire*. Lorsqu'elle apprit les stipulations du 10 septembre avec l'empereur du Maroc, elle trouva excessive une modération à laquelle on ne peut attribuer d'autre mobile que le désir de ne point fournir l'apparence d'un prétexte à l'irritation et à l'inimitié des Marocains. Quant à l'intérêt que pouvait avoir l'Angleterre à ce que nous ménagions les finances d'Abd-er-Rhaman, il n'est point assez manifeste, pour qu'on pût accuser le traité d'être une concession à la politique de cette puissance.

Affaire Pritchard. — L'indemnité Pritchard eut, il est vrai, un autre caractère. Pour en faire comprendre la portée, il faut présenter brièvement l'historique de la question, une des plus bruyantes et des plus orageuses de la dernière partie du règne de Louis-Philippe. Depuis plusieurs années, le gouvernement avait envoyé en Océanie une escadre chargée de protéger les résidents français et les missionnaires catholiques. Il était d'ailleurs préoccupé du désir de lutter contre l'expansion coloniale de l'Angleterre et de prendre position à proximité des points les plus avantageux du globe dont celle-ci s'est successivement emparé. En 1841, la France s'établit à Nossi-bé, petite île voisine de Madagascar ; en 1842 elle obtint la cession de Mayotte, dans le canal de Mozambique. Cette même année, 1842, le contre-amiral Dupetit-Thouars était autorisé (1er mai) à occuper les îles Marquises qui pouvaient offrir à nos vaisseaux, dans ces parages, un port et une station avantageuse. Les îles de la Société sont voisines des îles Marquises ; Taïti, gouvernée alors par la reine Pomaré, en est la plus importante. Des missionnaires catholiques et des Français ayant été maltraités par les indigènes, l'amiral exigea une réparation ; la reine effrayée consentit à tout et se plaça même sous le protectorat de la France (juillet) ; mais ici nous rencontrions l'opposition de ces marchands missionnaires que l'Angleterre a envoyés et qu'elle soutient partout. Un certain Pritchard, consul, missionnaire et pharmacien, se trouvait plus que tout autre lésé par un protectorat qui lui enlevait l'espèce de souveraineté dont il jouissait dans l'île depuis quinze ans. Il intrigua et parvint à décider Pomaré à substituer un nouveau pavillon au pavillon du protectorat. Indigné de cette conduite, l'amiral crut devoir, au nom de la France, prendre définitivement possession des îles de la Société (nov. 1843). Pomaré adressa alors, par le capitaine Bruat, une protestation au roi Louis-Philippe. En même temps Pritchard, furieux que l'île eût été rouverte aux missionnaires catholiques, organisait contre nous une famine factice, décidait la reine à se retirer à bord d'un navire anglais : sur l'ordre des autorités françaises, on le saisit, on l'enferme dans un blockaus. On ne lui rendit plus tard la liberté qu'à la condition qu'il serait immédiatement conduit aux îles Sandwich. Sa boutique de pharmacien fut mise au pillage et détruite. Ces événements causèrent en Angleterre une vive émotion. La presse retentissait des accusations de Pritchard qui se plaignait d'avoir été maltraité arbitrairement, fait prisonnier malgré la protection du drapeau anglais, emprisonné et ruiné. De toutes parts, on prit fait et cause pour lui : la question devint nationale. Le gouvernement français avait d'abord décidé, après avoir reçu la protestation de la reine Pomaré, que le simple protectorat sur les îles de la Société serait maintenu et il avait désavoué la prise de possession par l'amiral. Sur les réclamations de sir Robert Peel, interprète de l'opinion du parlement, il crut devoir accorder en partie la réparation qui était réclamée : tout en maintenant le droit qu'il avait exercé en expulsant Pritchard, il blâmait *le mode, le lieu de son emprisonnement momentané* comme ne lui paraissant pas justifié par les faits. Le 2 septembre, il se montra disposé à accorder à Pritchard une indemnité à raison des dommages et des souffrances que les circonstances avaient pu lui faire éprouver. Cette concession rencontra dans la chambre des députés la plus vive opposition. Dans les débats que souleva la discussion de l'adresse au début de la session de 1844-1845, le gouvernement fut accusé de sacrifier à l'alliance anglaise l'honneur de la France. Il n'obtint même pour le vote de l'indemnité qu'une majorité de huit voix dont il se contenta, à tort peut-être, car elle ne lui donnait pas, devant l'opinion surexcitée par les commentaires des journaux, une autorité morale suffisante.

A voir à qui la presse distribuait l'éloge, à qui le blâme et l'outrage, il semblait qu'il n'y eût d'honorables que les adversaires du gouvernement et que quiconque lui appartenait, soit par ses opinions, soit par sa position, était vendu au pouvoir et ne méritait que le mépris. On inventa un mot nouveau pour stigmatiser ceux dont les votes avaient donné gain de cause au ministère dans l'affaire Pritchard, *Pritchardistes*. Quelques membres distingués de la chambre n'osèrent demeurer dans la majorité qu'en prenant l'épithète de *progressistes* par opposition à celle de *bornes* donnée aux partisans systématiques du ministère. C'était comme aux plus beaux jours de la Fronde : il n'y avait personne qui ne frondât un peu le gouvernement; les plus honnêtes gens aussi bien que les autres.

Et cette fronde, personne ne la prenait fort au sérieux; le roi s'en moquait, il en avait vu bien d'autres dans sa longue carrière ! Les ministres haussaient les épaules ; mais personne ne croyait davantage à la force du gouvernement que l'opposition elle-même. Qu'on eût dit à M. Odilon-Barrot, à M. Duvergier de Hauranne, à M. de Tocqueville qu'ils ébranlaient le trône et les institutions, ils se seraient arrêtés avec épouvante ; et M. Marrast lui-même, bien averti, eût reculé devant la République qui l'a surpris plus que personne et qui n'a été à nuls autres plus fatale qu'aux républicains. Cependant on avait inspiré à l'armée, à la flotte, aux administrations, au pays tout entier, à force de répéter les mêmes accusations, non la haine, mais le doute ; non le mépris, mais l'indifférence ; non le désir d'une révolution, mais l'ennui d'une immobilité prolongée : on avait, en un mot, *désagrégé* la nation et le gouvernement.

Peu de jours après le vote de l'indemnité Pritchard, le roi Louis-Philippe était allé rendre à la reine Victoria, à Windsor, la visite qu'il avait reçue à Eu, dans la pensée de mettre à profit ses relations intimes pour préparer l'union qu'il avait singulièrement à cœur des filles de Marie-Christine avec des princes de la maison de Bourbon, et pour pressentir les dispositions du gouvernement anglais sur ce projet (septembre 1844).

La question du droit de visite. — M. Guizot, cédant au désir du roi, resta donc au pouvoir; mais l'opposition ne se montra que plus irritée et plus agressive, redoublant ses plaintes contre l'abus des influences, contre ce qu'elle appelait la corruption électorale, et réclamant, au nom du pays, une double réforme, parlementaire par l'exclusion de certains fonctionnaires du parlement, électorale par l'abaissement du cens et l'adjonction des capacités. Elle ne tint pas compte à l'Angleterre d'une concession beaucoup plus importante pour cette puissance que n'aurait dû l'être pour nous, sans les manœuvres de l'opposition, le payement d'une indemnité au consul pharmacien Pritchard. Il s'agissait d'un droit maritime fondé, en apparence, sur les traités, du droit de visite. Mais ici la chambre se déclara énergiquement contre les prétentions de l'Angleterre, et le ministère dut revenir sur ses premières dispositions. Le droit de visite avait été établi à l'époque où l'on avait voulu mettre obstacle, par des mesures efficaces, à la répression de la traite des noirs. Il autorisait les navires des deux nations à s'accoster et à se visiter réciproquement pour s'assurer qu'ils ne se livraient pas à cet odieux trafic. Les navires anglais étant beaucoup plus nombreux que les nôtres sur toutes les mers, il s'ensuivait que les occasions d'exercer cette surveillance devaient se présenter plus souvent pour eux que pour nous. La brutalité et l'insolence qu'ils y mettaient parfois blessèrent la juste susceptibilité de notre marine. Le commerce s'en plaignait comme d'une gêne et d'une vexation. Aussi, quand on apprit que M. Guizot, confirmant et aggravant les traités de 1831 et de 1833, avait signé le 30 décembre 1841, une convention qui étendait les parages dans lesquels les bâtiments français pourraient être visités, il y eut des réclamations générales. Le ministère n'avait envisagé la question qu'au point de vue de l'intérêt d'une grande mesure de civilisation et d'humanité ; le pays ne l'envisageait qu'au point de vue de sa fierté blessée ; il lui semblait que pour que le droit pût être réciproque, il eût fallu que les forces fussent égales. La chambre se montra donc contraire à la convention. La couronne, à laquelle la Charte donnait le droit de conclure les traités, aurait pu maintenir ce qui avait été fait. Elle n'eut garde de résister au sentiment public. Une nouvelle convention fut rédigée en vertu de laquelle la France devait armer autant de navires que l'Angleterre sur la côte d'Afrique, et elle fut signée au nom des deux nations le 29 mai 1845, après une longue résistance du cabinet anglais. A son tour, il faisait au maintien de l'alliance une concession qui fut vivement blâmée dans son pays. Au reste, la visite des navires se bornant désormais à vérifier leur nationalité, l'efficacité des mesures pour la répression de la traite se trouva très-affaiblie.

La question de l'enseignement. — Indépendamment des questions qui touchaient à la dignité nationale : affaire Pritchard, droit de visite, etc., un point de politique intérieure fut, dans la chambre, l'objet de vifs et ardents débats. Il s'agissait de l'enseignement. Le gouvernement de juillet avait montré, en toutes circonstances, une extrême déférence pour les vœux du clergé ; il avait encouragé l'enseignement des frères de la doctrine chrétienne dans les écoles, fait usage de la loi sur les associations contre les sectes dissidentes, élevé à l'épiscopat des prêtres de mérite agréables à la cour romaine, enfin il avait négligé d'appliquer les lois contraires aux congrégations religieuses et particulièrement aux jésuites, comme sociétés enseignantes. Mais il n'avait pas donné la liberté d'enseignement promise par la Charte. C'est le grand grief du clergé. Au nom des principes, au nom du droit des pères de famille, il réclamait l'abolition du monopole universitaire, c'est-à dire, de l'obligation imposée à tous les jeunes gens appartenant aux établissements d'instruction secondaire de produire, pour être admis à subir l'examen du baccalauréat ès lettres, un certificat d'études constatant qu'ils avaient suivi, dans un collége royal, le cours de philosophie. Les attaques contre l'enseignement de l'État étaient généralement injustes ; cependant la réclamation du clergé s'appuyant sur les termes mêmes du pacte fondamental, était fondée. Plusieurs ministres cherchèrent vainement à concilier la liberté et le droit, l'intérêt du clergé et celui de l'État, désireux d'élever de plus en plus le niveau des études. Un projet de loi de M. Guizot était tombé avec le cabinet de 1836. Un autre, dû à l'initiative de M. Villemain, fut discuté en 1844. Ni ceux-ci, ni celui que vint présenter M. de Salvandy en 1846, ne donnaient satisfaction complète à deux opinions hostiles à l'état de choses et inconciliables entre elles, au parti libéral et au parti clérical. M. de Salvandy venait de remplacer, au ministère de l'intruction publique, M. Villemain. C'était la troisième modification que subissait le cabinet. M. Teste avait déjà quitté les travaux publics (en 1843) confiés à M. Dumon; la mort de l'amiral Duperré et de M. Humann leur avait fait donner pour successeurs, au premier, le vice-amiral Roussin (remplacé à son tour par M. de Mackau), au second, M. Lacave-Laplagne.

L'espèce de croisade entreprise contre l'enseignement de l'État par les plus ardents partisans du clergé et à laquelle prirent part des prêtres et des évêques, devait amener une réaction d'autant plus agressive qu'un grand nombre de ces partisans de la liberté d'enseignement avouaient leur sympathie pour la Société de Jésus. M. Thiers, au nom de l'opposition, vint sommer le gouvernement d'appliquer contre les corporations enseignantes les lois du royaume (mai 1845), et la chambre vota l'ordre du jour qu'il proposa pour cet objet. La question revint à la chambre des pairs où M. Guizot déclara que sur les instances de notre ambassadeur à Rome, M. Rossi, le pape était intervenu et avait obtenu que la Société se conformerait en France aux lois existantes. La question se trouvait donc résolue. Mais les jésuites obligés en vertu de la loi sur les associations, de se diviser par groupes de vingt personnes, au lieu de fermer leurs maisons, se fractionnèrent et en multiplièrent le nombre.

ALGÉRIE. *Bou-Maza.* — Le traité de Tanger avait imposé à l'empereur de Maroc l'obligation de mettre Abd-el-Kader hors de ses États, et par là exigé de lui ce qu'il ne pouvait pas faire. L'émir continuait à pousser les tribus kabyles à la révolte. Elles recommencèrent les hostilités sous les ordres d'un certain Bou-Maza (*le père de la chèvre*). L'insurrection fut réprimée, au moins dans le Dahra, grâce à l'énergie de nos officiers. Un événement de guerre, la destruction d'un certain nombre de familles arabes appartenant à des tribus rebelles et asphyxiées par un feu de fascines dans une caverne où elles opposaient une vive résistance, eut en France un grand retentissement. Le nom du commandant Pélissier, qui avait commandé cette exécution, fut chargé des épithètes les plus injurieuses et peu s'en fallut que le gouvernement ne fût rendu responsable d'une des tristes nécessités de la guerre (juin 1845). Peu de temps après, on apprit que, mettant à profit le soulèvement de la province d'Oran, produit par ses menées, Abd-el-Kader avait surpris un détachement de quatre cents hommes commandés par le lieutenant-colonel de Montagnac, à Sidi-Brahim, et que la petite troupe avait été massacrée. Le maréchal Bugeaud était alors en France. Il se hâta d'accourir. C'était presque la conquête de l'Algérie à recommencer, car la plaine de la Mitidja se trouvait de nouveau menacée. Il fallut encore deux années de guerre, de poursuites et de razzias continuelles avant d'amener notre audacieux et opiniâtre ennemi à se soumettre.

1846. *Stagnation de la politique intérieure.* — L'esprit de résistance aux moindres réformes politiques, l'esprit de routine administrative qui faisait repousser par le gouvernement la proposition de M. Saint-Marc-Girardin, relative au règlement des conditions de l'avancement dans les carrières publiques et la proposition Rémusat relative à l'incompatibilité du mandat de député avec certaines fonctions publiques ; le rejet, par la chambre des pairs, des propositions de réduction de l'impôt du sel, de la taxe des lettres, de la conversion des rentes, votées par la chambre des députés, aigrissaient, irritaient l'opinion libérale tout entière sans distinction de nuances. En outre, on se plaignait des charges croissantes du trésor, on exagérait l'influence, sur l'état des campagnes, d'une insuffisante récolte de pommes de terre et de céréales, et, sur l'état des esprits en Algérie, du massacre de Sidi-Brahim. C'est sous l'impression de ces événements divers que s'ouvrit la session de 1846. Elle montra l'opposition plus déterminée et plus unie que jamais, ayant pour chefs MM. Thiers et Odilon-Barrot. Les discussions furent vives; cependant elles n'empêchèrent pas quelques bonnes mesures législatives. Un crédit de 93 millions fut affecté à l'accroissement du personnel et du matériel de la marine ; un autre aux chemins de fer, un autre aux canaux. Les pairs votèrent la loi relative aux livrets d'ouvriers. Ensuite, on se disposa à entrer de part et d'autre dans la lutte électorale.

Évasion du prince Louis. — Élections générales. — Mauvaise récolte. — Pendant qu'elle se préparait, on apprit que le prince Louis-Napoléon était parvenu à s'évader du fort de Ham (25 mai) sous la veste d'un ouvrier maçon, nommé Badinguet. Le docteur Conneau, alléguant une maladie du prisonnier, avait mis en défaut la surveillance du commandant du château. Cette nouvelle fut suivie de celle du mariage du duc de Bordeaux avec la sœur aînée du duc de Modène, François V. Puis eurent lieu deux nouveaux attentats dont l'un, qui avait pour auteur Lecomte, ancien garde des forêts, tireur d'une habileté consommée, fut le plus grand danger que le roi eût encore couru (29 juillet).

Le résultat des élections générales pouvait paraître offrir des gages de stabilité et de force capables de rassurer pleinement sur l'avenir de la monarchie. Le ministère avait vu s'accroître le nombre de ses partisans, diminuer celui de ses adversaires. Il est vrai que jamais on n'avait plus crié contre l'abus des influences, que l'opposition se montrait comme exaspérée par sa défaite, que la nouvelle chambre allait compter plus de fonctionnaires que n'en avait eu la précédente. D'autres circonstances étaient d'ailleurs de nature à troubler la satisfaction du cabinet. L'année, sous le rapport agricole, avait été mauvaise : les pommes de terre manquaient. Il y avait crise de subsistances et crise financière. Si la politique venait aiguillonner, par ses excitations, les souffrances des masses, tout était à craindre. Des troubles éclatèrent dans les grands centres de populations ouvrières ; enfin, la Loire déborda, dévastant sa vaste et riche vallée, enlevant à de nombreuses familles le pain, l'asile qui abritait leurs têtes et leur laissant la misère à la place de l'aisance qu'elles lui avaient due (18 octobre). Ces sourdes colères, ces aigreurs amères et envieuses contre la société que fait naître le malheur, fermentaient au fond des multitudes.

La situation intérieure eut cependant une part moins grande dans les préoccupations publiques, en 1846, que trois événements considérables de la politique extérieure dont il convient de parler ici : 1° les mariages espagnols ; — 2° la suppression de la ville libre de Cracovie ; — 3° l'avénement au trône pontifical du pape Pie IX.

Mariages espagnols. — Après trois années d'un véritable despotisme militaire, Espartero avait dû quitter l'Espagne en fugitif (1844), la reine mère Marie-Christine avait été rappelée et les Cortès avaient reconnu la majorité de sa fille Isabelle II (1845), âgée de quinze ans. Les mariages d'Isabelle et de sa sœur furent une des questions dont s'occupa la diplomatie européenne, la cour de France principalement. Louis-Philippe ne voulait pas qu'un autre qu'un descendant de Philippe V vînt occuper le trône d'Espagne avec la fille de Ferdinand VII, mais il avait malheureusement résisté à Marie-Christine qui aurait désiré unir ses deux filles aux ducs d'Aumale et de Montpensier (1). Pour déjouer cette combinaison, il venait même de marier le duc d'Aumale avec une princesse de Naples. A son avis l'époux de la reine devait être choisi parmi les princes descendants de Philippe V dans la ligne masculine et qui étaient : les trois fils de don Carlos, les fils de don François de Paule, les deux princes de Naples

(1) Nous disons malheureusement parce qu'à une époque ou les souverains épousent les intérêts des peuples qu'ils adoptent et ne peuvent les trahir au profit de leur famille, ces princes, vaillants et sages, auraient fait le bonheur de l'Espagne et relevé la dignité du monarque dans un pays éminemment monarchique.

(comte d'Aquila et comte de Trapani), et un prince de Lucques. Le choix fait, il demandait la main de la sœur d'Isabelle, de l'infante Louisa Fernanda, pour son cinquième fils, le duc de Montpensier. Telles étaient les vues du roi. Il ne les fit connaître au cabinet de Saint-James, que lorsqu'il vit se produire la candidature du prince Léopold de Saxe-Cobourg, neveu du roi des Belges, cousin germain de la reine Victoria et du prince Albert, frère du roi de Portugal, de la duchesse de Nemours et du prince Auguste époux de la princesse Clémentine. L'énumération que nous venons de donner des alliances de ce prince indique assez la place prise, au profit de l'influence anglaise et germanique, dans les dynasties européennes, par la maison de Saxe-Cobourg. Louis-Philippe était décidé à combattre cette candidature par tous les moyens. Il le fit savoir en 1845 à lord Aberdeen, dans la seconde visite de Victoria à Eu. On convint de deux choses : 1° que la candidature de Léopold de Saxe-Cobourg serait écartée ; 2° que le mariage de Montpensier avec Louisa Fernanda n'aurait lieu qu'après la naissance d'un infant issu du mariage d'Isabelle avec un prince de la maison de Bourbon. Cependant les intrigues de M. Bulwer, ministre de l'Angleterre à Madrid, décidèrent Marie-Christine, par suite de sa répulsion pour la candidature impopulaire du comte de Trapani, à écrire au duc régnant de Saxe-Cobourg et à lui faire part de son désir de voir son neveu épouser Isabelle. C'était manquer aux engagements pris. Bulwer fut réprimandé. Il allait envoyer sa démission, lorsque les torys furent renversés. Lord Palmerston remplaçait lord Aberdeen aux affaires étrangères. Peu après son installation au *Foreing-Office*, il transmettait à M. Bulwer une dépêche, communiquée plus tard au chargé d'affaires de France, qui limitait à trois le nombre des candidatures : En première ligne, le prince de Saxe-Cobourg ; 2° Don François d'Assise, duc de Cadix : 3° don Enrique, duc de Séville. La faute qui fit échouer lord Palmerston fut d'avoir cherché un appui pour sa politique en Espagne dans le parti progressiste.

Marie-Christine s'effraya, elle craignit le triomphe des révolutionnaires et, par un revirement subit, s'adressant à la cour de France, elle la pressa de donner son assentiment aux mariage simultanés et immédiats de la reine avec don François d'Assise et de l'infante avec Montpensier. Le roi eut un moment d'hésitation : il appréhendait la rupture d'une alliance qui avait été jusqu'alors la base de sa politique extérieure. Cependant la crainte de voir triompher la candidature de Cobourg, s'il insistait pour un ajournement, lui fit donner des instructions conformes au désir de Marie-Christine à M. Bresson, l'habile négociateur des mariages. Ce dernier sut cacher à M. Bulwer l'imminence de la solution qui se préparait. Dans la nuit du 27 au 28 août 1846, la reine Isabelle déclarait officiellement à ses ministres qu'elle prenait le duc de Cadix pour époux et que l'infante sa sœur s'unissait au duc de Montpensier. Les Cortès, ouvertes le 14 septembre, donnèrent leur approbation à cette décision, et le 10 octobre avait lieu la célébration des deux mariages.

Ces événements causèrent au cabinet anglais un vif dépit. Il prétendit avoir été trompé : il s'efforça d'associer toute l'Europe à ses ressentiments. La reine Victoria écrivit à la reine Amélie une lettre fort sèche; un refroidissement de plus en plus marqué se fit sentir dans les relations des deux gouvernements. Mais la France avait-elle à se plaindre de la conduite du roi Louis-Philippe? Cette conduite n'avait-elle pas concilié les intérêts du pays avec ceux du père de famille? Que n'eût-on pas dit justement, si l'influence anglaise l'eût emporté en Espagne, au lieu de l'influence française? Cependant ceux même qui s'étaient montrés le plus contraires à l'alliance anglaise commencèrent à reprocher amèrement au gouvernement de l'avoir sacrifiée à ce qu'ils affectèrent de ne regarder que comme une question d'alliance matrimoniale sans fruit pour la nation.

Il y eut sur ce point à la chambre des débats passionnés ainsi que sur la suppression de l'indépendance de Cracovie.

La ville libre de Cracovie est annexée à l'Autriche. — Cracovie avait été déclarée ville *libre indépendante* et *neutre* dans l'acte du congrès de Vienne. Placée sous la protection collective de la Prusse, de l'Autriche et de la Russie, elle ne pouvait évidemment jouir de ses droits, qu'à la condition de rester dans une neutralité politique absolue, condition bien difficile à remplir au milieu de cette Pologne abattue et vivante, dont elle était le dernier vestige encore debout. Le 17 février 1846, une insurrection éclata dans le cercle de Tarnow, dans la Posnanie prussienne, et le 22 février, à Cracovie ; on lisait dans le manifeste du nouveau gouvernement de cette ville : « Tâchons de conquérir une communauté où chacun jouira des biens de la terre selon son mérite et sa capacité... La communauté aura la propriété absolue du sol aujourd'hui possédé par un petit nombre. » Le sénat, opposé à ces doctrines insensées, fit appel à l'armée autrichienne. Elle entra à Cracovie, puis en sortit, par suite d'un mouvement insurrectionnel qui établit un gouvernement provisoire avec M. Dembowski pour président. En Galicie, les Autrichiens étaient parvenus à réveiller dans les paysans soulevés la haine qui les animait autrefois contre leurs seigneurs ; cette province devint le théâtre d'une horrible lutte des serfs contre les nobles, d'une véritable jacquerie. Puis, après l'extermination des riches par les paysans communistes, l'Autriche, réunissant ses forces, écrasa les vainqueurs. Elle était donc débarrassée de ce côté. On se retourna contre Cracovie. Les Russes pénétraient dans la ville ; les Autrichiens marchaient contre elle, lorsqu'elle se rendit à discrétion aux Prussiens. La France et l'Angleterre s'émurent de l'occupation de Cracovie. L'Angleterre fit observer, très-sagement, qu'elle créait un péril pour l'ordre européen, car disait-elle, « si les traités de Vienne ne sont pas valables sur la Vistule, ils ne sauraient l'être sur le Rhin et sur le Pô. » Les puissances passèrent outre. Il fut décidé que la ville et son territoire feraient retour à celui des États auquel ils avaient appartenu autrefois c'est-à-dire à l'Autriche (11 novembre). Ainsi disparut, par l'iniquité des copartageants et par la faute d'une démagogie désordonnée, le dernier reste de l'indépendance polonaise. La France, au nom des traités, avait protesté à plusieurs reprises. Pouvait-elle faire plus? Avait-elle donc un si grand intérêt à réclamer, à exiger la scrupuleuse observation des traités de Vienne? C'est ce qui fut répondu par M. Guizot à l'opposition, sans la satisfaire : le ministère de la paix à tout prix avait toujours, selon elle, des raisons excellentes pour ne pas faire la guerre ! Les esprit modérés auraient souhaité seulement un langage plus ferme et plus accentué où l'amour de la paix eût été un peu moins accusé.

AVÉNEMENT DE PIE IX. *Son influence sur le mouvement libéral.* — L'avénement d'un nouveau Pape devenait le signal pour l'Italie d'un grand mouvement libéral. Le pape Grégoire XVI était mort subitement le 1ᵉʳ juin 1846, à l'âge de 81 ans. Le 11 juin, le Sacré-Collége, composé de cinq cardinaux évêques, de trente-trois cardinaux prêtres et de sept cardinaux diacres, se formait en conclave : le 16 juin son choix était arrêté. Enfin le 21 juin le cardinal Mastaï-Ferretti (né à Sinigaglia en 1792), ceignait la tiare sous le nom de Pie IX, dans la basilique de Saint-Pierre de Rome. Les instincts et les sentiments du pontife élu répondaient au travail général des esprits, à une propension de plus en plus marquée vers l'indépendance, vers l'unité politique de la péninsule, dans le sens des institutions constitutionnelles soutenues, recommandées par l'abbé Gioberti, auteur du livre du *Primato*, par le comte Balbo (*Speranze d'Italia*), le marqui Caponi, MM. Massimo d'Azeglio, Marco Minghetti de Bologne, Peruzzi de Florence, Centofanti et Mantanelli de Pise, etc. Le jour où le pape reçut les félicitations du corps diplomatique, il ne se contenta pas d'adresser la parole à notre ambassadeur, M. Rossi, il lui tendit la main. C'était un hommage rendu à la part prise par la France à son élection, c'était un témoignage de confiance à l'homme éminent qui y vit comme une dette de dévoûment personnel à laquelle il est resté fidèle jusqu'à la mort.

1847. *Danger de la majorité parlementaire pour le ministère*. — La session qui s'ouvrit au commencement de l'année fournit l'occasion aux divers orateurs d'apprécier ces événements à leur point de vue. Quelle que fût la marche de la discussion, il était trop évident que le scrutin devait prononcer toujours en faveur du ministère. La conduite d'une majorité compacte devenait pour lui, sans qu'il en eût conscience, un péril, parce que la certitude de son impuissance dans le parlement pouvait conduire l'opposition à chercher le triomphe de ses idées ou de ses colères hors des voies légales. Pour conserver cette majorité, il fallait d'ailleurs lui plaire, céder à ses préjugés, subir son joug à certaines heures, immobiliser la politique intérieure dont un ancien ami, devenu un adversaire, accusait la stérilité, en disant qu'elle n'avait rien produit : *Rien, rien, rien*, mot que la presse répétait de ses mille voix, que les adversaires du gouvernement commentaient avec une verve intarissable, violente et haineuse. Le seul moyen de répondre à l'accusation d'immobilité était de marcher. De bons projets de loi auraient mieux valu que de bons projets de discours comme ceux qu'on a trouvés dans le cabinet de M. Guizot après la révolution et que la *Revue rétrospective* a publiés. Auraient-ils sauvé la monarchie? Il est permis d'en douter ; mais il est de toute évidence que la tribune avait pris une place trop grande, au préjudice des affaires, dans les préoccupations des hommes d'État.

Il existe un bien curieux et précieux recueil, celui de la *Revue rétrospective*, où ont été publiés les papiers saisis aux Tuileries après la révolution si soudaine du 24 février 1848. Une main loyale n'ayant d'autre but que l'intérêt de la vérité, a mis ces pièces sous les yeux du public. C'était alors un acte de conscience autant que de courage. L'effet en fut immense. On peut dire que de ce jour-là commença la réaction contre l'anarchie ;

que la faction Blanqui fut frappée à la tête, mortellement ; que la politique du roi, son caractère, ses relations avec ses enfants et ses ministres apparurent sous leur vrai jour ; car comment contester la puissance de ces témoignages fournis par les épanchements les plus intimes, les confidences les plus mystérieuses de la famille ? Parmi les révélations de la *Revue rétrospective,* une des plus piquantes est celle du jugement que portent sur la politique de leur père les fils de Louis-Philippe. Le prince de Joinville écrivait à son frère le duc de Nemours le 7 novembre 1847 : « Nous arrivons devant les chambres avec une détestable situation intérieure ; et, à l'extérieur, une situation qui n'est pas meilleure. Tout cela est l'œuvre du roi seul, le résultat de la vieillesse d'un roi qui veut gouverner, mais à qui les forces manquent pour prendre une résolution virile..... Ces malheureux mariages espagnols ! Nous n'avons pas encore épuisé le réservoir d'amertume qu'ils contiennent. » On voit que personne n'était plus *français* que ces jeunes gens formés par l'éducation publique des collèges, élevés avec la classe moyenne et comme elle de l'opposition, car tout le monde alors en était à l'exception du roi, des ministres, de la majorité parlementaire ; encore pouvait-on dire de celle-ci qu'elle était, sinon plus royaliste, du moins plus conservatrice que le roi.

On aurait pu répondre à cette critique du gouvernement personnel faite par le prince de Joinville lui-même que ce gouvernement direct a été le contre-poids nécessaire de la situation parlementaire, qu'il a contre-balancé l'effet de ces ambitions égoïstes et de ces rivalités qui auraient joué la paix du monde pour la conquête d'un portefeuille.... « Comment la France aurait-elle terminé les affaires belges en 1838, comment serions-nous sortis des complications de l'affaire d'Orient en 1840, comment aurait fini la question d'Espagne en 1845, si la couronne ne s'était plus d'une fois résolûment découverte ? Quel souvenir laisserait aujourd'hui dans l'histoire cette monarchie, si elle n'avait été qu'un champ clos ouvert devant quelques orateurs admirables par la parole ?.. Cette action personnelle s'est toujours exercée d'ailleurs dans le sens des vrais intérêts français au dehors, quoi qu'on ait pu dire, sans préoccupation d'alliance exclusive. La maison d'Orange dépossédée de la Belgique et le royaume des Pays-Bas dissous en 1831, l'Algérie colonisée et conquise pied à pied de 1830 à 1847, le drapeau français planté dans l'Océanie en 1842, le droit de visite retiré et les mariages espagnols conclus en 1846, ce ne sont pas là des gages de complaisance donnés à la Grande-Bretagne ; et si la chute de la monarchie de 1830 a suscité de nobles regrets en Angleterre, ils ont été payés à un gouvernement libéral beaucoup plus assurément qu'à un gouvernement allié. » *De Carné*. — (*Études sur l'histoire du gouvenement représentatif en France*).

Scandales. — Cependant les temps étaient durs, l'avenir s'assombrissait. A côté des désordres matériels causés par d'effroyables souffrances éclataient des désordres moraux plus effroyables encore. Des bandes parcoururent les campagnes où l'excessive cherté des grains, la maladie des pommes de terre avaient fait le plus de mal, à Laval, au Mans, en Bretagne, dans l'arrondissement de Tours ; elles pillaient les greniers, menaçaient les fermiers et les propriétaires. A Buzançais, elles allèrent plus loin ; elles massacrèrent des propriétaires qui avaient voulu défendre leurs demeures contre l'irruption populaire ou qui s'étaient refusés à signer l'engagement de vendre leur blé à moitié prix. On réprima ces agitations, on envoya à l'échafaud trois des meurtriers de Buzançais; mais on ne calma point les esprits. Le ministère s'était fortifié en remplaçant M. Martin du Nord, mort malheureusement le 11 mars, par M. Hébert, M. Lacave-Laplagne par M. Dumon ; en s'adjoignant M. Jayr (travaux publics), M. de Montebello (marine), le général Trézel (guerre). Il était bien décidé à punir tous les actes de corruption et de malversation qui lui seraient signalés, mais il était arrivé à cette heure où les actions les plus estimables tournent au préjudice de la cause que la fortune va trahir et qu'on croit servir. Les désordres que ses recherches lui firent découvrir dans l'administration de la marine et ailleurs, la condamnation des coupables, furent invoqués contre lui. Un ancien ministre des travaux publics, M. Teste, avait reçu 100,000 francs pour une concession de mines, le général Despans-Cubières, ancien ministre lui aussi, s'était rendu coupable de la corruption exercée sur M. Teste, de concert avec les banquiers Parmentier et Pellapra. L'affaire fut jugée par la cour des Pairs. Tous les accusés furent condamnés, M. Teste à trois années d'emprisonnement, les autres à la dégradation civique et à une amende (23 juillet au 21 août). Certes, il avait fallu pour affronter le scandale d'un tel procès, chez les hommes du gouvernement, la volonté énergique et presque l'audace du bien. Mais personne ne leur en sut gré. L'opposition répéta un mot que le général Cubières avait, dans le temps, appliqué à M. Teste : « Le gouvernement est dans des mains avides et corrompues. » Telle est la justice des partis.

L'émotion produite par cette malheureuse affaire n'était pas calmée, que la nouvelle d'un crime horrible se répandait dans Paris. La duchesse de Praslin, fille du maréchal Sébastiani, avait été trouvée morte dans sa chambre, le corps couvert de blessures. Les premières investigations de la justice ne permirent pas de douter que le meurtrier ne fût son mari, le duc de Praslin, promu à la pairie deux ans auparavant ; le duc prévint une condamnation inévitable en s'empoisonnant (24 août). Deux mois après (2 novembre), notre ambassadeur à Naples, le comte Bresson, un des plus heureux et des plus habiles diplomates du gouvernement de juillet, cédant à un accès de démence, se coupait la gorge avec un rasoir. Dans un gouvernement libre, tout se sait, tout se répète par la voix des journaux avec une rapidité inouïe. Ces faits, et d'autres presque aussi fâcheux, fournirent un thème à des commentaires qui en faisaient retomber la responsabilité non-seulement sur le gouvernement, mais sur la société tout entière. N'étaient-ils pas les symptômes d'une décomposition de la vieille société, le signe de l'avénement prochain d'une régénération dont le socialisme offrait les modèles, les Fouriéristes dans le Phalanstère, les Communistes dans l'Icarie de M. Cabet ? La tendance était si générale que les meilleurs esprits y avaient cédé. Le duc d'Orléans lui-même s'était bien proposé de créer un ministère du progrès, s'il arrivait au trône; ses frères critiquaient leur père, et le *Journal des Débats*, le plus fidèle défenseur du gouvernement constitutionnel, devenait, par la publication en feuilletons des romans d'E. Sue, le plus actif propagateur des idées du socialisme dans leur critique du milieu social. Tout cela ne paraissait pas bien sérieux au fond. La situation avait été justement définie d'un mot: *la France s'ennuie*. Elle cherchait la vie dans l'agitation, la distraction dans la nouveauté. Le lecteur des *Débats* associait dans son admiration M. Guizot et M. Eugène Sue. On s'appelait en certain lieu *conservateur socialiste*, sans qu'il sautât aux yeux que l'alliance de ces deux qualifications était impossible.

L'imprudence est constatée par les écrivains révolutionnaires : « 1845 fut l'époque où la critique de la société réelle et le rêve d'une société idéale atteignirent dans la presse le plus haut degré de liberté. C'était le temps de dire tout ce qu'on pensait. On le devait, parce qu'on le pouvait. Le pouvoir, du moment qu'elles ne révélaient aucune application *d'actualité* politique, s'inquiétait peu de théorie, et laissait chacun construire la cité future au coin de son feu, dans le jardin de son imagination. Pour être libre à cette époque de soutenir directement ou indirectement les thèses les plus hardies contre le vice de l'organisation sociale et de s'abandonner aux plus vives espérances du sentiment philosophique, il n'était guère possible de s'adresser aux journaux de l'opposition. » Probablement parce qu'ils payaient moins bien le romancier. Quoi qu'il en soit, il constaste un fait : « Les journaux conservateurs devenaient l'asile de tous les romans socialistes.. *L'Époque*, journal qui vécut peu, mais qui commença par renchérir sur tous les journaux conservateurs et absolutistes, fut donc le cadre où j'eus la liberté de publier un roman socialiste. Sur tous les murs de Paris, on afficha en grosses lettres : « Lisez *l'Époque* (1) ! lisez le *Péché de Monsieur Antoine* ! » (George Sand. Notice préliminaire des œuvres complètes Éd. Hetzel.)

(1) Ce journal avait alors pour rédacteur en chef M. Granier de Cassagnac.

Campagne réformiste. Les banquets. Trouble moral des esprits. — Déjà la grande agitation réformiste avait commencé, elle qui devait faire glisser l'opposition d'une mutinerie dans une révolution. On n'espérait rien de la chambre : quatre-vingt-dix-huit voix de majorité s'étaient prononcées contre le projet de réforme électorale qui demandait l'abaissement du cens, l'élévation du nombre minimum des électeurs pour rendre une élection valable, l'admission des capacités. La résistance systématique de la majorité se fondait sur le caractère que l'opposition donnait à ses propositions, dont elle faisait, disait-elle, des armes de guerre, des moyens de renverser le ministère. Des deux côtés, on avait tort; la majorité de ne pas considérer les propositions en elles-mêmes, l'opposition d'en fausser la portée, d'en dénaturer l'esprit et d'en compromettre le succès. Le malentendu ne devait que s'aggraver. La minorité parlementaire résolut d'en appeler au pays et de provoquer un mouvement qui força la main au gouvernement. Des banquets eurent lieu à Paris au Château Rouge (9 juillet), à Mâcon (18) sous la présidence de M. de Lamartine, qui menaça le gouvernement d'une révolution, *la révolution du mépris;* à Lille, 7 novembre. On ne se contentait pas d'y condamner la polititique ministérielle ; quelquefois, comme par la bouche de M. Ledru-Rollin à Lille, on attaquait le principe même du gouvernement, sans que ces violences éclairassent le cabinet sur la portée de l'agitation réformiste et l'opposition dynastique sur le danger du concours qu'elle lui donnait. Le livre des *Girondins* fut comme un dissolvant de plus jeté dans la bourgeoisie qui avait fait un succès de plusieurs éditions à *l'Histoire de dix ans* de M. Louis Blanc où le soupçon le plus odieux pour le roi des Français était habilement développé et propagé, au sujet de la mort du dernier prince de Condé. C'est là que la jeunesse s'était initiée à l'histoire du temps ; M. de Lamartine l'initiait à l'histoire de la Révolution. Son imagination de poëte et sa plume magique enlevaient aux noms et aux doctrines les plus discréditées de la

Révolution la salutaire horreur dont on était parvenu à les envelopper et à pénétrer les masses. La popularité des *Girondins* fut aussi grande que celle des *Mystères de Paris*. Comme on avait chanté le chœur de l'opéra de Charles VI, *Guerre aux Anglais*, en 1840, contre le ministère, on chanta le chœur des Girondins, en 1847, contre le gouvernement. Dénigrement de la personne du roi, réhabilitation de Robespierre (par MM. Buchez et Roux, *Histoire parlementaire*), propagation du socialisme enseigné dans des grandes villes, en plein hôtel de ville, en présence des maires et des préfets, participation aux banquets réformistes, que de leçons données par les bourgeois libéraux à M. Guizot ; et on les eût bien étonnés pourtant si on leur eût dit que la Révolution, la République et le socialisme touchaient à l'heure du triomphe !

Politique extérieure de M. Guizot. Elle s'éloigne de plus en plus de l'alliance anglaise. — Le 16 septembre, M. Guizot prit le titre de président du conseil : le maréchal Soult se retira avec le titre de maréchal-général, qu'avaient porté Turenne et Condé. Il ne restait du cabinet du 26 octobre 1840 que MM. Guizot, Duchâtel et Cunin-Gridaine.

La politique du ministère n'était pas moins attaquée dans son action extérieure, que dans sa conduite intérieure. On l'accusait d''être faible ou impuissante en face de l'Autriche, malveillante pour l'Italie, favorable aux jésuites en Suisse, contraire au parti libéral partout. Le temps nous a mis à même d'apprécier la valeur de ces griefs.

M. Guizot représentait au pouvoir la politique conservatrice, lord Palmerston la politique révolutionnaire. Si la France et l'Angleterre avaient pu s'entendre pour concerter une intervention en Portugal, où elles raffermirent le trône de la jeune reine dona Maria ébranlé par une double insurrection des Miguélistes et du parti ultra-radical (mai), ailleurs, elles se trouvaient en antagonisme ; lord Palmerston donnait la main aux révolutionnaires en Grèce, contre les amis de Coletti ; en Espagne, contre Marie-Christine et

Isturitz; à Rome, en Suisse, contre les catholiques. Dans ce dernier pays, il encouragea une lutte fratricide sur laquelle nous devons nous arrêter un instant.

Troubles en Suisse. Défaite du Sunderbund. — Après la révolution de 1830, deux partis s'étaient formés entre lesquels se partageaient les vingt-deux cantons : l'un, composé presque entièrement de catholiques, voulait le maintien de la constitution helvétique de 1815 qui donnait aux cantons l'indépendance absolue et l'omnipotence pour toutes les affaires de leur gouvernement intérieur; l'autre, composé de cantons protestants, voulait créer une forte unité politique, faire de Berne le centre du gouvernement et subordonner les cantons au Vorort, dans les questions religieuses et administratives. Les catholiques ayant établi des couvents sur leur territoire, les protestants radicaux formèrent sur le leur des corps francs, et lorsque les élections générales leur eurent donné le pouvoir dans le Vorort (1841), lorsque les cantons catholiques eurent refusé d'obéir à l'injonction qui leur fut faite de supprimer les couvents, les corps francs envahirent les cantons de Lucerne. Ils furent repoussés. En même temps, les sept cantons catholiques formaient une ligue défensive, à laquelle leurs adversaires donnèrent le nom de Sunderbund (11 décembre 1845). La confédération hésitait entre les deux partis. Mais une révolution violente faite à Genève par les radicaux qui investirent James Fazy de la dictature (octobre 1847); la présidence de la diète fédérale conférée à l'ancien chef des corps francs de Lucerne et la direction de la confédération donnée à Berne, furent des circonstances qui assurèrent un avantage marqué aux radicaux. La guerre civile était imminente. Les représentations de la France ne purent l'empêcher. Les sept cantons ligués, ayant refusé d'obéir à une résolution de la diète qui prononça la dissolution du Sunderbund, furent attaqués par une armée de 50,000 hommes que commandait le général Dufour (10 novembre 1847). Deux défaites, l'une à Fribourg, l'autre à Lucerne, écrasèrent leurs forces. La France intervint de nouveau : elle voulut faire du règlement des différends entre les cantons une affaire européenne; mais elle rencontra ici la vive opposition de l'Angleterre. Au reste, tout indique que la politique du roi Louis-Philippe, soit désillusion de l'alliance anglaise, soit calcul, allait chercher son point d'appui désormais dans des alliances continentales, lorsque la révolution éclata. Celle-ci assura, comme nous le verrons, le triomphe des radicaux en Suisse.

Influence libérale et modératrice de notre politique. — Réformes en Italie. Transformation de la Péninsule. — Partout ailleurs, l'influence française dominait, quoi qu'en ait dit l'opposition, provoquant le mouvement là où il manquait, cherchant à le régler, pour le rendre salutaire et durable, là où il tendait à l'exagération. L'avénement de Pie IX avait été suivi de nombreuses réformes : amnistie politique (16 juillet 1846); amélioration de l'administration, de la justice civile et criminelle, et bientôt après, création de salles d'asiles, d'écoles primaires, édit favorable à la presse (15 mars 1847), constitution d'une garde nationale ou civique, d'un conseil d'État, d'un conseil des ministres (29 décembre). L'impression produite par ces réformes fut telle que jamais pape ou prince n'avait exercé un tel prestige. De tous les points de l'Italie, c'était un cri de reconnaissance et d'amour, car l'exemple de Pie IX avait fait, dans la péninsule, ce que tous les conspirateurs réunis n'auraient pu faire. La Toscane, la première, était entrée dans le mouvement. Cédant au vœu public, Léopold II avait par un décret (6 mai) étendu la liberté de la presse, et plus tard institué une garde civique (sept.). Le duc de Lucques, Louis de Bourbon, dont le fils avait épousé la sœur du comte de Chambord, effrayé de l'agitation des esprits, se décida à abdiquer (5 octobre), et, d'après les stipulations des traités de Vienne, ses États passèrent au grand duc de Toscane. Il devait devenir avant la fin de l'année (déc.), duc de Parme et de Plaisance, par la mort de Marie-Louise. — Le duc de

Modène lui-même avait dû entrer dans la voie des réformes
libérales où le roi de Sardaigne Charles-Albert marchait résolûment par des modifications apportées à la procédure criminelle et par des institutions communales. — Des manifestations populaires inquiétèrent l'Autriche qui fit occuper Ferrare
malgré les protestations du cardinal légat (16 août). L'irritation, la fermentation s'en accrurent. L'opposition aurait voulu
que la France vînt en aide à ce tressaillement convulsif des
idées libérales et des passions révolutionnaires. Le gouvernement, tout en se montrant sympathique, jugea qu'il était
prudent de ne point donner le signal d'un redoublement
d'ardeur, ardeur dans laquelle il voyait une illusion et un péril. Le succès des institutions constitutionnelles n'était pas intéressé à ce que les choses marchassent si précipitamment.
Derrière les parlementaires étaient des gens auxquels on ne
pouvait donner inconsidérément des encouragements, et ceux
qui auraient voulu rejeter l'Autriche au delà des Alpes,
œuvre impossible avec les seules forces de l'Italie, et ceux
qui préméditaient le renversement des gouvernements locaux, une révolution à Florence, à Naples et ailleurs, au profit d'une république mazzinienne. — Dans les deux premiers
mois de l'année 1848, un soulèvement va éclater en Sicile et
à Naples. Palerme bombardée résiste et exige le rétablissement de la constitution de 1812; Naples est sur le point de
s'insurger comme Palerme, lorsque Ferdinand II se décide
à promulguer une constitution analogue à la charte française
de 1830 (29 janvier). Charles-Albert (8 février 1848), le grand
duc de Toscane (17) se hâtent de suivre cet exemple. — Mais
le changement des institutions était si rapide, la pression
des peuples si violemment irrésistible que le doute, sur les
suites qu'ils pourraient avoir, commença à entrer dans l'esprit du Souverain-Pontife lui-même, le généreux et courageux initiateur du mouvement. Alors se manifestèrent ces
hésitations que les radicaux lui ont tant reprochées. Elles
justifièrent, — et les événements qui suivirent justifièrent
mieux encore, — la prudence du guvernement français.

Celui-ci encourageait les libéraux constitutionnels et résistait aux révolutionnaires soutenus et encouragés par lord Palmerston. Les cabinets étrangers ont rendu une éclatante justice à cette habile influence de notre diplomatie, à la transformation certaine qu'elle opérait par degrés au profit de notre prépondérance nationale dans l'Europe entière, lorsqu'ils ont témoigné l'inquiétude qu'elle leur inspirait. Le 24 février 1848, le chancelier de l'empire russe, comte de Nesselrode, envoyait à lord Palmerston un *caveant consules* dans les termes qui suivent :

« La France aura gagné à la paix plus que ne lui aurait
« donné la guerre. Elle se verra environnée de tous côtés
« par un rempart des États constitutionnels organisés sur
« le modèle français, vivant de son esprit, agissant sous son
« influence. »

ALGÉRIE. — *Achèvement de la conquête (la Kabylie exceptée).* — *Soumission d'Abd-el-Kader. — Colonisation.* — Le brillant succès de nos armes en Algérie ne fut qu'une faible diversion aux agitations intérieures. Il semble qu'on eût craint de fortifier le gouvernement en rendant justice à l'importance des résultats obtenus. Bou-Maza, devenu le lieutenant d'Abd-el-Kader, avait fait sa soumission (12 avril 1847). L'Algérie était conquise à l'exception de la grande Kabylie. La position cessait d'être tenable pour l'émir : il dut donc se retirer encore dans le Maroc. L'Algérie voyait poindre une ère nouvelle. L'illustre maréchal Bugeaud qui l'avait ouverte par l'épée et par la charrue, *ense et aratro*, selon sa devise, par la guerre et par l'agriculture, crut pouvoir rentrer en France. Le duc d'Aumale, ce prince dont l'intelligence est aussi vaillante que l'épée, nommé gouverneur général (20 août), le remplaça. Tout indiquait la résolution arrêtée de donner une vive impulsion à la colonisation : mais la présence d'Abd-el-Kader, dans le voisinage de la colonie, rendait la sécurité impossible. L'antagonisme qui éclata entre l'émir et l'empereur du Maroc vint heureusement mettre fin à cet embarras. Sommé par l'empereur de se rendre à Fez ou de quitter le Maroc, Abd-el-Kader avait tenté de détrôner Abd-er-Rhaman, et, après une défaite, s'était vu forcé de revenir en Algérie. Il y était attendu par des forces supérieures que commandait le général Lamoricière secondé par des officiers d'un rare mérite : le général Cavaignac, les colonels Mac-Mahon et de Montauban, le commandant Bazaine. Bientôt il se vit cerner. Mis dans l'impossibilité de gagner le sud, comme il en avait eu l'intention, il se rendit à Lamoricière, à la condition, qui fut acceptée, qu'il serait conduit avec sa famille à Alexandrie ou à Saint-Jean-d'Acre (23 décembre). Le duc d'Aumale, auquel le prisonnier fut présenté le lendemain, ratifia la promesse faite « avec le ferme espoir, » dit-il, « que le gouvernement du roi donnerait sa sanction à cette convention. » Mais le cabinet des Tuileries ne jugea pas qu'il fût prudent de satisfaire immédiatement à la demande de l'émir ; il le fit transporter à Toulon, et de là à Pau où il arriva au mois de février 1848. Pendant ce temps, l'œuvre de la colonisation était poursuivie avec la plus intelligente activité. Des villes avaient été fondées ou agrandies, Aumale, Philippeville, Orléansville ; d'autres avaient été projetées sur des emplacements favorables. L'organisation civile se développait rapidement à l'époque de février. La Révolution amena des embarras et un ralentissement d'affaires inévitable. On ne peut affirmer que l'émir n'eût pas cherché à les mettre à profit, s'il se fût trouvé alors à Alexandrie ou à Saint-Jean-d'Acre, et qu'il n'eût pas essayé de rentrer en Algérie. Mais la colonie revint peu à peu à l'état normal ; le calme s'y rétablit, le mouvement du commerce et de l'industrie s'y manifesta chaque jour plus sensiblement. Il paraissait impossible d'y ranimer les restes bien éteints d'une insurrection générale, lorsque Louis-Napoléon rendit sans condition la liberté à l'Émir, au mois de décembre 1852. Cette fois, la magnanimité se trouva d'accord avec la bonne politique. Elle transforma en un allié fidèle, dont la reconnaissance eut occasion de se manifester plus tard dans les troubles de Syrie (1860), cet infatigable adversaire qui avait presque balancé, pendans une lutte de quinze ans, les forces et la fortune de la France.

État des esprits. Illusions du parti conservateur. — Nous avons montré quelle était la situation de la France, à l'intérieur et à l'extérieur, vers la fin de l'année 1847. On a beaucoup disserté depuis sur ce que le gouvernement aurait dû faire en ce moment. Le roi, a-t-on dit, mieux placé, placé plus haut que ses ministres, aurait dû distinguer, dans le tumulte, le bruit de la tempête qui grandissait et allait emporter son trône. Qu'il gardât ses ministres, puisque son rôle de monarque constitutionnel ne lui permettait pas de se séparer d'un cabinet en possession de la confiance du corps électoral et puisque la direction de la politique extérieure rendait la présence de M. Guizot nécessaire pour faire échec à lord Minto, en Italie, à lord Normanby, à Paris, à lord Palmerston partout où il agissait contre nous; que Louis-Philippe gardât ses ministres et renvoyât la chambre, le trône était sauvé. Soit; mais l'historien ne peut pas se livrer à ces conjectures plus ou moins spécieuses. Il n'a pas d'autre devoir que d'exposer l'état des esprits et des choses à la veille de ces crises violentes qui semblent détourner l'humanité de la marche régulière du progrès. Au milieu des plaintes si vives et des déclamations menaçantes de la presse presque tout entière, les conservateurs gardaient leur foi sereine dans la durée des institutions. Une révolution, disaient-ils, doit avoir une raison d'être. Quel principe nouveau, quel engagement violé, quel droit méconnu donneraient aujourd'hui prétexte à la prise d'armes des mécontents? Qui ne voit que l'adjonction des capacités est une réforme sans portée dont l'adoption n'aurait d'autre effet que d'augmenter le nombre des corruptibles ou des postulants à toutes les places qui sont à la disposition des ministres? — De son côté, le roi pensait qu'à son âge, on ne devait point courir les aventures auxquelles on paraissait vouloir le conduire, car l'adjonction des capacités était à ses yeux un acheminement à d'autres adjonctions et la concession qu'on demandait une porte ouverte à d'autres concessions qu'on demanderait bien vite. Il ne voyait pas là de bien à faire, mais il pouvait y avoir de la popularité à acquérir; il en laissait le soin et le bénéfice à son successeur. Pour lui, il croyait avoir fait ses preuves et pouvoir s'en tenir à elles. D'ailleurs l'armée, la garde nationale, la grande majorité des chambres ne lui étaient-elles pas dévouées? Roi constitutionnel avant tout, la constitution s'opposait à ce qu'il se séparât d'un ministère qui gouvernait avec l'assentiment du pays. Les votes de la chambre prouvaient que la marche suivie était la bonne. Le roi n'avait point d'autre *criterium*, la gauche dynastique perdant par la violence de ses attaques toute autorité auprès de lui, et la presse radicale, si fougueuse, n'en ayant jamais eue.

Louis-Philippe paraissait avoir raison : en réalité, il avait tort, et les événements l'ont prouvé. C'est que l'art de gouverner les hommes n'est pas une science fixe, reposant sur des principes immuables empruntés à la morale, à la raison, à la logique. Si la vertu eût suffit, Louis XVI, par exemple, aurait été un bon politique et il serait mort sur le trône. Mais cette science tient compte des passions des hommes, s'adapte à leurs besoins, se plie à leur nature, ménage une série de transactions calculées et perpétuelles entre la raison et la déraison, entre la justice et l'injustice, entre la sagesse et la folie. Malheur à ceux qui prétendent se mettre tout d'une pièce du côté où le peuple n'est pas, eussent-ils droit, par cette conduite, à l'approbation du philosophe. Le peuple ne pardonne point cet orgueil à celui qui a mission de le représenter en le gouvernant, de le satisfaire en le dirigeant et non de l'irriter en l'annihilant.

Sous ce rapport, on ne peut dire qu'ils aient tort ceux qui prétendent que Louis-Philippe est tombé pour n'avoir point cédé. Il ne s'agissait pas de savoir qui voyait le mieux du roi ou du peuple ; un roi n'est pas un pédagogue, c'est un régulateur. La science politique, dans les circonstances difficiles, consiste à régler un mouvement qui, comprimé follement ou livré à lui-même, doit emporter le trône et l'ordre public.

1848. — *Session législative. Discours du trône : passions aveugles ou ennemies.* — La session s'ouvrit le 28 décembre 1847. Le roi se rendit à la chambre et prononça le discours d'ouverture d'une voix moins sonore et moins accentuée que d'habitude. Il n'était point remis du coup terrible que lui avait porté la nouvelle de la mort récente de sa sœur,

Madame Adélaïde; et quelques jours après, le 5 janvier, quand les obsèques se célébrèrent à Dreux, on le vit pâlir et chanceler. — Le discours annonçait plusieurs projets de lois, l'un entre autres ayant pour but d'alléger la taxe qui pesait sur les petits patentés. Pas un mot de la réforme. Le roi faisait allusion aux banquets dans ce paragraphe « : Messieurs, au milieu de l'agitation que fomentent les passions *ennemies ou aveugles*, une conviction m'anime et me soutient : c'est que nous possédons dans la monarchie constitutionnelle, dans l'union des grands pouvoirs de l'État, les moyens les plus assurés de surmonter tous les obstacles et de satisfaire à tous les intérêts moraux et matériels de notre chère patrie. » Ces mots *passions ennemies ou aveugles* ne furent que trop justifiées par la suite : mais en politique l'essentiel n'est pas de frapper fort, c'est de frapper à propos. Ils donnèrent un prétexte à l'exaspération de l'opposition. L'irritation devint générale, tout à la surface, mais merveilleusement entretenue et excitée par la presse et par la tribune. La tactique des journaux consiste alors, à dénoncer chaque jour la conspiration contre les libertés publiques, sans tenir compte des réponses que le gouvernement s'est lassé de répéter. « J'ai refait, disait un des écrivains les plus distingués de la presse, pendant trente ans, le même article tous les matins. »

A la tribune les exagérations du journalisme avaient des interprètes. La minorité ne pouvait pardonner à la majorité d'avoir adopté dans la réponse des chambres à la couronne les mots *ennemies ou aveugles*. Les répliques éloquentes et hautaines de M. Guizot, les paroles acerbes de M. Hébert, la conduite de la majorité qui se rattachait plus étroitement au ministère à mesure que les attaques étaient plus violentes, tout augmentait l'irritation de l'opposition. Le vertige de la lutte troublait la raison d'hommes sincèrement attachés aux institutions. Le gouvernement avait enfin invoqué le droit d'interdire, en vertu d'une loi de 1790, toute réunion qui lui paraissait présenter quelque danger pour l'ordre public. On signalait, à la tribune de la chambre des Pairs, l'agitation extrême des esprits. « Le club des Jacobins est déjà rouvert, disait M. de Montalembert, non pas dans la rue, non pas dans le fait; mais dans les esprits, dans les cœurs, etc. » M. de Tocqueville montrait aux représentants de la nation « ce malaise, cette inquiétude de l'avenir qui sont le sentiment précurseur des révolutions, qui toujours les amènent, qui parfois les font naître... Comment, ajoutait-il, est-ce que vous ne sentez pas, par une certaine intuition, que le sol tremble en Europe? Est-ce que vous ne sentez pas un fonds de révolution en l'air? » (27 janvier) — Personne n'avait cette intuition, ni l'opposition qui, par l'organe de M. O. Barrot ne pouvait concevoir que les banquets inspirassent quelques alarmes, et qui traitait le radicalisme de fantôme; ni le ministère qui ne voyait que les victoires du scrutin; ni les républicains qui auraient regardé comme une folie de descendre dans la rue; ni les hommes d'ordre de toutes les classes, auxquels il ne paraissait pas, même en tenant compte des plus fâcheux symptômes, qu'il y eût prétexte et, à plus forte raison, matière à révolution. Un changement de dynastie? Personne ne le souhaitait; personne, le roi chassé, n'osa prononcer une parole pour le demander. La République? le petit nombre de ses partisans étaient traités de rêveurs et de cerveaux brûlés. M. le marquis d'Hautpoul avait parfaitement exprimé le sentiment général du pays quelques jours auparavant (9 janvier), dans une lettre adressée, au nom des légitimistes de Toulouse, au chef du Comité électoral de la gauche : « Vous nous accusez d'être les hommes de l'ancien régime : si, à notre tour, nous allions vous accuser d'être un homme de 93, qu'en résulterait-il? Il en résulterait que le pays serait parfaitement fondé à nous exclure les uns et les autres, nous, comme rétrogrades, vous comme terroristes; car le peuple, vous le savez bien, ne veut pas plus de bonnets rouges que de talons rouges. »

Quelles que fussent les dispositions de la gauche à se tenir dans les limites de ce que le *Constitutionnel* appelait l'agitation légale, l'émotion se répandait dans le peuple, après être restée concentrée, jusqu'en février, dans les classes moyennes. Les écoles, qui furent plus d'une fois, pendant le règne de Louis-Philippe, les auxiliaires imprévoyants de l'émeute, réclamaient par des pétitions la réouverture des cours de MM. Michelet et Quinet et la liberté de l'enseignement. Des élections avaient introduit dans la garde nationale de Paris, où le roi avait négligé d'entretenir sa popularité, un grand nombre d'officiers partisans de la réforme électorale. De quelle réforme s'agissait-il ? Etait-ce l'adjonction des capacités, l'abaissement du cens ? Chacun à cet égard avait son programme, vague, indéterminé, et c'est ce vague qui faisait la force de ce mot, *réforme*, sans signification précise, répondant à toutes les inspirations modérées ou violentes. L'opposition le représentait comme le point de ralliement de tous ceux qui étaient partisans d'un progrès. Sans doute, moins de hauteur de la part du principal ministre, quelques mesures conciliantes prises à propos, comme l'annonce d'une modification de la loi électorale qu'il n'y avait pas de raison de rendre immuable, eussent ranimé la confiance et l'attachement de beaucoup d'esprits incertains. Mais M. Guizot se plaisait au spectacle de sa force parlementaire qu'il croyait toute-puissante ; le roi était vieux, un peu aigri et affaissé par de récentes douleurs ; il avait l'entêtement que donnent l'âge et une suite de succès, il croyait à l'infaillibilité de sa vieille expérience ; étranger à la lecture des journaux, il ne se rendait compte ni de leur influence, ni de l'étendue de l'agitation.

Le ministère interdit le banquet du XIIe arromdissement. — Le ministère avait donc pris le parti d'interdire le banquet des réformistes du XIIe arrondissement, par mesure d'ordre public, en faisant proposer aux commissaires du banquet, au nombre desquels se trouvaient un grand nombre de députés de l'opposition, de faire décider la question du droit de réunion dans ses applications, par les tribunaux. En réponse à un arrêté du préfet de police, il avait été répondu « que la commission du banquet réformiste avait décidé, à l'unanimité, qu'elle regardait la sommation qui lui était adressée de se disperser, comme un acte de pur arbitraire et de nul effet. » Puis elle avait fixé définitivement au 22 février ce banquet, qui avait dû avoir lieu dans le principe le 19. Évidemment un grand nombre des commissaires eux-mêmes étaient bien éloignés d'une intention de désordre et de collision; ils le prouvèrent lorsque le 21, ils renoncèrent à toute participation au banquet devant une nouvelle interdiction de la réunion affichée sur les murs de Paris. Mais déjà l'impulsion dépassait leurs forces comme leurs prévisions; l'agitation continuait après la retraite des parlementaires, et allait être portée, par l'opposition radicale et extra-parlementaire, hors de la légalité.

RÉVOLUTION DE FÉVRIER. — *Journée du 22 février*. — Se conformant au programme publié et repoussant les dernières résolutions prises par les députés de l'opposition, des bandes d'ouvriers et d'étudiants se rendent à l'endroit désigné deux jours auparavant. Elles se rencontrent dans le trajet, se réunissent, et les voilà parcourant la ville en tous sens aux cris de : *A bas Guizot! Vive la Réforme!* En butte à toutes les excitations, elles croyaient marcher à la défense d'un droit sacré, mis en péril par l'arbitraire le plus violent. Les esprits échauffés n'avait pas d'autre pensée encore que celle de la résistance. De la résistance à l'agression, il n'y a qu'un pas; ce pas, les membres des sociétés secrètes convoquées à Paris, cinq mille républicains recevant le mot d'ordre du journal la *Réforme*, allaient le faire franchir. Pendant que les colonnes du peuple s'étendent de la Madeleine au péristyle du Palais-Bourbon et aux Champs-Élysées, la chambre s'est réunie. M. Odilon-Barrot dépose un acte d'accusation contre le ministère *coupable d'avoir trahi l'honneur de la France, faussé les principes de la constitution, ruiné les finances de l'État*, etc. La nuit est noire et pluvieuse : des barricades auxquelles travaillent un petit nombre d'affiliés de sociétés secrètes s'élèvent dans le quartier de l'Hôtel de ville.

Journée du 23. — Le 23 au matin, la garde nationale est

convoquée. Tout dépendra de son attitude. Mais beaucoup de gardes nationaux croient qu'il n'est pas inutile d'effrayer un peu Louis-Philippe pour obtenir des concessions. Le roi, ému d'apprendre que les émeutiers ont été accueillis par eux au cri de *Vive la Réforme!* se décide à changer son ministère. Le comte Molé est appelé aux Tuileries. A cette nouvelle, les boulevards s'illuminent, de gré ou de force. Une bande, commandée par des hommes sortis des bureaux de la *Réforme*, au milieu desquels se distingue un conspirateur émérite, nommé Lagrange, grossie d'autres groupes venus des boulevards et des faubourgs, se dirige vers l'Hôtel du ministère des affaires étrangères, habité par M. Guizot, et qu'un bataillon du 14e régiment de ligne avait reçu ordre de protéger. Un coup de pistolet est tiré sur les soldats et tue un homme ; la troupe y répond par une décharge qui couche par terre cinquante-deux victimes, hommes et femmes, spectateurs inoffensifs. Les émeutiers n'ont pas été atteints ; ils se sont baissés brusquement au moment du coup qu'ils avaient prévu. Mais un tombereau est là tout attelé qui semble attendre. Les cadavres y sont entassés ; leurs blessures béantes s'étalent aux regards. La troupe, frappée de stupeur, laisse faire. Le tombereau se dirige vers les quartiers les plus populeux, éclairé par les torches que portent les sectionnaires armés qui lui servent d'escorte. Les cloches dont on s'est emparé sonnent le tocsin. Partout retentit le cri de : *Vengeance! Vengeance!* La multitude se porte aux barricades qui bientôt forment de tous côtés de gigantesques remparts.

Journée du 24. — Le roi a entendu le glas funèbre. Il comprend la gravité de la situation. Il confère au duc d'Isly le commandement de toutes les forces militaires de Paris. M. Molé ne peut plus suffire. Le roi s'adresse alors à M. Thiers qui commence par exiger que les troupes gardent leurs positions sans prendre l'offensive, et qu'on lui permette de s'adjoindre des noms populaires. Deux heures plus tard, c'est la révocation même du commandement donné au maréchal Bugeaud qu'il demande. Louis-Philippe cède : désormais, c'en était fait de la monarchie de juillet. Mais une victoire l'eût-elle sauvée? Sa popularité pouvait-elle triompher à coups de canon? L'émeute, qui ne rencontre pas d'obstacles, prend des proportions immenses. Elle se porte sur les Tuileries, malgré les efforts de M. Thiers, de M. Odilon-Barrot, que la foule refuse d'écouter. Louis-Philippe monte à cheval, veut s'assurer par lui-même des dispositions des soldats. A sa vue, la troupe crie : *vive le roi!* la garde nationale en majorité : *vive la réforme!* Complétement démoralisé, il rentre, au bruit de la fusillade qui s'est engagée entre les gardes municipaux du poste du Palais-Royal et leurs adversaires de dix-huit années, les sectionnaires républicains : on sait que ceux-ci, pour en finir plus vite avec ces braves, mirent le feu au Château-d'Eau. Un journaliste, M. Émile de Girardin, se précipite dans le cabinet du roi : Que le roi abdique, qu'il proclame la régence de la duchesse d'Orléans, tout est sauvé ! Louis-Philippe hésite. Le duc de Montpensier lui-même presse la main du vieillard trop lente à signer cette déchéance qui ne sauvera pas son trône. Maintenant, il ne reste plus qu'à partir. Le roi prend le bras de sa femme. Celle-ci, en passant devant M. Thiers : « Ah! Monsieur, dit-elle, vous ne méritiez pas d'avoir un aussi bon roi ! » Deux petites voitures stationnaient au coin du quai, près de la place de la Concorde. L'une emporte Louis-Philippe et Marie-Amélie, l'autre la famille du duc de Nemours.

La duchesse d'Orléans avait quitté la dernière le palais des Tuileries, accompagné du duc de Nemours et de ses deux enfants, le comte de Paris et le duc de Chartres. Elle arrive à la Chambre avec une faible escorte qui ne s'est point grossie sur la route. Alors commence une des scènes les plus navrantes que l'histoire contemporaine ait à enregistrer. En attendant l'acte d'abdication que le roi Louis-Philippe avait laissé et qui était ainsi conçu : « J'abdique en faveur du comte de Paris mon petit-fils ; je souhaite qu'il soit plus heureux que moi, » acte que M. Odilon-Barrot doit apporter,

M. Dupin avait pris la parole en faveur de la Régence. En ce moment, l'assemblée est envahie. M. Marie demande qu'un gouvernement provisoire soit nommé. M. Crémieux, qui a remis tout à l'heure à la duchesse l'allocution qu'elle devait prononcer, vient proposer, par un revirement d'idées inexplicable, de former cette commission de cinq membres. De nouveaux assaillants font irruption : la duchesse d'Orléans se recule de gradin en gradin devant le flot tumultueux qui monte, monte toujours. Mais M. de Lamartine paraît à la tribune ; elle se souvient qu'il a demandé autrefois que la régence lui fût conférée ; elle espère encore... Le grand poëte proteste de son respect pour le peuple qui combat depuis trois jours dans *le but d'établir sur une base inébranlable l'empire de l'ordre et de la liberté.* « Où trouver une base ? En allant jusqu'au fond du peuple et du pays, en allant extraire du droit national ce grand mystère de la souveraineté universelle d'où sortent tout ordre, toute liberté, toute vérité. » Il termine en réclamant la constitution d'un gouvernement provisoire. Une troisième invasion de la salle au cri de : *Vive la République! à la porte les corrompus!* des menaces de mort contraignent bientôt après la princesse, désespérée, de se réfugier dans le couloir. Elle se voit heurtée, ballottée par la foule, séparée pendant quelques heures de ses enfants. Plus tard, elle parvint à gagner les bords du Rhin, pendant que la duchesse de Montpensier reconnue et recueillie dans la mêlée par un député, arrivait à Bruxelles et que Louis-Philippe, à travers une série de pénibles accidents, gagnait l'Angleterre. Le duc de Nemours avait pu sortir de Paris à la faveur d'un déguisement ; il se rendit à Boulogne. Le même bateau-poste qui allait le conduire hors de France, venait d'y amener Louis-Napoléon Bonaparte.

Résultats généraux du règne de Louis-Philippe. — Le temps montrera la politique extérieure du gouvernement de Juillet adoptée et suivie par ceux même qui en avaient été les plus ardents adversaires ; c'est lui qui permet d'apprécier les résultats généraux du règne de Louis-Philippe. Il a, en effet, mis en action, pour le salut de la société française, ce qu'elle avait amassé de force, de lumières et de richesses pendant une longue pratique de la paix et de la liberté, sous le régime constitutionnel. Les progrès de l'aisance se sont fait sentir à toutes les classes, l'épargne a créé une fortune qui paraîtra inépuisable; le commerce, l'industrie ont acquis un développement auquel la révolution n'apportera qu'un temps d'arrêt de quelques mois et qui, la sécurité recouvrée, reprendra avec plus de force. Les mœurs se sont adoucies : une révolution sans vengeance et presque sans colère en sera la preuve. Presque tout ce qu'il n'a pas fait, le régime constitutionnel l'a remué, élaboré, préparé : achèvement du réseau des chemins de fer, achèvement du Louvre, affranchissement des noirs, etc., études, améliorations, projets de réformes de toute nature, sauf en manière électorale. Il n'y a point jusqu'à nos soldats que ce régime pacifique n'eût préparés au rôle que l'Empire leur réservait. Ils arrivaient d'Afrique, ceux que le maréchal de Saint-Arnaud appela, le soir de l'Alma, *les premiers soldats du monde*. L'Algérie a été l'école des légions; la tribune et la presse ont été l'école des orateurs et des hommes politiques qui ont brillé depuis. Dans les arts, les lettres, les sciences, bien peu de noms ont surgi dont l'illustration ne date du gouvernement constitutionnel. La monarchie de Juillet a donc transmis à l'avenir du pays un capital d'idées d'hommes et de ressources matérielles que celui-ci a mis en œuvre, et dont il y aurait injustice à ne pas reconnaître l'importance et le prix.

Nous avons exposé avec impartialité les agitations du régime parlementaire, montré les excès de la presse, les défiances de la liberté, le danger des rivalités et des violences de la tribune qui amenèrent les fréquents changements de cabinet et auraient entraîné la politique générale à de brusques déviations, si le pouvoir royal n'avait su, dans les limites où la constitution déterminait son action, y maintenir la persévérance et l'unité nécessaires à l'intérêt public autant qu'à la grandeur de la nation. Mais ce récit, qui peut aider à faire comprendre comment l'abus des institutions libérales a pu lasser ou dégoûter momentanément de leur usage, ne serait qu'incomplétement vrai, s'il négligeait de mettre en regard des agitations mesquines les bienfaits du régime parlementaire dans la période de dix-sept années où il a été appliqué chez nous avec sincérité. Récapitulons donc ici les œuvres utiles qui lui sont dues, en nous servant des indications que nous fournit un livre dont l'autorité n'a pas été contestée (*Dix-huit années du gouvernement parlementaire*, par M. de Montalivet). Nous laisserons de côté l'apologie : voici les faits ; ils appartiennent à l'histoire :

La Belgique, devenue un État indépendant, un rempart de la France contre l'Europe, au lieu d'être le rempart de l'Europe contre la France ; — l'œuvre de Louis XIV raffermie en Espagne ; — la conquête d'un vaste territoire en Afrique ;

L'armée réorganisée, augmentée de 100,000 hommes, fortifiée par la création de corps spéciaux (zouaves et chasseurs à pied); — la marine en partie transformée, dotée d'un immense matériel, — l'œuvre des fortifications de Paris entreprise et terminée en peu d'années ; —

La peine de mort abolie de fait en matière politique, et abolie de droit dans onze cas différents; — les derniers vestiges des peines barbares de l'ancien régime effacés de nos lois, et par l'adoption de sages réformes, *notre législation criminelle devenue le meilleur modèle des peuples civilisés* (Barthe); — la sollicitude la plus attentive employée à l'amélioration du système pénitentiaire, à la moralisation des prisonniers (voitures cellulaires, prisons cellulaires, inspections des prisons, pénitencier de la Roquette; colonies de Fontevrault, Clairvaux, Petit-Bourg, Mettray, fondées ou encouragées, etc.); construction de quatre canaux nouveaux, achèvement des quatre canaux commencés sous la Restauration; — construction et achèvement de monuments : église de la Madeleine, Panthéon, École des Beaux-Arts, Palais de la chambre des députés, Palais du quai d'Orsay, colonne de Boulogne et surtout Arc de triomphe de l'Étoile, colonne de la Bastille, Place de la Concorde, Tombeau de Napoléon, École normale, Collége de France, agrandissement de l'Hôtel-de-Ville (commencement de la transformation de Paris), chapelle de Saint-Louis à Carthage, Palais de Versailles, etc., etc. (et ces travaux représentent dans leur ensemble, de 1830 à 1848, une dépense de deux milliards et demi) ; — outre l'impulsion donnée à l'industrie des chemins de fer qui, en cinq années, de 1842 à 1848, porte le nombre des kilomètres en exploitation ou en construction de 467 à 4,203, développement d'un vaste réseau de voies de terre embrassant la France entière (20,000 kilomètres de routes royales, 15,000 de routes départementales, 32,000 de chemins de grande communication, etc.) ; — les ports militaires fortifiés et armés, les ports de commerce agrandis ; — construction de nombreux phares et fanaux ; — développement de l'institution des caisses d'épargnes ; — encouragements à l'agriculture se traduisant, en 1847, par une subvention trente et une fois supérieure à celle de 1829 ; —création de plus de 4,300 succursales et chapelles vicariales coïncidant avec une augmentation du traitement des desservants ; — développement de l'instruction publique à tous les degrés ; pour l'enseignement supérieur, reconstitution de l'Ecole normale, création de l'Ecole d'Athènes, de dix facultés nouvelles, etc. ; pour l'enseignement primaire, le nombre des salles d'asile décuplé, le nombre des écoles plus que doublé et celles-ci distribuant l'enseignement à 3,700,000 enfants environ, nombre plus que triple de ce qu'il était en 1830 ; — accroissement de l'aisance générale se traduisant par une plus-value annuelle de 300 millions dans les revenus publics, etc., — et toutes ces dépenses dans lesquelles l'Algérie à elle seule, de 1830 à 1848, entre pour 800 millions, toutes ces entreprises, toutes ces créations, tous ces travaux, n'accroissant la dette du budget que de 622 millions en dix-sept ans, — tels sont les résultats principaux de la politique extérieure et de l'administration intérieure de la monarchie de Juillet.

M. Duruy dit de son côté : « La France a dépensé, dans dix-huit ans, trois milliards et demi en travaux publics. Mais aussi 1,500 kilomètres de routes nationales ont été ouvertes et 17,000 portés à l'état d'entretien. 28,883 kilomètres de chemins de fer et plus de cent ponts ont été construits ; les canaux de 1821 et de 1822 (2,380 kilomètres) ont été terminés ; 750 kilomètres de canaux nouveaux ont été achevés ; 55 ports améliorés ou ouverts et de nouveaux phares ou fanaux se sont élevés qui ont doté nos côtes d'un système d'éclairage sans rival dans le monde. D'immenses travaux ont été accomplis à Paris pour mettre un bouclier sur le cœur de la France; à Lyon qui, par la perte de Versoy, en 1815, est devenue place frontière ; à Grenoble, à qui l'abandon de la Savoie a valu le même sort; à Befort pour fermer entre le Jura et les Vosges la trouée qui laissait Huningue abattu; à Besançon, à Dunkerque, à Toulouse, à Cherbourg, à l'embouchure de la Charente, et, ajoutons encore que les traitements pour le clergé secondaire, pour la magistrature à presque tous les degrés, et pour l'Université dans ses rangs inférieurs, furent augmentés. Enfin, 49 monuments ont été terminés, améliorés ou entrepris. » V. Duruy, *Chronologie de l'Atlas historique de la France*.

État des lettres, des arts, des sciences, de l'industrie et du commerce sous le règne de Louis-Philippe.

Les lettres. — Avant 1830, la lutte littéraire est une lutte de systèmes et d'écoles. Une généreuse ardeur anime les combattants : leur but est de conquérir le public : la fortune, le produit mercantile de l'art, ne les occupe pas un instant.

Mais la révolution de 1830 semblait avoir donné la victoire aux novateurs littéraires en même temps qu'aux novateurs politiques. L'auteur du *Paria* lui-même, Casimir Delavigne, transige avec le romantisme ; ou plutôt il n'est plus question des classiques et des romantiques. Chacun prend pour règle la mesure de son goût. La question d'esthétique a cessé de passionner les esprits ; l'art, des hautes régions où l'avaient porté les efforts des antagonistes littéraires, passe à l'application, à un rôle en quelque sorte secondaire. Plaire et produire devient le but de l'écrivain. Une fécondité déréglée inonde la scène française de productions sans mesure et sans frein, où toutes les difformités morales sont hardiment abordées, comme des créations superbes. La forme se néglige de plus en plus, s'abaisse. Le vers désertera peu à peu la scène, la comédie s'altérera au contact du vaudeville et lui cédera la place. Scribe deviendra pendant vingt ans pour l'Europe, la plus populaire expression de l'esprit français. Paul de Kock avait bien eu, lui aussi, et à moins de titres assurément, cette étrange fortune. De 1830 à 1840, le théâtre; de 1840 à 1848, le roman, représentent les forces vives de notre littérature.

Il y a dans une œuvre littéraire deux choses : l'esprit de l'écrivain et l'esprit du temps. Dans la première partie du règne de Louis-Philippe, l'esprit de l'écrivain domine; il se préoccupe de donner surtout un caractère à sa conception, tantôt par la couleur locale, par une interprétation minutieusement fidèle du milieu où se passe l'action, tantôt par le mélange du sérieux et du trivial, préludant à ce que dans l'art on a appelé depuis le *réalisme*. Le côté matériel, comme le costume, le mobilier, se trouve étudié avec un soin exagéré, mais la peinture des passions de l'homme reste fort au-dessous de la peinture de l'extérieur de sa vie. L'individualisme domine dans la littérature qui s'attache, soit impuissance, soit affectation, soit recherche excessive de l'effet, à peindre des exceptions, des bizarreries, souvent des monstruosités. Mais, dans la dernière période du règne de Louis-Philippe, une réaction singulière commence à se manifester, en rapport avec l'agitation des esprits. Le socialisme, cette absorption de l'individualité dans la communauté, qui ne fait plus du jeu libre des passions qu'une force calculée et mesurée au profit des règles générales de l'association, envahit le roman auquel il donne l'entraînement d'une sorte de propagande enflammée. Plus on s'approche de ce moment, plus l'art pur, c'est-à-dire la question de forme et de style, perd de son importance et de son intérêt. La poésie, le théâtre déclinent sensiblement. Le roman, dans ses fiévreuses ardeurs, dans ses conceptions audacieuses, s'empare despotiquement de l'attention publique. Du feuilleton du journal, il se fait une tribune dont l'action est immense, puisque par elle il s'adresse à tous les âges, se glisse sur la table de famille, surprend des intelligences ignorantes que le dogmatisme alarmerait et qui s'imprègnent peu à peu de ses doctrines en ne croyant céder qu'au charme d'une lecture dans laquelle la fiction est animée de l'ardeur de la passion et de l'intérêt poignant du drame. Le Roman qui a commencé son empire par les savantes et décevantes analyses de tous les vices avec *Balzac*, par l'apologie des entraînements du cœur et des sens en révolte contre les lois morales de la société, avec *Georges Sand*, devient de plus en plus révolutionnaire avec *Eugène Sue*. C'est une véritable littérature d'*action*, auprès de laquelle le théâtre n'est rien, et les *Mystères de Paris*, à la veille de la révolution de février, ont une plus grande influence sur les esprits que n'en avait eue le *Mariage de Figaro*, à la veille de la révolution de 1789. La société française offre alors l'étrange contraste d'un corps robuste, bien constitué, et d'une tête malade qui va chercher dans le rêve les agitations, les souffrances, les soubresauts convulsifs que la réalité de la situation, dont le calme la fatigue et l'exaspère, lui a refusées. Ces agitations, la fiévreuse impatience avec laquelle sont accueillis, comme des événements, les feuilletons de M. Eugène Sue, attestent cependant une vie intellectuelle encore puissante. Mais après 1848 cette vie paraîtra s'affaiblir. Sera-ce déception ? sera-ce découragement ? sera-ce cette atonie qui succède aux grands efforts, ou ce recueillement qui est la préparation et comme la gestation d'un monde nouveau ? Quoi qu'il en soit, les lettres et les arts semblent atteints sinon de stérilité, du moins d'impuissance dans un grand nombre d'œuvres débiles, dénuées d'originalité, de sève et d'avenir. Les hommes supérieurs du règne de Louis-Philippe ne sont pas remplacés. Eux-mêmes avaient acquis, avant 1830, une partie de leur gloire. Ce sont en effet dans les lettres et dans les arts, presque les mêmes noms pendant la première et pendant la seconde période du gouvernement constitutionnel.

Poésie. — Lamartine, Victor Hugo, Alfred de Vigny, Béranger, Casimir Delavigne, atteignent l'apogée de la réputation et du talent. Leurs œuvres sont en possession de l'attention publique ; mais, sauf quelques belliqueuses fanfares et satires de M. Viennet contre les romantiques, et les chants de triomphe des Hugolâtres, il n'y a plus trace, pour ainsi dire, des anciennes querelles. Il semble, nous l'avons dit déjà, que la Révolution de Juillet ait terminé le débat entre les deux grandes sectes littéraires, comme elle l'a terminé, au profit de la liberté, entre les ultra-royalistes et les libéraux. — La *Ballade à la lune*, cette burlesques fantaisie sortie de la plume d'un des brillants élèves de l'Université, renvoie les combattants dos à dos. Est-ce une profession de foi romantique; est-ce une moquerie de ce jeune vainqueur, M. Alfred de Musset, un ancien lauréat du concours général, que les classiques ont si bien armé ? — Le maître, M. V. Hugo, poursuivit en triomphateur son œuvre littéraire. Les *Feuilles d'automne* (1831), les *Chants du crépuscule*, les *Voix intérieures* (1835, 1837), font admirer une imagination féconde et ingénieuse, un talent qui a plus de recherche que d'originalité réelle et de souplesse, une prodigieuse aptitude à comprendre et à exprimer le côté physique, la poésie en quelque sorte matérielle de la nature. — M. V. Hugo, si grand partisan de l'antithèse, a trouvé la sienne dans M. de *Lamartine;* sans doute ce dernier est sensible au côté matériel de la nature, mais parce qu'il couvre en quelque sorte une âme en rapport avec son âme. Celui-là est tout couleur comme Rubens ou Rembrandt, celui-ci est tout sentiment comme Lesueur. L'arbre, la montagne, la mer, le ruisseau, le zéphyre, chantent ou crient; il les entend, il les fait parler, il leur répond. M. de Lamartine enrichit notre langue d'un nouveau poëme, *Jocelin* (1836), l'expression la plus élevée de toutes ses rares qualités et aussi de ses défauts : on y trouve des négligences, des longueurs, des inconséquences de doctrine, et des beautés admirables. M. de Lamartine est le grand rêveur de notre temps; l'impressionnabilité de sa mobile nature explique ses schismes nombreux en religion, en littérature, en politique. La *Chute d'un ange*, 1838, est déjà bien loin de *Jocelin*. — BÉRANGER publie deux volumes de chansons, 1831, 1834. Ce spirituel et aimable écrivain est plus qu'un prodigieux artiste, il est le représentant de l'esprit libéral et voltairien sous la Restauration. Ses œuvres, pleines d'une verve malicieuse, auront la valeur d'une page d'histoire pour quiconque voudra étudier l'esprit du temps. — L'époque de Juillet a été fertile en poëtes, en louables et heureux efforts pour entrer dans des voies nouvelles. Les *Iambes* de BARBIER, 1832, gardent quelque chose des farouches et héroïques colères populaires qui les ont inspirés. — BRIZEUX apporte son poëme de *Marie*, 1832, tout parfumé de grâce et de mélancolie, tout imprégné de la senteur des bruyères de la Bretagne d'où il arrive, et qu'il chante :

La terre de granit recouverte de chênes.

Il faudrait citer aussi les chants austères de M. de *Laprade* (*Psyché* 1841, *Odes et poëmes*, 1844), les poésies de M. *Louis Maignen*, de M. *Autran* et d'autres. Mais les bornes de cet aperçu ne nous permettent plus de nous arrêter que sur un nom :

Alfred de MUSSET, fils de Musset-Pathay (né à Paris, le 11 novembre 1810, mort le 2 mai 1857), est le poëte le plus original, le plus vrai, le plus spontané de notre temps. M. de Lamartine cède souvent au rhythme, M. V. Hugo à la fantaisie ; Musset obéit à l'entraînement de sa nature, à la verve irrésistible : en lui, nul apprêt, jamais de monotonie. L'instrument résonne sous l'impression bonne ou mauvaise, et malheureusement plus souvent mauvaise, qui domine le poëte. Il n'y a pas de livre qui offre de séductions plus vives et de plus choquants contrastes que les siens. Cette âme si sonore, si merveilleusement éloquente, où l'expression passionnée, le chant suave, le rire strident, le cri étouffé, se succèdent tour à tour, cette âme étrangement agitée est bien l'image de l'état moral du temps où elle vécut. Quelle que soit l'allure du vers du poëte, riante ou sombre, sa verve se heurte à des obstacles mystérieux, et à la vase que soulèvent ses passions se mêle toujours un sang généreux qui sort des secrètes blessures. Non pas qu'Alfred de Musset se laisse aller au larmoiement poétique fort à la mode de son temps. C'est quand son vol s'élève le plus haut, quand il semble nager de l'aile la plus dégagée dans l'atmosphère sereine, qu'un cri trahit tout à coup la souffrance de cet aigle blessé. La souffrance de Musset est de n'avoir pu croire, de n'avoir pu aimer, de n'avoir pu espérer. De sa lutte des plus nobles contre les plus bas instincts, de l'idéal contre le matérialisme, de l'enthousiasme contre l'abrutissement, de l'instinct sublime contre l'instinct animal; le poëte est mort lentement, par partie en quelque sorte, l'esprit avant la matière, l'âme avant le corps, parce que la matière a été plus forte que l'esprit, parce que le mal d'immoralité et de scepticisme, dont cet *enfant du siècle* s'est trouvé atteint dans les profondeurs de son être, a été plus fort que son génie.

Musset appartient tout entier au règne de Louis-Philippe, comme l'indiquent les dates de ses principaux ouvrages :

1830. *Contes d'Espagne et d'Italie.* — 1831. Autre Recueil (*Octave, Rafaël*). — 1833. *Spectacle dans un fauteuil.* — 1835. Voyage en Italie avec G. Sand. *Rolla.* Commencement de la misanthropie du poëte. — 1836. *Confession d'un enfant du siècle.* — 1835 à 1840. Dans la *Revue des Deux Mondes,* les *Nuits,* la *Lettre* à Lamartine, l'*Espoir en Dieu,* *Ode* à la Malibran, etc. — De 1835 à 1848. *Nouvelles en prose, Théâtre,* etc. — 1850. Un dernier volume de vers qui trahit l'épuisement de la verve. — 1852. Réception à l'Académie.

THÉATRE. La tragédie classique, avec les trois unités est définitivement abandonnée ou ne reparaîtra que sous le patronage de Corneille, de Racine et de Voltaire, joués par Mlle Rachel. — M. Alfred DE VIGNY (né en 1799, mort en 1863) avait introduit le drame shakespearien au Théâtre-Français, dès 1829, par la traduction adoucie d'*Othello,* succès contesté comme celui de la *Maréchale d'Ancre* (1830), d'*Hernani* de VICTOR HUGO (26 février 1830). Mais la révolution donna gain de cause (1831) à l'auteur d'*Hernani; Marion Delorme,* le *Roi s'amuse* (1832, pièce interdite), *Lucrèce Borgia* sont les applications d'une théorie que M. Victor Hugo développe naïvement et qui transforme l'art théâtral en une sorte d'industrie fondée sur la puissance de l'antithèse et du contraste. « Qu'est-ce que Cromwell ? Une sorte de *Tibère Dandin*. Qu'est-ce qu'Hernani ? Un bandit plein d'honneur. Qu'est-ce que Marion Delorme ? Une courtisane pleine d'amour. »(*Demogeot*.) Voilà le procédé du drame trouvé. Un pas de plus : imaginez les incidents les plus terribles ; donnez-leur à tous un dénoûment ou burlesque ou plaisant, et vous aurez la comédie, non pas la comédie de caractère assurément, mais la comédie susceptible de rapporter de grosses recettes, comme le drame lui-même, c'est-à-dire celle que les auteurs recherchent le plus. Pour attirer le public, on s'attaque hardiment à ses nerfs, on ose tout sur la scène. Ce n'est pas ainsi que les anciens avaient compris le théâtre, et il faut lire à ce sujet, sur les procédés du drame moderne comparé au drame antique, ce qu'a écrit M. St.-Marc-Girardin dans son *Cours de littérature dramatique*, chef-d'œuvre de bon sens, d'esprit et d'érudition. Le drame moderne, affranchi des entraves et des conventions d'une esthétique surannée, poursuit l'émotion et quelquefois le scandale à travers les thèses les plus hardies. C'est une révolte, et contre la règle poétique et contre la règle morale. Bornons-nous à l'indication de quelques-unes des œuvres qui ont fait le plus de sensation : *Chatterton* d'Alfred DE VIGNY, 1835 ; *Antony*, 1831, *Charles VII*, 1831, *Angèle*, 1833, *Caligula*, 1838, dus à la plume d'un merveilleux conteur, écrivain d'une facilité extraordinaire, mais sans aucun idéal, M. *Alexandre Dumas*.

M. Dumas avait commencé à révolutionner le théâtre, en même temps que A. de Vigny, par son drame d'*Henri III*, 1829. Personne peut-être n'a mieux connu le jeu de la scène, n'a eu plus que lui l'entente des effets. Deux comédies gracieuses et attachantes qui se jouent encore, *Mademoiselle de Belle-Isle*, *les demoiselles de Saint-Cyr* sont de 1840 et de

1843. — Non loin de M. A. Dumas, mais au-dessus de lui, bien supérieur par le talent littéraire, s'il est inférieur par l'invention, se place le pur et aimable talent auquel on doit : *Louis XI*, 1832, les *Enfants d'Édouard*, 1832, *Don Juan d'Autriche*, 1835, *une Famille au temps de Luther*, 1836, et qui avait produit le *Paria* et *l'École des vieillards*. La muse de M. Casimir Delavigne est, si l'on veut, un peu bourgeoise, elle manque de fougue et de grandeur; mais elle n'est jamais malséante, elle est élégante et chaste, elle représente bien la moralité et la culture intellectuelle de la bourgeoisie éclairée, arrivée au pouvoir par la révolution de Juillet. — La *Ciguë*, 1844, de M. AUGIER (né à Paris en 1820) est une œuvre considérable, par sa signification poétique. L'esprit français du XIXe siècle dans toute sa pureté, la verve romantique dans ses hardiesses d'imagination, ne s'étaient pas encore montrés aussi étroitement associés au génie antique que dans cette ravissante petite comédie, digne, par ses qualités littéraires, de la plume d'André Chénier. L'apparition du poëte, une des gloires du théâtre contemporain, coïncidait presque avec la réaction classique que les succès de mademoiselle Rachel avaient inaugurée sur la scène française et avec la représentation de Lucrèce de M. PONSARD (né à Vienne dans l'Isère, en 1814). On put croire un instant que la tragédie allait renaître. Les *Burgraves* de M. V. Hugo venaient d'échouer au Théâtre-Français; l'Académie française donnait un prix extraordinaire à *Lucrèce*. — La politique avait une place plus grande dans les préoccupations de l'esprit public que la littérature. L'agitation réformiste allait étouffer tous les autres bruits. M. V. Hugo, tombé avec les *Burgraves*, monte en 1845 à la Pairie où l'a appelé le roi Louis-Philippe dans un jour d'impartialité littéraire, dit spirituellement M. Cuvillier-Fleury. — Mais de tous les écrivains dramatiques de cette époque celui qui fut réputé le plus Français est *Eugène* SCRIBE (né à Paris en 1791, mort en 1861). Ses vaudevilles, ses légères et spirituelles comédies défrayaient les théâtres français de tous les pays. On calcule que le nombre de ses pièces dépasse trois cent cinquante. Ce chiffre fait l'éloge et la critique de son talent.

Romans. Nous avons signalé l'importance toujours croissante du Roman, qui paraîtra sur le point d'absorber la littérature tout entière le jour où, par une économie d'invention, il alimentera le théâtre. Voici les noms des principaux romanciers et romans du règne de Louis-Philippe :
Victor Hugo, *Notre-Dame de Paris*, 1831. — Balzac, *la Peau de chagrin*, 1831 ; *Eugénie Grandet, le Père Goriot*, etc. — Eugène Sue, *la Salamandre*, 1832 ; *Mathilde*, 1841 ; *les Mystères de Paris*, 1842 ; *le Juif errant*, 1844-1845. — George Sand, *Indiana*, 1832 ; *Lélia*, 1833 ; *André*, 1835 ; *Consuelo*, 1842 ; *Mauprat, Valentine, la Mare au Diable*, 1846, etc. — A. Dumas père, *Impressions de voyages*, 1843 ; *Monte-Cristo*, etc. — P. Mérimée, *Colomba*. — Jules Sandeau, *Madame de Sommerville, Mariana*. — E. Souvestre *les Derniers Bretons*. — Charles de Bernard.

Passons rapidement en revue d'autres branches élevées des lettres :

L'HISTOIRE — est traitée avec une supériorité incontestable. Il n'y a point à apprécier ici tant d'écrivains éminents; il suffit de les nommer; — M. GUIZOT, puissant vulgarisateur d'idées en même temps que profond classificateur des faits de l'histoire de la civilisation. — M. AUGUSTIN THIERRY, un des pères de la nouvelle école historique. — M. de SISMONDI : nulle part notre histoire n'a été racontée avec plus de détails, plus d'autorité, nulle part la formation de la nation française n'a été mieux indiquée que dans son *Histoire des Français*, écrite d'un style lourd, sans agrément ; — M. THIERS, esprit doué, à un degré extraordinaire, de la faculté de bien voir et de rendre lucide ce qu'il a vu, narrateur incomparable par la clarté, l'entraînement du style, l'étendue et la précision des informations. — La sagacité et la justesse des aperçus distinguent les ouvrages de M. MIGNET, un de ces maîtres de la science historique qui seront l'honneur de notre temps. On peut citer l'*Histoire de la succession d'Espagne* et son *Introduction*, les *Essais sur la Féodalité*, les *Mémoires historiques* et même ce rapide résumé, écrit au temps de la jeunesse de l'auteur, l'*Histoire de la Révolution*, comme des œuvres très-remarquables en leur genre. Nous ne saurions oublier non plus un écrivain qui n'est jamais bon ou mauvais à demi, un merveilleux artiste, M. MICHELET, qui a écrit çà et là des pages, parfois des chapitres, dignes d'être comparés, sous tous les rapports, à ce que l'antiquité et les nations modernes ont produit de plus parfait, en ouvrages historiques. Malheureusement inégal, transportant trop souvent dans le passé les préoccupations des luttes du présent, cédant à une imagination vagabonde et ardente comme la fièvre, M. Michelet a passionné son temps et passionné l'histoire. Mais si celle-ci lui doit de dangereuses erreurs, elle lui doit en partie ce culte enthousiaste dont elle a été l'objet, et qui a produit tant de travaux distingués à divers degrés.

Michelet (Jules, né à Paris en 1798). Son talent a brillé de tout son éclat pendant le règne de Louis-Philippe. — *Histoire romaine*, 2 volumes in-8, 1833. — *Histoire de France*, 15 volumes 1533-1863. — *Précis d'histoire moderne*. — *Histoire de la Révolution française*, 7 vol. in-8.

— Nous ne saurions, sans injustice, passer sous silence l'*Histoire des Français* de M. H. Martin (1833-1835) refaite quatre fois par son auteur avec la plus consciencieuse application, l'*Histoire des Romains et des peuples soumis à leur domination* de M. Duruy, le plus brillant élève de M. Michelet, l'*Histoire des Français des divers États* de Monteil, l'*Histoire de la Restauration* de M. Vaulabelle, l'*Histoire de dix ans* de M. Louis Blanc, remarquable par le style autant que par son injuste partialité; *Rome au siècle d'Auguste*, de M. Dezobry, mine d'érudition et de renseignements utiles; l'*Histoire des Français* de M. Lavallée, bon résumé, etc., etc. — Mais la place nous manque pour indiquer une foule d'ouvrages et de travaux recommandables auxquels une ardeur d'investigations historiques sans précédent a donné naissance.

Dans un genre qui touche de bien près à la haute littérature et à l'histoire, qui les domine en les embrassant, l'HISTOIRE LITTÉRAIRE ET CRITIQUE, nous nous bornerons à mentionner des écrivains bien supérieurs à leurs prédécesseurs et qui doivent compter parmi les premiers de notre temps. Nommons d'abord M. SAINT-MARC-GIRARDIN (né à Paris en 1801) qui, chargé des destinées de l'enseignement historique de 1837 à 1848, a eu une grande influence sur le mouvement d'études que nous venons de signaler. Écrivain politique au journal des *Débats* depuis 1824, professeur à la Sorbonne, depuis 1831, personne, dans ses articles comme dans ses leçons, n'a mis au service du bon sens, du bon goût et de la saine morale, une érudition plus sûre, une verve plus aimable, un esprit plus fin, un style plus mesuré et plus ingénieux. (*Cours de littérature dramatique* 1843, *Souvenirs et Voyages*, etc.) — M. SAINTE-BEUVE (né à Boulogne-sur-Mer en 1804, mort en 1868), a été, lui aussi, un maître incomparable dans l'art de bien dire. Son talent semblait se fortifier encore, s'agrandir avec les années. Il a éclairé et il a charmé les amis des lettres; il a été pour les contemporains un objet d'étonnement et d'admiration (*Histoire de Port-Royal; portraits, études et critiques littéraires*, etc.). — Par la finesse et la justesse des aperçus, par l'élégance du style, M. CUVILLIER-FLEURY (né en 1802) a pris une des premières places dans la critique moderne; mais ses meilleurs travaux sont postérieurs à la révolution de 1848. — Quand il est question de goût et de style, comment paraître oublier M. J. JANIN, le spirituel feuilletoniste des *Débats*, M. *Théophile* GAUTIER, l'éblouissant coloriste; en matière de style et d'érudition, comment ne pas citer les ouvrages de M. AMPÈRE (né en 1800, mort en 1864), *Histoire littéraire de la France avant le* XIIe *siècle, l'Histoire littéraire de la France au moyen âge*, 1841, etc.; — de M. PATIN (*Études sur les tragiques grecs*);

— de M. D. Nisard (*les poëtes latins de la décadence*, 1834) — et les *Etudes littéraires* de M. Villemain, un de ces puissants écrivains de la Restauration qu'un demi-siècle de production intellectuelle n'avait pas épuisés, et dans lesquels semblait revivre cette flamme de génie qui anima, jusqu'à son dernier jour, la vieillesse de Voltaire.

La Philosophie. — Notre âge qui, en doctrines politiques, religieuses, sociales, artistiques, s'est démenti tant de fois, est avant tout un âge de critique. La critique même est la base de son affirmation lorsqu'il lui arrive d'affirmer. C'est par elle que les romantiques procèdent des classiques, les socialistes des économistes, les réalistes des élèves de David, et l'éclectisme des sensualistes et des matérialistes. L'école éclectique domine résolûment pendant tout le règne de Louis-Philippe avec M. V. Cousin (né à Paris en 1792), maître de la direction de l'enseignement officiel, historien de la philosophie plutôt que philosophe lui-même, écrivain et orateur éloquent, un de ceux dont la vieillesse héroïque a honoré notre temps.

La Philosophie, l'Éloquence et la Théologie — revendiquent trois noms célèbres à divers titres : Lamennais (né à Saint-Malo, en 1782, mort en 1854) qui avait, avant 1830, combattu la liberté au nom de l'autorité, le scepticisme au nom de l'intolérance, et l'esprit libéral au nom de l'absolutisme, entra en lutte, après 1830, avec l'autorité ecclésiastique par les *Paroles d'un croyant* (1832), *les Affaires de Rome*, *le Livre du peuple*, etc., où il censure violemment les pouvoirs temporel et spirituel, au nom de la liberté, et devient le plus ardent auxiliaire de la Révolution ; — Lacordaire (né en 1802, mort en 1862) s'était associé à Lamennais, en 1832, dans le but d'opérer la réconciliation des idées libérales avec le catholicisme; mais il ne le suivit pas dans la révolte. Il s'inclina devant la décision de ses supérieurs, rétracta ses erreurs, voua sa vie à la prédication et à l'enseignement, après avoir pris en 1840 l'habit de dominicain. Fidèle d'ailleurs à son amour de la liberté, il persévéra dans ses efforts pour montrer l'accord des idées chrétiennes avec les idées de progrès et de civilisation ; — Le Père de RAVIGNAN (né à Bayonne en 1795, mort en 1858), qui, moins primesautier, moins éloquent que Lacordaire, plus orthodoxe peut-être, a mis toute l'ardeur de sa vie dans la prédication et mérite d'être placé au nombre des orateurs chrétiens distingués du XIXe siècle.

ÉTUDES ARCHÉOLOGIQUES. — Les études archéologiques reçurent du gouvernement les encouragements les plus éclairés et les plus persévérants. Le roi avait donné l'exemple de cette impartialité qui accueille indistinctement tous les souvenirs honorables de la patrie, en formant le musée de Versailles ; ses ministres réclamèrent et obtinrent des chambres les ressources nécessaires pour conserver les monuments du passé et publier les documents utiles à notre histoire. La conservation des monuments historiques devint une véritable institution. Chacun des quatre-vingt-six départements eut son inspection spéciale autour de laquelle vinrent se grouper les sociétés savantes. Des restaurations de monuments anciens, d'églises gothiques, de châteaux, etc., étaient entreprises de tous côtés : arènes d'Arles et de Nîmes, théâtre antique d'Orange, Sainte-Chapelle, abbaye de Saint-Denis, cathédrales de Paris, Chartres, Bourges, Amiens, Rouen, Arras, etc. En même temps, le gouvernement commençait sous le titre de *Collection des documents inédits de l'Histoire de France*, une publication qui ne devait avoir de limites que celles des découvertes nées d'une incessante recherche. Parmi les archéologues dont les efforts et les ouvrages ont le plus contribué à répandre le goût et la connaissance de l'archéologie, nous citerons MM. de Caumont, Léon de Laborde, Vitet, Mérimée, Quicherat, Ch. Lenormant, Raoul Rochette, Aug. Thierry, Léon Rénier, Guérard, de Saulcy, Aug. Le Prévot, etc., il nous faudrait nommer, pour être complet, deux cents savants de Paris et des départements qui ont apporté à cette œuvre nationale de l'étude et de la protection des monuments, un concours désintéressé, utile et dévoué.

L'ÉCONOMIE POLITIQUE. — Cette science de la production et de la distribution des richesses dont les progrès ont coïncidé avec le développement de l'industrie moderne, commença à se vulgariser, grâce aux savants ouvrages de MM. Michel Chevalier, Rossi, de Tocqueville, Auguste Blanqui, Fréd. Bastiat, etc. Des idées entièrement neuves et qui venaient ruiner des préventions et des erreurs séculaires furent mises en circulation par ces vulgarisateurs infatigables dont l'œuvre n'a produit ses fruits que peu à peu en montrant les abus du système prohibitionniste et les rêves décevants du socialisme. Encore est-il juste d'excepter, dans cette condamnation absolue du socialisme, les partisans de Fourier ou Phalanstériens et même les Saint-Simoniens. Les premiers, ardents défenseurs du principe de l'Association fondée sur le capital, le travail et le talent, ont racheté le tort de leur action politique, par le concours qu'ils ont apporté, sur certains points, aux économistes ; les seconds ont fourni au monde des affaires quelques-uns des plus habiles inventeurs de combinaisons financières et commerciales de ce temps-ci. Quand nous parlons du socialisme, nous désignons le communisme, le seul socialisme à la portée des masses, le seul qu'elles puissent comprendre.

ARTS. — *Architecture*. On a dit que l'Architecture écrit l'histoire, qu'elle met dans la pierre l'idée dominante du temps. S'il en est ainsi, l'architecture ne saurait avoir un caractère tranché aux époques de transition. L'originalité manque à la nôtre, mais la science et le goût ne lui manquent pas, qualités que développent le sens critique et l'étude du passé. Aussi, ce qu'elle a fait de mieux ce sont des restaurations. Nous citerons, au nombre des travaux les plus remarquables en ce genre : la restauration du château de Blois, par M. Duban, 1845, celles de la *Sainte-Chapelle*, de *Notre-Dame*, de la *cathédrale de Chartres*, etc., par MM. Lassus et Violet le Duc. A M. Duban est due l'*École des Beaux-Arts;* à M. Visconti (né en 1791, mort en 1854), la *fontaine de la place Louvois;* à M. Hittorf (né à Cologne en 1793), l'*Église Saint-Vincent-de-Paul;* à M. H. Lebas *Notre-Dame de Lorette*, etc. — Ce goût de la restauration des édifices anciens, cette habileté où se manifeste l'impersonnalité de l'architecture, si on peut ainsi parler, coïncide avec le mouvement des études historiques et archéologiques qui en favorise et en partage les tendances. — Il faut chercher l'originalité de l'architecture au xixe siècle dans les gares de chemins de fer. Le premier monument qui a servi d'exemple est la gare de Tours, inaugurée sous le règne de Louis-Philippe.

La sculpture — compte un assez grand nombre d'artistes distingués, dont plusieurs avaient brillé pendant la première période du régime constitutionnel, tels que MM. Bosio, David, etc. — David sculpte le *fronton du Panthéon*, ouvrage plus emphatique que beau, et où la Gloire distribue les couronnes avec une partialité par trop démocratique; les flatteries au peuple ne doivent pas tomber du haut des temples, c'est assez qu'elles viennent des bas-fonds de la littérature; M. Rude (né en 1784, mort en 1855) laissa sur un des côtés de l'Arc de Triomphe de l'Étoile, ce bas-relief de la *Marseillaise*, une des plus heureuses inspirations de la sculpture moderne; — M. A. Debay (mort en 1866) fait son groupe d'*Ève et ses deux enfants*, chef-d'œuvre de grâce et de sentiment. — Nous pourrions citer d'autres artistes et d'autres œuvres non moins recommandables; nous nous bornerons à parler du plus habile sculpteur du règne de Louis-Philippe, Pradier (né à Genève en 1786, mort à Paris en 1852). Ses principaux ouvrages sont postérieurs à la révolution de Juillet : les *Trois Grâces* de Versailles, le *Phidias* et le *Prométhée* des Tuileries, *Phryné*, les *Muses* de la fontaine Molière, etc. Le talent de Pradier se plaît surtout à traiter la nature féminine; mais son ciseau, gracieux et voluptueux, ne cherche pas à mettre dans le marbre la chaste beauté de l'antique. On peut dire qu'il a amolli le marbre, qu'il l'a dépravé parfois ; Pradier ressemble plus à Canova qu'à Phidias. — C'est cette fâcheuse tendance de l'école qui a inspiré la *Bacchante* de M. CLESINGER, torse moulé sur nature, a-t-on dit, dont le succès fut grand en 1847. Comprise ainsi, la sculpture qui comme tous les arts, doit être un moyen de moralisation, est détournée de son but et ne sert plus qu'à éveiller des impressions grossières ou purement matérielles.

La peinture. — La période de dix-huit années du gouvernement parlementaire a vu produire beaucoup d'œuvres distinguées, dans le domaine de la peinture. C'est même une des plus fécondes de l'histoire de l'Art français. Nous citerons : de M. INGRES (né à Montauban en 1781 mort en 1867) la *Stratonice,* les *portraits de M. Bertin, de M. Molé,* etc., le *Saint-Symphorien,* œuvres magistrales; les vitraux de la *chapelle Saint-Ferdinand,* etc. A son second retour de Rome où il avait dirigé l'Académie de la villa Médicis, M. Ingres fut salué par des témoignages presque unanimes d'un enthousiasme qui dut le dédommager de longues injustices et qui lui conféra, à la tête de l'école française, la première place qu'on ne lui a plus contestée. — De M. DELAROCHE (Hippolyte dit *Paul,* né à Paris en 1796, mort en 1856, élève de Gros) nous rappellerons, non pas peut-être ses meilleures productions, mais celles qui ont le plus contribué à sa célébrité et qui ont produit, à leur apparition, le plus de sensation : 1831. *Les enfants d'Édouard.* — *Le cardinal Richelieu emmenant Cinq-Mars et de Thou.* — *Mazarin mourant.* — 1833. *Cromwel contemplant le cadavre de Charles Ier.*—1833. *Le supplice de Jeanne Grey.* — 1835. *L'assassinat du duc de Guise.* — 1837. *Charles Ier.* — *Strafford,* etc. — De 1837 à 1841, *l'Hémicycle* du Palais des Beaux-Arts.—*Ary* SCHEFFER, (né à Dordrecht en Hollande, mort en 1858). — Ses meilleurs tableaux datent du règne de Louis-Philippe. *Scènes* tirées du poëme de *Faust* (1831 à 1834). *Françoise de Rimini,* 1835 ; les tableaux de *Mignon, Saint Augustin et Sainte Monique*, le *Christ au jardin des Oliviers*, etc. — Vernet (*Horace*), né à Paris en 1789, avait pour père Carle Vernet, le peintre de chevaux et de batailles (mort en 1836), pour grand-père, Joseph Vernet, le meilleur peintre de marine de son temps, pour arrière-grand-père, Antoine Vernet, peintre estimé à Avignon. Le talent d'Horace, un des plus féconds, des plus ingénieux, des plus flexibles qu'ait produits la peinture, se montre à son apogée sous le règne de Louis-Philippe, comme l'attestent les toiles presque innombrables qu'il a laissées dont les plus remarquables sont consacrées à la représentation de brillants faits d'armes. Sa composition n'a rien d'épique comme les batailles de Gros, mais elle est spirituelle, animée ; elle raconte l'histoire avec une exactitude sans sécheresse : épisodes des *batailles d'Iéna, de Friedland*, du *Siége d'Anvers, attaque de Constantine*, et surtout *la Prise de la Smalah*, peinte en huit mois (1845), *la Bataille d'Isly* (1846), etc. —M. Delacroix (Eugène), (né à Charenton près Paris en 1798, mort en 1862), élève de Pierre Guérin, ainsi que Géricault et Ary Scheffer, trois peintres qui ne rappellent guère la manière de leur maître. Decamps (né à Paris en 1803, mort en 1860) a, comme Delacroix, les grandes qualités du coloriste et comme lui, parfois, le mépris de la correction du dessin et de la perspective. Personne n'a, mieux que Decamps et que Marilhat, un vrai peintre lui aussi (mort en 1847), interprété la nature orientale. Il nous faut passer sous silence des peintres de mérite dont la réputation, que le temps n'a fait que confirmer et fortifier, a commencé à cette époque. Cependant nous devons au moins nommer le meilleur des élèves de M. Ingres : — *Hippolyte* Flandrin (né à Lyon en 1809, mort à Rome en 1864), talent plein de sentiment, de distinction et de grâce auquel on doit : *Sainte Clair guérissant les aveugles*, la vaste frise de *Saint-Vincent de Paul*, son principal titre de gloire, et la belle décoration de *Saint-Germain des Prés*, commencée sous ce règne et terminée dans la suite après plusieurs années d'un travail assidu. Flandrin n'a rien fait pour Versailles : son goût, ses aptitudes le rendaient particulièrement propre à la peinture de portraits et à la peinture religieuse monumentale. — Mais la plupart des artistes distingués de ce temps-là, peintres et sculpteurs, furent appelés à travailler pour Versailles ; et il est juste de reconnaître que le mouvement artistique si remarquable que nous avons signalé, reçut un puissant encouragement de la création d'un Musée immense consacré à célébrer, par les œuvres de la peinture et de la sculpture, les grands faits historiques et les gloires nationales de la France. Tant d'œuvres exécutées d'après des commandes, rassemblées en quelques années, présentent un ensemble, bien inégal sans doute, mais imposant, qui donne une grande idée du nombre, du talent et de l'activité de l'École française pendant le règne de Louis-Philippe.

La musique — continue à être en progrès. Les encouragements de l'État avaient commencé pour elle le jour où la Convention avait ouvert l'Institut aux représentants de l'art musical (1795), Méhul, Gossec, Grétry ; et avait envoyé à Rome, aux frais de l'État, les lauréats des grands prix de composition musicale. Spontini et Boïeldieu restèrent en possession de la vogue jusqu'à la révolution opérée par Rossini. A la fin du règne de Louis-Philippe la section de musique de l'Académie des Beaux-Arts comprenait six membres : MM. AUBER, auteur de la *Muette de Portici*; HALÉVY, auquel on doit les beaux opéras de la *Juive*, de *Guido et Ginevra*, de la *Reine de Chypre*; CARAFA, l'auteur de *Masaniello*; SPONTINI, qui avait écrit la *Vestale* et *Fernand Cortès*; ADAM, dont la verve spirituelle a laissé le *Chalet*, le *Postillon de Longjumeau*, etc., et ONSLOW qui s'est surtout distingué dans la musique instrumentale. Elle comptait au nombre des associés étrangers, ROSSINI et MEYERBEER qui ont écrit pour le grand Opéra, le premier, *Le comte Ory* et *Guillaume Tell*, le second, *Robert le Diable* et les *Huguenots*, œuvres immenses, mers profondes d'harmonie, de poésie et d'idées. Nous n'avons nommé ni HÉROLD, mort jeune, après avoir produit *Zampa* et le *Pré aux Clercs*, ni DONIZETTI (presque Français comme BELLINI, l'auteur de *Norma* et de la *Somnambule*) qui a laissé ces touchants et admirables opéras de *Lucie* et de la *Favorite*. Cette période, à l'éclat de laquelle contribuent d'autres compositeurs de talent, tels que MM. REBER, BERLIOZ, *Félicien* DAVID, NIEDERMEYER, MONPOU, *Ambroise* THOMAS, est une des plus brillantes de l'histoire de l'art musical. Des écoles de musique, succursales du Conservatoire de Paris, centre des hautes études, propagent de bonnes méthodes dans les départements (à Toulouse en 1840, à Marseille et Metz en 1841, à Dijon, à Nantes, etc.). A Paris, l'enseignement du chant est devenu général; *l'Orphéon*, fondé par Wilhem, donne des concerts de sept mille voix dont l'exécution atteste l'importance des résultats obtenus et dus en partie aux efforts du gouvernement. L'Orphéon répand le goût de la musique qui est pour le peuple une source de douces jouissances et de nobles distractions, un moyen de perfectionnement intellectuel et moral.

SCIENCES. — Les premières images photographiques satisfaisantes furent obtenues en 1839 avec l'instrument que NIEPCE DE SAINT-VICTOR avait inventé et que Daguerre perfectionna en lui donnant son nom. Cette découverte produisit une grande sensation, bien qu'il fût difficile de prévoir encore toutes ses conséquences. DAGUERRE reçut de l'État pour récompense de son désintéressement une pension viagère de six mille francs; le fils de Niepce une pension de quatre mille. Quelques années après, 1847, la *photographie* fut appliquée sur le papier. — Vers la même époque on se servait de l'électricité, qui rendra inutile le télégraphe de Chape, pour mettre en communication Paris et Lyon (premier télégraphe électrique, 1844). La *galvanoplastie*, trouvée par SPENCER, en 1837, était appliquée par RUOLZ, en 1840, à l'argenture et à la dorure des métaux.—Après avoir fait de l'électricité un moyen de transmission et d'échange d'idées entre les hommes (télégraphie électrique), un moyen de faire passer dans le métal une empreinte fragile ou de distribuer le métal en le mesurant sur des surfaces (galvanoplastie), on tenta de l'employer à régler les horloges publiques d'une même ville et à substituer au gaz une lumière plus éclatante et plus concentrée. Les expériences qui datent des dernières années du gouvernement de Juillet n'ont pas conduit encore à des résultats définitifs.

Nommons ici quelques-uns des savants qui ont produit leurs travaux les plus remarquables sous le règne de Louis-Philippe.

Geoffroy Saint-Hilaire (Etienne, né à Etampes en 1772, mort en 1844), est après Cuvier l'homme qui a le plus contribué au renouvellement des sciences naturelles au commencement du xixe siècle. Créateur de la théorie des analogues, fondateur de la tératologie, il combattit les idées de Cuvier en zoologie, victorieusement sur beaucoup de points. Le nombre des mémoires dus à ce savant est prodigieux.

Beudant (né à Paris en 1787, mort en 1850). Minéralogiste et physicien, a ramené la science de la minéralogie à l'observation des caractères physiques et chimiques.

Cauchy (né en 1789, mort en 1857). Mathématicien plein d'ardeur et d'idées, a abordé par des méthodes neuves et originales auxquelles il ne manque que la clarté et la simplicité, toutes les branches des mathématiques. De 1838 à 1857 seulement, il a paru dans le recueil des *Mémoires de l'Académie* et dans les *Comptes rendus* plus de cinq cents mémoires dus à sa plume féconde.

Ducrotay de Blainville (né à Arques en 1777, mort en 1850). Ses travaux ont embrassé la classification zoologique, l'anatomie de l'histoire naturelle, et le placent sur la même ligne que Cuvier et Geoffroy Saint-Hilaire, parmi les plus illustres naturalistes du xixe siècle.

Biot (né en 1774, mort en 1862), membre de l'Académie des sciences et de l'Académie française, mathématicien, physicien astronome, écrivain exact et élégant.

Brongniart (né en 1801, mort en 1847), fils d'Alexandre Brongniart, l'un des meilleurs naturalistes de notre siècle ; lui-même, savant botaniste, s'est consacré à une branche spéciale, l'histoire des cryptogames.

Gay-Lussac (né en 1778, mort en 1850), physicien et chimiste distingué. Parmi ses nombreuses découvertes et ses travaux, on peut citer la construction d'un nouvel alcoomètre, la découverte du cyanogène; ses études sur l'iode, sur l'acide prussique pur qu'il obtint le premier, etc.

Thénard (né en 1777, d'un pauvre cultivateur, mort en 1857), savant chimiste; s'était fait connaître de bonne heure par d'importantes découvertes. Il a complétement analysé et défini *la force catalytique*, trouvé une foule d'applications de la science à l'industrie, aux arts et aux objets de la vie usuelle.

Mouvement des lettres, des arts et des sciences a l'étranger. — Pendant cette période, le mouvement d'études historiques produit — en Angleterre : les ouvrages de Lingard, de Macaulay, etc. ; en Italie : l'*Histoire universelle*, de Cantu ; — en Allemagne, où Schlegel avait donné le signal, les travaux de Hammer sur l'empire Ottoman, de Schlosser, etc. — Les lettres proprement dites comptent des talents très-distingués. En Angleterre : le romancier Charles Dickens (lord Byron est mort, Thomas Moor se livre à des recherches historiques, Walter Scott n'existe plus) ; — en Allemagne, Uhland, l'humoriste *Henri* Heine, qui a passé vingt ans de sa vie en France avec une pension du roi Louis-Philippe; les romanciers *Gustave* Freytag, *Charles* Gutzkow, etc.; — en Russie, le conteur *Nicolas* Gogol; en Suède, madame Bremer, etc.; — en Belgique, *Henri* Conscience, etc.; — en Italie, Manzoni, l'auteur des *Fiancés*, et surtout Silvio Pellico, l'auteur des *Prisons* traduit dans toutes les langues, admirable récit animé de la double inspiration de l'humanité et de la religion, etc.; — en Amérique, les romanciers Fenimore Cooper, émule de Walter Scott, Washington Irving, Edgard Poe. — Les arts, cultivés avec ardeur, donnent naissance à des œuvres et à des talents remarquables. Nous citerons : en Italie, les sculpteurs Bartolini et Tenerani; en Danemark, le sculpteur Thor-

WALDSEN, mort en 1844, qui a passé à Rome quelques-unes des meilleures et des plus productives années de sa vie, moins original que Canova, moins habile que lui peut-être, mais interprète plus fidèle de l'art grec, et qui eût été digne d'être le premier praticien de Phidias, tant il se montre pénétré du grand caractère de l'antique; — le *Walhalla* de Munich, panthéon germanique dû au roi Louis de Bavière, et à l'exécution duquel prit une grande part le sculpteur Schwanthaler. — La peinture a pour foyers, en Allemagne, trois écoles : celle de Munich, dirigée par CORNÉLIUS, celle de Dusseldorf, sous l'influence d'OVERBECK, et celle de Berlin. Elles s'inspirent surtout des vieux maîtres ; elles cherchent à leur emprunter l'onction, la naïveté et la simplicité, sans se préoccuper suffisamment de la crainte de perdre dans l'imitation la chaleur, le mouvement et la vie. Mais l'Allemagne a été de tout temps la terre de l'érudition. C'est l'érudition qui y ranime les études archéologiques, les tourne vers le moyen âge, vers la restauration des monuments gothiques, des magnifiques basiliques. La passion de l'architecture ogivale mérite d'être signalée principalement en Angleterre, où la sculpture et la musique restent dans un état d'infériorité très-marqué par rapport à ce qu'elles sont sur le continent. — La musique a produit en Italie ROSSINI, DONIZETTI, BELLINI (mort en 1835), l'auteur de la *Somnambule* et de *Norma*, admirables artistes, dont le talent, éclos sur le sol de la Péninsule, vint s'épanouir sur le nôtre, et auxquels l'Allemagne oppose le grand nom de MEYERBEER, dans lequel se résument les gloires de la patrie allemande, de ces ancêtres de génie, Mozart, Haydn, Weber, Beethoven. — Les sciences ne sont pas moins fécondes et moins actives que les arts; indépendamment des noms que nous avons cités, nous rappellerons ceux de l'Anglais *John* HERSCHELL, du Prussien BESSEL, illustres astronomes ; des inventeurs de la galvanoplastie, l'Anglais SPENCER et le Russe JACOBI; de l'inventeur de la dorure à froid, le physicien DE LA RIVE, de Genève ; des voyageurs anglais Livingston, Rawlinson, et du plus célèbre de tous, *Alexandre de* Humboldt (né à Berlin en 1769, mort en 1859) dont la longue vie a été entièrement dévouée à la science qu'il a servie par ses voyages d'exploration et par ses écrits. Le *Voyage aux régions équinoxiales du nouveau continent*, le *Voyage minéralogique et géognostique à l'Oural, à l'Altaï, à la mer Caspienne, à l'Asie centrale, Recherches sur la climatogie comparée*, etc., sont résumés dans le *Cosmos, Essai d'une description physique du monde* (1847 à 1851), tableau de la nature entière, véritable panorama du monde, et une des grandes œuvres de ce siècle.

Agriculture. — La révolution de Juillet, qui avait éloigné de la Cour les grands propriétaires attachés au principe de la légitimité, a contribué par là à rendre aux campagnes leurs protecteurs naturels et à l'agriculture ses plus puissants auxiliaires. Le gouvernement ne négligea rien pour faire naître et encourager l'émulation entre les producteurs. Pendant que l'instruction primaire répandait ses bienfaits, élevait peu à peu le niveau de l'instruction chez les classes rurales, les *comices agricoles* récompensaient le travail intelligent, provoquaient les expériences utiles, l'amélioration des méthodes, les inventions ingénieuses, et contribuaient à relever à ses propres yeux et dans l'estime publique l'ouvrier agricole. En 1843, un *congrès central* dans lequel toutes les questions relatives à l'agriculture furent traitées, réunit six cents délégués des comices agricoles, et des *sociétés d'agriculture* qui, dans chaque département, concentraient les efforts et les études des hommes les plus zélés et les plus éclairés. Les progrès de l'agriculture, de l'horticulture, de la pisciculture, furent considérables pendant le règne de Louis-Philippe et eurent, dès cette époque, une sérieuse influence sur l'état matériel de la société. Par le meilleur emploi des engrais, par la multiplication du bétail, par l'augmentation du rendement des céréales, par la plus-value donnée à la terre, le prix de la propriété territoriale avait commencé et devait continuer à augmenter rapidement, grâce surtout à l'achèvement prochain du grand réseau des chemins de fer. Personne ne contribua plus à cet heureux et fécond mouvement des sciences agricoles que M. *Mathieu* de DOMBASLE (né en 1777 mort en 1843), directeur de la ferme modèle de Roville (département de la Meurthe), lui qui, après avoir importé en France (1824) les *défis de charrue*, principe de nos comices agricoles, a inventé une charrue nouvelle; et M. DE GASPARIN (né en 1783, mort en 1862), ministre de l'intérieur sous M. Molé en 1836, de l'agriculture et du commerce dans le cabinet du 13 mars, auteur d'un excellent *Cours d'agriculture*, Président du Comité des arts et des monuments de 1848 à 1852, infatigable dans son zèle pour le bien et l'utile.

La France est avant tout, mais n'est pas seulement un pays agricole; sa position continentale et maritime permet à son commerce de s'étendre dans toutes les directions, et le génie inventif de ses habitants ouvre un champ sans limite à son industrie.

INDUSTRIE ET COMMERCE. — L'industrie et le commerce n'ont pas été moins en progrès que l'agriculture pendant cette période. Des expositions générales de l'industrie française, qui eurent lieu tous les cinq ans, à partir de 1834, permirent de constater, par la comparaison des produits français avec ceux des autres nations, et particulièrement de l'Angleterre, les pas de géant qu'avait faits l'industrie nationale. En 1834, l'Angleterre avait une immense supériorité dans la construction des machines; en 1847, cette supériorité est perdue. Nos machines l'emportent sur leurs rivales par la grâce élégante et la précision de leur exécution. Quelques chiffres donneront une idée de l'immense développement de l'industrie. Le nombre de machines à vapeur en activité en 1839 représente une force de 33,301 chevaux-vapeur (un cheval-vapeur vaut trois chevaux de trait); en 1847, il représente déjà une force de 61,630 chevaux. Un million d'ouvriers peuple les ateliers, les usines où se perfectionne le tissage des étoffes ; la fabrication du sucre de betterave (qui, de 1838 à 1848, s'élève de 6 millions à 53 millions de kilogrammes); la serrurerie, les papiers peints, l'orfévrerie, la carrosserie, la coutellerie et toutes les industries qui se rattachent à la métallurgie, dont l'importance se révélera par un seul fait : la fabrication du fer, qui n'était en 1825 que de 2 millions de quintaux, est de 5 millions en 1847. La consommation de la houille a monté de 14 millions à 50 millions pendant cette période de vingt-deux ans, de 1825 à 1847.

Le commerce, sans suivre une progression si rapide, a pris une extension considérable. Le chiffre des exportations en 1830 n'est que de 593 millions, celui des importations, de 638 millions ; en 1847, il s'élève à 1,147 millions pour l'exportation, à 1,193 millions pour l'importation.

Le gouvernement eut directement ou indirectement une grande influence sur ce mouvement commercial et industriel. Nous avons parlé de mesures de protection pour les enfants employés dans des manufactures qu'elle lui imposa, mesures encore insuffisantes, puisque la loi du 22 mars 1841 n'a pas créé le moyen d'assurer leur complète observation. Il intervint directement dans le mouvement industriel par le développement donné à l'enseignement spécial, et notamment dans les Écoles d'arts et métiers d'Angers, de Châlons, reconstituées, dans celle d'Aix, créée en 1840. Sollicité en sens contraire par les partisans du système prohibitionniste ou protecteur, et les économistes partisans de la liberté absolue des échanges, il procéda avec une lenteur trop prudente à l'abaissement des droits de douane, à la modification des tarifs ; il était gêné d'un côté par les exigences des prohibitionnistes, en majorité dans la Chambre, et, de l'autre, par l'isolement politique de la France en 1840 et 1841. Au reste, il ne croyait pas pouvoir adopter de règle absolue sur ce point, craignant également d'appauvrir le pays au profit de l'industrie étrangère, et de sacrifier les intérêts des consommateurs aux intérêts d'un petit nombre de producteurs, maîtres absolus du marché. Cependant, de nombreuses réductions des droits, notamment sur les fontes et les fers d'Angleterre, les houilles d'Angleterre et de Belgique, sur le cuivre, les laines, etc., s'élevant de 22 à 75 p. 100, montrent qu'il était entré, quoique timidement, dans une voie où on a marché depuis avec une témérité dangereuse.

CHAPITRE VI

LA RÉPUBLIQUE (24 février 1848 au 2 décembre 1851).

SOMMAIRE

Caractère de la Révolution de 1848. L'origine de la République fait de ce gouvernement, aux yeux du plus grand nombre, l'œuvre d'une minorité victorieuse par une surprise.

Le gouvernement provisoire : 24 février au 10 mai. — Paris après la Révolution. Abolition du serment. Institution de la garde mobile. Services rendus par M. de Lamartine. — Attitude et disposition des départements. — Arrêt soudain du travail. *Les ateliers nationaux.* — Commission du Luxembourg. — *Établissement du suffrage universel.* — Les circulaires de M. Ledru-Rollin. — Manifestation dite des Bonnets à poil et contre-manifestation (16 et 17 mars). — État de l'Europe. — Manifestation du 16 avril. Immense popularité de M. de Lamartine.

L'Assemblée Constituante : 4 mai 1848 au 28 mai 1849. — *Commission du pouvoir exécutif.* — Rédaction favorable à l'ordre. — *Attentat du 15 mai.* — Mesures prises au sujet des ateliers nationaux. Agitation politique et socialiste.

Insurrection de juin. — Influence de l'insurrection de Juin sur les destinées de la République et sur l'état des esprits.

Cavaignac, *chef du pouvoir exécutif.* Mesures réparatrices et répressives. — Discussion et *vote de la Constitution,* 4 novembre. — Candidature du prince Louis-Napoléon à la présidence de la République. — Candidature de Cavaignac. Elle est combattue par les républicains de la veille et les partis monarchiques. — Élection à la présidence (10 décembre).

Louis-Napoléon Bonaparte, président de la République. Caractère de la période qui s'étend du 10 décembre 1848 au 2 décembre 1851.

Ministères de l'Assemblée.

1849. Réduction d'impôts. Lois organiques. Procès de Bourges. — Occupation de Civita-Vecchia. Séparation de l'Assemblée Constituante et réunion de la Législative (28 mai). Appréciation du rôle de ces deux assemblées.

L'Assemblée législative : 28 mai 1849 au 2 décembre 1851. — Affaire du 13 juin. Ledru-Rollin au Conservatoire des Arts et Métiers. Réaction de plus en plus caractérisée. — Lettre du Président à M. Edgar Ney. Mécontentement de l'assemblée. — Ministère du Président. — Loi sur l'enseignement. — Loi électorale restrictive du suffrage universel. — Lois diverses.

Mort de Louis-Philippe.

Le Président visite les départements. — La circulaire Barthélémy. Son influence. — Revues de Satory. — Les conseils généraux demandent la révision de la constitution.

1851. — Désaccord entre le Président et l'Assemblée. Destitution du général Changarnier. — Agitation révisioniste dans les départements. Opposition parlementaire à la révision. — Troubles dans les départements.

Message du Président (4 novembre) pour demander l'abrogation de la loi du 31 mai. — Rejet par l'Assemblée. — Rejet de la proposition des questeurs.

Coup d'État du 2 décembre. — Dissolution et l'Assemblée nationale. — *Fin du régime parlementaire.* — État de l'opinion publique. — *Vote du 20 décembre.* Majorité immense qu'il donne au Président de la République.

LA RÉPUBLIQUE

Caractère de la Révolution de 1848. — *L'origine de la République fait de cette forme de gouvernement, aux yeux du plus grand nombre, l'œuvre d'une minorité victorieuse par une surprise.* — L'heure du triomphe, pour les minorités factieuses, est en même temps l'heure du châtiment. On peut bien, avec un célèbre stratégiste de l'émeute, *en un tour de main* faire une révolution; le difficile est de garder le gouvernement qu'on a escamoté.

L'année 1848, l'une des plus instructives de notre histoire, nous montre la popularité des chefs de l'opinion antidynastique, immense alors qu'ils conspirent contre des institutions sagement libérales, s'affaiblir à partir du 24 février, diminuer à mesure que loyalement et consciencieusement ils s'efforcent d'inoculer leurs doctrines à la nation, et finir par s'évanouir si complétement qu'au bout de l'année

16.

ils ont presque tous rejoint dans l'exil le roi qu'ils avaient renversé. Jamais le Capitole, selon l'expression d'un grand tribun, n'avait paru si près de la roche Tarpéienne.

Nous le répétons : l'honnêteté, le désir du bien, le désintéressement, la conscience ne manquèrent pas à quelques-uns des républicains de février arrivés au pouvoir. Mais ils avaient conspiré pendant 17 ans, avec obstination, contre des institutions qui convenaient à l'immense majorité de la nation ; ce n'est point une victoire surprise sur ces institutions qui pouvait modifier les dispositions depuis si longtemps hostiles de cette majorité à leur égard ; ce n'est pas le désir du bien qui leur donnera l'intelligence des intérêts du pays qu'ils n'ont jamais eue, le désintéressement qui leur tiendra lieu d'idées et de sens politique, la conscience apportée à l'accomplissement de leur tâche qui empêchera que la presse et la tribune n'emploient contre eux les armes et les moyens qu'ils ont mis en œuvre contre le gouvernement précédent. Ils avaient armé le carquois de la Liberté de flèches empoisonnées ; il a été vidé contre eux, jusqu'au jour où, dans cette mêlée, la Liberté a été frappée à son tour, et avec la liberté ont été frappés tous ceux qui l'aiment d'un amour sincère et respectueux, non pour la popularité qu'elle donne, non pour les promesses menteuses auxquelles elle sert de prétexte, mais pour elle-même, à cause de sa sagesse, de sa modération et de sa justice, prêts à la servir sous toutes les formes de gouvernement, pourvu qu'elle reste sincère et honnête, qu'elle ne soit pas le masque de l'arbitraire armé du prétexte de la nécessité de l'ordre public, ni celui de la licence, hideuse parodie de la liberté et vraie sœur de la tyrannie.

Nous allons présenter le récit succinct des faits. La politique se fait au jour le jour au gré des événements. Elle n'a ni lien, ni suite, dans les mains auxquelles elle va se heurter.

Ainsi les hommes qui, depuis 1830, avaient tenté dix fois l'assaut du pouvoir, et dont dix fois la vigilance des classes moyennes, l'énergie de la garde nationale et de l'armée avaient fait échouer les tentatives, mettant à profit une heure de défaillance de la bourgeoisie et de la royauté, venaient d'arriver à leur but. Ils sont enfin maîtres absolus du pouvoir et du pays. S'ils ont des vérités nouvelles à faire triompher, une forme de gouvernement mieux adaptée au caractère de la nation à établir, s'ils viennent contribuer à l'avancement de la civilisation ; leur persévérance, leur obstination à lutter contre le sentiment général, a quelque chose d'admirable. Mais s'ils n'ont pas de principes différents à appliquer, s'ils imposent au pays la forme de gouvernement qui alors lui est, à tort ou à raison, la moins sympathique, s'ils lui font une violence qui aura pour conséquence de mettre en péril l'ordre public, la société elle-même, que penser de tels hommes ! quelle terrible responsabilité ne portent-ils pas aux yeux de ceux qui n'ont point eu de reproches à se faire et qui sont condamnés pourtant, par une fatale solidarité sociale, à partager avec eux la peine des fautes dont ils se sont rendus coupables !

LE GOUVERNEMENT PROVISOIRE.

Au milieu de la chambre envahie, les noms d'Arago, Lamartine, Dupont de l'Eure, Crémieux, Ledru-Rollin, Marie et Garnier-Pagès avaient été proclamés, comme devant former le gouvernement provisoire. A l'Hotel de Ville, où se rendit le nouveau gouvernement, il s'adjoignit pour secrétaires : Armand Marrast, rédacteur du *National*, polémiste ardent et incisif, Louis Blanc, l'auteur de l'*Histoire de dix ans*, Ferd. Flocon, rédacteur du journal *la Réforme*, Albert, ouvrier. Les chambres avaient été dissoutes : la République venait d'être proclamée, sauf ratification par le peuple, « *qui sera immédiatement convoqué,* » avait-il été dit, dans une proclamation affichée le 24 février. Comment le pouvoir allait-il être exercé sur ce vide creusé « entre une monarchie croulée et une république à asseoir ? »

Paris après la révolution. — *Abolition du serment.* — *Institution de la garde mobile.* — *Services rendus par M. de Lamartine.* — Le 25 février, un décret délie du serment de fidélité les fonctionnaires civils et militaires : un autre décret, quelques jours après, abolit le serment. — Vingt-quatre bataillons de garde mobile seront formés en vertu d'un décret ; deux par arrondissement ; les volontaires, âgés de 20 à 30 ans, prendront un engagement d'un an, recevront une solde de 1 fr. 50 par jour. Une moitié des officiers sera élue, l'autre fournie par l'armée. Par là on créait une force nécessaire contre le désordre en enlevant au désordre même ses principaux éléments, une jeunesse sans emploi et sans but, inquiète et agitée. Des symptômes terribles s'étaient manifestés. Les ateliers se fermaient de tous côtés. Un ouvrier, porteur d'un fusil, se présente au gouvernement : « Je demande, dit-il, le droit au travail, l'organisation du travail, c'est la volonté du peuple : Il attend. » Ce droit au travail devait-il conférer au citoyen un titre impératif contre le gouvernement pour obtenir la nature du travail et le salaire convenables à chacun pour sa profession ? En quelques mois, le revenu et le capital même de la nation eussent été absorbés pour y satisfaire : c'est ce que répondit Lamartine. Le droit au travail ne pouvait être que la garantie du droit de vivre dans les cas de chômage forcé, aux conditions déterminées par l'administration et dans les limites de ses ressources. La déclaration suivante : « Le gouvernement provisoire de la République s'engage à garantir l'existence de l'ouvrier par le travail, à garantir du travail à tous les citoyens, etc., » avait ce sens aux yeux du gouvernement : elle en avait un tout autre aux yeux des meneurs socialistes. On le verra clairement dans la suite. — Le mouvement démagogique continuait ; déjà il menaçait ceux qu'il avait portés au faîte. La foule vint présenter le drapeau rouge à M. de Lamartine. Il le repoussa par d'éloquentes paroles : « Ce drapeau rouge que vous nous rapportez n'a jamais fait que le tour du Champ-de-Mars, traîné dans le sang du peuple en 1791 et en 1793, et le drapeau tricolore a fait le tour du monde avec le nom, la gloire et la liberté de la patrie. Je repousserai jusqu'à la mort ce drapeau de sang... » Et le drapeau rouge disparut. Tous ces premiers jours sont des jours de combat entre la déraison révolutionnaire d'une part et de l'autre le bon sens, la raison armée de l'éloquence la plus entraînante. Que la société ait vécu trois mois ainsi, c'est un prodige dont l'honneur principal revient à M. de Lamartine. Mais on ne peut tenir en équilibre une nation sortie brusquement de son assiette, de ses institutions, de ses habitudes, de ses idées, sans de graves et redoutables concessions au désordre.

Attitude et disposition des départements. — La première impression produite dans les départements par la nouvelle de la Révolution avait été la stupeur. Ce dénoûment était bien loin des prévisions de l'opposition elle-même. « Ils m'ont renversé parce qu'ils m'ont cru inébranlable, » a dit Louis-Philippe ; et ce mot est l'explication la plus juste qu'on ait donnée des événements de février. — A la stupeur succéda l'effroi: l'instinct de l'ordre devait rallier les honnêtes gens au gouvernement quel qu'il fût. De toutes parts lui arrivèrent les adhésions, les protestations de dévouement. Ce mouvement, tout étrange qu'il fût, était pourtant sincère, sans arrière-pensée. Légitimistes heureux d'avoir contribué à jeter par terre un roi détesté contre lequel ils s'étaient agités pendant dix-sept ans, bonapartistes auxquels s'ouvrait un avenir nouveau, bourgeois ahuris par la rapidité de la tempête et charmés de n'être ni proscrits, ni dépouillés, ni menacés dans leurs biens ou dans leur personne, tous pensaient qu'en définitive « la République est le gouvernement qui divise le moins ». C'était une noble et grande expérience à faire, car nos pères n'avaient pas connu la République, ils n'avaient connu que la Révolution. On peut dire que ces dispositions persistèrent jusqu'à l'époque de la publication des circulaires de M. Ledru-Rollin, jusqu'au jour où il fut évident qu'on voulait faire de la République non l'œuvre collective, mais l'instrument violent du triomphe d'un parti, fraction minime de la nation.

Les Ateliers nationaux. — Des promenades patriotiques troublaient la ville, la faim pressait. Le gouvernement ordonna l'établissement immédiat d'ateliers nationaux. Dans le principe ces ateliers n'eurent pas de connexité. Ils se composaient de brigades formées chacune de cinquante hommes, divisées en escouades de dix hommes dont la solde était de un franc par jour. Le peuple a l'ignorance de l'enfant. Il croyait à la facile réalisation de ces rêves dont on l'avait entretenu ; il vit dans les ateliers nationaux un moyen de traverser un temps d'épreuves ; il accepta et patienta : « Nous avons trois mois de misère à mettre au service de la République, dit-il. » Passé ce temps, qu'arrivera-il si les misères continuent ou s'aggravent?

Commission du Luxembourg. — Le 28 février, il fallut créer une commission de gouvernement pour les travailleurs. On lui donna pour siége le Luxembourg, la salle même de la chambre des Pairs, pour Président M. Louis Blanc, pour vice-président M. Albert, ouvrier. Sa mission spéciale était de s'occuper du sort des ouvriers, d'aviser à mettre enfin «un terme aux longues et iniques souffrances des travailleurs.» Quelle déception, si cette annonce pompeuse reste sans résultat, si cette commission ne trouve pas une proposition de réforme, une idée pratique à formuler ! — Le 29, Barbès fut nommé gouverneur du Luxembourg, Caussidière fut chargé de la police avec Sobrier. On revint à la dénomination, seule officiellement reconnue, de *citoyen*.

ÉTABLISSEMENT DU SUFFRAGE UNIVERSEL. — L'agitation de la rue avait ruiné le crédit, paralysé le travail, détruit la confiance qui ne peut renaître que par la sécurité, le calme et la liberté entière des transactions. Le 2 mars, un décret diminua d'une heure la journée de travail, qui se trouva réduite à onze heures pour l'ouvrier parisien. L'exploitation des ouvriers par des sous-entrepreneurs, le marchandage, fut abolie. Des clubs s'ouvrirent, c'était au nom de la liberté illimitée du droit de réunion, du droit de publier sa pensée que la révolution avait été faite : l'impôt du timbre sur les écrits périodiques fut supprimé (4 mars). Un décret convoqua le 9 avril les assemblées électorales pour élire les représentants du peuple à l'assemblée nationale chargée de faire la Constitution nouvelle. Les représentants devaient être au nombre de neuf cents et élus par le suffrage universel et direct. Étaient électeurs tous les Français âgés de vingt-un ans, résidant dans la commune depuis six mois. Les électeurs devaient voter au chef-lieu de canton par scrutin de liste. Une indemnité de vingt-cinq francs par jour était allouée aux représentants pendant la session dont l'ouverture fut fixée au 20 avril.

Un trait de plume suffisait pour livrer les destinées d'une grande nation à la plus dangereuse expérience que les hommes aient jamais faite. Quelle que fût entre eux la différence de moralité, d'intelligence, d'instruction et de fortune, tous allaient peser du même poids dans la balance des destinées du pays. Qu'arriverait-il cependant si les intérêts des partis, si les passions des classes l'emportaient sur l'amour du bien public et de la patrie? Ne pourrait-on craindre de voir, par une coalition des pauvres contre les riches, ouvriers des villes, manouvriers des campagnes, infiniment plus nombreux que les patrons et les propriétaires, mettre en discussion et en péril les principes mêmes de l'ordre social? N'était-ce pas proclamer l'infaillibilité du nombre et de la force, exalter l'orgueil des masses jusqu'au délire, reconnaître le droit de l'ignorance, légitimer toutes les convoitises dont elle entretient les rêves?... Mais de tels doutes ne se présentèrent même pas à l'esprit de ces inflexibles théoriciens pour lesquels les principes sont tout, les individus, les peuples rien. — *Périssent les colonies plutôt qu'un principe!* a-t-on dit sous la première révolution. — Mais les principes font partie des vérités éternelles et sont impérissables comme elles. Ils subissent des éclipses, après lesquelles ils reparaissent plus brillants et plus forts. Quant aux nations, qu'on a tuées en leur nom, elles sont dans l'histoire comme ces navires échoués au milieu de l'Océan qui indiquent aux autres navires l'écueil qu'ils doivent éviter. Tel a été le sort de la Pologne, victime du *liberum veto*. Aucun effort ne l'a sauvée, aucun n'a pu la ranimer.

Dans une communication faite à nos agents diplomatiques, M. de Lamartine exposa une politique qui était une continuation de la politique pacifique de M. Guizot ; aussi produisit-elle une heureuse impression à l'extérieur. L'Angleterre et successivement tous les États de l'Europe, l'Espagne fut le dernier, allaient reconnaître la République. Une circulaire de M. Carnot aux recteurs eut une influence moins favorable. Le ministre de l'instruction publique avait l'imprudence d'engager les instituteurs à se mettre sur les rangs pour être représentants du peuple, alléguant qu'une éducation cultivée n'était pas nécessaire pour préparer à de si hautes fonctions.

Les circulaires de M. Ledru-Rollin. — Cette circulaire, une autre de M. Ledru-Rollin (8 mars) qui recommandait aux commissaires des départements de faire choix pour l'assemblée nationale « d'hommes tous de la veille et pas du lendemain » passèrent presque inaperçues au milieu d'actes plus graves concernant les déposants aux caisses d'épargnes lésés dans leurs intérêts, l'abolition de la contrainte par corps pour les débiteurs, au milieu de l'immense agitation produite par les clubs (237 clubs), par la multitude des journaux (140 journaux à Paris seulement) qui semaient la défiance et la haine. Une effroyable division ne tarda pas à se manifester. Autant de clubs, autant de systèmes. Chacun définissait la République à sa manière. M. Blanqui avait la sienne qui n'était pas celle de Barbès, ni celle de Raspail, ni celle de Pierre Leroux, ni celle de Cabet, ni celle de Proudhon. La République sociale, réclamant la modification des bases mêmes de la société, se dressa contre la République démocratique. Le gouvernement provisoire, au lieu de combattre ces divergences, en réclamant au même titre le concours de tous les citoyens à la fondation de la République nouvelle,

— avait déclaré suspects tous les républicains du lendemain, et seuls dignes de confiance le petit groupe des révolutionnaires de février, des anciens conspirateurs et condamnés politiques. Une circulaire de M. Ledru-Rollin, du 16 mars, disait aux commissaires des départements : « Quels sont vos pouvoirs ? Ils sont illimités.... vous ne relevez que de votre conscience. » La terreur allait-elle commencer ? Les modérés commencèrent à se troubler ; quand ils arriveront à se compter, c'en sera fait de la République démocratique du 24 février. Des indices d'opposition ne tardèrent pas à se produire.

Manifestation dite des bonnets à poil et contre-manifestation. — Sous prétexte de réclamer contre une mesure qui supprimait les compagnies de grenadiers et de voltigeurs de la garde nationale, comme contraires à l'égalité, vingt mille hommes, presque tous appartenant à cette bourgeoisie aisée qui avait plusieurs fois vaincu l'émeute sous Louis-Philippe, défilèrent sous les fenêtres de l'Hôtel-de-ville aux cris de : *A bas Ledru-Rollin* (16 mars) ! Le lendemain avait lieu une contre-manifestation organisée par les clubs et qui comptait cent vingt mille hommes. Sur la demande de ses délégués, on prorogea au 23 avril les élections à l'assemblée nationale, et au 4 mai la réunion de l'assemblée. Le 25 avril, M. Ledru-Rollin avait l'imprudence de faire ou de laisser imprimer dans le *Bulletin de la République* ces paroles : « Il faudra en venir à un combat nouveau si les départements ne font pas triompher la vérité sociale. » Et encore : « Paris se regarde avec raison comme le mandataire de toute la population du territoire national, et, s'il ne peut pas persuader, il aura la douleur de vaincre. »

Ces agitations tumultueuses qui menaçaient de submerger le gouvernement lui-même, et avec le gouvernement tout élément d'ordre, augmentaient le malaise et les alarmes. Le crédit public et privé était nul. L'or se cachait. Il fallait faire face aux besoins de l'État. Le ministre des finances, M. Garnier-Pagès, créa des comptoirs d'escompte pour faciliter la négociation du papier et fit décréter un impôt de 45 centimes sur les quatre contributions directes qui devait produire 192 millions dont 60 à repartir entre les banques d'escompte. Aucune mesure ne contribua davantage à rendre la République impopulaire, parce qu'elle aggravait pour chacun la gêne publique. Elle pouvait être impolitique; cependant elle était honnête; elle prévenait la banqueroute. Il faut bien que les peuples payent les révolutions qu'ils font ou qu'ils subissent et dont le premier effet est de paralyser les sources de la production et de tarir les canaux de la circulation; il est plus juste qu'ils la payent que de la faire payer, par de lourds emprunts, à leurs descendants.

État politique. — En ce moment l'Europe était en feu. Des troubles éclataient à Berlin, à Kœnigsberg (14 mars), à Munich (16), à Milan (18), à Parme (20), à Vérone (22) : Milan chassait les Autrichiens, Venise proclamait la République (25). Des réfugiés politiques de tous les pays pressent M. de Lamartine, qui se montre inébranlable, de favoriser leurs projets d'invasion des territoires voisins de la France. Ils se jettent sur la Belgique, sur la Savoie (dont le roi, Charles Albert, s'est mis courageusement à la tête du grand mouvement italien), sur le duché de Bade; partout ils sont défaits et repoussés. Des désordres ont lieu à Lille, à Périgueux, à Besançon, à Bordeaux, à Amiens et ailleurs. Un comité révolutionnaire central envoie de tous côtés, avec l'approbation du gouvernement, des émissaires chargés de révolutionner les départements, de faire de la propagande parmi les ouvriers et les soldats. « La République, disent-ils, n'est pas un gouvernement, mais un moyen; la réforme politique n'est que l'instrument de la réforme sociale. » On apprend que la Russie se prépare à la guerre. La formation d'armées d'observation pour couvrir nos frontières est décrétée : l'armée du Nord, l'armée des Pyrénées, l'armée des Alpes.

Manifestation du 16 avril. Immense popularité de M. de La-

martine. — Mais le plus grand péril est toujours à l'intérieur. Les clubs sont irrités de ce qu'ils appellent la faiblesse du gouvernement provisoire. Ils projettent de lui substituer un comité de salut public. Soixante mille hommes partent du Champ-de-Mars, résolus et en bon ordre. Au moment où ils arrivent près de l'Hôtel-de-Ville, la garde mobile, les légions de la garde nationale convoquées par le rappel que de Lamartine et Armand Marrast ont fait battre depuis deux heures, occupent la place. La colonne des clubistes est coupée en mille tronçons, la manifestation avorte complétement. Ce succès donne à la réaction conscience de ses forces. Elle sait qu'il y a lutte dans le gouvernement provisoire entre la partie modérée formée par MM. de Lamartine, Dupont de l'Eure, Marie, Marrast, Arago, etc., et la partie exaltée que domine M. Ledru-Rollin et qui a pour organe le Bulletin officiel de la République. Elle s'appuiera donc sur M. de Lamartine. La popularité dont le grand poëte se trouva environné, en ce moment, fut immense. On en eut une preuve aux élections du 23 avril, cette première expérience du suffrage universel. Élu par dix départements, il réunit 3,548,201 suffrages; c'était trois millions et demi de protestations contre les tendances représentées par MM. Ledru-Rollin et Louis Blanc. Les élections avaient été en général paisibles et régulières, sauf à Rouen où la population ouvrière prit les armes pour soutenir sa liste qui avait succombé au scrutin. Il y eut des barricades faites, soixante personnes blessées.

L'ASSEMBLÉE CONSTITUANTE.

Enfin le 4 mai arriva : l'assemblée constituante s'ouvrit aux cris de *Vive la République!* Désormais l'anarchie a perdu ses meilleures chances de victoire : elle n'a plus devant elle un pouvoir contesté, esclave de la révolution dont il sortait et exposé chaque jour à périr par elle; elle a à compter avec un gouvernement légitime, issu de la volonté nationale régulièrement exprimée d'après le mode de votation le plus libéral en apparence qui ait été mis en pratique. La situation est donc complétement changée.

Le pouvoir exécutif est confié à cinq membres. — Chacun des membres du gouvernement vint successivement présenter l'exposé de son administration à l'assemblée constituante, car c'est la qualification qu'on donna à cette assemblée, appelée à *constituer* la République avec les éléments bizarres dont elle était formée, et qui étaient ceux de l'agitation révolutionnaire elle-même, renfermant dans son sein toutes les doctrines, toutes les classes, depuis le légitimiste sorti de ses terres, où il était resté dix-huit ans, jusqu'à l'ouvrier, à l'homme du peuple, Barbès à côté de M. Thiers, le dominicain Lacordaire à côté du chansonnier Béranger. Le compte rendu fut une apologie des actes des gouvernants. L'assemblée décréta que ceux-ci avaient bien mérité de la patrie. — Il faut être juste envers tout le monde : le décret était équitable en tant que s'appliquant, non au bien qu'ils avaient fait, mais au mal qu'ils avaient empêché. Le mal était grand ; combien n'aurait-il pas été plus grand encore, s'il n'avait été combattu par des hommes plus soucieux de l'intérêt public que jaloux de leur popularité ! La responsabilité du pouvoir rattache à la cause de l'ordre les intelligences qui l'ont le plus ébranlé, en dépit de toutes les contradictions. Au 16 avril la manifestation avait échoué par le refus de concours de MM. Ledru-Rollin, Louis Blanc et Barbès eux-mêmes, et leur conduite en cette circonstance n'est point assurément le seul service dont la chose publique leur soit redevable. Il n'y a pas jusqu'au préfet de police, Marc Caussidière, entouré de ses montagnards armés, qui n'eût fait l'ordre avec le désordre, selon l'expression pittoresque dont il se servit pour se justifier plus tard.

Mais du moins aurait-il fallu que ces républicains, si fiers d'assigner à la première manifestation de leurs opinions une date plus ancienne que la république, que ces hommes *de la veille* donnassent aux hommes *du lendemain* l'exemple de la première des vertus républicaines, de l'obéissance à la loi, de la soumission de la minorité à la majorité. Malheureusement il n'en fut pas ainsi; jamais pouvoir ne fut plus contesté, plus discuté, plus violemment combattu, plus compromis, au grand péril de la société tout entière, que la République de 1848, et par ceux mêmes qui avaient renversé le gouvernement de juillet pour la fonder.

Le premier acte de l'assemblée avait été d'élire une commission de cinq membres à laquelle le pouvoir exécutif fut confié. MM. François Arago, Garnier-Pagès, Marie, Lamartine, Ledru-Rollin réunirent la majorité des suffrages; ce dernier nom était une concession exigée par M. de Lamartine. La commission s'adjoignit pour ministres MM. Recurt (intérieur), Crémieux (justice), général Cavaignac (guerre), amiral Cazy (marine), Bastide (affaires étrangères), Trélat (travaux publics), Ducler (finances), Flocon (agriculture), Bethmont (cultes).

Réaction favorable à l'ordre. — Lorsque M. de Lamartine avait pris le premier la parole, le 7 mai, au nom du gouvernement provisoire pour demander à l'Assemblée qu'elle *amnistiât de leur dictature temporaire des hommes qui ne demandaient qu'à rentrer dans les rangs des bons citoyens,* des applaudissements enthousiastes avaient accueilli son discours et forcé l'orateur à se lever trois fois pour remercier les représentants de la nation : quand le lendemain, il reparut et exposa les relations extérieures de la République, l'accueil fut moins sympathique ; la majorité crut comprendre qu'il ne se donnait point à elle tout entier, qu'il hésitait, en alléguant la nécessité de maintenir au pouvoir les chefs du mouvement révolutionnaire, entre elle et ces chefs. Elle ratifia le choix de M. Ledru-Rollin, mais elle avait puni M. de Lamartine de l'espèce de violence qu'il lui avait faite, en ne le mettant que le quatrième sur la liste des cinq noms qui sortirent de l'urne, et seulement avec quelques voix de plus que M. Ledru-Rollin. M. de Lamartine n'avait pas vu le prix mis à la popularité dont il jouissait : il a appris, plus tard, combien cette popularité est cruelle à qui l'a déçue. L'opinion demandait une direction ferme : elle ne trouva devant elle que division, incertitude et faiblesse; et il y a des heures de crise où le désir du bien doit devenir une volonté énergique, où toute apparence de transaction entre des principes qui s'excluent est regardée comme une trahison. Or, la France était dans une de ces crises : l'assemblée nationale incarnait sa force, sa dignité, sa volonté. C'est de ses sentiments et de ses idées qu'il fallait donc se pénétrer pour combattre résolûment tout ce qui tendait à affaiblir ou à contester son action, parce que seule elle exprimait la loi régulière, la règle souveraine.

Attentat du 15 mai. — Les clubs regrettaient d'avoir laissé les élections se faire, l'assemblée se réunir. C'était au peuple de Paris, qui avait versé son sang pour faire la Révolution, à conduire la République, disaient leurs orateurs. A l'occasion de la répression des troubles de Rouen, Blanqui accusait la *bourgeoisie royaliste d'avoir tramé dans l'ombre une Saint-Barthélemy contre les ouvriers.* On rédigea des pétitions, par lesquelles on demanda la mise en jugement des massacreurs de Rouen, l'éloignement immédiat de Paris des troupes de ligne, et la délivrance de la Pologne. Le 15 mai, l'assemblée devait discuter cette dernière question, plus brûlante que jamais. Il était facile de prévoir qu'elle hésiterait à déclarer la guerre à la Russie, à la Prusse et à l'Autriche, pour procéder sérieusement au rétablissement de la Pologne. Les clubs convoquèrent leurs affiliés ce jour-là. Une multitude immense occupait toute la ligne des boulevards; sur des étendards, on lisait ici : *Vive la Pologne!* ailleurs, *Vive l'organisation du travail!* Cette fois, on ne devait pas se borner à une pure démonstration. Par imprévoyance, ou par l'effet de la confusion des pouvoirs, du trouble des esprits qui hésitaient entre ce qu'on appelait le peuple et l'assemblée, ne sachant plus trop où était le droit, où était le devoir, l'assemblée nationale ne se trouve point défendue. Elle est envahie. Raspail monte à la tribune et donne lecture de la pétition en faveur de la Pologne, malgré les protestations des représentants. Blanqui lui succède ; Barbès félicite le peuple d'*avoir reconquis le droit de pétition.* Le tumulte grandit, devient inexprimable. Les motions se confondent et s'entrecroisent. « Hâtons-nous ! » s'écrie Huber. On désigne un gouvernement provisoire composé de MM. Louis Blanc, Barbès, Albert, Blanqui, Raspail, Huber, Caussidière, Pierre Leroux, Cabet et Proudhon. Pendant ce temps, le tambour battait le rappel, Paris s'armait précipitamment. A trois heures, les gardes nationaux et les gardes mobiles entrent à leur tour dans le palais des représentants. La séance est ouverte ; l'assemblée se déclare en permanence, ordonne l'arrestation de Courtais, commandant supérieur de la garde nationale, auquel on donne pour successeur Clément Thomas, de Barbès et d'Albert, qui sont arrêtés à l'Hôtel-de-ville où ils étaient allés s'installer. Caussidière se démet des fonctions de préfet de police. Les clubs Blanqui et Barbès sont dissous. L'assemblée vote à l'unanimité une déclaration ainsi conçue : « La commission exécutive continuera à prendre pour règles de sa conduite les vœux unanimes résumés en ces mots : pacte fraternel avec l'Allemagne, reconstitution de la Pologne indépendante et libre, affranchissement de l'Italie. » Chaque année pendant le règne de Louis-Philippe, la Chambre avait protesté en faveur de la nationalité polonaise. La protestation de la République n'était pas plus dangereuse pour la Russie.

Mesures prises au sujet des ateliers nationaux. Agitation socialiste et politique. — Le 26 mai, sur la proposition de M. Recurt, et malgré les réclamations des princes de la famille d'Orléans, un décret, voté par l'assemblée, interdit à Louis-Philippe et à sa famille le territoire de la France. La même interdiction existait-elle pour les Bonaparte, et la loi qui les concernait avait-elle été abrogée par la Révolution de février ? Avec une inégalité de traitement qui eut les plus fatales conséquences, l'assemblée conclut dans le sens de l'abrogation de la loi d'exil des Bonaparte, et pour l'admission de Louis-Napoléon, que trois départements venaient d'envoyer à la chambre. Ce prince avait été accusé d'ambition ; il protesta de son désintéressement et donna sa démission. Si la situation matérielle paraissait s'améliorer, la situation financière s'aggravait. A cette déclaration du ministre des finances, que « la République a sauvé la France de la banqueroute, » M. Achille Fould répondit en établissant que depuis l'entrée en fonction du gouvernement provisoire, le déficit quotidien avait été de 2,500,000 francs. (27 mai.) Le nombre des ouvriers incorporés dans les ateliers nationaux s'élevait à 120,000 ; la dépense à 180,000 fr. par jour ; le produit était nul. Créés comme un refuge pour les ouvriers que l'industrie privée ne pouvait occuper, les ateliers la tenaient en échec, éloignaient la commande, éteignaient sur le marché toute activité, habituaient peu à peu les artisans les plus robustes à l'oisiveté, en leur donnant, pour ne rien faire et aux dépens de l'État, une solde modique, insuffisante à l'entretien de la famille, mais assurée. Le gouvernement annonça l'intention de substituer, dans le plus bref délai possible, le travail à la tâche au travail à la journée. Le 8 juin, d'après ses propositions, l'assemblée décrète une série de travaux sur les routes départementales et communales. Le ministre Trélat entrevoit des dangers, il voudrait les conjurer et procéder sans secousses à la dissolution des ateliers nationaux. La majorité juge que le péril grandit chaque jour et elle se rallie à la proposition du rapporteur, M. de Falloux : « Les ateliers nationaux seront dissous trois jours après la promulgation du présent décret. — Ne sont pas compris dans cette mesure les ateliers de femmes. — Un crédit de trois millions est ouvert au ministère de l'intérieur pour indemniser et secourir à domicile les ouvriers actuellement sans ouvrage, etc. — Depuis quelque temps, les ateliers nationaux étaient dans un état d'extrême fermentation. Les meneurs, parmi lesquels se trouvaient des émissaires du parti bonapartiste, s'efforçaient de pousser les ouvriers à la révolte, en leur représentant, comme l'œuvre de la plus perfide trahison, l'intention que l'on avait de les éloigner de Paris et de les disperser. « Etait-ce là, d'ailleurs, l'organisation du travail, l'égalité, la fraternité qu'on leur avait promises ? On ne leur ouvrait d'autres perspectives que l'exil, les travaux les plus pénibles, ou la misère ! Le moment était décisif, demain serait trop tard. Il fallait, puisqu'ils pouvaient encore agir de concert, renverser le gouvernement... » On se prépara à la guerre civile.

Insurrection de Juin. — Le même jour, 22 juin, on apprenait que l'émancipation des esclaves, trop brusquement opérée à la Martinique et à la Guadeloupe, avait amené d'horribles excès, que des blancs avaient été pillés et massacrés; car le progrès n'est que l'accord des réformes avec les besoins et les facultés des peuples, semblable à ces substances dangereuses qui agissent, tantôt comme poisons, tantôt comme remèdes, selon l'opportunité de leur application aux fonctions du corps humain.

Les chefs de clubs, les professeurs de barricades, les montagnards de Caussidière se sont joints aux mécontents des ateliers nationaux. On n'a jamais su au juste quelle doctrine, quel but politique se cachait derrière les barricades de juin. Vraisemblablement, il n'y avait pas de vue commune dans cette immense armée où toutes les passions déçues, toutes les convoitises allumées, toutes les haines inassouvies, toutes les doctrines dédaignées, toutes les utopies condamnées avaient leurs représentants, leurs désespérés et leurs vengeurs; mais il y eut un accord remarquable dans l'action. Des mesures stratégiques avaient été prises, un plan fut suivi avec ensemble et énergie. — Le 23, l'insurrection commence vers la Bastille; elle prend bientôt des proportions gigantesques. Elle a de puissantes ressources en armes et en munitions, des centaines de milliers de bras sont à son service; de son côté le ministre de la guerre, Cavaignac, dispose de trente-deux bataillons de guerre; il a sous ses ordres la garde mobile, la garde républicaine, la garde de Paris.

Nulle troupe n'eut plus de part, il faut le dire, à la répression de l'insurrection que cette garde mobile, toute pleine de feu et d'entrain, dont l'héroïque audace déconcerta les émeutiers qui avaient compté sur elle ; et en effet si, au début, elle se fût déclarée pour eux, nul ne peut dire ce qui serait advenu. Les généraux Lamoricière, Bedeau, Damesme secondent Cavaignac. De part et d'autre, on combat avec acharnement. Des membres de l'assemblée se montrent à la tête des troupes, les premiers à braver le feu des barricades. Le 24, l'insurrection a fait des progrès : elle est aux portes de l'Hôtel-de-ville. L'assemblée nationale se déclare en permanence ; tous les pouvoirs sont délégués au général Cavaignac. La commission du pouvoir exécutif donne sa démission. Les efforts de Cavaignac et des généraux sous ses ordres ont pour but de refouler l'insurrection du centre aux extrémités. Le premier jour, Bedeau, Bixio, Dornès, Clément Thomas avaient été blessés. Le second jour, c'est le tour de Damesme, obligé de laisser le commandement au général de Bréa. La nuit met trêve au combat qui recommence le lendemain, 25 juin. Mais déjà arrivent en masse les gardes nationales des départements : la confiance et l'espoir entrent avec elles dans Paris. L'insurrection se concentre sur des points fixes et restreints : à la barrière de Fontainebleau, le général de Bréa espère, en se rendant au milieu des insurgés, les décider à se soumettre et prévenir l'effusion du sang, par une de ces victoires du cœur qu'il avait plus d'une fois remportées : il est lâchement assassiné : le capitaine Mengin meurt héroïquement à ses côtés. Restait le faubourg Saint-Antoine, si bien fortifié, qu'il fallut enlever les maisons l'une après l'autre. Duvivier reçoit une blessure qui sera mortelle. Négrier le remplace et a le même sort. Un des insurgés est pris les armes à la main : il va être fusillé. Le colonel Regnault intervient pour le sauver : « Merci, mon colonel, » dit cet homme, et tirant un pistolet de dessous sa blouse, il tue son bienfaiteur. Cet épisode caractérise la guerre sauvage, horrible, impitoyable qui ne cessa que le 26 juin à deux heures de l'après-midi. La veille au soir l'archevêque de Paris, Affre, avait voulu porter la parole de paix aux insurgés du faubourg Saint-Antoine qui devaient être attaqués le lendemain. Vainement on avait essayé de le retenir en lui représentant les périls de son entreprise : « Ma vie est si peu de chose, » répondait-il. Il arrive à la place de la Bastille, fait cesser le feu, pénètre dans le faubourg. Au moment où il va parler, le cri : aux armes ! retentit. La fusillade recommence. L'archevêque tombe ; on le relève, on l'emporte. Deux jours après, il expirait, en répétant : *Que mon sang soit le dernier versé!* dévouement sublime dont la République a voulu consacrer le souvenir par un monument élevé dans l'église métropolitaine de Paris avec cette simple inscription : « Le bon pasteur donne sa vie pour ses brebis [1]. »

Influence de l'insurrection de juin sur les destinées de la République et sur les esprits. — La lutte était enfin terminée. Deux généraux avaient été tués, six blessés ; jamais la proportion n'avait été si forte dans les batailles de l'Empire, jamais dans les assauts de places fortes on n'avait perdu tant de monde. Le chiffre des blessés reçus dans les hôpitaux, du 23 au 28 juin, s'était élevé à 1,781, parmi lesquels 900 civils, 846 militaires, 35 femmes. Il y avait eu en outre 364 blessés dans les ambulances. L'hostilité ardente contre la République, la répugnance que les masses départementales ont manifestée de plus en plus pour cette forme de gouvernement, datent des journées de juin. L'impôt des 45 centimes, d'autres mesures avaient jeté l'inquiétude, augmenté le malaise : cette guerre fit horreur. Il n'y eut pas de forme de gouvernement qui ne parût, à la majorité des gens de campagne, préférable à celle-ci qu'ils firent responsable de ce qu'ils avaient souffert. Ainsi s'expliquent les déclarations du scrutin, dans les votes qui se succédèrent. Quant aux

---

[1] Le monument dû au ciseau de M. Auguste de Bay est digne de l'acte qu'il glorifie.

citoyens éclairés, ils commencèrent à croire la République viable du jour où elle se montra forte contre le désordre, décidée à réagir contre les mauvaises doctrines et les excès; ils lui vinrent loyalement en aide; ils avaient défendu l'ordre, la liberté, les institutions sous le règne de Louis-Philippe, ils les défendirent sous le gouvernement du général Cavaignac, caractère loyal et intègre, intelligence élevée à laquelle on aurait pu souhaiter plus de netteté, de clairvoyance et de décision, cœur généreux qui a montré de rares vertus et donné de grands exemples. Les républicains de la veille avaient, par leurs imprudences et leurs attentats contre la majorité, rendu la chute de la République inévitable : des républicains du lendemain, des républicains malgré eux, comme ils s'appelaient, ralliés au général Cavaignac, firent tout ce qu'il était possible de faire pour retarder cette chute ou pour l'empêcher.

CAVAIGNAC, CHEF DU POUVOIR EXÉCUTIF.

Mesures réparatrices et répressives. — Restait à pacifier les esprits, à rétablir la paix, à ramener la liberté dans les limites où son action est favorable à l'ordre, sans cesser d'être vivifiante. Cavaignac avait reçu le titre de président du conseil et le droit de nommer les ministres. Il appela aux affaires MM. Senart (intérieur), Bethmont, puis Marie (justice), Bastide (affaires étrangères), Lamoricière (guerre), Carnot, puis Vaulabelle (instruction publique), Leblanc, puis Verninhac (marine), Tourret (agriculture et commerce), Recurt (travaux publics). Les ateliers nationaux furent complétement dissous. Diverses lois réparatrices furent votées : pour régler le remboursement des livrets des caisses d'épargnes et des bons du trésor; pour donner une impulsion aux travaux de bâtiments, complétement interrompus, au moyen de l'exemption de contributions accordée aux maisons construites dans l'année; pour favoriser, par un encouragement pécuniaire, les associations librement contractées soit entre ouvriers, soit entre patrons et ouvriers. La proposition de Proudhon de s'emparer du tiers des fermages, des loyers, des intérêts des capitaux, dans un double but d'impôt et de crédit, donna occasion à M. Thiers, dans un remarquable rapport, de faire justice de coupables et dangereuses erreurs et de rappeler, aux applaudissements de l'assemblée, sur quels principes éternels sont établies la religion, la famille et la propriété, ces fondements de toute société régulière. Les doctrines du sophiste reçurent du grand jour de la tribune où on les laissa se développer avec toutes leurs conséquences insensées, le plus rude coup qui pût leur être porté. Elles furent flétries comme une atteinte à la morale publique, un appel aux plus mauvaises passions, une calomnie contre la révolution.

Onze mille hommes avaient été arrêtés dans l'insurrection de juin ; trois mille furent condamnés à la déportation, effroyable bilan des erreurs et des malheurs sortis du 24 février.

Ce n'est pas tout : il paraissait nécessaire d'armer la liberté contre la licence. Des lois rétablirent le cautionnement pour tous les journaux et les écrits périodiques, réprimèrent les crimes et délits commis par la voie de la presse, réglementèrent les clubs. « En échange de la liberté absolue, dit M. Marie, nous n'avons trouvé que le travail de l'anarchie niant tout ce qu'on a honoré, » et M. Antony Thouret ajoutait : « Une partie de la presse, et surtout de la presse nouvelle, a été violente, calomniatrice, anti-républicaine et, j'oserai le dire... sanguinaire ! » Ces plaintes étaient fondées, mais la liberté absolue avait peut-être déjà donné les fruits dangereux dont sa production violente sera toujours suivie, lorsqu'elle fut supprimée. Les feuilles incendiaires étaient presque toutes tombées d'elles-mêmes sous le mépris public ; celles qui subsistaient encore, dénuées de crédit, n'éveillaient que la curiosité, la surprise et le dédain. La loi sur les clubs qui les soumettait à certaines conditions fit déserter peu à peu ces assemblées. Ainsi ce fameux droit de réunion disparaissait de lui-même, pour avoir été enfin légalement reconnu, mais réglé ! — Une nouvelle élection de Louis-Napoléon (par la Corse) lui fut l'occasion d'une nouvelle démission, non que le prince renonçât à l'espoir d'être un jour représentant du peuple, mais tout en continuant d'affirmer la *sincérité* de son *patriotisme* par une protestation de *désintéressement* à laquelle sa conduite allait bientôt donner un éclatant démenti, il entretenait l'agitation et les préoccupations publiques autour de son nom, il excitait l'ardeur, il grossissait le nombre de ses partisans. Il voulait se sentir porter à l'assemblée par une force capable de le placer au dessus d'elle. Voilà pourquoi il attendait encore, car jamais homme n'a mieux connu que le prince Louis la science de tromper les hommes.

Le vote d'une loi, qui établissait une taxe unique de vingt centimes pour les lettres, fut suivi de la discussion sur les résultats de l'enquête relative aux causes de l'attentat du 15 mai et des journées de juin. L'assemblée ayant donné l'autorisation de poursuivre L. Blanc et Caussidière comme complices du 15 mai, ces deux représentants se retirèrent en Angleterre (25 août). Puis on s'occupa de réviser une des mesures les plus graves du gouvernement provisoire, la fixation de la journée de travail à dix heures, pour l'ouvrier parisien. Le sentiment qui l'avait dictée était généreux, mais la mesure avait eu des conséquences funestes. L'exportation avait diminué, la concurrence étrangère envahissait le marché national, la richesse publique était atteinte à sa source même, le salaire des artisans se trouvait insuffisant. Après une discussion approfondie, l'assemblée abrogea le décret du 2 mars, en limitant le travail à douze heures dans les manufactures seulement. Ainsi on défaisait maille par maille la trame révolutionnaire ; il n'y avait pas de meilleur moyen de revenir au bons sens ; et on entendait le général Cavaignac, interpellé sur les événements d'Italie, tenir le langage qu'aurait tenu le roi Louis-Philippe lui-même : « que son ambition serait satisfaite si la postérité le plaçait parmi ces hommes d'État moins brillants qu'utiles qui ont épargné à leur pays les calammités de la guerre. » (21 août.)

Discussion et vote des articles de la Constitution. — La discussion du projet de Constitution donna lieu à de vifs débats sur le droit au travail. Comment devait-il être entendu? « Donnez-moi le droit au travail, » avait dit Proudhon, l'auteur du livre : *La propriété, c'est le vol*, « et je vous abandonne la propriété. » Était-ce pour l'individu le droit d'exiger de la société, et au besoin les armes à la main, le travail auquel il se juge apte ou qui lui convient ? Ou bien, était-ce simplement le droit de vivre en travaillant, comme le droit à l'assistance et au secours est le droit de compter sur la charité de son prochain, sur sa protection, contre le besoin, la maladie et la mort ? De menaçantes théories furent développées avec audace et réfutées avec bon sens et éloquence. On prouva que la production n'est point limitée ; que chaque homme en venant au monde apporte les deux forces, l'intelligence et le travail, qui créent la propriété, non-seulement au profit de l'individu, mais au profit de tous. On montra la convenance d'entretenir le peuple plus souvent de ses devoirs que de ses droits : « Le sentiment du droit est un peu égoïste, » dit M. Dufaure, « il devient aisément exigeant, il s'enivre facilement de lui-même... Le sentiment du devoir emporte avec lui l'idée d'abnégation, l'idée de sacrifice, l'idée de dévouement; le sentiment du devoir rapproche les hommes au lieu de les séparer ; il unit, il fortifie les États au lieu de les diviser et de les dissoudre. » Ces idées judicieuses prévalurent. La société était d'ailleurs loin d'être rassise. Les récentes élections de Paris avaient fait sortir de l'urne le nom de M. Raspail en même temps que ceux de Louis-Napoléon et de M. Ach. Fould. Le prince se vit réélu par les quatre départements dont il avait naguère refusé le mandat. Il se décida à céder alors à des sollicitations qu'il était parvenu à rendre si pressantes (26 septembre). Il exprima les sentiments dont il était pénétré, en ces termes :

« Ma conduite sera toujours inspirée par le devoir, toujours animée par le respect de la loi, ma conduite prouvera, à l'encontre des passions qui ont essayé de me noircir pour me proscrire encore, que nul ici, plus que moi, n'est résolu à se dévouer à la défense de l'ordre et à l'affermissement de la République. » — Le point le plus important de la Constitution nouvelle se rapportait au mode d'élection du président de la République. Il y avait là une question de principes et une question de personnes. L'élection de Cavaignac était certaine, si le choix du président était remis à l'assemblée. Cependant Cavaignac vota pour l'élection directe par le pays. M. de Lamartine fit de même et prononça un discours qui eut un grand effet. Après tout, dit l'orateur, si le peuple court à un nom comme le taureau court au rouge... *alea jacta est !* — Ce mot avait été déjà dans la pensée, sinon dans la bouche de M. de Lamartine, dès le 24 février ; il résume la politique du grand poëte. L'assemblée décida que le président serait nommé par le suffrage universel et pour quatre ans (9 octobre) ; qu'il recevrait un traitement annuel de 600,000 fr. (12 octobre).

Alea jacta est ! Au petit bonheur ! disait-on dans notre langue. Combien d'hommes jouent ainsi le sort de la patrie ! Au lieu de chercher à s'éclairer sur le meilleur parti à prendre, d'agir avec la circonspection qu'ils apportent dans la question de leurs propres affaires, ils font la plus forte part au hasard ; ils prennent une carte et la jettent dans l'urne électorale, parfois sans l'avoir regardée et souvent sans en comprendre le sens. Remettre les destinées de la République au suffrage universel qu'on venait de proclamer, en investissant brusquement de la souveraineté sept à huit millions d'individus qui avaient vécu jusqu'alors, en dehors des agitations et des questions politiques, c'était exposer cette République qu'on avait établie par la violence et qu'on prétendait vouloir fonder définitivement, aux plus terribles aventures. Nous sommes bien les fils de ces Gaulois qui aimaient le jeu par-dessus tout, jouant leurs biens, leurs armes, leurs femmes, et leurs enfants et jusqu'à leur propre liberté !

Une modification ministérielle qui remplace MM. Senart, Recurt et Vaulabelle par MM. Dufaure, Vivien et Freslon, témoigne des tendances chaque jour plus modérées du général Cavaignac; mais l'opinion publique lui reproche encore des amitiés compromettantes, elle voudrait lui voir plus de décision dans la voie de réparations où il est entré. L'état de siége est levé le 19 octobre, et la Constitution votée le 23. Dans l'intervalle, entre ce premier vote et le second définitif qui eut lieu le 4 novembre à la majorité de 739 suffrages contre 30, l'assemblée fixa au 10 décembre l'élection du Président de la République. Enfin la fête pour la promulgation de la Constitution fut célébrée le 12 novembre sur la place de la Concorde. Cette Constitution était précédée d'un préambule ou proclamation des droits et des devoirs qui en indique l'esprit : « La France s'est constituée en République. En adoptant cette forme définitive de gouvernement, elle s'est proposé pour but de marcher plus librement dans la voie du progrès et de la civilisation, d'assurer une répartition de plus en plus équitable des charges et des avantages de la société, d'augmenter l'aisance de chacun par la réduction graduelle des dépenses publiques et des impôts et de faire parvenir tous les citoyens, sans nouvelle commotion, par l'action successive et constante des institutions et des lois, à un degré toujours plus élevé de moralité, de lumières et de bien-être. » La constitution déclarait que la souveraineté résidant dans l'universalité des citoyens français, aucun individu, aucune fraction du peuple ne pouvait s'en attribuer l'exercice. Un seul citoyen, le Président de la République, était astreint à prêter serment à la constitution. Elle déléguait le pouvoir législatif à une assemblée unique élue au suffrage universel et direct, pour trois ans. Un conseil d'État était élu pour six mois par l'assemblée. Enfin deux juridictions étaient établies : celle du tribunal des conflits, et celle de la haute Cour chargée de connaître des crimes, attentats ou complots contre la sûreté intérieure ou extérieure de l'État.

Candidature du prince Louis-Napoléon à la présidence de la République. — L'assemblée s'était réservé les lois organiques destinées à compléter l'œuvre d'organisation et de fondation de la République; elle avait refusé de se dissoudre. Mais le 11 novembre, le nombre des députés qui avaient demandé un congé s'élevait à 260, le 16 à 294; c'était comme une déroute qui commençait. Et la constitution était à peine promulguée que M. Louis Blanc donnait ce mot d'ordre à ses amis : *révision de la constitution* (15 novembre), auquel tous les mécontents se rallièrent bien vite comme au moyen le plus prompt d'arriver, chacun, à ses fins. Une attaque maladroite vint fournir à Louis-Napoléon l'occasion, dont il profita, de produire à la tribune même de l'Assemblée nationale sa candidature à la présidence de la République. « De quoi m'accuse-t-on ? — dit-il, — d'accepter du sentiment populaire une candidature que je n'ai pas recherchée? Eh bien ! oui, je l'accepte, cette candidature qui m'honore ; je l'accepte, parce que des élections successives et le décret unanime de l'assemblée contre la proscription de ma famille m'autorisent à croire que la France regarde mon nom comme pouvant servir à la consolidation de la société ébranlée jusque dans ses fondements, à l'affermissement et à la prospérité de la République... ce qu'il lui faut, c'est un gouvernement ferme, intelligent et sage qui pense plus à guérir les maux de son pays qu'à les venger, un gouvernement qui se mette franchement à la tête des idées vraies, pour repousser aussi, mille fois mieux que les baïonnettes, les théories qui ne sont pas fondées sur la raison et l'expérience. »

Candidature de Cavaignac. — Elle est repoussée par les républicains de la veille. — Pour apprécier la portée profondément calculée et habile de ces paroles, il faut se reporter à l'état de la société à cette époque, aux terreurs dont elle était saisie, croyant voir en péril la propriété et la famille, obsédée par les souvenirs de juin, craignant qu'une réaction monarchique ou qu'une direction des affaires trop molle ne fournît le prétexte ou l'occasion aux socialistes et aux montagnards de prendre la revanche de leurs échecs, ayant devant elle une république sans traditions établies, sans fermes principes, d'où il n'était sorti rien de grand, ni rien de beau en idées et en hommes, une république stérile qui n'avait été qu'un combat fatal à la fortune publique contre les fausses doctrines et les mauvaises passions. L'union seule des bons citoyens dévoués au principe de cette forme de gouvernement, pouvait faire croire à la possibilité de son affermissement et à sa durée. Un déplorable conflit vint achever d'ébranler la confiance, en montrant l'impossibilité de cet accord. Au nom de plusieurs membres de la commission exécutive, le général Cavaignac fut accusé de n'avoir pas fait agir les troupes le 23 juin, d'avoir laissé se développer l'insurrection pour se rendre nécessaire, d'avoir pris part à un complot parlementaire dont le but aurait été de le porter au pouvoir. Cavaignac n'eut pas de peine à se justifier. Il prouva que ces reproches manquaient de fondement, que sa conduite avait été conforme, comme militaire, aux règles de la guerre, comme homme d'honneur, aux exigences de la plus rigoureuse délicatesse ; il trouva dans sa fierté blessée et dans l'indignation du bon citoyen outragé, des accents d'une véritable éloquence, et l'assemblée vota, à la presque unanimité, un ordre du jour motivé : « L'assemblée nationale, persévérant dans le décret du 28 juin 1848, ainsi conçu : « le général Cavaignac, chef du pouvoir exécutif, a bien mérité de la patrie, » passe à l'ordre du jour. » Mais ces débats, à la veille de l'élection présidentielle (25 novembre), ne faisaient qu'augmenter le doute et la division parmi les républicains, et l'inquiétude parmi les conservateurs. — Le pape, après l'assassinat de son ministre Rossi, avait dû quitter Rome, et le gouvernement avait donné ordre au général Mollière de se rendre à Civita-Vecchia, avec une brigade, pour protéger le Saint-Père, intervention que les montagnards trouvèrent monstrueuse, et à laquelle pourtant ils avaient préparé les esprits, en ranimant, par leurs violences, tous les instincts conservateurs assoupis. « Ils en feront tant, avait dit un philosophe du XVIIIe siècle en parlant de ses contemporains les philosophes, qu'ils me feront aller à la messe. » Les amis de M. Ledru-Rollin avaient fait aller la république au secours du pape. — Mais l'impression favorable produite sur l'opinion, par cette manifestation du gouvernement français, ne put contrebalancer l'effet des calomnies odieuses auxquelles il était en butte et des mesures maladroites de quelques-uns de ses partisans.

Des noms de voleurs et d'assassins avaient été mis, à l'époque du gouvernement provisoire, sur des listes d'individus proposés pour des récompenses nationales. Cavaignac fut accusé d'avoir accepté ces noms. Il répondit à la tribune, et le ministre des finances, afin de permettre à la réponse victorieuse d'atteindre la calomnie, retarda le départ de la malle, sans penser que la calomnie ne pourrait jamais faire autant de mal que ce retard, en justifiant de nouvelles attaques, en semant partout l'inquiétude (8 décembre).

Élections à la présidence (10 décembre). — Au surplus, aucun événement, grand ou petit, ne devait plus avoir d'influence sérieuse sur les résultats de l'élection. Ce suffrage universel que les républicains avaient établi, auquel ils faisaient, avec confiance, un appel suprême, ne connaissait que deux choses: l'une, qui s'appelait la république, qui avait été dans le passé, la guerre civile et la guerre étrangère, dans le présent, le malaise et agitation ; l'autre qui s'appelait l'empire, Napoléon, qui rappelait la révolution vaincue, l'ordre rétabli, l'Europe humiliée et presque conquise ; c'est entre ces deux choses, ainsi comprises par lui, qu'il vota. La plus grande partie de la bourgeoisie des villes se déclara pour Cavaignac ; les campagnes acclamèrent le seul nom resté populaire alors en France, prestigieux comme le génie, sacré par le malheur, un nom poétique comme la légende.

LOUIS-NAPOLÉON BONAPARTE, PRÉSIDENT DE LA RÉPUBLIQUE.

7,326,345 citoyens avaient pris part au vote. Les suffrages se répartirent ainsi : Louis-Napoléon Bonaparte, 5,658,755 ; — E. Cavaignac, 1,448,107 ; — Ledru-Rollin, 370,117 ; — Raspail, 36,920 ; — Lamartine, 17,910.

Le rôle politique du général Cavaignac était terminé. Comme Washington, il descendit noblement du pouvoir. Son concurrent heureux y monta, porté par une force dont lui seul connaissait la mystérieuse et irrésistible puissance...

« . . . La France aime la gloire, surtout quand elle la voit de loin. On ne se rappelait déjà plus ce qu'avaient coûté de larmes et de sang ces victoires qui ne sont plus que des souvenirs immortels !... La douleur des mères pleurant leurs fils ensevelis dans les neiges de Moscou, la tristesse des campagnes privées des bras qui fécondent le sol, le poids, toujours si lourd à porter de la dictature militaire, même quand cette dictature s'appelle Napoléon, tout alors s'était effacé de la mémoire du peuple. Pour tous, il ne restait que le grand empereur, le héros de cent batailles, chanté par Béranger, et dont l'image enluminée appendue aux murailles les plus humbles, forme le musée de chaque chaumière. Louis-Napoléon apparaissait comme une légende vivante. Ce sentiment si profond, si vrai, si naïf, qui était l'orgueil de notre génération, après avoir été l'oppression de la génération précédente, ce sentiment est remonté à son nom et à sa personne, et l'a fait choisir entre tous et de préférence à tous.

« Il y avait autre chose dans l'élection du 10 décembre ; il y avait une protestation contre ce que la Révolution avait produit de stérile, de négatif et de violent, et un mouvement vague, mais irrésistible et puissant vers le principe d'autorité, une sorte de pressentiment de la force dans la gloire.

« Un souvenir et un institut ; le souvenir de l'empereur ; l'instinct de quelque chose de grand et de fort, par un gouvernement qui s'appellerait Bonaparte, alors même qu'il ne serait pas encore l'empire; voilà le 10 décembre.

« En résumé, Louis-Napoléon Bonaparte n'arrivait au pouvoir qu'avec la force d'un nom. Il devait bientôt s'y montrer avec la force d'un homme. » *Napoléon III*, par M. A. de la Guéronnière, p. 104.

Caractère de la période qui s'étend du 10 décembre 1848 au 2 décembre 1851. — La période qui s'étend du 10 décembre 1848 au 2 décembre 1851 est en quelque sorte une période d'interrègne. La première assemblée nationale se trouve comme démoralisée par l'échec de la candidature du général Cavaignac; elle traîne une existence agitée et incertaine. Le suffrage universel met en présence, dans la seconde assemblée nationale, les opinions extrêmes. La République n'a pas pour elle les sympathies des populations. Telle que la majorité de l'assemblée législative la comprendra, elle serait possible, durable même; mais, dans cet état, les républicains de la veille n'en veulent pas, la combattent à outrance, s'efforcent de la renverser : il ne lui reste de partisans sincères que d'honnêtes bourgeois, des théoriciens désintéressés, des citoyens sans passions, sans grande ardeur politique, des républicains de raison dont la profession de foi pour la République se formule en ce point, capital il est vrai : « qu'elle est la forme de gouvernement qui divise le moins ». Mais l'estime froide des classes éclairées ne suffit pas à la défense d'une cause qui a contre elle l'instinct monarchique du paysan. Une sourde hostilité sépare dès le principe le Président et l'assemblée : elle devient chaque jour plus manifeste, plus ardente. Elle se fait sentir dans l'administration et dans le gouvernement dont les agents hésitent entre deux volontés et deux directions différentes.

Ministères de l'assemblée. — Le 20 décembre, Louis-Napoléon avait prêté serment à la Constitution. Le soir il fit connaître la composition de son ministère formé de MM. Odilon-Barrot, président du conseil, Drouyn de Lhuis,

Léon de Malleville, Rulhières, de Tracy, de Falloux, Léon Faucher, Bixio et H. Passy. On vit dans ce choix d'hommes distingués, pris dans les nuances très-diverses du parti modéré, une pensée de conciliation et de paix. Le 28 décembre, l'assemblée vota la réduction des deux tiers de l'impôt sur le sel, à partir du 1er janvier 1849, mesure populaire, mais inopportune et imprudente, au point de vue financier. En même temps se produisait pour la première fois la proposition Rateau qui avait pour but de fixer le jour de la dissolution de l'assemblée constituante et celui de la convocation de l'assemblée législative. Elle devint comme une épée de Damoclès, que les uns s'efforcent d'écarter, les autres de ramener sans cesse sur les représentants, et qui contribua visiblement à jeter dans leurs délibérations le trouble ou la précipitation. — Le discours du Président, lors de son installation, avait été tout un programme politique dont on ne pouvait souhaiter que la stricte observation, pour le bonheur de la France. « Nous avons une grande mission à remplir, » avait-il dit, « c'est de former une république dans l'intérêt de tous, un gouvernement juste, ferme, qui soit animé d'un sincère amour du progrès ; sans être réactionnaires ou utopistes, soyons les hommes du pays, non les hommes d'un parti, et, Dieu aidant, nous ferons du moins le bien, si nous ne pouvons faire de grandes choses. » M. Boulay de la Meurthe fut nommé vice-président de la République, le prince Jérôme, gouverneur des Invalides. Le général Changarnier reçut le commandement des gardes nationales de la Seine et de toutes les troupes de la première division militaire.

1849. *Réduction d'impôts. Lois organiques. Procès de Bourges.* — Le nouveau président n'était pas d'humeur à se laisser mettre en tutelle ; il remplaça M. de Malleville et M. Bixio, chez lesquels il trouvait une sorte d'esprit parlementaire porté jusqu'à la résistance, par M. Léon Faucher et M. Buffet. La Constitution n'ayant pas déterminé nettement la ligne de démarcation entre les deux pouvoirs, ils étaient condamnés à vivre en harmonie ou à s'entre-détruire. Leur histoire est celle de la résistance, jalouse, inquiète de l'un et des empiètements continuels de l'autre. Le gouvernement présenta un projet de loi qui interdisait les clubs (27 janvier); l'assemblée refusa de voter l'urgence. Aux yeux de M. Ledru-Rollin et de ses amis, cette présentation seule était une atteinte à la constitution ; ils déposèrent en conséquence une demande de mise en accusation contre M. Odilon-Barrot, comtre l'homme qui avait demandé la mise en accusation de M. Guizot, le 23 février, en se fondant sur une violation de ce droit de réunion ! Et comme en février, les sociétés secrètes virent, dans une mise en accusation, un appel à la révolte. Elles comptaient cette fois sur le concours de la garde mobile. Mais le gouvernement était prêt. L'émeute avorta devant les habiles dispositions du général Changarnier (29 janvier); les événements de mai et de juin avaient décapité le parti de l'action en lui enlevant ses chefs. Cette échauffourée compromit l'assemblée aux yeux de l'opinion. Ainsi elle n'avait aucun moyen d'enchaîner sa minorité qui mettait à tout instant en péril l'ordre public! Faudrait-il chercher ailleurs cette protection qu'elle ne pouvait donner? La popularité du président grandissait de toute l'impopularité attachée à ses adversaires; les pétitions pour demander la retraite de l'assemblée se multiplièrent à tel point que celle-ci borna à trois le nombre, fixé d'abord à dix, des lois organiques dont elle se réservait la rédaction et le vote : loi électorale, loi sur le conseil d'État, loi sur la responsabilité des agents du pouvoir exécutif, — encore n'eut-elle pas le temps de faire cette dernière. — L'affaire du 29 janvier avait amené la réduction de la garde mobile dans des proportions où elle ne pouvait plus être un danger ou un obstacle pour le pouvoir, quoi qu'il arrivât.

Mars — La loi électorale, la loi sur le conseil d'État, la loi sur les clubs qui interdit les réunions politiques permamanentes et n'autorise que les réunions temporaires pour les élections, sont votées. Le procès de Bourges, où les accusés de l'attentat du 15 mai furent jugés par la haute cour, dura du 7 mars au 2 avril; Barbès s'y montra le champion chevaleresque de la République démocratique et sociale, Blanqui l'ardent et amer défenseur de la démagogie, Raspail, avocat tortueux de sa propre cause, l'homme des colères et des instincts populaires. Ils furent condamnés ainsi que Sobrier, Albert Quentin, soit à la déportation, soit à la prison. Mais le communisme gagnait encore du terrain dans les départements. Pour en combattre les progrès et pour diriger les élections prochaines, un comité se forma, dit comité de la rue de Poitiers, au nom de tous les principes conservateurs et sous l'influence des hommes des anciens partis. On ne peut dire que cette influence qui avait grandement exagéré le péril *de la religion, de la famille et de la propriété*, qui a contribué à produire l'antagonisme des doctrines les plus opposées représentées dans l'assemblée législative, ait été bien salutaire, parce qu'elle fut moins un principe de cohésion sociale qu'un dissolvant politique.

Occupation de Civita-Vecchia. — La défaite du roi de Sardaigne à Novare avait causé en France une vive émotion (31 mars). L'assemblée s'était prononcée en faveur d'une intervention militaire destinée à protéger la frontière du Piémont. Quelques préparatifs eurent lieu, sur ces entrefaites, et le gouvernement reçut de l'Autriche l'assurance que la frontière serait respectée. Un corps d'armée, parti sous le commandement du général Oudinot (22 avril), débarqua à Civita-Vecchia et se dirigea vers Rome avec l'espoir d'entrer sans résistance dans la ville. Mais Mazzini et Garibaldi étaient décidés à défendre à outrance la République qu'ils avaient établie. Nos troupes, perfidement attirées, essuient un échec (29 avril). Devait-on désavouer l'expédition ou venger ce revers? L'assemblée était pour le premier parti, le président qui était pour le second donna ordre à Oudinot d'attaquer Rome; l'assaut fut livré le 21 juin; la ville prise fut occupée le 3 juillet. L'assemblée constituante n'avait pas assisté à ces derniers événements auxquels elle se fût opposée probablement de toutes ses forces. Elle avait voté la convocation d'une assemblée législative, les élections pour le 13 mai, et elle s'était dissoute le 26. Un de ses derniers actes n'est pas de ceux qui pouvaient beaucoup l'honorer : sans se préoccuper de la situation des finances, elle avait aboli l'impôt sur les boissons.

Séparation de l'assemblée constituante et réunion de la législative (28 mai). — *Appréciation du rôle de ces deux assemblées*. — L'Assemblée constituante n'avait pas eu toujours l'intelligence de ses devoirs, mais elle n'avait manqué ni d'énergie, ni d'honnêteté, ni de désintéressement, ni même de grandeur, à certains moments. Sortie d'un premier mouvement national tout spontané, du désir de faire l'expérimentation du régime républicain, elle avait eu à lutter contre les périls d'une situation qu'elle avait dû accepter, elle avait créé un gouvernement, elle avait traversé heureusement de terribles épreuves; elle laissait en définitive l'ordre raffermi, la révolution vaincue. La constitution était défectueuse, mais eût-elle été parfaite, elle n'aurait pas duré pour cela beaucoup plus longtemps; elle a péri moins par ses vices que par la faute de la nation à laquelle elle était destinée. Toutes les constitutions sont bonnes, observées de bonne foi et dans leur esprit; toutes sont mauvaises, lorsqu'elles sont faussées.

Or, l'esprit de la constitution s'est trouvé évidemment faussé par l'assemblée législative. Dès l'ouverture de cette nouvelle assemblée, on voit les partis extrêmes en présence : d'un côté, les monarchiques qui comptent quatre cents membres environ, de l'autre, les montagnards et les socialistes. Les Républicains modérés sont en petit nombre, et cependant la Constitution était leur œuvre. Le Comité de la rue de Poitiers, en les excluant, avait commis une faute; il avait rendu suspecte la majorité élue sous son influence, car il paraissait impossible que des monarchistes avoués fussent plus aptes à conserver la République que des républicains conservateurs, défenseurs et interprètes naturels d'une Constitution qui était leur ouvrage. On ne peut dire que l'assemblée législative ait conspiré contre la République, mais elle a été impuissante à la servir, faute de pouvoir croire en elle. Elle a été dominée par des arrière-pensées qui l'ont constamment agitée et divisée. Elle a voulu lutter contre le Président, sans savoir se mettre d'accord sur la conduite à tenir, parce que beaucoup de ses membres n'étaient pas capables d'imposer un sacrifice à leurs antipathies ou à leur ambition. Sa minorité était assez forte pour faire le mal ; sa majorité était composée d'éléments trop divergents pour s'entendre à faire le bien; son hostilité contre le Président et contre les institutions républicaines n'a pu lui donner le courage d'une seule mesure utile à l'opinion monarchique, pas même celui de l'aveu de sympathies pour d'augustes infortunes qu'elle a reniées lâchement, lorsqu'il s'est agi d'abroger la loi de bannissement des Bourbons. Elle a compromis le régime parlementaire, après avoir montré des défiances outrageantes, des colères débiles, des menaces sans effet, après avoir engagé maladroitement une lutte désespérée où elle n'a eu qu'un moment de dignité, au dixième arrondissement, alors qu'elle était à l'état de débris. C'est que l'assemblée législative avait été le produit non pas d'un élan sincère du pays vers l'essai du régime républicain, comme la précédente assemblée; mais d'un calcul perfide, mais d'une réaction énergique en faveur du principe d'ordre et d'autorité qui cherchait sa personnification dans un nom. Divisée sur cette question du nom, la majorité se trouvait presque unie dans l'hostilité contre le Président; elle repoussait sa candidature dont le succès aurait été la ruine des espérances particulières, et cette hostilité était telle qu'elle faisait des représentants, vis-à-vis de lui, les défenseurs presque sincères de la République. Ces tiraillements ont condamné l'assemblée législative, riche cependant d'un très-grand nombre d'hommes éminents par le talent et le caractère, à ne déployer qu'une action le plus souvent funeste ou stérile. Une seule chose a pu lui conserver le respect des honnêtes gens, c'est qu'elle était l'œuvre du suffrage universel, et, à ce titre, l'organe des lois, la gardienne des institutions.

ASSEMBLÉE LÉGISLATIVE.

Le 2 juin, Louis Bonaparte notifia à la nouvelle assemblée un ministère composé de MM. Odilon-Barrot, président du conseil, Dufaure, de Tocqueville, Rulhières, de Falloux, Passy, de Tracy, Lacrosse, Lanjuinais. Le 6 juin, pour se conformer à la Constitution qui prescrivait au Président de la République de présenter chaque année à l'assemblée nationale un état général des affaires du pays, il adressait un message écrit avec cette mesure et cette habileté qui font de toutes les allocutions, proclamations, discours, messages ou lettres de ce prince, des documents du plus haut intérêt pour l'histoire de cette époque. M. Dupin avait été porté par ses collègues à la présidence de l'assemblée. Vers ce temps, le parti de l'ordre apprenait la mort du maréchal Bugeaud enlevé par le choléra qui exerçait d'effrayables ravages. Cette perte était d'autant plus sensible pour le gouvernement que le moment d'une lutte approchait.

Affaire du 13 juin. Ledru-Rollin au Conservatoire des Arts-et-Métiers. — M. Ledru-Rollin avait été envoyé à l'assemblée par cinq départements ; son vote déterminait celui de cent cinquante à deux cents de ses collègues. Il se crut assez fort pour tenter une révolution. Il déposa entre les mains du président de la chambre un acte d'accusation contre le Président de la République coupable d'avoir fait la guerre à la République romaine sans avoir préalablement obtenu l'approbation de l'assemblée et d'avoir violé la Constitution, qui proclame *le respect des nationalités étrangères.* La majorité que dominait l'opinion légitimiste favorable à l'expédition de Rome, n'en tint aucun compte. Aussitôt les journaux les plus avancés de déclarer le Président, l'assemblée hors la constitution, et de faire appel à la révolte. Ce n'était pas seulement une faute, c'était un anachronisme. Depuis février, depuis juin surtout, l'armée brûlait du désir d'en finir avec les fauteurs des troubles civils : elle avait pour chef un homme plein d'énergie et de décision. Le 13 juin, une colonne de douze à quinze mille hommes se dirige vers l'Élysée ; elle est coupée par le général Changarnier à la hauteur de la rue de la Paix et dispersée. Une trentaine de représentants s'étaient réunis dans une salle du Conservatoire des Arts-et-métiers sous la protection d'une légion des artilleurs de la garde nationale, afin d'y prendre des mesures de salut public, quand la troupe de ligne arriva. Les artilleurs, les représentants cherchent à fuir; M. Ledru-Rollin parvient à s'échapper ; sept de ses collègues sont arrêtés. Paris fut mis en état de siége, l'assemblée se déclara en permanence. Le prince Président publia une proclamation au peuple français, dans laquelle il disait : « Ce système d'agitation entretient dans le pays le malaise et la défiance ; il faut qu'il cesse ; il est temps que les bons se rassurent et que les méchants tremblent. » A Paris, il n'y avait pas eu de lutte sérieuse, mais à Lyon, on se battit avec acharnement. Le 15 cependant, tout était fini. Six journaux furent suspendus, de nombreuses arrestations faites. L'opinion applaudit, elle ne regarda pas même le fond de la question : il lui suffisait, quelle que fût la cause de la prise d'armes, que les montagnards eussent échoué complétement et qu'ils eussent été mis hors d'état d'agir désormais.

Lettre à M. Edgar Ney. — Mécontentement de l'assemblée. — Quelques jours après, on apprenait l'entrée de l'armée française à Rome. Le président ne voulut pas qu'il y eut de doutes sur le caractère de notre intervention. Il écrivit à son aide de camp, M. Edgar Ney, une lettre qui fut livrée à la publicité, et qui eut un grand retentissement. Il se plaignait qu'une proclamation des cardinaux, à l'occasion du rétablissement de l'autorité temporelle à Rome, n'eût pas dit un mot de l'armée française ; il indiquait les mesures à prendre, la route à suivre, les réformes à opérer : *Amnistie générale, sécularisation de l'administration, Code Napoléon et gouvernement libéral.* Il n'était pas probable, malheureusement, que la cour de Rome prît ces principes pour base de sa politique, mais la lettre, écrite à l'insu du ministère, mécontenta avec raison le cabinet et la majorité de l'assemblée. Le prince résolut d'appeler ses amis aux affaires sans tenir exclusivement compte, comme il l'avait fait jusqu'alors, des sympathies de l'assemblée.

Ministère du président. — A la suite d'un message daté du 31 octobre, où il constatait qu'après avoir laissé arriver au gouvernement les hommes d'opinions les plus diverses, il avait obtenu, au lieu d'une fusion de nuances, une neutralisation de forces, où il se plaignait d'avoir vu prendre son esprit de conciliation pour de la faiblesse, il annonça la constitution d'un cabinet formé de M. de Rayneval (bientôt remplacé par M. La Hitte), L. Ferdinand Barrot, d'Hautpoul, Fould, Rouher, de Parieu, Desfossés, Dumas, Bineau. Ce ministère homogène était, à vrai dire, le premier ministère présidentiel.

La réaction contre les actes du gouvernement provisoire et de la commission exécutive se dessina très-nettement. Le personnel administratif fut en partie renouvelé ; on vota une loi temporaire qui donnait aux préfets le pouvoir de suspendre, de révoquer même au besoin les instituteurs, sur l'avis des conseils d'arrondissement (12 janvier).

Loi sur l'enseignement. — Une loi très-importante, promulguée vers le 15 mars, réorganisa l'enseignement public sur de nouvelles bases. Le monopole universitaire fut détruit ; un conseil académique fut établi dans chaque département, présidé par un recteur, et composé, comme le conseil supérieur de l'instruction publique lui-même substitué au conseil de l'université, de magistrats, de prêtres et de savants. On était plus préoccupé, à cette époque, de rétablir les règles trop relâchées de la discipline et de la hiérarchie et de pacifier la société, que de favoriser l'expansion des lumières, que de développer la prospérité des établissements universitaires. L'enseignement de l'État rencontrait d'ardents et anciens adversaires dans le parti légitimiste et clérical. C'est sous son influence que la loi avait été rédigée. C'est cette influence qui domina pendant plusieurs années dans le gouvernement et soumit l'Université à une sorte de persécution fatale à la société tout entière, puisqu'elle eut pour effet un abaissement général progressif du niveau des études qui ne se sont relevées qu'à la suite d'une réaction en sens contraire.

Loi électorale restrictive du suffrage universel. — L'arrêt rendu par la haute Cour de Versailles contre les auteurs du mouvement avorté le 13 juin avait fait trente places vacantes à la Chambre. Paris nomma MM. Carnot, Vidal et de Flotte, et, à la place de M. Carnot qui opta pour un autre département, M. Eug. Sue. Ces élections jetèrent dans le parti conservateur de vives inquiétudes. Était-ce donc là ce qu'on devait attendre du suffrage universel à Paris, dans la ville la plus éclairée de la république, et au milieu des ruines faites par la sanglante insurrection de juin ! Fallait-il désespérer du bon sens des masses !.... Ces doutes venaient à l'esprit des plus modérés. Quant aux adversaires du suffrage universel, ils arguaient de ce qui s'était passé, pour soutenir que le suffrage universel livré à lui-même était un principe de trouble et d'anarchie, qu'il ne pouvait faire ses choix que dans les représentants des opinions extrêmes, les masses n'ayant ni la sagacité, ni l'instruction nécessaire pour apprécier les représentants des nuances intermédiaires; qu'en conséquence il fallait ou l'asservir ou le dénaturer, sous peine d'exposer la société, à un moment donné, au déchaînement de forces subversives irrésistibles. Ces doctrines prévalurent dans la rédaction de la loi restrictive dont voici les principales dispositions: « Seront seuls inscrits sur les listes électorales, les citoyens domiciliés depuis trois ans dans le même canton ; la constatation du domicile sera fournie par la preuve fiscale de la cote personnelle ou de la prestation en nature. » Interprète des sentiments de la majorité, M. Thiers défendit la loi dans des termes que l'esprit de parti n'avait point dictés à l'historien éminent:

« Il faut tout faire pour les pauvres, » dit-il, « tout excepté leur laisser à décider les grandes questions d'où peut dépendre l'avenir du pays!... D'ailleurs, ces hommes que nous avons exclus, sont-ce les pauvres ? Non, ce n'est pas le pauvre, c'est le vagabond qui souvent, par des moyens licites ou illicites, gagne des salaires considérables, mais qui ne vit pas dans un domicile à lui appartenant, qui se hâte, quand il est sorti de l'atelier, d'aller au cabaret qui ne met aucun intérêt à son docimile, aucun. Savez-vous pourquoi? Parce que souvent il n'a pas de famille, ou quelquefois, quand il en a, il ne s'intéresse pas à l'asile qu'il habite. Ce sont ces hommes qui forment, non pas le fond, mais la partie dangereuse des grandes populations agglomérées ; ce sont ces hommes qui méritent le titre, l'un des plus flétris de l'histoire, entendez-vous, le titre de multitude. *Oui, je comprends que certains hommes regardent beaucoup avant de se priver de cet instrument; mais les amis de la vraie liberté, je dirai les vrais républicains, redoutent la multitude, la vile multitude, qui a perdu toutes les républiques. Je comprends que les tyrans s'en accommodent, parce qu'ils la nourrissent, la châtient et la méprisent ; mais des républicains chérir la multitude et la défendre! ce sont de faux républicains, ce sont de mauvais républicains*, ce sont des républicains qui peuvent connaître toutes les profondeurs, du socialisme, mais qui ne connaissent pas l'histoire. Voyez-la, à ses premières pages, elle vous dira que cette misérable multitude a livré à tous les tyrans la liberté de toutes les républiques. C'est cette multitude qui a livré à César la liberté de Rome pour du pain et du cirque. C'est cette multitude qui, après avoir accepté en échange de la liberté romaine du pain et du cirque, égorgeait les empereurs ; qui tantôt voulait du misérable Néron et l'égorgeait quelque temps après, par des caprices aussi changeants sous le despotisme qu'ils l'avaient été sous la république ; qui prenait Galba et l'égorgeait quelques jours après, parce qu'elle le trouvait trop sévère ; qui voulait débaucher Othon ; qui prenait l'ignoble Vitellius, et qui, n'ayant plus le courage même des combats, livra Rome aux barbares. C'est cette vile multitude qui a livré aux Médicis la liberté de Florence, qui a, en Hollande, dans la sage Hollande, égorgé les Witt, ces vrais amis de la liberté ; c'est cette vile multitude qui a égorgé Bailly, a applaudi au supplice qui n'était qu'un abominable assassinat, des Girondins ; qui a applaudi ensuite au supplice mérité de Robespierre ; qui applaudirait au nôtre, au vôtre ; qui a accepté le despotisme du grand homme qui la connaissait et savait la soumettre; qui a ensuite applaudi à sa chute et qui en 1815, a mis une corde à sa statue pour la faire tomber dans la boue!...»

Lois diverses. — La loi du 31 mai ne devait être, dans la pensée du prince président, comme il l'a déclaré depuis, qu'une mesure transitoire et temporaire : elle était définitive aux yeux de la majorité qui la votèrent. L'assemblée se crut fortifiée contre le président; elle dissimula de moins en moins ses dispositions. Le crédit de 2,160,000 fr., demandé pour frais de la présidence, ne fut accordé qu'à la considération du général Changarnier dont l'influence grandissait chaque jour, et qui parla en sa faveur à la tribune (24 juin). La discussion de la loi sur la presse eut lieu peu de temps après. Dans la discussion sur la loi de l'enseignement, M. Thiers avait appelé *funestes* les journées de février ; M. Rouher, à propos de la loi sur la presse, traita la Révolution de *catastrophe*, expression qui fut adoptée par l'assemblée, malgré les protestations de la gauche. La loi nouvelle (16 juillet) imposait aux journaux le timbre, un cautionnement plus élevé, et aux journalistes l'obligation d'apposer leur signature au bas de leurs articles. De cette manière, on tuait le journal comme corps de doctrines, on donnait tout le relief aux individualités ; c'était un des plus rudes coups qu'on pût porter à la presse politique. Une loi avait substitué la déportation à la peine de mort, abolie pour crimes politiques: la vallée de Vaithaou dans les îles Marquises, l'île de Noukahiva, Belle-Isle en mer, furent des lieux désignés pour recevoir des déportés. — L'assemblée avait d'ailleurs prouvé qu'elle ne bornait pas ses soins à des mesures en quelque sorte matérielles et restrictives pour rétablir la prospérité publique si ébranlée ; elle s'occupait d'améliorer la condition des classes laborieuses au moyen des lois sur les caisses de secours mutuels, sur les logements insalubres, sur l'éducation et le patronage des jeunes détenus ; elle les étudia, les discuta et les arrêta définitivement avec un amour sincère et éclairé des intérêts populaires. Si, en effet, les tergiversations de la bourgeoisie française, ses emportements et ses défaillances lui font encourir bien des reproches mérités au point de vue politique, on ne saurait, sans injustice, l'accuser de n'avoir pas toujours travaillé avec un zèle aussi persévérant que désintéressé, à élever la moralité et l'instruction du peuple.

Avant de se proroger pour prendre des vacances de trois mois, l'assemblée avait constitué une commission de permanence, avec mandat de surveiller les événements et de la convoquer « si quelque danger imprévu, ou si quelque symptôme grave lui paraissait de nature à menacer l'existence de la République. »

Mort de Louis-Philippe. — Divers incidents signalèrent l'intervalle qui s'écoula entre les deux cessions de l'assemblée législative. D'abord ce fut la mort du roi Louis-Philippe survenue au château de Claremont, dans le comté de Surrey, 20 août 1850. Le roi était dans sa soixante-dix-septième année.

Peu de princes avaient été plus calomniés, mais ces calomnies étaient tombées depuis la Révolution de février, parce que, de l'enquête à laquelle les républicains s'étaient livrés, il n'était rien sorti pour ainsi dire, qui ne fût à la justification du dernier roi et de ses conseillers. Si la Révolution de 1848, d'une violence extrême dans les idées, fut presque sans colère contre les personnes, il faut lui en savoir gré sans doute ; mais il faut reconnaître aussi, qu'elle ne trouva pas de prétexte sérieux à des vengeances. On aurait presque rougi de répéter en 1849 ce que tout le monde avait dit en 1847. On rendait justice aux vertus privées de Louis-Philippe. La nécessité avait d'ailleurs obligé les gouvernants à revenir aux restrictions du régime intérieur du gouvernement de juillet et aux principes de sa politique extérieure. Sur le trône, le roi Louis-Philippe n'avait laissé échapper, en quelque sorte, aucune occasion de protester de son amour de la paix. Il disait à un de ses ministres un jour qu'il lui montrait le nombre des forces disponibles : « Qu'il est beau d'avoir sous la main des forces considérables et de ne s'en point s'en servir ! » Il écrivait au roi des Belges : « Si vous saviez comme moi ce que c'est que la guerre, vous vous garderiez bien d'étendre, comme vous le faites, le triste catalogue des *casus belli* que vous ne trouvez jamais assez nombreux pour satisfaire les passions populaires et votre coupable soif de popularité. » Enfin, dans les confidences de la fin de sa vie, on trouve ces paroles rapportées par un des visiteurs de l'exil : « J'ai détesté toute ma vie cette profonde iniquité qu'on nomme la guerre, iniquité dont le résultat est d'envoyer à la mort des milliers d'hommes qui, pour la plupart, sont indifférents, par position ou par tempérament, aux questions pour lesquelles on leur demande leur vie. Ce n'est pas pour rien que mes ennemis m'appelaient, en altérant la vérité comme toujours, *le Roi de la paix à tout prix*. »

Le vieux monarque ne se montrait pas seulement préoccupé de défendre ce système de la paix à tout prix qui lui avait été tant reproché, il l'était surtout de justifier sa conduite pendant la révolution de février : il mettait à cette justification, pour laquelle les bonnes raisons ne lui manquaient pas, quelque chose de la passion et de l'amour-propre du politique consommé qui cherche à prouver que son adversaire l'a battu contre les règles.

Quoi qu'il en soit, la postérité mettra ce prince au premier rang des rois *humains*. Chef d'une nation qui avait rencontré dans la guerre d'éclatants succès suivis d'éclatants revers qu'elle rêvait d'effacer, il sut résister à des sollicitations belliqueuses, au risque de sacrifier sa popularité, laissant voir qu'il estimait plus la grandeur morale et intellectuelle d'un peuple que la gloire de ses armes. La guerre avec l'Angleterre eût été fatale aux progrès de la civilisation ; il s'obstina à la refuser aux criailleries de la presse et aux clameurs de la multitude. Après avoir sacrifié sa popularité à cette horreur de l'effusion inutile du sang, il lui sacrifia son trône, puisqu'il ne voulut pas exposer son pays à la guerre civile en le défendant avec les troupes que commandait le maréchal Bugeaud, avec une armée qui avait pour chefs Montpensier, Joinville et d'Aumale. Ceux qui blâmeront comme excessifs ces scrupules humains, conviendront qu'ils se rencontrent rarement chez les conducteurs des peuples.

Le président visite les départements. — Pendant ce temps, le président visitait les départements qui passaient pour être les moins favorables à la cause de l'ordre. Rien de plus perfide, de plus captieux, mais aussi rien de mieux adapté aux dispositions des populations auxquelles elles s'adressaient, et aux préoccupations de l'esprit public, tout entier, que ces allocutions qu'on lisait avidement, qu'on commentait avec curiosité et qui, déconcertant la haine, déjouant les défiances sans les désarmer, étendaient chaque jour la popularité du prince, fortifiaient le dévouement de ses amis, augmentaient le nombre de ses partisans, prouvaient à ses adversaires eux-mêmes sa supériorité dans l'art de tromper les hommes. — A Lyon le prince disait :

« . . . Le but de mon voyage est, par ma présence, d'encourager les bons, de rassurer les esprits égarés, de juger par moi-même des sentiments et des besoins du pays.... Je suis non pas le représentant d'un parti, mais le représentant de deux grandes manifestations nationales, qui, en 1804 comme en 1848, ont voulu sauver par l'ordre les grands principes de la Révolution française. Fier donc de mon origine et de mon drapeau, je leur demeurerai fidèle, je serai tout entier au pays, quelque chose qu'il exige de moi, abnégation ou persévérance. Les bruits de coup d'État son venus jusqu'à vous, mais vous n'y avez pas cru ; je vous en remercie. Les surprises et les usurpations peuvent être le fait de partis sans appui dans la nation ; mais l'élu de six millions de suffrages exécute les volontés du peuple, il ne les trahit pas. Le patriotisme, je le répète, peut consister dans l'abnégation comme dans la persévérance. Devant un danger général, toute ambition personnelle doit disparaître. Dans ce cas, le patriotisme se reconnaît comme on reconnut la maternité dans un procès célèbre. Vous vous souvenez de ces deux femmes réclamant le même enfant : à quel signe reconnut-on les entrailles de la véritable mère ? au renoncement de ses droits que lui arracha le péril d'une tête chérie. Que les partis qui aiment la France, n'oublient pas cette sublime leçon ! Moi-même, s'il le faut, je m'en souviendrai... »

La circulaire Barthélemy. — Les amis de la famille d'Orléans s'étaient portés en grand nombre à Claremont pour donner à la reine Marie-Amélie un témoignage de leur sympathie : de leur côté, les légitimistes affluaient à Wiesbaden, d'où une circulaire, datée du 30 août 1850 et signée Barthélemy, fut adressée aux amis de France. Le ton de cette communication, où le comte de Chambord était représenté presque comme un monarque disposé à recevoir en grâce, à son prochain retour dans ses États, ses sujets égarés, mais où il n'entendait consentir à aucune concession de principes, à aucune transaction sur le droit divin et légitime de sa race, causa une profonde impression. Il semblait indiquer la certitude du succès. L'imminence d'une restauration monarchique au profit de la branche aînée des Bourbons rapprocha toutes les nuances du parti libéral : la prétention au trône de France, de celui qu'on appelait toujours dans le parti *Henri V*, était certaine : l'ambition qu'on attribuait au Président de vouloir détruire la République restait douteuse. L'immense majorité des classes moyennes, ayant à choisir, inclinait vers ce dernier, et repoussait, de tous ses instincts et de toutes ses antipathies, le retour à l'ancien régime de la Restauration.

Revues de Satory ; les conseils généraux demandent la révision de la constitution. — Dans les revues passées par le prince Président à Satory et à Saint-Maur, le cri : *Vive l'Empereur !* avait été poussé au moment du défilé. Une société composée d'anciens serviteurs du premier empire, la *Société du 10 décembre*, avait envoyé un grand nombre de ses membres au-devant du Président à son retour à Paris (13 septembre), et ceux-ci, armés de bâtons, s'étaient jetés sur des groupes d'où partait le cri de : *Vive la République !* et les avaient violemment dispersés. Enfin beaucoup de conseils généraux, empiétant sur leurs attributions, réclamaient la révision de la constitution. La commission de l'assemblée, plus tard l'assemblée, s'émurent de ces faits, sans que les vives sorties auxquelles ils donnèrent lieu à la tribune parussent causer au prince Président aucune irritation. Il ordonna la dissolution de la Société du 10 décembre, accepta la démission de M. d'Hautpoul, ministre de la guerre, et adressa à l'assemblée un message qui se terminait ainsi (12 novembre) :

« . . . . La règle invariable de ma vie politique sera, dans toutes les circonstances, de faire mon devoir, rien que mon devoir. Il est aujourd'hui permis à tout le monde, excepté à moi, de vouloir hâter la révision de la constitution; ce vœu ne s'adresse qu'au pouvoir législatif. Quant à moi, élu du peuple, ne relevant que de lui, je me conformerai toujours à ses volontés légalement exprimées. L'incertitude de l'avenir fait naître, je le sais, bien des appréhensions, en réveillant bien des espérances : sachons tous faire à la patrie le sacrifice de ces espérances et ne nous occupons que de ses intérêts. Si, dans cette session, vous votez la révision de la constitution, une constituante viendra refaire nos lois fondamentales et régler le sort du pouvoir exécutif. Si vous ne la votez pas, le peuple, en 1852, manifestera solennellement sa volonté nouvelle. Mais quelles que puissent être les solutions de l'avenir, *entendons-nous afin que ce ne soit jamais la passion, la surprise ou la violence qui décident du sort d'une grande nation.* Inspirons au peuple l'amour du repos en mettant du calme dans nos délibérations; *inspirons-lui la religion du droit en ne nous en écartant jamais nous-mêmes;* et alors, croyez-le, le progrès des mœurs politiques compensera le danger d'institutions créées dans des jours de défiances et d'incertitudes... »

Ainsi pour la première fois la possibilité d'une révision de la constitution était officiellement émise dans un langage qui encourageait les conseils généraux à se prononcer sur ce point. L'assemblée législative avait les hardiesses de paroles d'un pouvoir qui se sent menacé et qui voudrait faire croire à une force qu'il n'a pas, soit pour effrayer son adversaire, soit pour précipiter l'éclat d'une lutte dont il redoute le menaçant mystère. Dans cette inquiétude fiévreuse, plus d'une imprudence fut commise. Des paroles hautaines, dédaigneuses du général Changarnier furent répétées et commentées. Sous la protection de son épée, l'assemblée affectait de se croire toute-puissante; elle se faisait reconnaître bien haut, pour son président, le droit d'appeler l'armée à sa défense, et elle applaudissait de toute l'énergie de ses craintes, malheureusement trop légitimes et trop justifiées par la suite, au chef des troupes de Paris, lorsqu'il disait à la tribune : « Représentants de la nation, vous pouvez délibérer en paix......» L'assemblée se trompait : ou elle était sans force, ou elle devait trouver sa force dans la confiance de la nation, dans son attachement aux institutions, dans le dévouement de tous au devoir et à la loi. En reconnaissant que ces points d'appui lui manquaient, l'assemblée aurait dû se montrer patiente, circonspecte, docile surtout aux vœux de l'opinion publique en ce qu'ils avaient de compatible avec le maintien des institutions et de l'ordre.

1851. — *Désaccord entre le Président et l'Assemblée. Destitution du général Changarnier.* — Le 9 janvier, un décret du Président enleva au général Changarnier son double commandement. Le Président essayait son pouvoir. Rien ne bougea en dehors de l'assemblée. Dans son sein, l'émotion fut extrême. Les plus vives appréhensions, pour le salut de la République, furent exprimées par MM. Thiers, Cavaignac, Berryer, ce dernier montrant le retour à la légitimité comme le seul refuge assuré contre les orages; mais en définitive la révocation de M. Changarnier était un acte ressortissant des attributions constitutionnelles du pouvoir exécutif. Un blâme pour le Président, au sujet de cet acte, eût d'ailleurs impliqué l'éloge du général, et sur ce point la gauche et la droite ne pouvaient s'entendre. On ne fut d'accord que contre un nouveau ministère, bien innocent de ce qui s'était passé et qui se trouva chargé tout à coup des iniquités du pouvoir exécutif et des imprécations de l'assemblée : « L'assemblée déclare qu'elle n'a pas confiance dans le ministère et passe à l'ordre du jour. » 18 janvier. Le prince Président se borna à former un nouveau cabinet, cabinet de transition, dit-il, exclusivement composé d'hommes spéciaux qui n'appartenaient à aucune fraction de l'assemblée : MM. Brenier, Waïsse, de Germiny, Randon, Magne, de Royer, Giraud, Schneider. Il faisait ressortir, en même temps, dans un message daté du jour même de la formation du ministère, le défaut d'une constitution dont il avait le plus grand intérêt à voir modifier les dispositions fondamentales : «... La France commence à souffrir d'un désaccord qu'elle déplore. Mon devoir est de faire ce qui dépendra de moi pour en prévenir les résultats fâcheux. *L'union des deux pouvoirs est indispensable au repos du pays. Mais comme la Constitution les a rendus indépendants, la seule condition de cette union est une confiance réciproque.* Pénétré de ce sentiment, *je respecterai toujours le droit de l'assemblée* en maintenant intactes les prérogatives du pouvoir que je tiens du peuple... » 24 janvier. Il découlait assez clairement de cette déclaration que si les deux pouvoirs condamnés à vivre en harmonie dans la constitution ne s'entendaient pas, ils devaient se combattre à outrance. La lutte, d'abord sourde, devient manifeste, éclatante. Le 3 février, le ministre des finances demande un crédit supplémentaire de 1,800,000 fr. pour les frais de représentation de la présidence ; la proposition est rejetée : il est vrai que la proposition de M. Creton tendant à l'abrogation du décret de bannissement rendu contre les princes de la maison de Bourbon avait le même sort. L'assemblée semble incapable d'affirmer ; elle ne sait que nier ; elle ne veut ni des montagnards, ni des Bourbons, ni de la réélection de Napoléon. Il est douteux qu'elle veuille de la République ?.... mais ce que le pays veut, lui, et ce qu'il veut à tout prix, c'est le raffermissement de l'ordre et la fin des incertitudes, premières conditions de la reprise des transactions, de la prospérité du commerce et de l'industrie. Les populations rurales se montrent comme lasses de ces droits qu'elles n'avaient pas réclamés, elles ne s'intéressent point à des élections secondaires, elles ne se passionnent que pour un nom, souvenir de gloire et de force. Elles sont disposées à saluer comme une délivrance l'acte qui mettrait fin à des agitations préjudiciables à leurs intérêts matériels. On s'effraye de la terrible échéance de 1852. Une solution seule pourrait convenir, ce serait de maintenir la tranquillité par la réélection de Louis-Napoléon. Mais la constitution s'y oppose ; la constitution est donc l'obstacle à la stabilité.

Agitation révisioniste dans les départements. — Opposition parlementaire à la révision. — De toutes parts, des pétitions se signent pour réclamer la révision. Le prince est le centre, l'instigateur de cet immense mouvement. « D'un bout de la France à l'autre, » dit-il au banquet de Dijon, « des pétitions se signent... J'attends avec confiance les manifestations du pays et les décisions de l'assemblée qui ne seront inspirées sans doute que par la seule pensée du bien public... » (juin 1851.) Il disait encore à Poitiers, lors de l'inauguration du chemin de fer : « ... J'appelle de tous mes vœux le moment solennel où la voix puissante de la nation dominera toutes les oppositions et mettra d'accord toutes les rivalités. Car il est bien triste de voir les révolutions ébranler la société, renouveler les ruines, et cependant laisser toujours debout les mêmes passions, les mêmes exigences, les mêmes éléments de troubles... » Le 14 juillet, la discussion s'ouvrit au sein de l'assemblée législative sur la révision de la constitution. L'article 3 exigeait, pour cette révision, les trois quarts des suffrages exprimés et un nombre de votants supérieur à 500. La discussion fut close le 19 ; 784 membres présents prirent part au vote. La majorité nécessaire à l'adoption de la proposition devait être d'au moins 543 voix ; mais 446 voix seulement se déclarèrent pour la révision. Ce résultat diminuait les chances d'une solution pacifique, car l'agitation révisioniste ne s'arrêtait pas. 80 conseils généraux émirent un vœu pour le remaniement du pacte fondamental de la république. Le prince se montrait de plus en plus opposé à la loi du 31 mai, de plus en plus disposé à poursuivre le rétablissement de la votation telle qu'elle avait été appliquée à l'élection présidentielle. Le cabinet constitué le 10 avril dernier avec MM. L. Faucher, Buffet, Rouher, Chasseloup-Laubat, Crouseilhes, Randon, Magne, ne partageait pas ses idées; il le remplaça le 28 octobre. Ce jour-là, MM. Casabianca, Lacrosse, Fortoul, Ch. Giraud, de Thorigny, de Saint-Arnaud, Turgot, Lefèvre-Duruflé, furent appelés aux affaires. Le préfet de police, M. Carlier, eut pour successeur M. de Maupas.

Troubles dans les départements. — Depuis le rejet de la proposition de révision, l'assemblée était entrée en vacances, après avoir institué une commission de permanence moins hostile que la précédente au prince Président. Ces trois mois d'interrègne (du 10 août au 4 novembre) furent troublés par des incidents funestes à la cause constitutionnelle. Des troubles éclatèrent dans l'Ardèche, l'Allier, le Cher, la Nièvre, assez graves dans ces deux derniers départements, pour qu'il fût nécessaire d'y décréter l'état de siège. Si ces désordres confirmaient les membres de l'assemblée législative dans leur répulsion pour une extension plus grande du suffrage universel, ils fortifiaient dans le pays le désir de la stabilité et de la tranquillité, ils venaient en aide aux secrets désirs du Président. Les circonstances conspiraient pour lui. Aux yeux des gens de campagne, il personnifiait l'ordre, le respect de la religion, la force et la gloire; aux yeux de beaucoup de démocrates, il allait personnifier le suffrage universel de 1848, qu'ils jugeaient faussé par la loi du 31 mai 1850.

Message du président pour demander l'abrogation de la loi du 31 mai : 4 novembre. — Le 4 novembre, l'assemblée législative rouvrit ses séances. Elle reçut, le jour même, un message auquel les circonstances donnaient une importance inaccoutumée. Quelles impressions le prince avait-il rapportées de ses voyages dans les départements? Comment allait-il répondre aux attaques des républicains et de ce parti légitimiste dont l'influence dominait dans l'assemblée? Les termes dans lesquels cet important document fut conçu ne démentirent pas la haute réputation de prudence et d'adresse, dans l'art de calomnier ses adversaires, que le Président s'était acquise. Il y insista particulièrement sur la nécessité de préserver la société de nouveaux désordres :

« . . . Une vaste conspiration démagogique, » dit-il, « s'organise en France et en Europe. Les sociétés secrètes cherchent à étendre leurs ramifications jusque dans les moindres communes ; tout ce que les partis renferment d'insensé, de violent, d'incorrigible, sans être d'accord sur les hommes ni sur les choses, s'est donné rendez-vous en 1852, non pour bâtir, mais pour renverser.

« . . . Procurer du travail en concédant à des compagnies nos grandes lignes de chemin de fer, et, avec l'argent que l'État retirera de ces concessions, donner une vive impulsion aux autres travaux dans tous les départements ; encourager les institutions destinées au développement du crédit agricole et commercial ; venir, par des établissements de bienfaisance, au secours de toutes les misères, telle a été et telle doit être encore notre première sollicitude ; et c'est en suivant cette marche qu'il sera plus facile de recourir à la répression lorsque le besoin s'en fera sentir. »

En signalant les dangers que courait l'ordre social de la part des anarchistes qui *s'étaient donné rendez-vous en* 1852, *non pour bâtir* mais pour renverser, le prince s'adressait aux intérêts des classes aisées ; en montrant l'urgence de la création d'établissements de bienfaisance pour porter secours à toutes les misères, il témoignait sa sollicitude pour les classes pauvres. Plus loin, il élevait la voix en faveur *des vieux débris de la république et de l'empire*. « Je vous prie, » disait-il, « de ne point l'oublier, il y a sur tous les points du territoire des hommes couverts de blessures qui se sont consacrés à la défense de la patrie, et qui attendent avec anxiété qu'on leur vienne en aide. Pour eux le temps presse, l'âge et la misère les accablent. »

Le message expose la situation de l'empire, l'état des divers services publics, les améliorations produites et celles à produire. Au sujet des finances, la situation est aussi favorable que le comportent les engagements du passé et les incertitudes politiques de l'avenir. Quant aux travaux publics, le gouvernement reconnaissant l'importance, rendue chaque jour plus manifeste, des chemins de fer, sous le rapport commercial, politique et militaire, a, pendant l'année qui vient de s'écouler, livré 500 kilomètres à la circulation ; en outre, l'établissement d'un chemin de fer de ceinture qui relie les têtes de ligne des principaux chemins de fer dirigés de Paris sur les départements, a été jugé nécessaire ; les travaux du canal latéral à la Garonne ont été continués activement jusqu'à la Baïsse ; un projet de loi relatif à l'achèvement du Louvre, mis à l'étude, va être prochainement présenté ; quant à l'agriculture et au commerce, des concours pour l'amélioration des races domestiques vont être institués ; un règlement d'administration publique des sociétés de secours mutuels favorisera le développement de ces utiles institutions.

Le Président constate que l'exposition de Londres en 1851 a fait ressortir la supériorité de l'industrie française, puisque la France a obtenu 1,050 récompenses, ce qui représente 60 récompenses pour 100 exposants, tandis que l'Angleterre n'a eu pour ce même nombre que 29 récompenses, et les autres pays 18. — Les opérations militaires en Algérie ont amené la soumission des tribus du cercle de Djidjelli et de la vallée d'Oued-Sahel. « Sur 1,145 tribus dont l'existence a été constatée en Algérie, 1,100 ont reconnu la souveraineté de la France, et celles qui s'y dérobent encore sont les plus pauvres et les plus éloignées. » Mais la partie véritablement importante du message était celle où le Président demandait le retrait de la loi du 31 mai. En voici quelques passages :

« . . . Nous venons d'entendre l'exposé fidèle de la situation du pays. Elle offre pour le passé des résultats satisfaisants ; néan-

moins, un état de malaise général tend chaque jour à s'accroître. Partout le travail se relentit, la misère augmente, les intérêts s'effrayent et les espérances antisociales s'exaltent à mesure que les pouvoirs publics affaiblis approchent de leur terme. —...
« Je me suis demandé s'il fallait, en présence du délire des passions, de la confusion des doctrines, de la division des partis, alors que tout se ligue pour enlever à la morale, à la justice, à l'autorité leur dernier prestige, s'il fallait, dis-je, laisser ébranlé, incomplet, le seul principe qu'au milieu du chaos universel la Providence ait maintenu debout pour nous rallier? Quand le suffrage universel a relevé l'édifice social par cela même qu'il substituait un droit à un fait révolutionnaire, est-il sage d'en restreindre plus longtemps la base?... » — Il sera présenté un projet de loi qui restitue au principe toute sa plénitude. En se rappelant les circonstances dans lesquelles fut présentée la loi du 31 mai, on avouera que c'était un acte politique bien plus qu'une loi véritable, une véritable mesure de salut public. Les mesures de salut public n'ont qu'un temps. — « La loi du 31 mai, dans son application, a même dépassé le but qu'on se proposait d'atteindre ; personne ne prévoyait la suppression de trois millions d'électeurs, dont les deux tiers sont habitants paisibles des campagnes. Qu'en est-il résulté? C'est que cette immense exclusion a servi de prétexte au parti anarchique, qui couvre ses détestables desseins de l'apparence d'un droit ravi et à conquérir. Trop inférieur en nombre pour s'emparer de la société par le vote, il espère, à la faveur de l'émotion générale et au déclin des pouvoirs, faire naître, sur plusieurs points de la France à la fois, des troubles qui seraient réprimés sans doute, mais qui nous jetteraient dans de nouvelles complications. »

Le message montrait ensuite que la constitution ayant exigé, pour la validité de l'élection du Président par le peuple, deux millions de suffrages et conféré le droit d'élire à l'assemblée dans le cas où le candidat n'aurait pas réuni ce nombre, les conditions d'éligibilité du président de la République se trouvaient modifiées par la réduction du nombre des électeurs de dix à sept millions. — Enfin, le rétablissement du suffrage universel dans la plénitude absolue donnait une chance de plus d'obtenir la révision de la constitution, vœu de la presque unanimité des conseils généraux et de deux millions de pétitionnaires. Il ne faut pas laisser aux adversaires de la révision cet argument spécieux : la constitution, œuvre d'une assemblée issue du suffrage universel, ne peut être modifiée par une assemblée du suffrage restreint.

Rejet par l'assemblée. — Ce langage pressant n'empêcha pas l'assemblée, lorsque le ministère vint lui présenter un projet de loi électorale qui abrogeait la loi du 31 mai, de refuser d'abord d'en déclarer l'urgence, et le 13 novembre, de décider à la majorité de 7 voix, 355 contre 348, qu'elle ne passerait pas à une seconde délibération. — Quelques jours avant, le 9 novembre, en recevant les corps d'officiers des régiments nouvellement arrivés à Paris, le Président leur avait dit :

« . . . Vos devoirs, vous les avez toujours remplis avec honneur; et la discipline, vous l'avez toujours maintenue intacte à travers les épreuves les plus difficiles. J'espère que ces épreuves ne reviendront pas ; mais si la gravité des circonstances les ramenait et m'obligeait de faire appel à votre dévouement, il ne me faillirait pas, j'en suis sûr, parce que, vous le savez, je ne vous demanderais rien qui ne soit d'accord avec mon droit reconnu par la constitution, avec l'honneur militaire, avec les intérêts de la patrie, parce que j'ai mis à votre tête des hommes qui ont toute ma confiance et qui méritent la vôtre ; parce que si jamais le jour du danger arrivait, je ne ferais pas comme les gouvernements qui m'ont précédé, et ne vous dirais pas : Marchez, je vous suis; mais je vous dirais : Je marche, suivez-moi ! »

Rejet de la proposition des questeurs. — Les défiances de l'assemblée législative, à l'égard du Président, devenaient chaque jour plus manifestes. Cependant, une proposition des questeurs, pour déterminer le droit de réquisition directe de troupes que la constitution donnait au président de l'assemblée, fut rejetée le 17 novembre. Ce vote témoignait ou que les représentants n'avaient pas perdu toute confiance dans la sincérité des déclarations du Prince, ou qu'ils craignaient d'engager entre le pouvoir législatif et le pouvoir exécutif, un conflit qui eût abouti à la guerre civile. — Dans un discours adressé, le 25 novembre, aux exposants français à l'Exposition universelle de Londres, par le président de la République, on remarque les passages suivants :

« . . . J'ai déjà rendu un juste hommage à la grande pensée qui présida à l'Exposition universelle de Londres ; mais au moment de couronner vos succès par une récompense nationale, puis-je oublier que tant de merveilles de l'industrie ont été commencées au bruit de l'émeute et achevées au milieu d'une société sans cesse agitée par la crainte du présent comme par les menaces de l'avenir ? Et en réfléchissant aux obstacles qu'il vous a fallu vaincre, je me suis dit : *Combien elle serait grande cette nation, si l'on voulait la laisser respirer à l'aise et vivre de sa vie !* »

Et plus loin :

« . . . . . En présence de ces résultats inespérés, je dois le répéter, comme elle pourrait être grande, la République française, s'il lui était permis de vaquer à ses véritables affaires et de réformer ses institutions, au lieu d'être sans cesse troublée, d'un côté par les idées démagogiques, et de l'autre par les hallucinations monarchiques ! »

Il terminait ainsi : « Avant de nous séparer, Messieurs, permettez-moi de vous encourager à de nouveaux travaux. Entreprenez-les sans crainte ; ils empêcheront le chômage cet hiver. Ne redoutez pas l'avenir. La tranquillité sera maintenue, quoi qu'il arrive. Un gouvernement qui s'appuie sur la masse entière de la nation, qui n'a d'autre mobile que le bien public et qu'anime cette foi ardente qui vous guide sûrement, même à travers un espace où il n'y a pas de route tracée, ce gouvernement, dis-je, saura remplir sa mission, car il a en lui et le droit qui vient du peuple, et la force qui vient de Dieu. »

Ainsi le prince jetait habilement le désarroi dans l'opinion publique, protestant implicitement de son dévouement à la République lorsqu'il ne voyait rien à désirer que *la réforme des institutions*, lorsqu'il condamnait les *hallucinations monarchiques*. Comment craindre de sa part un attentat à la constitution, en l'entendant dire d'une voix si nette et si ferme : *la tranquillité sera maintenue quoi qu'il arrive?* La tranquillité a des ennemis, disaient ses partisans, mais elle n'a pas de plus ferme protecteur. Et ils rappelaient des déclarations antérieures : *Les bruits de coup d'État sont venus jusqu'à vous : vous n'y avez pas cru, je vous en remercie.* De quel droit mettre en suspicion une sincérité loyale à laquelle aucun acte n'avait encore donné de démenti?...

Cependant le découragement s'était emparé de l'assemblée législative. Placée entre le Président et la nation, elle sentait vaguement qu'elle avait de l'un tout à craindre, de l'autre rien à espérer, parce que depuis son élection elle s'était mise de plus en plus en désaccord avec l'esprit des institutions nouvelles et avec le sentiment public. Quand, dans la discussion du 29 novembre sur la loi organique d'administration municipale, on remit en question la durée du domicile électoral, la majorité, pour la maintenir à trois ans au lieu d'un an, ne fut plus que d'une seule voix, 321 contre 320. Elle se dissolvait peu à peu, cette majorité, dans l'attente de grands événements ; formée d'éléments hétérogènes et hostiles au fond, elle n'avait pas cette communauté d'idées et de vues sans laquelle aucune cohésion sérieuse ne saurait exister. Elle ne voulait pas du présent, qu'elle avait mission d'affermir, et elle ne s'entendait pas sur l'avenir. La République placée en de telles mains était perdue.

Coup d'État. 2 *décembre. Dissolution de l'Assemblée.* — Le 2 décembre, éclatèrent les grands événements que quelques-unes des paroles du Président que nous avons rapportées, auraient pu faire pressentir. A six heures du matin, 16 représentants « *inculpés de complot contre la sûreté de l'État* », MM. Changarnier, Cavaignac, Thiers, Baze, Roger (du Nord), Lamoricière, Bedeau, Leflô, Charras, Nadaud, Cholat, Valentin, Greppo, Miot, Baune et Lagrange, étaient arrêtés dans leur domicile et conduits à la prison Mazas; M. de Morny prenait possession du ministère de l'intérieur. Des affiches placardées sur tous les murs firent connaître aux habitants de Paris, à leur réveil, la révolution accomplie pendant la nuit.

« Au nom du peuple français, le Président de la République décrète : Article premier. L'Assemblée nationale est dissoute. — Art. 2. Le suffrage universel est rétabli; la loi du 31 mai est abrogée. — Art. 3. Le peuple français est convoqué dans ses comices à partir du 14 décembre jusqu'au 22 décembre suivant. — Art. 4. L'état de siége est décrété, etc. — Art. 5. Le conseil d'État est dissous. »

Dans une proclamation au peuple, le prince disait :

« Persuadé que l'instabilité du pouvoir, que la prépondérance d'une seule assemblée sont des causes permanentes de trouble et de discorde, je soumets à vos suffrages les bases fondamentales suivantes d'une Constitution que les assemblées développeront plus tard : 1° Un chef responsable nommé pour dix ans; 2° des ministres dépendants du pouvoir exécutif seul; 3° un conseil d'État formé des hommes les plus distingués, préparant les lois et en soutenant la discussion devant le Corps législatif; 4° un Corps législatif discutant et votant les lois, nommé par le suffrage universel, sans scrutin de liste qui fausse l'élection ; 5° une seconde assemblée, formée de toutes les illustrations du pays, pouvoir pondérateur, gardien du pacte fondamental et des libertés publiques. Ce système, créé par le premier consul au commencement du siècle, a déjà donné à la France le repos et la prospérité; il les lui garantirait encore. Telle est ma conviction profonde. Si vous la partagez, déclarez-le par vos suffrages. Si, au contraire, vous préférez un gouvernement sans force, monarchique ou républicain, emprunté à je ne sais quel passé ou à quel avenir chimérique, répondez négativement. »

A l'armée, il s'adressait en ces termes :

« Depuis longtemps vous souffriez comme moi des obstacles qui s'opposent et au bien que je voulais vous faire et aux démonstrations de toute sympathie en ma faveur.

Ces obstacles sont brisés. L'Assemblée a essayé d'attenter à l'autorité que je tiens de la nation entière; elle a cessé d'exister.

En 1830 comme en 1848, on vous a traités en vaincus. Après avoir flétri votre désintéressement héroïque, on a dédaigné de consulter vos sympathies et vos vœux; et cependant vous êtes l'élite de la nation. Aujourd'hui, en ce moment solennel, je veux que l'armée fasse entendre sa voix.

Votez donc librement comme citoyens; mais, comme soldats, n'oubliez pas que l'obéissance passive aux ordres du chef du gouvernement est le devoir rigoureux de l'armée, depuis le général jusqu'au soldat. C'est à moi, responsable de mes actions devant le peuple et devant la postérité, de prendre les mesures qui me semblent indispensables pour le bien public. »

Les affiches furent lues avec une indignation douloureuse par quelques-uns, et par le plus grand nombre, avec une surprise mêlée d'une satisfaction hautement avouée. L'assemblée législative était impopulaire, son républicanisme plus que suspect. Beaucoup pensaient qu'elle n'avait lutté contre le Président que pour arriver à une restauration bourbonienne. Le coup d'État du Prince ne faisait donc, aux yeux de ceux-là, que devancer le coup d'État de l'assemblée. Aussi, quand Louis-Napoléon parut à cheval sur les boulevards, il fut salué de bruyantes et enthousiastes acclamations.

État de l'opinion publique. Vote du 26 décembre. Majorité immense pour le président de la république. — Les représentants, trouvant les issues du palais législatif fermées et gardées par la troupe, s'étaient réunis à la mairie du Xe arrondissement, au nombre de 220. Là, sous la présidence de MM. Benoist d'Azy et Vitet, ils avaient voté la déchéance du premier magistrat de la république et pris diverses résolutions, lorsque la force armée vint interrompre la séance. Les députés présents aimèrent mieux se faire conduire en prison que de se séparer volontairement. La population assista froidement au spectacle de l'incarcération de ses mandataires. Elle ne s'émut pas davantage d'un autre arrêt de déchéance prononcé par la haute cour de justice. Dans les départements, la résistance amena, sur certains points, de sanglantes répressions. Si à Paris même, la lutte engagée par les bons citoyens, défenseurs de la constitution, avec les troupes commandées par le général Magnan, le 4 décembre, coûta la vie à 380 personnes (1), « tuées pendant l'*insurrection*, » expression dont se sert le relevé officiel publié dans le *Moniteur* du 3 août 1852, — l'attitude de l'immense majorité de la nation, à la nouvelle des événements du 2 décembre, prouva que le coup d'État répondait à un sentiment presque général qui l'accueillait comme la fin d'une époque de troubles et de confusion. Le scrutin du 21 décembre eut, dans les campagnes, le aractère d'une fête nationale. Sans doute la bourgeoisie des villes vota presque tout entière contre le plébiscite ; mais les paysans vinrent en masse, conduits par leurs curés, déposer un vote favorable. La grande propriété, le clergé, le parti catholique, beaucoup de légitimistes plus conservateurs que dynastiques, avaient donné une adhésion publique et éclatante. Dans un pays de près de 36 millions d'âmes, où un demi-siècle de révolutions avait jeté tant de divisions, créé tant de doctrines politiques et sociales, diverses et hostiles, qui pouvait s'attendre à voir apparaître, en faveur d'un homme, d'un acte, d'un système politique, une majorité comme celle que révéla le dépouillement officiel des votes du 20 décembre ?... 7,459,216 citoyens avaient adhéré, et seulement

(1) Parmi ces morts se trouvait le représentant Baudin. Baudin arrive à une barricade défendue par des hommes du peuple. « Tiens, dit l'un d'eux, en voici un de ces propres à rien, à vingt-cinq francs par jour ! » On ricane. Baudin s'élance sur la barricade : « Je viens vous montrer, s'écrie-t-il, camarades, comment on se fait tuer pour vingt-cinq francs par jour. » — Et à l'instant, se précipitant sur le haut de la barricade, il tombait frappé d'une balle.

640,737 s'étaient prononcés négativement! La grandeur de la manifestation avait dépassé toutes les prévisions, sauf, sans doute, la prévision de celui qui en était l'objet. Depuis longtemps la France semblait hésiter entre la liberté et la licence, agitée d'une fiévreuse ardeur de progrès, le demandant tantôt à une forme de gouvernement, tantôt à une autre. Au milieu de l'instabilité des opinions et des choses, un homme seul, ferme dans sa foi, qui était la religion d'un nom, n'avait pas changé. Il avait attendu l'heure où la nation, meurtrie de ses chutes, dégoûtée par ses déceptions, serait disposée à prendre pour guide l'idée qu'elle avait repoussée à Boulogne, condamnée à Strasbourg, mais qu'elle avait saluée une fois de ses acclamations populaires, au 10 décembre 1848, en la trouvant *fixe* dans le ciel orageux de nos discordes civiles.

CHAPITRE VII

Contre-coup des journées de février en Europe, à Milan, à Venise, à Rome, à Berlin, à Francfort, en Hongrie, et dans les Principautés danubiennes. — L'Autriche à Novare. — Occupation de Rome par la France.

SOMMAIRE.

Contre-coup des journées de février en Europe. Ébranlement presque général. — *La Belgique, la Hollande, la Suisse, la Péninsule hispanique ; — l'Angleterre, la Suède, la Russie en 1848.*

L'Italie. Vœux des habitants pour l'indépendance. *Premières réformes de Pie IX.* Mouvement constitutionnel en Italie pendant les premiers mois de 1848. *Irritation contre l'Autriche.* Révolution de Milan et de Venise. — La guerre de l'indépendance est entravée par les agitations intérieures ; les Autrichiens reprennent l'avantage, 1848.

1849. *Le parti démocratique à Rome, à Florence, à Turin.* — Bataille de Novare. — *Rétablissement de l'ancien ordre de choses.* Occupation de Rome par la France.

L'Allemagne. La révolution de Vienne : chute de M. de Metternich. — La Bohême, la Hongrie, etc. Les Croates se soulèvent contre les Hongrois. — Abdication de Ferdinand Ier et avènement de François-Joseph. Guerre de Hongrie. — Résultats de la révolution de 1848 en Autriche, 1848-49.

La révolution de Berlin et le roi Frédéric-Guillaume, 1848-49.

La révolution de Francfort. Le parlement allemand ; sa chute. — La Prusse essaye de constituer l'Allemagne à son profit ; l'Autriche rétablit la diète de 1815. — 1848-51.

Les Principautés danubiennes : leur révolution, 1848 ; traité de Balta-Liman, 1849.

La guerre du Sleswick-Holstein. 1848-1850.

Contre-coup des journées de février en Europe. Ébranlement presque général. — La révolution qui, en 1848, renversa le gouvernement de Juillet, amena au dehors de plus terribles bouleversements que celle qui avait entraîné, en 1830, la chute de la branche aînée des Bourbons. Les plus violentes secousses se firent sentir dans les pays sur lesquels la Sainte-Alliance n'avait cessé de peser de tout son poids, c'est-à-dire sur l'Allemagne et l'Italie. A ces deux contrées, on peut joindre les Principautés danubiennes et les duchés danois, chez lesquels fermentait un vague sentiment de nationalité.

La Belgique, la Hollande, la Suisse, la Péninsule hispanique, après la révolution de Février. — Si l'on excepte l'Allemagne et l'Italie, la plupart des États qui bordent la frontière française avaient mis à profit les dix-huit années de paix du règne de Louis-Philippe, pour améliorer leur constitution intérieure et étouffer les causes de mécontentement. Deux jours après que la république eut été proclamée à Paris, Léopold Ier, roi des Belges, se déclarait prêt à déposer la couronne, si sa personne était un obstacle au bonheur de son peuple ; et, dès le 20 février 1848, pour mettre fin à toute réclamation, un projet de loi réduisait le cens électoral au chiffre de 20 florins (42 francs 60 centimes). De là l'inévitable échec de deux expéditions révolutionnaires parties de la France, qui vinrent avorter l'une à Quiévrain, l'autre au village de *Risquons-tout*, près de Mouscron. M. de Lamartine, déclinant toute solidarité de la part du gouvernement français dans ces tentatives, les appelait avec raison de « ridicules manœuvres. »

Grand-duc de Luxembourg et roi de Hollande, Guillaume II s'empressait de renvoyer un ministère impopulaire et de modifier la constitution. Le conseil d'État posait, le 26 février 1848, les bases d'un projet de loi qui transformait le système électoral pour les deux chambres, et renfermait le pouvoir royal dans des limites que la charte de 1830 avait tracées au roi des Français.

La Suisse avait commencé sa révolution dès l'année 1847. Les cantons dissidents, qui formaient la ligue du Sonderbund, avaient été vaincus. Le nouveau pacte fédéral, en détruisant la constitution de 1815, donna plus d'unité à la confédération, et, dans l'organisation du conseil national, modifia les bases de l'équilibre entre les divers territoires qui la composent. Il fut promulgué en 1848.

Quant aux deux royaumes de la péninsule hispanique qui, après 1830, avaient offert à l'Europe le long et douloureux spectacle de leurs discordes civiles, ils restèrent calmes dans l'année 1848.

L'Angleterre, la Suède et la Russie après la révolution de Février. — Ces trois États, qui ne sont pas en contact immédiat avec la France, subirent inégalement le contre-coup des événements de février.

En Angleterre, l'intelligente aristocratie qui a créé, au dedans, la constitution, et, au dehors, la grandeur britannique, avait, par avance, désarmé les factions. La réforme électorale de 1832 fut une ample satisfaction donnée aux classes moyennes. Les réformes économiques provoquées par M. Cobden et la ligue de Manchester, et exécutées par Robert Peel, avaient ôté, par l'abolition des lois sur les céréales, un sujet de plaintes fondées aux classes laborieuses. Le 10 avril 1848, quand le chef des chartistes, M. Féagus O'Connor, voulut porter « *en procession* » au parlement, la pétition qui demandait le suffrage universel, il ne se trouva dans le lieu fixé pour la réunion que 10,000 individus au lieu de 30,000 qu'il attendait. — En Irlande même, sur cette terre d'opprimés et de mécontents, quand O'Brien eut répudié la théorie de la « force morale » qui avait fait triompher O'Connell, il ne tarda pas à succomber. Lui et ses amis furent arrêtés et condamnés à la déportation.

En Suède, Stockholm offrit, comme Londres, le spectacle d'attroupements qui n'avaient ni portée ni but sérieux (18 et 19 mars 1848). Ils provoquèrent, du moins, des protestations de la part des populations, comme l'attestent les paroles d'un orateur de l'ordre des paysans qui menaça l'émeute d'une terrible intervention des campagnes.

En Russie le tzar Nicolas fut à peu près le seul à s'émouvoir de la révolution de février; et encore se borna-t-il, dans son manifeste (26 mars 1848), à déclarer qu'il ne voulait pas de propagande révolutionnaire dans ses États.

Vœux des Italiens pour l'indépendance de la péninsule. — On a vu que depuis la chute du royaume d'Italie qui avait donné à la moitié de la Péninsule des institutions nationales, à défaut de l'indépendance, les Italiens n'avaient cessé de rêver l'affranchissement de leur patrie, et qu'ils étaient divisés sur les moyens à employer pour atteindre ce but. Les uns croyaient qu'une forte unité les sauverait seule de l'Autriche, et ils étaient prêts à la réaliser à tout prix. Les autres, remontant aux glorieux souvenirs des grandes municipalités du moyen âge, imaginaient une ligue des États italiens, sous la présidence du Pape. Cette idée qui parut l'emporter un moment, en 1848, était celle de l'abbé Gioberti. Elle fut vulgarisée par le Piémontais Balbo, qui voulait que le Piémont fût l'épée et Rome le cœur de la Confédération.

Mouvement constitutionnel en Italie pendant les premiers mois de 1848. — L'année 1848 amena de grands changements dans l'état de la péninsule : en moins de trois mois, elle était dotée de quatre constitutions politiques s'appliquant aux quatre principaux États. L'exemple vint cette fois de Naples. Placé entre un soulèvement de la Sicile et une révolte de la capitale, Ferdinand II accordait une amnistie pour tous les délits politiques (1er février), et le lendemain, publiait une constitution. Léopold II (11 février), Charles-Albert (4 mars) et Pie IX lui-même (15 mars), malgré la condition sociale des États-Romains, établissaient dans leurs domaines le système représentatif. Ces constitutions étaient calquées, à peu de chose près, sur la charte française de 1830 ; à Rome seulement, une troisième chambre composée des cardinaux devait prononcer en secret sur les résolutions du parlement. Le statut piémontais, tout en reconnaissant la liberté des cultes, déclarait, comme la charte de Louis XVIII que le catholicisme est la religion de l'État ; mais il n'avait pas d'article 14.

IRRITATION CONTRE L'AUTRICHE. — RÉVOLUTION DE MILAN ET DE VENISE. — Toutes ces réformes, soit administratives, soit politiques, déplaisaient singulièrement à la cour de Vienne qui, depuis 1815, s'était constituée la gardienne vigilante des monarchies absolues et des vieux abus. Elle redoutait pour ses sujets de Milan et de Venise, le spectacle que présentaient ces royautés émancipées qui se gouvernaient maintenant elles-mêmes sans prendre le mot d'ordre de M. de Metternich. En 1847, elle avait essayé sans succès d'effrayer Pie IX, en occupant brutalement la ville de Ferrare. La haine des Italiens contre la domination autrichienne s'en était seule accrue, et, avant même que la révolution de février eût éclaté en France, des troubles avaient agité différentes villes de la Lombardie. A Milan, on avait dû proclamer la loi martiale.

La révolution viennoise du 13 mars 1848, qui entraîna la chute et la fuite de M. de Metternich, eut son contre-coup en Italie. Le 18 mars, les habitants de Milan vinrent demander des armes pour une garde civique ; on répondit par des arrestations. Alors commença dans les rues de cette grande cité une lutte acharnée qui dura cinq jours. Des barricades s'élevèrent aux cris de « Vive Pie IX ! » Le maréchal Radetzki, qui commandait les forces autrichiennes, ne sachant pas ce qui se passait à Vienne, et craignant d'être coupé de ses communications, ordonna la retraite sur Vérone. Il abandonnait ses blessés, ses munitions et une partie de ses équipages de guerre. Côme, Brescia, Bergame, Crémone, s'affranchirent. Parme chassa la garnison autrichienne. Des gouvernements provisoires s'installèrent à Milan, à Parme et à Modène. Les ducs qui régnaient dans ces deux dernières villes s'étaient éloignés.

La nouvelle de l'insurrection de Milan amena le soulèvement de Venise, 22 mars 1848. Le peuple se précipita sur l'arsenal et s'en empara. Le gouverneur Palfy avait résigné ses fonctions entre les mains du commandant de la ville, le comte Zichy : Zichy capitula. Deux citoyens, Manin et Tommaseo, formaient un gouvernement provisoire, et la *république de Saint-Marc* était proclamée, 24 mars 1848.

LA DÉLIVRANCE DE MILAN COMMENCE LA GUERRE DE L'INDÉPENDANCE. — Les cinq journées de Milan n'éveillèrent pas seulement le courage des Lombards, elles excitèrent le plus vif enthousiasme dans toute la Péninsule. Le roi de Naples lui-même prépara une brillante armée qui, à travers les Abruzzes et les Romagnes, devait se diriger sur la Vénétie ; le chef de l'expédition était Guillaume Pepe, le héros de la révolution napolitaine de 1821. Un corps d'armée romaine sous les ordres de Durando, partit pour la Haute-Italie, afin d'opérer une diversion sur la rive gauche de l'Adige. Léopold II, grand-duc autrichien, engagea les Toscans « à voler au secours des frères lombards » (mars-avril 1848).

Le roi de Sardaigne, Charles-Albert, s'était prononcé le premier pour la guerre de l'indépendance. Dès le 23 mars il avait lancé un manifeste où il promettait aux insurgés de la Lombardie, « l'aide que le frère attend d'un frère et l'ami d'un ami. » Une flotte piémontaise se rendait dans les eaux de l'Adriatique où elle devait se réunir à une escadre napolitaine. Lui-même, à la tête de ses troupes, franchissait le Tessin, et arrivait sans coup férir jusque sur les bords du Mincio (6 avril).

C'était là que Radetzki s'était retiré, protégé par les redoutables fortifications du quadrilatère que forment les quatre places de Peschiera et de Mantoue, sur le Mincio, de Vérone et de Legnago sur l'Adige. Un combat à Goïto permit aux Sardes de franchir le premier de ces cours d'eau, d'asseoir leur camp entre Vérone et Mantoue, et de commencer le blocus de Peschiera. Un autre combat à Pastrengo (30 avril) devait leur permettre de passer l'Adige, quand ils le voudraient.

LA GUERRE DE L'INDÉPENDANCE EST ENTRAVÉE PAR LES AGITATIONS INTÉRIEURES DES DIVERS ÉTATS ITALIENS. — Au moment où Charles-Albert et Radetzki étaient en présence dans l'enceinte du quadrilatère, la cause de l'indépendance italienne se trouvait déjà compromise par les mouvements révolutionnaires qui se produisaient dans les Deux-Siciles, à Rome et à Milan.

Depuis le mois de janvier 1848, la Sicile était en révolte ouverte contre Ferdinand II. Elle repoussait la constitution que ce prince avait récemment octroyée à ses États, et réclamait la constitution que les Anglais avaient fait rendre en 1812. Le 13 avril 1848 un parlement insurrectionnel proclama à Palerme la déchéance du roi de Naples et de sa dynastie. Un mois après, une émeute éclatait à Naples, le lendemain de l'ouverture des chambres (15 mai). Ferdinand II, qui avait dirigé déjà une partie de ses troupes contre les Siciliens, rappela alors les 10,000 hommes qui, sous le commandement de Guillaume Pepe, marchaient à la défense de Venise. — Quinze cents soldats seulement restèrent fidèles à Pepe et à son lieutenant Jérôme Ulloa.

A Rome, un parti révolutionnaire dont les exigences croissaient avec les concessions mêmes de Pie IX, voulait que le Pontife déclarât formellement la guerre à l'Autriche, qu'il rappelât sa nonciature de Vienne. Pie IX n'était pas indifférent à la cause de l'indépendance nationale; mais il pensait que son titre de *Père commun des fidèles* lui imposait de la servir par des voies pacifiques plus que par les armes. Il écrivait à l'empereur d'Autriche pour lui rappeler que les « Lombards et les Vénitiens avaient le droit d'être fiers de leur propre nationalité. » Il songeait à se faire le médiateur de la paix. Les partisans de la guerre trouvaient les scrupules du Pape intempestifs; ils le témoignaient hautement; et la cause nationale était sans cesse compromise auprès du Pontife par les désordres dont elle était le prétexte.

A Milan, le républicain Mazzini, que l'un des combattants de la guerre d'indépendance, Montanelli, appelle « le mauvais génie de l'Italie, » fomentait la division entre les Piémontais et les Lombards. Il faisait créer un comité de défense qui s'isolait de Charles-Albert, alors que l'union entre les Italiens était plus que jamais nécessaire.

Aux yeux de tous les princes enfin, l'ambition de Charles-Albert était suspecte. La Lombardie, en dépit de Mazzini, Parme, Modène et Venise elle-même (3 juin 1848) avaient voté leur réunion à la monarchie sarde. Des agents parcouraient la Romagne et la Toscane pour les amener à offrir au souverain du Piémont la couronne d'Italie. Enfin la Sicile appelait le second fils de Charles-Albert à régner sur elle. Les princes, qui eussent été les mieux disposés à entrer dans une confédération, se refusaient désormais à prendre part à un mouvement accompli au profit d'un seul.

LES AUTRICHIENS REPRENNENT L'AVANTAGE. — (Juin-juillet 1848.) — Radetzki s'était tenu immobile derrière les fortifications du quadrilatère, pendant que les Italiens se divisaient. Il attendait patiemment des renforts pour écraser les deux insurrections de Vénétie et de Lombardie. Maître des deux routes du Tyrol et du Frioul il porta, en trois mois, ses troupes de 50,000 à 120,000 soldats. Le 29 mai, il sortait de Vérone, et refoulait cinq à six mille Toscans ou Napolitains à Goïto, mais laissait tomber Peschiera aux mains des Sardes. Il se relevait par une habile campagne en Vénétie, où il reprenait, une à une, toutes les villes soulevées, à l'exception de Venise. L'armée pontificale de Durando capitulait, repassait sur la rive droite du Pô, et promettait de ne pas combattre pendant trois mois (juin 1848).

Radetzki revint alors contre les Piémontais qui préparaient le siège de Mantoue. Il leur livra (25 juillet) la bataille de Custozza qui dura quatre jours : Charles-Albert, rejeté sur la rive droite du Mincio, perdit le fruit de ses précédents succès. Les Autrichiens rentrent à Crémone, à Lodi et enfin, à la suite d'un court engagement, à Milan (5 août). Charles-Albert, après une sédition des républicains lombards, dut signer un armistice qui restituait à l'Autriche tous les territoires occupés par les Sardes. — Venise, inexpugnable derrière ses lagunes, profite du départ de sa garnison piémontaise pour s'ériger en république (10 août 1848).

Le parti démocratique a Rome, a Florence, a Turin. — L'issue malheureuse de la première lutte entreprise par tous les États italiens, pour fonder l'indépendance nationale, démontrait la nécessité de réunir les États de la Péninsule par les liens d'une confédération puissante. Le triomphe du parti démocratique à Rome et à Florence, en troublant l'ordre politique établi, rendit la confédération impossible, son triomphe à Turin compromit et ajourna l'œuvre de l'indépendance.

A Rome, Pie IX avait appelé au pouvoir l'ancien ambassadeur de France, l'illustre économiste Rossi. Le nouveau ministre (15 septembre 1848) avait réprimé avec vigueur les émeutes, commencé la réorganisation civile de l'État, et placé à la tête de l'armée Zucchi, vieux soldat de l'Empire, détenu, depuis l'insurrection de 1831, dans les prisons de l'Autriche. Il négociait avec Turin, Florence et Naples, un projet de confédération, quand il fut assassiné à la porte de la chambre des députés, 15 novembre 1848. La mort déplorable de cet homme d'État livra Rome au parti démocratique. Menacé par l'émeute, le Pontife sortit de la ville sous un déguisement (24 novembre) et se retira à Gaëte auprès du roi de Naples. La chambre des députés nomma un gouvernement provisoire et se sépara après avoir décidé l'élection d'une assemblée constituante. Celle-ci, trois jours (9 février 1849) après sa réunion, déclarait « la Papauté déchue, en fait et en droit, du gouvernement temporel des États romains », et la remplaçait par « la démocratie pure, prenant le glorieux nom de république romaine. » La dictature était déférée à un triumvirat dont Mazzini était le membre le plus important (23 mars 1849).

La révolution de Toscane fut la répétition de ce qui se passait à Rome. Léopold II avait fui à Gaëte (3 février 1849).

Le pouvoir tomba aux mains d'un triumvirat, et neuf jours après la proclamation de la république romaine, une république était installée à Florence (18 février). Mazzini, qui était devenu triumvir à Rome, comme quelques semaines auparavant il était devenu triumvir à Florence, eût voulu opérer la réunion des deux États. Ce projet échoua devant l'opposition du républicain Guerrazzi, à qui la dictature avait été confiée, et surtout devant la répugnance des populations qui d'elles-mêmes rappelèrent Léopold II (12 avril 1849).

A Turin, le parti démocratique avait porté au ministère l'abbé Gioberti, qui dissolvait la chambre, persuadé que le résultat des élections lui serait favorable. Mais la nouvelle assemblée rejeta, contre son attente, la proposition de faire restaurer le Pape et le grand-duc de Toscane par les Piémontais et non par les étrangers. Renversé du pouvoir (20 février 1849), Gioberti était remplacé par un ministère qui rompait l'armistice conclu avec l'Autriche sept mois auparavant.

BATAILLE DE NOVARE. — Radetzki avait sous la main des forces accablantes. Trois jours après l'ouverture des hostilités, l'armée sarde commandée par le polonais Chrzarnowski était détruite près de Novare (23 mars 1849). Trois jours après la bataille, un traité imposait au Piémont l'obligation de payer 70 millions pour les frais de la guerre. — Le soir de la funeste journée de Novare, Charles-Albert abdiqua en faveur de son fils Victor-Emmanuel II et se retira à Oporto, en Portugal, où il mourut quatre mois après.

Les Autrichiens s'emparent de Venise. — L'honneur de livrer les derniers combats pour l'indépendance italienne revint à l'ancienne ville des doges. Après l'armistice de Milan signé par Charles-Albert (août 1848), elle avait repris la lutte pour son compte. Son grand citoyen, Manin, avait trouvé un vaillant auxiliaire dans le Napolitain Jérôme Ulloa. Chargé de la défense du fort Malghera, Ulloa avait pendant un mois (mai 1849) résisté avec 2,400 hommes à 18,000

Autrichiens. L'héroïque cité céda enfin au choléra, à la famine, au manque de munitions plus qu'aux Autrichiens (22 août). Radetzki entrait à Venise le 30 août 1849.

Rétablissement de l'ancien ordre de choses en Italie. — La défaite du Piémont à Novare et la chute de Venise devaient avoir pour conséquence inévitable la restauration de l'influence autrichienne en Italie et, par suite, des vieux gouvernements absolus, comme à Modène et à Parme, inféodés depuis 1815 à la cour de Vienne. En Toscane, Léopold II, oubliant qu'il devait son retour à l'élan spontané de ses sujets, livrait pour un temps illimité le pays à l'occupation de 10,000 Autrichiens (1850). Il supprimait la liberté de la presse, la garde civique et le statut fondamental lui-même. — A Naples, Ferdinand II avait suspendu la constitution dès le 1er juillet 1849. Dans la même année il avait repris Palerme et la Sicile.

Quant au Piémont, il venait d'acheter, au prix d'une terrible défaite, le droit d'échapper à la réaction imprudente qui emportait les autres États italiens. Victor-Emmanuel II maintenait habilement et loyalement le statut de Charles-Albert. Laisser à Turin une tribune libre était la meilleure vengeance qu'il pût tirer de l'Autriche.

Occupation de Rome par les Français. — Le rétablissement du gouvernement pontifical fut dû à l'intervention armée des principales puissances catholiques. Après la bataille de Novare, l'assemblée constituante de France s'émut de l'ascendant que l'Autriche allait prendre dans la Péninsule, si elle travaillait seule à la restauration du Pape. Tandis que les Autrichiens se préparaient à envahir le versant de l'Adriatique, une armée française débarqua à Civita-Vecchia (25 avril 1849). Le triumvirat romain était décidé à résister. Son général, Garibaldi, fit éprouver un échec assez grave au général Oudinot qui s'avançait sur Rome avec 7,000 hommes et quelques pièces d'artillerie. Il tira encore parti de la nécessité où l'on fut d'attendre des renforts de Toulon, et des négociations infructueuses entamées par un diplomate français, M. de Lesseps. Après un assaut donné inutilement (1er juin), Oudinot dut entreprendre un siége régulier qui fut dirigé par le général Vaillant. — Le 3 juillet, les Français entraient à Rome.

Trois commissaires prirent possession de la ville au nom du pape, et publièrent une proclamation où le nom de la France n'était pas même mentionné. Le Président de la république, dans une lettre adressée à M. Edgar Ney, protesta vivement contre cet oubli. Il ajoutait : « Je résume ainsi le pouvoir temporel du pape : « Amnistie générale ; sécularisation de l'administration ; code Napoléon et gouvernement libéral. »

Ce programme de gouvernement ne fut réalisé qu'imparfaitement par le *motu proprio* du 4 septembre 1849. Pie IX rentra, le 12 avril 1850, dans sa capitale sous la protection des Français qui l'occupèrent jusqu'en 1870.

LA RÉVOLUTION DE 1848 EN ALLEMAGNE. — Tous les mouvements révolutionnaires de l'Italie se rattachent à un fait commun, la cause de l'indépendance nationale, soit qu'ils tendent à la servir, soit qu'ils la compromettent. Il est plus difficile de ramener à l'unité les troubles qui éclatent chez les peuples de races diverses qui habitent les bords du Rhin, de l'Elbe ou du Danube. Ici les principaux foyers de révolution sont Vienne, Berlin, Francfort, sans compter la Hongrie et les petits États allemands.

LA RÉVOLUTION DE VIENNE : CHUTE DE M. DE METTERNICH. (13 mars 1848.) — M. de Metternich était le véritable maître de l'Empire sous Ferdinand Ier, prince maladif, adonné uniquement à des études héraldiques. Ferdinand régnait, M. de Metternich gouvernait. Dernier représentant de la Sainte-Alliance, le chancelier de l'empire d'Autriche en conservait précieusement les principes, et il les appliquait religieusement. Il s'attachait, avant tout, à maintenir intact l'ordre de choses établi par les traités de 1815. Dans les États autrichiens, il s'opposait à toute innovation en matière de gouvernement; il se gardait plus scrupuleusement encore de faire des réformes qui n'étaient pas demandées. *Quieta non movere* était sa devise

La révolution parisienne du 24 février 1848 lui causa une vive irritation. Il crut, néanmoins, devoir persister dans son système politique, et un manifeste du 10 mars déclara que rien ne serait changé en Autriche. Les événements lui démontrèrent qu'il se trompait. Le 13 mars 1848, des étudiants et des ouvriers se portèrent, les uns vers la maison de campagne de M. de Metternich, qui fut dévastée, les autres, au palais de la chancellerie, aux cris de : « *La constitution ! La liberté de la presse !* » Une lutte éclata, dans laquelle le peuple s'empara de l'arsenal. M. de Metternich dut quitter à la hâte Vienne, dans la nuit du 13 au 14 mars. Un nouveau ministère accordait l'abolition de la censure, la création d'une garde civique, composée d'étudiants et de bourgeois, et la convocation prochaine des diètes provinciales.

Les étudiants avaient joué le rôle principal dans la révolution du 13 mars. Ils conservèrent l'influence qu'ils avaient conquise jusqu'à la compression du mouvement révolutionnaire au mois d'octobre 1848. Formés en légion académique, ils exigèrent, le 15 mai, que l'empereur abrogeât une constitution décrétée le 25 avril précédent, et convoquât une assemblée constituante nommée par le suffrage universel. Ferdinand céda ; mais, deux jours après, il se retirait à Inspruck, dans le Tyrol. Le 26 mai, le ministère déclara la légion académique dissoute et incorporée dans la garde civique ; une révolte, dans laquelle la garde nationale soutint les étudiants, obligea le gouvernement à revenir sur la décision qu'il avait prise.

La réunion de l'assemblée constituante (22 juillet 1848) ramena l'empereur à Vienne (12 août) ; mais les délibérations furent troublées par une violente émeute, dans laquelle les ouvriers des *ateliers de l'État* luttèrent pendant trois heures contre la garde nationale et la force municipale. Le ministère, qui l'emporta cette fois, profita du succès pour dissoudre une sorte de comité de sûreté publique formé à la suite de la journée du 26 mai. En même temps, l'assemblée constituante s'honorait par un acte durable : elle décrétait l'affranchissement des serfs de l'Empire et la suppression des droits qui pesaient sur la propriété foncière.

La révolution dans les provinces de l'empire d'Autriche. — Bohême, Hongrie, etc. — Si, à Vienne, le gouvernement était obligé de compter avec les pouvoirs nouveaux sortis de la révolution du 13 mars, il voyait aussi son autorité sérieusement contestée dans plusieurs provinces, et l'Empire semblait à la veille d'une dissolution complète. En Italie, les possessions impériales avaient été réduites un moment à l'espace qu'occupaient les soldats de Radetzki dans l'étroite enceinte du quadrilatère.

En Bohême, où il y a deux Allemands contre trois Slaves, le gouvernement avait dû concéder aux deux races l'égalité des droits. La réunion à Prague d'un congrès général des nations slaves fut, le 12 juin 1848, l'occasion d'un sanglant conflit entre la population et les troupes commandées par le prince de Windisgratz. La femme du prince fut tuée, son fils mortellement blessé. Windisgratz, qui avait voulu s'entretenir avec les insurgés, dut être arraché de leurs mains par les soldats. Prague ne se soumit qu'après une lutte de dix jours.

La Hongrie fit courir des dangers plus graves à l'intégrité de l'Empire. Sous l'administration même de M. de Metternich elle avait une physionomie à part entre toutes les provinces soumises à la maison de Habsbourg, due à sa vieille constitution, à sa diète dans laquelle les nobles siégeaient armés et éperonnés. Dès cette époque elle demandait que l'empereur qui, pour elle, n'était que « le roi de Hongrie, » résidât en pays hongrois ou magyar, et qu'il parlât la langue nationale. En 1836, elle avait même obtenu que le magyar fût la langue officielle, concession grave dans une contrée habitée par treize millions d'hommes de races diverses parmi lesquels les Magyars ne comptaient que pour quatre millions.

Les tendances séparatistes des Hongrois furent largement satisfaites après la chute de M. de Metternich. Le gouvernement autrichien leur accorda une véritable autonomie politique et administrative. L'archiduc Étienne leur fut donné comme vice-roi : le comte Batthyany devint le président d'un ministère purement magyar. La prochaine diète devait siéger non plus à Presbourg, mais à Pesth, c'est-à-dire en pleine Hongrie. — C'est là que l'archiduc Étienne en fit l'ouverture, 5 juillet 1848.

Les espérances des Magyars croissaient avec le succès. Dans la crise où l'Autriche se trouve tout à coup plongée dans la première moitié de l'année 1848, ils conçurent l'ambition de se substituer aux Allemands comme race dominante. Convaincus que l'Empire leur appartiendrait, ils envoyèrent leur armée en Italie où la domination autrichienne était ébranlée.

LES CROATES SE SOULÈVENT CONTRE LES HONGROIS ET S'APPUIENT SUR L'EMPEREUR. — Au moment où la Hongrie arrivait à se constituer en dehors de l'Empire, en attendant qu'elle pût le diriger selon ses vues, le sentiment national s'éveillait avec force chez les Slaves, qui aspiraient à se séparer de la Hongrie, comme la Hongrie elle-même avait réussi à se dégager des liens qui l'attachaient à l'Autriche. Déjà les Croates avaient envoyé à l'empereur une adresse impérieuse et même menaçante : « Empereur, si tu repousses « nos vœux, nous saurons bien sans toi conquérir notre li- « berté. Nous aimons mieux mourir héroïquement comme « un peuple slave, que supporter plus longtemps le joug « d'une horde asiatique, de laquelle nous n'avons rien de bon « ni à recevoir ni à apprendre. Sache bien que nous préfé- « rons au besoin le knout russe à l'insolence magyare. »

Une députation avait obtenu que le colonel Joseph Jellachich fût créé ban de Croatie. Jellachich encouragea dès lors les révoltes partielles contre les Magyars, malgré un désaveu qu'ils arrachaient à Ferdinand Ier. Enfin, avec l'agrément de l'empereur, il pénétrait en Hongrie à la tête de 30 à 40,000 Croates (11 septembre 1848). L'armée magyare était en Italie. Le ministère Batthyany ordonna une levée en masse (les honveds). La cour de Vienne envoya le comte de Lamberg prendre le commandement de la levée en masse. La diète de Hongrie, sur la proposition de Louis Kossuth, déclara illégale la décision prise par la cour de Vienne, Lamberg fut massacré par la multitude à son entrée à Pesth. C'était une déclaration de guerre à l'Autriche (28 septembre).

Le gouvernement autrichien y répondit en déclarant la diète hongroise dissoute. Il donna à Jellachich le commandement supérieur de la Hongrie, de la Croatie et des pays voisins, et lui envoya 15,000 hommes de renfort.

Soulèvement de Vienne et abdication de Ferdinand Ier en faveur de François-Joseph. — A Vienne on avait pris l'habitude de confondre la cause de Jellachich, qui combattait pour l'autonomie des Croates, avec celle du parti qui voulait revenir sur les concessions obtenues le lendemain du 13 mars 1848. Quand les régiments qui devaient se rendre auprès du ban de Croatie sortirent de la capitale, une formidable insurrection y éclata (6 octobre). Le ministre de la guerre, comte de Latour, fut assassiné ; des barricades se dressèrent. Ferdinand Ier s'enfuit à Olmutz, et déclara l'assemblée constituante transférée à Kremsier, petite ville de Moravie. Vienne, mise en état de siége, se trouva enveloppée par les trois armées de Windisgratz, du comte d'Auesperg et de Jellachich. Après un bombardement elle fut enlevée d'assaut (31 octobre). Jellachich avait battu dans l'intervalle une armée hongroise qui accourait au secours des insurgés viennois. Parmi ces derniers se trouvait Robert Blum, député du parlement de Francfort : il fut pris et fusillé.

Alors se constitua, sous le prince Félix de Schwartzemberg, un ministère bien décidé à user de la victoire pour contenir la révolution. Quelques jours après, Ferdinand Ier abdiquait en faveur de son neveu François-Joseph (2 décembre 1848). — L'Autriche n'avait plus à soutenir de lutte sérieuse que contre la Hongrie ; celle-ci persistait à ne vouloir reconnaître pour *roi* que Ferdinand Ier.

GUERRE DE HONGRIE. — Les Magyars n'avaient que 42,000 hommes de la levée en masse à opposer au généralissime Windisgratz. Après la perte de Presbourg et de Raab, leurs généraux Goergey et Perczel, se sentant de beaucoup inférieurs aux 120,000 Autrichiens qui les attaquaient, se retirèrent derrière la Theiss. Windisgratz perdit un temps précieux à Pesth, et la diète hongroise eut le temps d'appeler à elle les Polonais Dembinski et Bem. Le premier organisa une armée en quelques semaines ; le second recruta un corps de 10,000 hommes en Transylvanie, et rejeta les Russes qui l'avaient envahie en Valachie. Bientôt les Magyars avaient repris possession des rives du Danube ; la diète hongroise rentrait triomphante à Pesth, que Welden, successeur de Windisgratz, évacuait. Le 14 avril, la déchéance de la maison de Habsbourg fut proclamée ; la Hongrie et la Transylvanie réunies formèrent une république qui élut Kossuth pour président (décembre 1848-avril 1849).

L'intervention des Polonais Bem et Dembinski avait relevé les affaires des Hongrois, mais elle devait attirer contre eux le tzar Nicolas Ier, qui craignait que la révolte ne s'étendît bientôt jusqu'à la Pologne. Trois armées russes s'avancèrent par la Moravie, par la Galicie et par la Valachie.

La Hongrie se trouva enveloppée par une masse d'ennemis. Au S.-O. Jellachich, à la tête des Slaves du midi, emportait Neusatz en face de Pétarwardein (juin) ; Haynau, nouveau généralissime des Autrichiens, rentrait à Pesth, tandis qu'au Nord et à l'Est les Russes tendaient à se réunir aux forces autrichiennes. La diète hongroise chassée de Pesth à Szegedin, de Szegedin à Arad sur le Maros, voyait toutes les forces dont elle disposait à peu près anéanties. Kossuth déposa entre les mains de Goergey la dictature, et se retira en Turquie avec Dembinski. Cerné par trois armées Goergey se rendait au général russe Rudiger. « Sire, écrivait ce dernier à son maître, la Hongrie est aux pieds de Votre Majesté ! » (11 août,) Défendue par l'intrépide Klapka, la forteresse de Comorn résista jusqu'au 26 septembre 1849.

Résultats de la révolution de 1848 en Autriche. — Au milieu des premiers succès de la guerre de Hongrie, le ministère Schwartzemberg avait dissous l'assemblée constituante de Kremsier, et octroyé une constitution qui embrassait tous les peuples de l'Empire, en les assujettissant à une centralisation puissante (4 mars 1849). La Hongrie vaincue perdit sa constitution et sa diète. La constitution du 4 mars 1859 fut supprimée, à son tour, sans avoir jamais été exécutée. Aussi n'est-ce point dans des réformes politiques d'une existence bien courte qu'il faut chercher l'intérêt de la révolution qui ébranla si fortement la monarchie autrichienne. Ce qu'il importe de constater c'est que l'Autriche accomplit alors son renouvellement de 1789 par l'émancipation des populations rurales : l'égalité fut proclamée entre les individus comme entre les races.

La révolution de Berlin et le roi Frédéric-Guillaume IV. — Tandis que les mouvements insurrectionnels de Vienne et de Hongrie aboutissaient à l'établissement d'une monarchie plus absolue que celle qui était tombée le 13 mars 1848, la Prusse obtenait un gouvernement représentatif, bien contre le gré de son roi Frédéric-Guillaume IV, prince savant, enthousiaste et tout pénétré des théories sur lesquelles se fonde la toute-puissance des rois. Le 11 février 1847, il disait aux états généraux qu'il venait de réunir pour la première fois : « Je ne vous aurais pas convoqués, si j'avais eu « le moindre doute que vous puissiez songer à jouer le rôle « de soi-disant représentants du peuple. » Nul prince n'avait témoigné plus de mépris pour les constitutions écrites : « Je ne veux pas, avait-il dit encore, qu'il y ait un *parche-* « *min* entre mon peuple et moi. »

Après la révolution de février, il s'efforça de faire diversion au mouvement des idées libérales en évoquant le fantôme d'une invasion française. Mais les Prussiens persistèrent à réclamer des réformes constitutionnelles. Des troubles se succédèrent pendant plusieurs jours à Berlin, et se terminèrent, le 18 mars, par une sanglante émeute qui dura treize heures. Le roi, sur la demande des bourgeois, accorda l'éloignement des troupes, l'établissement d'une garde civique et un changement de ministère. — On porta quatre cadavres d'insurgés au-dessous du balcon royal. Sur l'invitation du peuple, Frédéric-Guillaume dut descendre, se découvrir et saluer; après quoi on le laissa se retirer. Le roi avait promis aussi de convoquer les états généraux. Ceux-ci ne firent que préparer la réunion d'une assemblée constituante qui ouvrit ses séances le 22 mai 1848 et n'a guère laissé de trace que par la manière dont elle finit.

Frédéric-Guillaume, arraché à ses hésitations par les émeutes qui ne cessaient d'agiter Berlin, appela au ministère son oncle, le comte de Brandebourg, qu'on savait être peu libéral. Il lui donna pour collègue le sombre et austère M. de Manteuffel, « un homme d'État d'avant le déluge », comme disait M. de Wincke, orateur de l'opposition (1er novembre 1848). L'assemblée, pour avoir manifesté son mécontentement, fut transférée à Brandebourg, comme la constituante autrichienne avait été transportée à Kremsier. Berlin tenta une émeute : on fit rentrer les troupes; on mit la capitale en état de siége, et la garde civique fut supprimée. L'assemblée constituante, après avoir inutilement essayé de se réunir à Berlin, s'installa à Brandebourg (27 novembre); mais, comme elle ne se trouva jamais en nombre pour délibérer, elle fut dissoute (6 décembre 1848).

Une ordonnance royale du même jour octroyait une constitution modelée sur la charte qui régit la Belgique. Deux chambres étaient ouvertes, le 26 février 1849, et étaient renvoyées deux mois après : la deuxième chambre avait déclaré illégale la mise en état de siége de Berlin. — La constitution était enfin revisée par deux assemblées nommées suivant un mode d'élection qui combinait le principe de l'impôt et de la capacité avec le principe du suffrage universel indirect, 1850.

LA RÉVOLUTION DE FRANCFORT. — LE PARLEMENT ALLEMAND. — Il serait fastidieux et inutile de suivre le mouvement révolutionnaire de 1848 dans les petits États allemands, comme nous l'avons fait à Vienne et à Berlin. Les populations demandaient, en général, la liberté de la presse, l'établissement du jury et de la garde nationale ou civique. L'événement le plus considérable se passa à Munich, où le roi de Bavière, Louis Ier, abdiqua en faveur de son fils, Maximilien II (20 mars 1848). Aussi bien, les commotions qui ébranlèrent les États secondaires se rattachent à l'histoire de cette assemblée, toute nouvelle en Allemagne, qu'on appelle le parlement de Francfort.

L'origine du parlement de Francfort a été princière et, en même temps, démocratique. Dès le mois de mars 1848, la Prusse et l'Autriche s'entendaient pour proposer à la diète fédérale une réforme du pouvoir central. Dans le même moment le parti démocratique, constamment éloigné du pouvoir par l'organisation donnée à la confédération, songeait à jouer un rôle. Sous son impulsion, un parlement préparatoire (*Vor-Parlament*) se réunit à Francfort, et, de concert avec la diète fédérale, décida la convocation d'une assemblée constituante allemande, pour le 18 mai 1848.

Ce fut, en effet, le 18 mai 1848 que les députés de toute l'Allemagne tinrent leur première séance dans l'église Saint-Paul. Ils nommèrent président le Hessois Henri de Gagern, qui avait fondé autrefois la fameuse *Burchenschafft* et donné l'idée de la fête de la Wartbourg en 1817. On commença par poser en principe, que les constitutions des États particuliers devaient se conformer à la constitution générale : c'était un avertissement donné à la constituante prussienne qui se réunissait le 22 mai, et à la constituante autrichienne qui était convoquée pour le 22 juillet. Il restait à savoir jusqu'à quel point les gouvernements de Prusse et d'Autriche, une fois sortis des embarras de la révolution, seraient disposés à obéir à cette injonction.

On s'occupa ensuite de créer un pouvoir central provisoire. Sur la proposition de M. de Gagern, on nomma vicaire de l'Empire l'archiduc Jean, qui, pour les Français, n'est que le vaincu de Hohenlinden, mais qui, en Allemagne, jouissait d'une réputation méritée de libéralisme. — La diète qui avait représenté depuis le 8 juin 1815, les cabinets allemands, se trouva dès lors supprimée (12 juillet 1848). On adjoignit un ministère au vicaire de l'Empire.

Le peuple allemand prenait, en quelque sorte, possession de lui-même. Dans sa confiance sans borne, l'assemblée constituante affichait les prétentions les plus étendues. Si, au dedans, elle exigeait une obéissance absolue de la part des gouvernements les plus convaincus de leurs droits, au dehors elle entendait réclamer au nom de l'Allemagne tout pays où l'on parlerait allemand. Le fameux chant d'Arndt était devenu le mot d'ordre du parti démocratique. On permettait à la Prusse d'incorporer la Posnanie, à titre de pays allemand. On consentait encore à laisser l'Alsace et la Lorraine à la France en attendant qu'on pût les revendiquer. On parlait, en revanche, d'enlever le Limbourg à la Hollande, le Holstein et même le Slesvick au Danemark. La noblesse de ces deux pays était alors soulevée contre Frédéric VII : elle avait obtenu, dès le 22 avril, qu'un envoyé du Slesvick fût admis par l'ancienne diète germanique. Enfin une armée prussienne sous le général de Wrangel avait envahi les deux places principales, Slesvick et Flensbourg, vers la même époque. Le parlement de Francfort était fondé à croire à sa toute-puissance.

Mais la toute-puissance du parlement de Francfort était purement d'opinion, et le premier indice de sa faiblesse devait sortir du Slesvick, qui était comme un legs de l'ancienne diète germanique. La Prusse avait obtenu du ministère nommé par le vicaire de l'Empire, l'autorisation de conclure un armistice avec les Danois. La constituante émit un vote contraire; puis elle le retira quand le ministère eut donné sa démission. Le parti démocratique s'irrita de la suspension des hostilités : une violente insurrection éclata dans les rues de Francfort; deux membres du parlement furent odieusement massacrés (18 septembre). La garnison austro-prussienne de Mayence dut accourir pour rétablir l'ordre.

Ainsi l'assemblée de Francfort ne pouvait déjà délibérer qu'à l'abri des deux grandes puissances allemandes. Que deviendrait-elle le jour où l'Autriche aurait comprimé la révolution dans Vienne, où Frédéric-Guillaume aurait dispersé la constituante de Berlin?

Le parlement de Francfort est abandonné par l'Autriche et par la Prusse; sa chute. — Le parlement de Francfort poursuivait cependant son œuvre. Il avait décidé qu'aucune partie de l'Empire ne pourrait être réunie avec des pays non allemands que par un simple lien *personnel*. Il ne s'inquiétait guère de savoir si cette « loi générale de l'Empire » pourrait se concilier avec l'existence de la monarchie des Habsbourg, pour laquelle le prince de Schwartzemberg dressait un programme tout contraire. Après avoir exclu de l'Allemagne douze millions de sujets de l'Autriche, il déférait la couronne impériale au roi de Prusse (28 mars 1849). L'Autriche avait alors recouvré à peu près toutes ses possessions : elle déclara qu'à ses yeux « l'assemblée nationale n'existait plus » comme ayant outrepassé ses droits; que la constitution ne pouvait entrer en vigueur qu'après avoir été approuvée par les divers États. Sur-le-champ elle rappela les députés autrichiens de Francfort.

La constitution venait, en effet, d'être publiée, et, dans plusieurs États secondaires, les gouvernements avaient été forcés de l'adopter en dépit de leurs répugnances. Dans la Saxe, une émeute installa un gouvernement provisoire à l'hôtel de ville de Dresde (9 mai 1849). Elle fut comprimée par les troupes prussiennes. Frédéric-Guillaume avait, en refusant l'Empire qui lui était offert, recouvré sa liberté d'action. L'assemblée de Francfort ayant blâmé l'intervention de la Prusse à Dresde, il rappela les députés prussiens. Les rois de Saxe et de Hanovre suivirent son exemple (14 mai 1849).

L'assemblée de Francfort, privée de l'appui des cours de Vienne et de Berlin, ne pouvait plus compter que sur le parti démocratique qui venait de se soulever, pour la troisième ifos, dans le pays de Bade. Le républicain Strane, déjà vaincu en avril et en septembre 1848, organisait à Carlsruhe un gouvernement provisoire; le mouvement se répandit bientôt dans une partie du Wurtemberg et dans la Bavière rhénane. La Prusse vint encore comprimer la révolte; elle frappa du même coup le parlement de Francfort, qui avait cru devoir se transporter à Stuttgard (30 mai 1849), à portée des pays insurgés. Le roi de Wurtemberg acheva la dissolution de l'assemblée, en faisant arrêter beaucoup des membres qui s'étaient rendus dans la capitale.

Le pouvoir central, institué par le parlement allemand, lui survécut six mois. Enfin, le 20 décembre 1849, le vicaire de l'Empire résigna ses fonctions entre les mains de commissaires nommés par la Prusse et par l'Autriche. Les deux grandes puissances reprenaient la direction des affaires.

La Prusse essaye de constituer l'Allemagne à son profit; l'Autriche rétablit la diète de 1815. — Il ne s'ensuivait pas cependant que l'Autriche et la Prusse fussent d'accord sur l'organisation à donner à l'Allemagne. Frédéric-Guillaume, qui avait pu mettre sur sa tête la couronne impériale, convoitée si longtemps par sa famille, posa dans le *traité des trois rois* (Prusse, Saxe, Hanovre), 26 mai 1849, les bases d'une constitution, et, à cette époque, reçut l'adhésion de vingt-sept États. En 1850 un parlement, où figuraient les représentants de vingt États, se tint à Erfurth, dans une ville prussienne, tandis qu'un congrès de princes devait siéger à Berlin au nom de cette union restreinte. L'Autriche avait gardé jusqu'alors une attitude presque menaçante; enfin elle se décida à revenir, de son côté, à la diète de 1815, supprimée le 12 juillet 1848. Ainsi la tentative d'unité allemande, essayée par la constituante de Francfort, se terminait par un retour à l'éternelle rivalité du Nord et du Midi, des Hohenzollern et des Habsbourg.

Il ne s'en fallut guère que les deux puissances n'en vinssent aux mains. La diète de Francfort avait promis son appui à l'électeur de Hesse chassé par une insurrection ; la Prusse protesta contre une décision émanant d'une autorité qu'elle ne reconnaissait plus. La cour de Vienne appela Radetzki d'Italie; la cour de Berlin mobilisa la landwehr. Tout à coup Frédéric-Guillaume se décide à céder: on convient que les affaires de Hesse seraient réglées par une entente des deux gouvernements. L'union restreinte abandonnée et dissoute, la Prusse n'avait plus qu'à reprendre sa place dans la diète de 1815. — Elle s'exécuta de bonne grâce en 1851.

La diète germanique restaurée renouvela ses précédents de 1819 et de 1832. La constitution de Francfort fut condamnée, la liberté de la presse sévèrement comprimée. Dans tous les États on supprima ou on révisa les lois constitutionnelles qui remontaient à l'année 1848, quand on n'alla pas plus loin, comme dans la Hesse-Électorale, où la constitution de 1831 fut abolie.

LA RÉVOLUTION DANS LES PRINCIPAUTÉS DANUBIENNES. — Le mouvement révolutionnaire de 1848 suivit, en quelque sorte, le cours du Danube depuis sa source dans la forêt Noire jusqu'à son embouchure, près de laquelle sont situées les deux principautés roumaines de Moldavie et de Valachie. Placées entre la suzeraineté ottomane et le protectorat plus onéreux encore de la Russie, elles tentèrent un effort impuissant pour se soustraire à ce double joug. Les hospodars étaient, en Moldavie, Michel Stourdza, élu en 1834 ; et, en Valachie, Georges Bibesco, qui avait succédé à Alexandre Ghika, déposé en 1842.

Dans les deux pays on désirait des institutions politiques et administratives qui n'eussent pas le caractère de concessions faites à l'étranger. Le sentiment de la nationalité était vif surtout dans la classe des boyards; mais, en Moldavie, le peuple resta immobile, et l'agitation dura peu. Quelques jours après qu'une pétition eut été remise à l'hospodar, le consul russe Kotzebue et le général Duhamel déclaraient, au nom du tzar Nicolas, que ni leur maître, ni le sultan ne permettraient l'établissement d'un gouvernement constitutionnel (avril 1848).

En Valachie, on éprouvait un certain mécontentement contre Bibesco, dont l'administration, ferme et progressive d'ailleurs, paraissait trop docile aux conseils de la Russie. Le mouvement commença à Craïova, dont un frère de Bibesco était gouverneur (22 juin). Le lendemain, des coups de feu furent tirés, à Bukarest, sur l'hospodar lui-même qui se rendait à la promenade. Le 24 juin, les troupes déclarèrent à Bibesco qu'elles ne garderaient le serment de fidélité que s'il jurait une nouvelle constitution présentée à son approbation. Bibesco jura. On put se croire un instant en plein Occident : un drapeau tricolore (bleu, rouge et jaune) fut arboré avec la devise : *liberté, égalité, fraternité*. La garde nationale fut établie. La révolution ne s'arrêta pas à ce début. Bibesco abdiqua, le 25 juin, et Bukarest eut, comme Paris, son gouvernement provisoire sous la présidence du métropolitain de Valachie.

C'est alors qu'intervinrent le protecteur et le suzerain. Les Russes passaient le Pruth (9 juillet 1848) et campaient à Jassy, capitale de la Moldavie, tandis que les Turcs entraient en Valachie (31 juillet). Le gouvernement provisoire de Bukarest s'était modifié et avait pris le nom de *Lieutenance princière*. Le commissaire de la Porte, Fuad-Effendi, ne le reconnut pas, et le remplaça par une *caïmacanie*. Les Russes heureux de profiter des embarras de l'Occident, pénétraient encore en Valachie (26 septembre) et occupaient une position formidable, d'où leurs troupes devaient, en 1849, déboucher dans la Transylvanie et la Hongrie.

La révolution de 1848, dans les principautés roumaines

consolida la domination russe qu'elle se proposait d'anéantir. Le traité de Balta-Liman, signé entre le tzar et le sultan, décidait que les deux hospodars seraient nommés pour sept ans par les deux puissances, et non plus à vie par les assemblées, comme le traité d'Andrinople l'avait stipulé. Les assemblées de boyards étaient suspendues elles-mêmes et remplacées par des divans ou conseils. La Russie et la Turquie se réservaient le droit de laisser chacune 10,000 soldats en garnison jusqu'à la pacification des pays voisins (mai 1849).

LA GUERRE DU SLESWICK-HOLSTEIN (1848-50). — On aura la suite à peu près complète des événements qui se sont produits en Europe après la révolution de février, si nous mentionnons la courte guerre qui faillit enlever au Danemark les deux duchés de Sleswick et de Holstein.

Frédéric VI avait accordé quatre constitutions provinciales aux îles danoises, au Jutland, au Slesvick et au Holstein. Frédéric VII, devenu roi en 1848, voulut les fondre en un seul statut s'appliquant à l'ensemble de la monarchie. Des protestations s'élevèrent de la part du Holstein qui est partie intégrante de la confédération germanique, et du Slesvick où la noblesse est d'origine allemande, tandis que le fond de la population est scandinave. Une révolution éclata et obtint l'appui moral de la diète de Francfort et le secours d'une armée prussienne (avril).

Les Prussiens luttèrent deux ans pour enlever aux Danois le Slesvick et le Holstein. En 1848, ils s'avancèrent jusqu'à Flensbourg dans le Slesvick et signèrent l'armistice de Malmoé, qui amena la sanglante échauffourée de Francfort (août-septembre). En 1849, ils envahirent le Jutland et se firent battre devant Frédéricia. Un armitisce interrompit encore les hostilités et fut converti en paix définitive l'année suivante.

Les insurgés de Slesvick et du Holstein, soutenus par des auxiliaires allemands, poursuivirent la guerre. Défaits devant Idstedt, ils perdirent le Slesvick ; repoussés devant

Frédéricstadt, près de l'Eyder, ils se trouvèrent dans l'impossibilité de résister plus longtemps (1850). La Prusse leur conseilla elle-même de négocier avec le roi de Danemark.

Frédéric VII rendit une ordonnance (28 janvier 1851) qui parut tout pacifier en mettant les duchés de Slesvick et de Holstein en dehors de la constitution commune, en leur laissant une véritable autonomie. — L'année d'après, la conférence des grandes puissances, tenue à Londres, posa en principe le maintien de l'intégrité danoise, appela à la succession de Frédéric VII, Christian de Slesvick-Holstein Glucksbourg, et écarta la ligne d'Augustenbourg, qui reçut une indemnité pécuniaire.

Quinze ans après le soulèvement de 1848, la querelle du Slesvick-Holstein devait se réveiller. L'Allemagne accusera le Danemark de n'avoir pas exécuté l'ordonnance du 28 janvier 1851, et la ligne d'Augustenbourg fera revivre ses prétentions.

FIN DE LA DEUXIÈME PARTIE.

TABLE DES CHAPITRES

CHAPITRE Ier.

§ 1. FRANCE.

1830. Caractères de la Révolution de Juillet. — La charte de 1830. — Serment de Louis-Philippe. — Difficultés du gouvernement à l'intérieur. Ses conditions d'existence. Caractère et politique du Roi.

Premier ministère (sous la présidence du Roi), du 10 août au 2 novembre 1830.

Attitude des gouvernements vis-à-vis de la monarchie de Juillet. — Embarras et dissensions intérieures. — Troubles à l'occasion du procès des ministres.

Ministère Laffitte (du 20 novembre 1830 au 3 mars 1831). — Jugement des ministres. — Sac de l'archevêché. — Résumé de la situation.

§ 2. SUITES DE LA RÉVOLUTION DE 1830 EN EUROPE.
APERÇU GÉNÉRAL DE L'HISTOIRE DES DIVERS ÉTATS EUROPÉENS, 1830 A 1848.

Révolution dans les Pays-Bas. — *Création du royaume de Belgique.* — Intervention de la France et de l'Angleterre. Conférences de Londres.

Soulèvement de la Pologne. — Inégalité de la lutte. Divisions intestines.

Mouvements en Italie.

Mouvements en Suisse.

Mouvements en Allemagne. — Diète de Francfort. Réaction aristocratique et despotique.

En Angleterre, bill de réforme. — Résultats du système électoral en France et en Angleterre. — Abolition de l'esclavage. Lois sur les pauvres. — Fruits pour la France de l'alliance anglaise.

Espagne et Portugal. — Le statut royal. La guerre civile. Dom Pedro va combattre dom Miguel en Portugal. La quadruple alliance. Dé-

faite des Miguélistes. — Longue résistance des Carlistes en Espagne. — Double guerre civile. — Constitution du 18 juin 1837.
Grèce.
En Turquie, réformes du sultan Mahmoud. — Impuissance des réformes de Mahmoud. Les Principautés danubiennes.
En Egypte, réformes de Méhémet-Ali. — La Russie s'interpose entre le sultan et son vassal le vice-roi d'Égypte. — Succès d'Ibrahim contre l'armée ottomane. Traité de Kutayé. — Traité d'Unkiar-Skélassi entre la Porte et la Russie.

§ 3. FRANCE. MINISTÈRE DE CASIMIR PÉRIER (DU 15 MARS 1831 AU 16 MAI 1832).

Politique extérieure : — En Italie, mémorandum adressé à Grégoire XVI ; — en Portugal ; en Belgique ; traité des 24 articles ; — en Pologne ; occupation d'Ancône.
Politique intérieure. — Session de 1831 à 1832. — Coalition formidable des ouvriers de Lyon. — Complots. Désordres à Grenoble. — Le choléra. Mort de Casimir Périer.
Le régime parlementaire — Impuissance de la pairie et insuffisance du système électoral. 17

CHAPITRE II.

Cabinet intérimaire (du 16 mai au 11 octobre 1832). — Le compte rendu de la gauche. — Émeute des 5 et 6 juin. Insurrection légitimiste dans l'Ouest.
Les saint-simoniens, les phalanstériens, les communistes.
MINISTÈRE DU 11 OCTOBRE (sous la présidence du maréchal Soult, du 11 octobre 1832 au 22 février 1836).
Siége et prise de la citadelle d'Anvers, 30 novembre au 23 décembre.
La duchesse de Berry est faite prisonnière à Nantes. — Sa captivité à Blaye.
Loi sur l'instruction primaire.
Algérie : de 1830 à 1833. — Gouvernement des généraux Clausel, Berthezène, du duc de Rovigo.
1834. — Procès de *la Tribune.* — Lois sur les crieurs publics, sur les associations. — Mouvements des républicains à Paris et dans les départements.

Ministère des trois jours.

1835. — *Reconstitution du ministère du 11 octobre* avec M. de Broglie pour président. — Procès des accusés d'avril. — Attentat de Fieschi. — Lois de septembre.

SECONDE PÉRIODE DU RÈGNE DE LOUIS-PHILIPPE : du 22 février 1836 au 29 octobre 1840.

MINISTÈRE DE M. THIERS (du 22 février au 6 septembre 1836). — Attentat d'Alibaud. — Dissentiment du roi et du cabinet au sujet des affaires d'Espagne.
MINISTÈRE MOLÉ ET GUIZOT (6 septembre 1836 au 15 avril 1837). — Affaire avec la Suisse au sujet des réfugiés. — Échauffourée de Strasbourg.
Algérie. — Expédition du maréchal Clausel contre Constantine.
1837. — MINISTÈRE MOLÉ seul (du 15 avril 1837 au 13 mai 1839). — L'amnistie. — Mariage du duc d'Orléans. — Restauration du palais de Versailles.
Algérie. — Traité de la Tafna. — Prise de Constantine.
Prospérité industrielle et financière.
1838. — Évacuation d'Ancône. — Règlement définitif des affaires belges. — Prise de Saint-Jean d'Ulloa.
1839. — La coalition. — L'irresponsabilité royale discutée. — Dissolution de la Chambre ; ses conséquences.
MINISTÈRE SOULT (du 13 mai 1839 au 20 février 1840). — Émeute à Paris : Blanqui, Barbès. — Don Carlos se réfugie en France.
En Algérie. — Reprise des hostilités contre Abd-el-Kader.
1840. — Rejet de la dotation du duc de Nemours. — Attitude du ministère.
MINISTÈRE DE M. THIERS (du 1er mars au 29 octobre 1840). — Affaires d'Orient. — Fortifications de Paris. — Tentative de Boulogne. — *Algérie*. Mazagran.. 83

CHAPITRE III.

Rivalité de l'Angleterre et de la Russie en Orient. Les Anglais achèvent la conquête de l'Hindoustan ; système subsidiaire. Guerre des Mahrattes (1800-1818) ; guerre des Birmans (1824-1826). Progrès des Anglais au sud-ouest de l'Asie.
Les Russes en Asie, au nord et à l'ouest. Guerre dans le Caucase ; lutte contre le prophète Schamyl. Progrès des Russes à l'est et au sud de la Sibérie. Les Russes dans le Turkestan ; expédition contre Khiva en 1841. Puissance des Russes dans le Turkestan.
Rivalité de la Russie et de l'Angleterre en Perse ; traités de Gulistan

(1813), de Tourkmantchaï (1828). — Belle position de Hérat ; expédition de Méhémet-Schah contre Hérat (1837-1838).

Affaires de l'Afghanistan ; les Anglais soutiennent Soudjâh contre Dost-Mohammed ; expédition de 1840 dans l'Afghanistan ; insurrection de 1841 ; désastres des Anglais (1842). — Les Anglais soumettent le Sindh (1843). — Guerre contre les Sickes ; soumission du Pundjah ou royaume de Lahore (1815-1849).

La Chine fermée aux Européens, *Guerre de l'opium ;* les Anglais en Chine ; expédition de l'amiral G. Elliot (1840-1842) ; *traité de Nankin.* Les Français en Chine ; *traité de Whampoa* (1844). La Chine ouverte aux Européens.. 155

CHAPITRE IV.

Causes et caractère de la question d'Orient. Rivalité du sultan Mahmoud et du pacha d'Égypte. Bataille de Nézib (24 juin 1839), mort de Mahmoud (1ᵉʳ juillet).

Intervention des grandes puissances européennes ; leurs intérêts opposés dans la question d'Orient ; préférence de la France pour Méhémet-Ali. Le gouvernement anglais, dirigé par lord Palmerston, veut conserver l'empire ottoman, surtout contre la Russie. Politique de la France, qui veut maintenir le *statu quo* et protéger les intérêts du pacha. Le gouvernement français croit à l'accord des cinq grandes puissances. Note favorable à la politique anglaise. Lord Palmerston se sépare de la politique hésitante de la France. La Russie se rapproche de l'Angleterre ; M. de Brunnow à Londres (sept. 1839). Proposition tardive du gouvernement français en faveur de Méhémet-Ali. M. Guizot ambassadeur à Londres (février 1840).

Le ministère du 1ᵉʳ mars 1840 est présidé par M. Thiers ; ses premiers actes ; l'Angleterre rend à la France les restes de Napoléon. M. Thiers espère une transaction directe entre le sultan et le pacha.

Insurrection des Druzes ; *traité du 10 juillet entre les quatre grandes puissances contre Méhémet-Ali ; la France en dehors du concert européen.*

Irritation du gouvernement et de la nation ; préparatifs de guerre. *Note des quatre grandes puissances* au pacha, qui refuse d'abord, puis cède trop tard. Les ports de Syrie détruits ; la flotte française à Toulon ; démonstrations menaçantes de l'opinion publique. *Note du 8 octobre.*

Le ministère du 1ᵉʳ mars est remplacé par celui du 29 octobre (le maréchal Soult, M. Guizot). Embarras et politique du nouveau ministère. Méhémet-Ali se soumet aux conditions des quatre puissances. *La France rentre dans le concert européen par la convention des détroits* (13 juillet 1841). Conséquences de ces événements pour la France.   178

CHAPITRE V.

Caractères de la troisième période du règne de Louis-Philippe.
1841. Attentat de Quénisset. — Ministère tory en Angleterre.
1842. Propositions de réforme électorale et parlementaire repoussées. — Loi générale des chemins de fer. — Mort du duc d'Orléans. Loi de régence.
1843. Visites princières. — Flétrissure des pèlerins de Belgrave-Square. — *Algérie.* Prise de la Smalah d'Abd-el-Kader par le duc d'Aumale.
1844. Guerre avec le Maroc. *Bataille d'Isly.* — Affaire Pritchard. — La question du droit de visite. — La question de l'enseignement. — *Algérie.* Bou-Maza. Le colonel Pélissier.
1846. Stagnation de la politique intérieure. — Évasion du prince Louis-Napoléon. — Élections générales. — Mauvaise récolte.
Mariages espagnols. — Suppression des priviléges de la ville de Cracovie annexée à l'Autriche. — Avénement de Pie IX.
1847. Danger que crée au ministère le dévouement de la majorité parlementaire. — Scandales. — Campagne réformiste. Les banquets. Trouble moral.
Politique extérieure du nouveau président du conseil. Elle s'éloigne de plus en plus de l'alliance anglaise. — Troubles de la Suisse. Défaite du Sunderbund. — Influence libérale et modératrice de notre politique. Réformes en Italie. Transformation de la Péninsule. Causes des premières hésitations de Pie IX.
Algérie. Achèvement de la conquête (la Kabylie exceptée). — *Soumission d'Abd-el-Kader.* — Colonisation sous le duc d'Aumale.
État des esprits. Illusions du parti conservateur.
1848. *Session législative. Discours du trône : Passions aveugles ou ennemies.* — Le ministère interdit le banquet du 12ᵉ arrondissement.
RÉVOLUTION DE FÉVRIER. Journée du 22. Agitation sans but. — Journée du 23. Massacre du boulevard des Capucines provoqué par un coup de pistolet tiré sur la troupe. Soulèvement des faubourgs. — Journée du 24. Irrésolution du roi. Ordre est donné aux soldats de ne point agir. *Abdication et fuite du roi.* La duchesse d'Orléans est forcée de quitter la Chambre des députés envahie. — Toute la famille royale sort de France.
RÉSULTATS GÉNÉRAUX DU RÈGNE DE LOUIS-PHILIPPE. — LETTRES. — SCIENCES. — ARTS. — Encouragements qu'ils reçoivent du gouvernement. — *Industrie et commerce* 203

CHAPITRE VI.

Caractère de la Révolution de 1848. L'origine de la République fait de ce gouvernement, aux yeux du plus grand nombre, l'œuvre d'une minorité victorieuse par une surprise.

LE GOUVERNEMENT PROVISOIRE : 24 février au 10 mai. — Paris après la révolution. Abolition du serment. Institution de la garde mobile. Services rendus par M. de Lamartine. — Attitude et disposition des départements. — Arrêt soudain du travail. *Les ateliers nationaux.* — Commission du Luxembourg. — *Établissement du suffrage universel.* — Les circulaires de M. Ledru-Rollin. — Manifestation dite des Bonnets à poil et contre-manifestation (16 et 17 mars). — État de l'Europe. — Manifestation du 16 avril. Immense popularité de M. de Lamartine.

L'ASSEMBLÉE CONSTITUANTE : 4 mai 1848 au 28 mai 1849. — *Commission du pouvoir exécutif.* — Réaction favorable à l'ordre. — *Attentat du 15 mai.* — Mesures prises au sujet des ateliers nationaux. Agitation politique et socialiste.

INSURRECTION DE JUIN. — Influence de l'insurrection de Juin sur les destinées de la République et sur l'état des esprits.

CAVAIGNAC, *chef du pouvoir exécutif.* Mesures réparatrices et répressives. — Discussion et *vote de la Constitution,* 4 novembre. — Candidature du prince Louis-Napoléon à la présidence de la République. — Candidature de Cavaignac. Elle est combattue par les républicains de la veille et les partis monarchiques. — Élection à la présidence (10 décembre).

LOUIS-NAPOLÉON BONAPARTE PRÉSIDENT DE LA RÉPUBLIQUE.

Caractère de la période qui s'étend du 10 décembre 1848 au 2 décembre 1851.

Ministères de l'Assemblée.

1849. Réduction d'impôts. Lois organiques. Procès de Bourges. — Occupation de Civita-Vecchia. — Séparation de l'Assemblée Constituante et réunion de la Législative (28 mai). Appréciation du rôle de ces deux Assemblées.

L'ASSEMBLÉE LÉGISLATIVE : 28 mai 1849 au 2 décembre 1851. — Affaire du 13 juin. Ledru-Rollin au Conservatoire des Arts et Métiers. Réaction de plus en plus caractérisée. — Lettre du Président à M. Edgar Ney. Mécontentement de l'Assemblée. — Ministère du Président. — Loi sur l'enseignement. — Loi électorale restrictive du suffrage universel. — Lois diverses.

Mort de Louis-Philippe.

Le Président visite les départements. — La circulaire Barthélemy. Son influence. — Revues de Satory. — Les Conseils généraux sont encouragés à violer la loi en demandant la révision de la Constitution.

1851. Désaccord entre le Président et l'Assemblée. Destitution du général Changarnier. — Agitation révisioniste dans les départements. Opposition parlementaire à la révision. — Troubles dans les départements.

Message du Président (4 novembre) pour demander l'abrogation de la loi du 31 mai. — Rejet par l'Assemblée. — Rejet de la proposition des questeurs.

Coup d'État du 2 décembre. — Dissolution de l'Assemblée nationale. — État de l'opinion publique. — *Vote du 20 décembre.* Majorité immense qui absout le crime du Président de la République............. 280

CHAPITRE VII.

Contre-coup des journées de février en Europe. Ébranlement presque général. — *La Belgique, la Hollande, la Suisse, la Péninsule hispanique; — l'Angleterre, la Suède, la Russie* en 1848.

L'Italie. Vœux des habitants pour l'indépendance. *Premières réformes de Pie IX.* Mouvement constitutionnel en Italie pendant les premiers mois de 1848. *Irritation contre l'Autriche.* Révolution de Milan et de Venise. — La guerre de l'indépendance est entravée par les agitations intérieures : les Autrichiens reprennent l'avantage (1848).

1849. *Le parti démocratique à Rome, à Florence, à Turin.* — Bataille de Novare. — *Rétablissement de l'ancien ordre de choses.* Occupation de Rome par la France.

L'Allemagne. La révolution de Vienne : chute de M. de Metternich. — La Bohême, la Hongrie, etc. Les Croates se soulèvent contre les Hongrois. — Abdication de Ferdinand Ier et avénement de François-Joseph. Guerre de Hongrie. — Résultats de la révolution de 1848 en Autriche (1848-49).

La révolution de Berlin et le roi Frédéric-Guillaume (1848-49).

La révolution de Francfort. Le parlement allemand ; sa chute. — La Prusse essaye de constituer l'Allemagne à son profit ; l'Autriche rétablit la diète de 1815 (1848-51).

Les Principautés danubiennes : leur révolution, 1848 ; traité de Balta-Liman (1849).

La guerre du Sleswick-Holstein (1848-1850)....................... 311

Corbeil. — Typographie et stér. de Crété Fils.

www.ingramcontent.com/pod-product-compliance
Lightning Source LLC
Chambersburg PA
CBHW070444170426
43201CB00010B/1212